Maria
Emmerich

DIE 30 TAGE
Keto-
Stoffwechselkur

*Der Neustart für Ihren Körper
mit 160 ketogenen Rezepten
und Mahlzeitenplänen*

Aus dem Amerikanischen von Lea Bodora

Bibliografische Information der Deutschen Nationalbibliothek:
Die Deutsche Nationalbibliothek verzeichnet diese Publikation in der Deutschen Nationalbibliografie.
Detaillierte bibliografische Daten sind im Internet über http://dnb.d-nb.de abrufbar.

Wichtiger Hinweis
Sämtliche Inhalte dieses Buchs wurden – auf Basis von Quellen, die Autorin und der Verlag für vertrauenswürdig
erachten – nach bestem Wissen und Gewissen recherchiert und sorgfältig geprüft. Trotzdem stellt dieses Buch keinen
Ersatz für eine individuelle Ernährungsberatung und medizinische Beratung dar. Wenn Sie medizinischen Rat einholen
wollen, konsultieren Sie bitte einen qualifizierten Arzt. Der Verlag und die Autorin haften für keine nachteiligen
Auswirkungen, die in einem direkten oder indirekten Zusammenhang mit den Informationen stehen, die in diesem
Buch enthalten sind.

Für Fragen und Anregungen:
info@rivaverlag.de

1. Auflage 2018
© 2018 by riva Verlag, ein Imprint der Münchner Verlagsgruppe GmbH
Nymphenburger Straße 86
D-80636 München
Tel.: 089 651285-0
Fax: 089 652096

Die amerikanische Originalausgabe erschien 2016 bei Victory Belt Publishing unter dem Titel The 30-Day *Ketogenic Cleanse*.
German Translation Copyright © 2016 by Victory Belt Publishing Inc.
The 30-Day Ketogenic Cleanse. Reset Your Metabolism with 160 Tasty Whole-Food Recipes & a Guided Meal Plan
Copyright © 2016 by Maria Emmerich
All rights reserved
Published by arrangement with the original publisher, Victory Belt Publishing Inc. c/o Simon & Schuster, Inc.

Übersetzung: Lea Bodora
Redaktion: Silke Panten
Umschlaggestaltung: Marc-Torben Fischer
Umschlagabbildung: Hayley Mason und Bill Staley
Layout: Yordan Terziev und Boryana Yordanova
Mahlzeitenpläne: Craig Emmerich
Satz: inpunkt[w]o, Haiger (www.inpunktwo.de)
Druck: Florjancic Tisk d.o.o., Slowenien
Printed in the EU

ISBN Print 978-3-7423-0385-1
ISBN E-Book (PDF) 978-3-95971-906-3
ISBN E-Book (EPUB, Mobi) 978-3-95971-907-0

Weitere Informationen zum Verlag finden Sie unter

www.rivaverlag.de

Beachten Sie auch unsere weiteren Verlage unter www.m-vg.de

Inhalt

Liebe Leser,

Sie würden vermutlich niemals einen Benzinmotor mit Diesel betanken und von ihm erwarten, dass er einwandfrei läuft – aber genau das tun viele von uns tagtäglich mit ihrem Körper. Wir führen unserem Körper verarbeitete, abgepackte Lebensmittel zu und verhindern damit, dass er effizient funktioniert, wie die Evolutionswissenschaft bereits nachgewiesen hat. Im Sinne dieser Anklage war auch ich schuldig, bevor ich die ketogene Ernährung für mich entdeckte.

Meine gesamte Pubertät über und bis ins frühe Erwachsenenalter hinein kämpfte ich permanent mit dem Essen und mit meinem hohen Gewicht. Ich war eine »Fettverächterin« und trieb ständig Sport. Als ich das College abschloss, war ich immer noch fett und frustriert und entschied daher, mein Sportprogramm mit einer anderen Ernährungsweise zu ergänzen und die Informationen in die Praxis umzusetzen, mit denen ich schließlich die ganze Welt bekanntmachen wollte. Natürlich hatte ich Angst, echtes Fett zu essen, nachdem die Werbung mir in den Jahrzehnten zuvor eingetrichtert hatte, dass ich nur abnehmen könne, wenn ich null Fett zu mir nähme. Doch schon in der ersten Woche, in der Fett wieder eine Rolle in meiner Ernährung spielte, schlief ich fester und fühlte mich ruhiger und besser als je zuvor.

Jahre später weiß ich nun um die biochemischen Gründe, weshalb das Fetteinschränken keine Lösung ist. Mein ganzes Leben lang war mir beigebracht worden, dass gut schmeckende Nahrungsmittel dick machen würden. Nach all den Jahren der Antifett-Gehirnwäsche ist es kaum vorstellbar, dass wir uns bei einer kohlenhydratarmen Ernährung mit reichlich fetthaltigen Nahrungsmitteln wie Avocados, Fleisch und sogar zuckerfreiem Nachtisch völlig satt fühlen *und* abnehmen können. Mittlerweile ist es nun über zehn Jahre her, dass ich Fett zum Hauptbestandteil meiner Ernährung gemacht habe – und ich fühle mich fantastisch. Ich habe ein Leben mit übertrieben viel Sport und kaum Fett gegen eines mit einer nährstoffreichen, fettreichen Ernährung getauscht *und dabei abgenommen.*

Sobald ich hinter die Geheimnisse gekommen war, meine Mitochondrien (die fettverbrennenden Kraftwerke in unseren Zellen) zu heilen, sie mit den richtigen Nahrungsarten und -mengen, Flüssigkeit, Schlaf und Bewegung wieder aufgepäppelt und alle ungesunden Produkte aus meinem Badezimmerschränkchen entfernt hatte, fiel mir das Abnehmen leicht. Der Wechsel zu einer sehr kohlenhydratarmen und fettreichen Ernährung mit mäßig Eiweiß ließ meine Biochemie wieder sensibler auf das Hormon Insulin und das weniger bekannte Hormon Leptin reagieren, die beide starken Heißhunger regulieren.

Das Beste war jedoch, dass ich bei meiner neuen fettreichen Ernährung keinen Mangel verspürte, auch wenn ich an Gewicht abnahm – im Gegensatz zu meinen vorherigen fettreduzierten Diäten. Der von mir entwickelte nährstoffreiche, relativ fettreiche Kochstil hat mir letztendlich auch dabei geholfen, meinen Frieden mit dem Essen zu finden, was ich nie für möglich gehalten hatte. Und ich nahm sogar mehr Gewicht ab, als ursprünglich mein Ziel gewesen war.

Wenn Sie selbst mit einer ketogenen Lebensweise beginnen, werden auch Sie lernen, wie Sie durch das Essen Ihre Hormone ins Gleichgewicht bringen, besser schlafen, sich besser fühlen und abnehmen können! Die leckeren Keto-Rezepte in diesem Buch machen Sie satt und zufrieden und verbessern die Figur. Sogar Nachtisch dürfen Sie genießen, denn schließlich ist das Leben dazu da, um es zu genießen.

Meine Geschichte

Es ist meine Leidenschaft Menschen dabei zu helfen, ihren Körper durch Nahrung zu heilen, denn die Schulmedizin hat bei mir und meiner Familie mehrfach versagt.

Als Teenager litt ich unter starker Akne. Meine Mutter ging mit mir zum Arzt, und der verschrieb mir sehr starke Antibiotika, ohne auch nur einmal nach meiner Ernährung zu fragen. Mittlerweile weiß ich, dass genau das erhebliche negative Auswirkungen auf meine physische und auch meine psychische Gesundheit hatte. Natürlich habe ich mich damals gefreut, dass die Akne verschwand, aber meine Stimmung sank ins Bodenlose. Bis dahin war ich ein wirklich fröhliches Kind gewesen, plötzlich wurde ich immer trauriger.

»Und das nur wegen eines Antibiotikums?«, fragen Sie sich vielleicht. Ja, denn diese starken Medikamente, die Teenagern immer noch gern gegen Akne verschrieben werden, verursachen verheerende Schäden im Darm, wo Serotonin (das »Wohlfühlhormon«) produziert wird. Die Darmgesundheit steht direkt mit dem Gemütszustand in Verbindung. Leider nahm ich jahrelang Antibiotika, ohne dass mir bewusst war, welche Schäden sie anrichteten. Diese langfristige Verschlechterung meiner Darmgesundheit verursachte ein heftiges Verlangen nach Zucker, was wiederum dazu führte, dass ich zunahm. Das zusätzliche Gewicht sorgte dafür, dass mein sonniges Gemüt immer düsterer wurde. Wenn mich mein Arzt nur nach meinen Essgewohnheiten gefragt und erkannt hätte, dass mein Frühstück aus Cerealien und Magermilch die Ursache für meine Akne war, hätte ich nicht all diese Probleme gehabt. Aber sie haben mich letztendlich an den Punkt gebracht, an dem ich heute stehe!

Neben meiner eigenen Geschichte gab es in meiner Familie noch traurigere und ernsthaftere medizinische Probleme, die mich zu einer leidenschaftlichen Verfechterin von Heilung durch Nahrung haben werden lassen.

Ich war ein fröhliches kleines Mädchen und hatte zwei fantastische Großväter. Opa Vince, mein Opa väterlicherseits, war ein gutherziger Mann und hat wahrscheinlich zu meiner heutigen Arbeitsauffassung beigetragen. Er besaß eine Firma für Sanitär- und Heizungsinstallation und liebte es, mit mir zum Angeln zu gehen und mir das Gärtnern beizubringen. Seinen ersten Herzinfarkt hatte Opa Vince im Alter von 32 Jahren, aber mit der von seinen Ärzten empfohlenen fettarmen Ernährung ist es kein Wunder, dass sich sein Herz nie wirklich davon erholen konnte. Mit 45 Jahren und noch einmal mit 52 Jahren musste er am Herzen operiert werden. Danach gaben ihm die Ärzte noch fünf Jahre zu leben – er lebte noch neun Jahre und starb mit 61 Jahren am Morgen von Thanksgiving. Mein Vater versuchte noch, ihn wiederzubeleben, und er ist der Überzeugung, sein Vater wäre noch am Leben, wenn seine Ärzte ihm nicht so schlechte Ernährungsratschläge gegeben hätten, wie Eier, Butter oder gesättigtes Fett zu vermeiden. Opa Vince lebte stattdessen von Butterersatz und Popcorn.

Mein Opa Jerry und ich im Jahr 2010

Mein Opa mütterlicherseits, Opa Jerry, war ein völlig anderer Mann. Er war Musiker und brachte mich immer zum Lachen. Es war mir eine Ehre, mit ihm bei unseren Familienzusammenkünften an Feiertagen Gitarre spielen zu dürfen, bis er an Diabetes Typ 2 starb.

Im Frühjahr 2016 durfte ich auf einer großen Tagung in meiner Heimatstadt einen Vortrag halten, direkt nach der Ernährungsberaterin des örtlichen Krankenhauses. Ich musste mir wirklich auf die Zunge beißen, damit ich vor dem Publikum nicht ausfallend wurde, denn sie betonte wieder einmal, sämtliches Cholesterin und gesättigtes Fett müssten weggelassen werden. Zudem behauptete sie, Pflanzenöle und Rapsöl seien die bessere Alternative.

Mir war klar, dass mein Vortrag all dem widersprechen würde, was sie dem Publikum gerade erklärt hatte. Als ich an der Reihe war, begann ich mit den Worten: »Wussten Sie, dass Muttermilch überwiegend aus Cholesterin und gesättigtem Fett besteht? Das ist tatsächlich so, und ich denke nicht, dass diese wunderbare Nahrung geschaffen wurde, um den Babys zu schaden, sondern um ihnen beim Wachsen zu helfen und dabei, gesunde Hormone zu bilden. Cholesterin ist notwendig, um Hormone zu produzieren, ein gesundes Immunsystem aufzubauen und ein gesundes Gehirn zu entwickeln!«. Nach dieser Einleitung war das Publikum aufnahmebereit für den Rest, den ich zu sagen hatte. Es war begeistert von der Information, dass von Menschen produzierte Nahrungsmittel wie Rapsöl die Hauptursache für Entzündungen sind und nicht natürliche cholesterinreiche Nahrungsmittel (wie Eier).

Traurig an dieser Geschichte ist allerdings, dass meine Vorrednerin auch in dem Altenheim als Ernährungsberaterin arbeitete, in dem mein Opa Jerry wohnte, bevor er starb. Ich kann nur mutmaßen, wie stark ihre schlecht informierten Ernährungsratschläge seinen Diabetes wohl verschlimmert haben mögen.

Durch das Schreiben und Unterrichten versuche ich, so viele Menschen wie möglich zu erreichen – in der Hoffnung, dass eine ketogene Lebensweise sie und ihre Familien vor unnützem Leid wie meinem und dem meiner Opas schützt.

Warum dieses Buch?

Früher einmal liebte ich den Freitag, denn danach kam das Wochenende und ich durfte »sündigen« und endlich essen, was immer ich wollte. Unter der Woche aß ich »gesund« oder glaubte zumindest, ich würde gesund essen, aber am Wochenende war alles erlaubt. Dabei schlug ich mit ein paar Pommes Frites und dem einen oder anderen Glas Wein zwar nicht extrem über die Stränge, aber ich fühlte mich dennoch nicht wohl in meiner Haut. Heute weiß ich, dass meine »gesunde« Ernährung unter der Woche voller Nahrungsmittel steckte, die sich in meinem Blut in Zucker verwandelten und mein Verlangen nach Zucker so ständig aufrechterhielten.

Bei einer ketogenen Ernährung verhält sich das mit dem Sündigen allerdings nicht so wie bei anderen Diäten oder Ernährungsformen. Meine Klienten beschweren sich am häufigsten darüber, dass sie sich (wenn sie gesündigt und etwas Ungesundes gegessen haben) am nächsten Tag in etwa so fühlen, als hätten sie einen Kater. Sündigt man bei einer vollkornhaltigen, fettarmen Ernährung, fühlt man sich nicht so schlecht. Vielleicht ist man deprimiert, weil die Waage nach zu viel Kuchen wieder mehr Gewicht anzeigt, aber man fühlt sich nicht körperlich krank. Die ketogene Ernährung ist jedoch derart heilsam, dass Sie die Auswirkungen von zu viel Kuchen spüren werden, wenn sich Ihr Blutzucker zuvor im gesunden Bereich befand. Im Gegensatz dazu macht der Blutzucker bei einer Ernährung mit Kalorieneinschränkung zum Abnehmen ohnehin, was er will, weshalb Sie durch einmal sündigen nicht derart leiden werden.

Genau das macht die ketogene Ernährung so unglaublich wirkungsvoll! Wenn Sie sich wirklich daran halten, werden Sie fantastische Erfolge feststellen. Und wenn Sie erst einmal völlig in die ketogene Ernährung eingetaucht sind, werden Sie auch bemerken, wie wenig Energie Sie vorher hatten. Mit »völlig eintauchen« meine ich, dass eine ketogene Ernährung nicht nur 80 oder 90 Prozent ketogen bedeutet, denn so funktioniert sie nicht. Bei einer 80-prozentigen Keto-Ernährung können Sie nicht 80 Prozent des Erfolgs erwarten – Sie müssen schon 100 Prozent geben. Für die meisten meiner Klienten ist das jedoch kein Problem, da die Keto-Nahrungsmittel sie natürlich sättigen und sie nicht länger das Verlangen haben zu sündigen!

Keto ist für mich keine Ernährung, sondern eine Lebensweise. Ich liebe Essen, und ich werde es immer lieben, aber noch mehr liebe ich die Art und Weise, wie ich mich fühle, wenn ich ketogen esse! Deshalb habe ich auch so viel Zeit damit verbracht, neue, köstliche Rezepte für Sie zu entwickeln, denn ich möchte, dass Sie zu 100 Prozent dahinterstehen können.

Die 30-Tage-Keto-Stoffwechselkur ist nicht nur für diejenigen gedacht, die zum ersten Mal eine ketogene Ernährung ausprobieren wollen und sicher sein möchten, dass sie erfolgreich ist, sondern auch für diejenigen, die sich schon mal ketogen ernährt haben, aber nicht die gewünschten Erfolge erzielen konnten. In diesem Buch finden Sie Rezepte mit dem perfekten ketogenen Verhältnis von Fett, Eiweiß und Kohlenhydraten, das Sie in die Ketose bringt und Ihren Körper zufriedenstellt. Zum Ende der 30 Tage hin werden Sie feststellen, dass Sie kein Mittagsschläfchen mehr brauchen, das Bauchfett weniger geworden ist, Ihre Haut fantastisch aussieht, die Gelenkschmerzen verschwunden sind und Sie nicht mehr hungrig sind oder den ganzen Tag über ans Essen denken. Es mag sein, dass es etwas mehr Zeit erfordert, die Mahlzeiten zu planen und vorzubereiten, aber da müssen wir alle Prioritäten setzen. Wenn Sie sich erst super fühlen und toll aussehen, werden Sie den Zeitaufwand nicht bereuen!

Vielleicht ist es Ihr Ziel, die ketogene Ernährung 30 Tage lang auszuprobieren. *Mein* Ziel ist es jedoch, dass Sie die 30-Tage-Keto-Stoffwechselkur durchführen und sich dermaßen toll fühlen, dass Sie nicht mehr anders essen wollen!

TEIL 1:
Den Körper heilen

Wie unser Körper funktioniert

Bevor wir im Detail durchgehen, wie eine gut ausformulierte ketogene Ernährung aussieht und wie man sie umsetzen muss, um Erfolg zu haben, möchte ich Ihnen erklären, wie unser Körper funktioniert und warum die moderne Ernährung so desaströse Auswirkungen hat. Zunächst gebe ich Ihnen einen groben Überblick, anschließend gehen wir genauer auf die wichtigsten Einflussfaktoren für unsere Gesundheit ein: Cholesterin, Kohlenhydrate, Fett, Zucker und Insulin. Ich erkläre Ihnen, wie Fett gespeichert wird, und zeige Ihnen, wie das Risiko, an Diabetes, Herzerkrankungen und anderen ernsthaften Krankheiten zu leiden, entsteht.

Fangen wir mit den Ursachen für Gewichtszunahme und Entzündungen an.

Wenn Sie Kohlenhydrate und/oder Eiweiß essen, steigt anschließend Ihr Blutzucker (Glucose) an. Essen Sie zu viele Kohlenhydrate und/oder Eiweiß, sind Ihre Körperzellen schnell mit Glucose vollgefüllt, und die überschüssige Glucose verbleibt im Blutkreislauf. Diese Glucose verhält sich dort wie Teer und verstopft Arterien, verbindet sich mit Proteinen, bildet schädliche glykierte Reaktionsprodukte, sogenannte AGEs (Advanced Glycation End Products), und verursacht Entzündungen. Sie führt außerdem dazu, dass die Triglyceride (eine in Ihrem Blut vorhandene Fettart) ansteigen, was das Risiko für eine koronare Herzkrankheit erhöht.

Fast alle Kohlenhydrate, auch Stärke und Zucker, werden als Fett gespeichert. (Stärke besteht aus einer langen Kette miteinander verbundener Glucosemoleküle, die im Verdauungstrakt in Glucose aufgespalten werden – eine zuckerreiche und eine stärkehaltige Ernährung sind also im Grunde genommen das Gleiche, auch wenn Sie Vollkorn wahrscheinlich mit »gesund« in Verbindung bringen.) Jedes Kohlenhydrat, das nicht sofort vom Körper verwendet werden kann, wird in Form von Glykogen in der Leber und in den Muskeln gespeichert. Ist die Speicherkapazität für Glykogen in Leber und Muskeln erschöpft, muss die Glucose in Fett umgewandelt und in den Fettzellen gespeichert werden (deren Speicherkapazität keine Grenzen kennt).

Das die Glucose in die Zellen befördernde Hormon ist Insulin. Überschüssige Kohlenhydrate verursachen einen Anstieg des Insulins im Blutkreislauf, was nichts Gutes bedeutet. In großen Mengen ist Insulin toxisch und verursacht Zellschäden, Krebs und die Ansammlung von Ablagerungen (sogenannte Plaques) in den Arterien (weshalb die Wahrscheinlichkeit, an Herzerkrankungen zu leiden, für Diabetiker höher ist) sowie viele andere entzündliche Krankheiten, beispielsweise Nervenschäden und Schmerzen in den Extremitäten. Darüber hinaus zerstören Stärke und Zucker Nervengewebe und verursachen Missempfindungen wie Kribbeln und Retinopathie – was wiederum zu Grünem Star (Glaukom) und dem Verlust des Sehvermögens führen kann. Schlimmer noch ist, dass ein ständig hoher Insulinspiegel letztendlich darin resultieren kann, dass die Zellen gar nicht mehr auf das Insulin reagieren; wie ein Kind, das das Gemecker seiner Mutter einfach ausblendet. Das nennt sich dann Insulinresistenz, kann Diabetes Typ 2 zur Folge haben und wird mit Herzerkrankungen, Krebs, Alzheimer und mehr in Verbindung gebracht.

Ich habe noch weitere schlechte Nachrichten: Frühstücken Sie Ihr Leben lang Cerealien und Magermilch, schädigt das nicht nur die Zellen so stark, dass die Glucose durch die Insulinresistenz nicht mehr in die Zellen wandern kann, sondern die AGEs bilden zudem eine Kruste über den Zellen, die auch die Aminosäuren am Eindringen hindert. Aminosäuren sind die Eiweißbausteine und sorgen als solche für die Muskelbildung. Jetzt können Sie also nicht mal mehr Ihre Muskelmasse erhalten, und Ihre Muskeln werden zu Kannibalen! Aufgrund der Insulinresistenz denkt der Körper nämlich, es sei nicht ausreichend Glucose in den Zellen gespeichert, weshalb er Signale sendet, durch die wertvolle Muskelmasse zur Produktion von mehr Glucose abgebaut wird. Im Ergebnis verlieren Sie Muskeln und werden fetter. Anstatt sich nach dem Essen energiegeladen zu fühlen, sind Sie müde und haben ein Verlangen nach noch mehr Kohlenhydraten. Und da Sie nun über weniger Muskelmasse verfügen, wird Bewegung viel zu anstrengend – der traurige Kreislauf geht weiter.

Die schlechten Nachrichten sind immer noch nicht zu Ende: Aufgrund all dessen, was Ihr Körper durchmachen musste, kann es zu Fehlfunktionen der Schilddrüse kommen. Wird die Leber insulinresistent, ist sie nicht mehr dazu in der Lage, das Schilddrüsenhormon T4 in das Hormon T3 umzuwandeln, weshalb Sie unter unerklärlichen Schilddrüsenproblemen leiden können, die weniger Energie und einen langsamen Stoffwechsel zur Folge haben.

Falls Sie nicht möchten, dass Ihnen so etwas widerfährt, habe ich tolle Neuigkeiten für Sie! Mit einer Kombination aus einer gut ausformulierten ketogenen Ernährung (siehe Seite 25 bis 35) und der richtigen Menge und Art an Bewegung (Seite 36 bis 45) können Sie diesen Teufelskreis durchbrechen und auf den richtigen Weg zu einer besseren Gesundheit gelangen.

Fakten über Cholesterin

Entgegen der allgemeinen Ansicht ist Cholesterin nicht so schlecht wie sein Ruf. Es ist im Gegenteil für jede Zelle im menschlichen Körper lebenswichtig – Sie könnten ohne es nicht leben! Cholesterin gehört zu den Reparatursubstanzen des Körpers und ist insbesondere in stressigen Zeiten unentbehrlich für die Hormonproduktion. Ist eine erhöhte Menge davon in Ihrem System vorhanden, versucht Ihr Körper, etwas zu heilen, beispielsweise Entzündungen.

Ich bezeichne Cholesterin gern als den Feuerwehrmann des Körpers: der Feuerwehrmann das Feuer bekämpft, so bekämpft das Cholesterin die Entzündungen. Wird das Feuer (die Entzündung) also gelöscht, wenn man den Feuerwehrmann (das Cholesterin) bei seiner Arbeit behindert? Natürlich nicht. Statine zur Senkung des Cholesterins einzunehmen, anstatt die Nahrungsmittel wegzulassen (beispielsweise Zucker und Kohlenhydrate), die die Entzündungen verursachen, ist das falsche Vorgehen und sorgt nur für einen Verfall der Muskeln, was den Stoffwechsel verlangsamt.

Für den menschlichen Körper ist Cholesterin derart wichtig, dass die Natur einen Notfallplan erstellt hat, falls die Ernährung nicht ausreichend Cholesterin zur Verfügung stellt: Die Leber stellt Cholesterin her. Im natürlichen, unbelasteten Zustand produziert die Leber 75 Prozent des vom Körper benötigten Cholesterins. Der Rest muss in Form von Fleisch, Schalen- und Krustentieren und Eiern gegessen werden – meinen absoluten Lieblingen unter den Nahrungsmitteln!

Liefern Sie Ihrem Körper jedoch durch die Ernährung nicht ausreichend Cholesterin, produziert die Leber zu viel davon, um die Fehlmenge auszugleichen und einen Vorrat zu haben. Diese hochtourige Produktion endet erst dann, wenn Sie wieder Cholesterin essen. Eine fettarme, kohlenhydratreiche Ernährung kann also tatsächlich Herzerkrankungen verursachen!

Und so kommt es dazu: Bleibt ein kleines, dichtes Teilchen LDL-Cholesterin in einer Läsion an einer Arterienwand hängen, kommt es zu einer koronaren Herzerkrankung. (Läsionen werden durch Entzündungen verursacht und die wiederum durch Zucker und Kohlenhydrate.) Das Teilchen gibt sein Cholesterin anschließend an die Arterienwand ab und löst so die Bildung von Ablagerungen aus. Sind Ihre Entzündungswerte also sehr niedrig und haben Sie deshalb auch keine arteriellen Läsionen, in denen LDL-Teilchen hängen bleiben können, sind Ihre Cholesterinwerte nicht wirklich von Bedeutung.

Wenn Sie wissen möchten, wie hoch Ihr Herzerkrankungsrisiko ist, lassen Sie Ihren Kalzium-Score (Agatston-Score) untersuchen. Dadurch erfahren Sie, wie viel Kalzium (oder Ablagerungen) sich in den Arterien Ihres Herzens angesammelt hat. Diese Untersuchung kann schnell durchgeführt werden und ist günstig. Ein Score von über 100 bedeutet ein um 800 Prozent höheres Risiko für Herzerkrankungen gegenüber einem Score von 0. Bei einem Score von über 1.000 ist das Risiko um 1.600 Prozent erhöht. Der Kalzium-Score wird darüber hinaus auch eng mit allen anderen Ursachen der Sterblichkeit in Verbindung gebracht und ist daher eine wirklich gute Untersuchung, um den Gesundheitszustand bewerten zu können.

Fakten über Kohlenhydrate

Eine Frage beziehungsweise Beschwerde, die ich häufig von meinen Klienten höre, ist: »Warum kann ich nicht ›normal‹ essen?« Natürlich gibt es Menschen, die Kartoffeln, Reis und Nudeln essen können und die nicht übergewichtig sind – aber das bedeutet nicht unbedingt, dass sie gesund sind. Ich hatte mehrere Klientinnen, die um die 52 Kilogramm wogen, aber einen sehr hohen Blutzucker hatten und Insulin bekommen mussten. Nicht nur Diabetiker und Menschen, die abnehmen wollen, sollten ihre Kohlenhydratzufuhr einschränken – jeder sollte das tun. Aus evolutionärer Sicht haben wir alle eine Veranlagung dafür, bei zu großem Kohlenhydratverzehr zu Diabetikern zu werden. Nach einer Mahlzeit mit zu viel Kohlenhydraten steigt der Blutzucker und bleibt erhöht, weil er nicht schnell genug in die Zellen gelangen kann. Dieser schädlich hohe Blutzuckerspiegel verstopft schließlich die Arterien und verursacht Entzündungen.

Diabetes ist jedoch nicht das einzige Risiko beim Verzehr von zu viel Kohlenhydraten: Auch Herzerkrankungen und Fettleibigkeit sind mögliche Folgen. Immer wieder wird uns erzählt, dass Kohlenhydrate ernährungstechnisch gut sind und wir jede Menge davon essen sollten. Wir Amerikaner halten uns an diesen »wohlgemeinten« Rat und stopfen in dem verzweifelten Versuch, 75 bis 85 Prozent unserer Gesamtkalorien in Form von Kohlenhydraten aufzunehmen (wie von medizinischen Einrichtungen empfohlen), Cerealien, Brot und Nudeln in uns rein. Leider hemmt das übermäßige Essen kohlenhydratreicher Nahrungsmittel die Fähigkeit des Körpers, Fett als Energiequelle zu nutzen. (Deshalb finde ich es auch amüsant, wenn jemand vor dem »Fettverbrennen« im Fitnessstudio einen Fruchtjoghurt oder einen Müsliriegel isst.) Es ist ein schreckliches Paradoxon: Die Menschen essen weniger Fett und werden immer fetter!

Traurigerweise wissen viele Menschen nicht genau, was Kohlenhydrate sind. Die meisten werden sagen, dass Süßigkeiten und Nudeln Kohlenhydrate sind. Gemüse und Obst werden häufig als Nahrungsmittel eingestuft, die in unbegrenzter Menge gegessen werden können, ohne dass man zunimmt. Es mag für Sie vielleicht eine Überraschung sein, aber sowohl Süßigkeiten und Nudeln als auch Gemüse und Obst sind Kohlenhydrate. Kohlenhydrate sind lediglich Einfachzucker, die an einer langen Kette miteinander verbunden sind. Und jedes vom Körper nicht sofort genutzte Kohlenhydrat wird in Form von Glykogen an zwei »Lagerstätten« gespeichert: in den Muskeln und in der Leber. Das in den Muskeln gespeicherte Glykogen steht dem Gehirn nicht zur Verfügung. Nur das in der Leber gespeicherte Glykogen kann zurück in den Blutkreislauf gelangen, um einen ausreichenden Blutzuckerspiegel aufrechtzuerhalten, damit das Gehirn richtig funktioniert. Allerdings ist die Speicherkapazität für Glykogen in der Leber stark eingeschränkt, und der Speicher kann innerhalb von zehn bis zwölf Stunden wieder leer sein. Deshalb müssen die Glykogenreserven der Leber ständig erneuert werden.

Was passiert, wenn Sie zu viele Kohlenhydrate essen? Nicht nur die Speicherkapazität für Glykogen in der Leber, sondern auch die für Glykogen im Körper insgesamt ist sehr begrenzt. Der Mensch kann durchschnittlich 300 bis 400 Gramm Glykogen in den Muskeln und nur 60 bis 90 Gramm in der Leber speichern.

Ist der Glykogenspeicherplatz gefüllt, müssen überschüssige Kohlenhydrate in Fett umgewandelt und als solches gespeichert werden. Überschüssige Kohlenhydrate werden also zu Körperfett, obwohl sie kein Fett enthalten! Allerdings ist das nicht das Schlimmste: Jede kohlenhydratreiche Mahlzeit oder Zwischenmahlzeit löst einen schnellen Blutzuckeranstieg aus. Als Reaktion darauf gibt die Bauchspeicheldrüse das Hormon Insulin in den Blutkreislauf ab, das dann den Blutzuckerspiegel senkt. Das Problem

Diabetes Typ 3 alias Alzheimer

Kennen Sie jemanden, der an Alzheimer oder Demenz leidet? Ich kenne leider jemanden. Meine Oma Rosemary ist schwer an Alzheimer erkrankt und zu dem Zeitpunkt, da ich dieses Buch schreibe, erkennt sie mich (und andere Menschen) nicht mehr. Meinen Eltern habe ich zu erklären versucht, dass Alzheimer auch als Diabetes Typ 3 bekannt ist, aber das ist für sie und auch viele andere schwer zu verstehen.

Das Gehirn nutzt am liebsten durch die Fettverbrennung entstehende Ketone für Energie und nicht Glucose. Bei Alzheimer-Patienten kann das Gehirn die Glucose nicht mehr in Energie umwandeln. Da Ketone aber eine Energiequelle sind, die ihr Gehirn nutzen kann, ist die Ketose für diese Patienten sehr gesund!

Übermäßiger Verzehr von Kohlenhydraten führt zu:

 Brain Fog: Geben Sie Ihren Kindern zum Frühstück Cerealien mit Magermilch zu essen? Das ist keine gute Idee, da es zu einem Gefühl mangelnder mentaler Klarheit, des Benebeltseins oder verschwommenen Denkens führen kann, dem sogenannten Brain Fog. Die ketogene Ernährung ist großartig für die geistige Leistungsfähigkeit und sorgt dafür, dass sich Ihre Kinder im Unterricht gut konzentrieren können.

 Niedrigem Blutzucker: Auf jedes Hoch folgt ein Tief. Haben Sie aufgrund von Hunger schlechte Laune, fühlen sich benommen oder haben ein Verlangen nach Süßem, sind das die Hauptanzeichen für einen niedrigen Blutzuckerspiegel.

 Zu wenig Energie: Anstatt sich nach dem Essen energiegeladen zu fühlen, sind Sie müde und haben ein Verlangen nach noch mehr Kohlenhydraten. Und da Sie weniger Muskelmasse haben, wird Bewegung verdammt anstrengend. Die Abwärtsspirale geht weiter.

 Schäden im Darm: Kohlenhydrate verursachen im Darm Entzündungen. Beängstigend ist, dass nur acht Prozent der an Zöliakie erkrankten Menschen wirklich geheilt werden können, da sie alternativ glutenfreie Getreideprodukte zu sich nehmen, die häufig mehr Kohlenhydrate enthalten als glutenhaltige Produkte.

 Erhöhtem HbA1c-Wert: Die Untersuchung des HbA1c-Werts (Glykohämoglobin) liefert Informationen über den durchschnittlichen Blutzuckerwert der letzten drei Monate. Rote Blutkörperchen werden ständig neu gebildet und sterben, leben aber im Durchschnitt drei Monate. Diese Untersuchung gibt also einen guten Überblick darüber, wie glykiert Ihre roten Blutkörperchen im Verlauf ihrer Lebensdauer sind. Zudem können mit der Untersuchung viele Gesundheitsfaktoren bestimmt werden, und ihr Wert korreliert stark mit vielen gesundheitlichen Problemen (ein höherer Wert bedeutet mehr Herzerkrankungen, Krebs, Alzheimer etc.). Der HbA1c-Wert sollte bei 5,4 oder weniger liegen (idealerweise 5,0 oder darunter).

 Erhöhtem Blutdruck: Viele Ärzte wissen mittlerweile, dass die meisten Bluthochdruckpatienten zu viel Insulin produzieren und insulinresistent sind. Zwischen der Höhe des Insulinspiegels und dem Blutdruck gibt es häufig eine direkte Verbindung: Bei steigendem Insulinspiegel steigt auch der Blutdruck.

 Depressionen: Kohlenhydrate sind ein natürlicher Stimmungssenker, und es ist nicht unüblich, dass depressive Menschen an einer Insulinresistenz leiden. Kohlenhydrate verändern die Hirnchemie und sorgen für eine depressive Stimmung oder Erschöpfung. Eiweiß hingegen stimuliert das Gehirn und richtet einen mental wieder auf.

 Alkoholismus: Auch Alkoholabhängige, Raucher, koffeinsüchtige oder anders drogenabhängige Menschen leiden häufig unter einer Insulinresistenz. Der Alkohol ist dabei oft nur das der Insulinresistenz untergeordnete Problem, da er im Körper zu Zucker wird. Daher essen Alkoholiker während des Entzugs oder trockene Alkoholiker häufig zu viel Süßigkeiten, wodurch es zu einem Rückfall kommen kann, denn von ihrer wahren Abhängigkeit vom Zucker konnten sie nicht loskommen!

 Verstärkter Fettspeicherung und Gewichtszunahme.

 Diabetes: Nach Jahren mit kohlenhydratreichen Mahlzeiten wird der Körper irgendwann nicht mehr mit der Zuckermenge im Blut fertig, und unsere Zellen werden der Wirkung des Insulins gegenüber resistent.

 Alzheimer: Bei an Alzheimer (alias Diabetes Typ 3) erkrankten Menschen ist das Gehirn insulinresistent geworden und kann Glucose nicht mehr in Energie umwandeln.

dabei ist, dass Insulin in erster Linie ein Speicherhormon ist – seine Aufgabe ist es, überschüssige Kohlenhydratkalorien in Form von Fett für mögliche zukünftige Nahrungsengpässe beiseitezuschaffen. Wegen zu vieler Kohlenhydrate ausgeschüttetes Insulin fördert somit aktiv die Ansammlung von Körperfett.

Zusammengefasst sendet Insulin Ihrem Körper die Nachricht: »In Form von Fett speichern!«, wenn Sie zu viele Kohlenhydrate essen, da bereits reichlich Glucose als Treibstoff verfügbar ist. Wenn das passiert, können Sie Ihr eigenes Körperfett nicht mehr für Energie nutzen. Die übermäßigen Kohlenhydrate in Ihrer Ernährung machen Sie also nicht nur fett, sondern sorgen auch dafür, dass Sie fett bleiben.

Nach dem Verzehr von Kohlenhydraten schüttet die Bauchspeicheldrüse Insulin aus, und der Blutzucker steigt an. Das Insulin hat zur Aufgabe, den Zellen etwas lebenswichtigen Blutzucker zur Verfügung zu stellen und die Glykogenspeicherung zu erhöhen. Allerdings signalisiert es dem Körper auch, vermehrt Kohlenhydrate und weniger Fett als Treibstoff zu verwenden. Zudem wandelt es fast die Hälfte der von Ihnen aufgenommenen Kohlenhydrate in Fett um, das für Energiekrisen gespeichert wird. Möchten Sie Fett für Energie verbrennen, muss die Insulinantwort verringert werden. Die Aufnahme von raffiniertem Zucker setzt jedoch jede Menge Insulin frei, wodurch weniger gespeichertes Fett verbrannt werden kann.

Der Grund, weshalb Menschen bei einer ketogenen Ernährung abnehmen, ist, dass eine sehr kohlenhydratarme Ernährung die Verbrennung von Fett für Energie anregt. Durch das Weglassen der Kohlenhydrate und eine gemäßigte Eiweißzufuhr wird zudem der Insulinspiegel gesenkt. Ein normaler Blutzuckerspiegel entspricht etwa einem Teelöffel Zucker – viele Amerikaner nehmen mehr als 63 Teelöffel Zucker täglich zu sich! Wenn Sie es schaffen, den anormalen Blutzuckerspiegel zu besiegen, werden Sie Ihre mit einem hohen Insulinspiegel zusammenhängenden Probleme verringern können, beispielsweise Insulinresistenz, Bluthochdruck, metabolisches Syndrom, Gewichtszunahme und Schlaflosigkeit.

Fakten über Fett

Die Low-Fat-Propaganda der 1980er-Jahre stellte einen Zusammenhang zwischen sämtlichen Fetten in der Ernährung und erhöhten Cholesterinwerten, Herz-Kreislauf-Problemen und Fettleibigkeit her. Vor Kurzem konnte jedoch nachgewiesen werden, dass die Zuckerindustrie mit voller Absicht Studien finanzierte, die einen Zusammenhang von Fett und Herzerkrankungen untersuchten, um so den Zucker vom Radar der Bösewichte verschwinden zu lassen.

Viele Menschen veränderten daraufhin ihre Essgewohnheiten radikal und ließen Fett so weit wie möglich aus ihrer Ernährung verschwinden. Man sollte meinen, dass wir durch das Fettvermeiden mittlerweile alle dünn wie die Bohnenstangen sein sollten, aber es geschah genau das Gegenteil! Wenn wir unsere Fettzufuhr einschränken, steigert das unser Verlangen nach zuckerhaltigen verarbeiteten Nahrungsmitteln, und wenn Fett aus Nahrungsmitteln entfernt wird, wird es üblicherweise durch Zucker ersetzt.

Auch viele sehr gesundheitsbewusste Esser steigerten sich in die Sache mit fettfreien Kohlenhydraten hinein, und einige von ihnen wurden dabei übergewichtig. Das Problem ist, dass sowohl raffinierte Kohlenhydrate, beispielsweise helle Brötchen, als auch komplexe Kohlenhydrate wie Vollkornbrot als »gute« Nahrungsmittel angesehen wurden. Aber sie verursachen einen schnellen Anstieg des Blutzuckerspiegels, wodurch mehr vom Fettspeicherhormon Insulin ausgeschüttet wird. Tatsächlich hat Mais einen höheren glykämischen Index als viele Schokoriegel! Zu viel Insulin hemmt dann die Fähigkeit des Körpers, gespeichertes Fett für Energie zu verbrennen, und führt zu einem raschen Absinken des Blutzuckerspiegels. Dadurch wiederum verspüren wir mehr Hunger, den wir mit mehr leeren Kalorien abstellen wollen. Darüber sollten Sie nachdenken: Kühe aus konventioneller Haltung, die nur mit Mais gefüttert werden, erreichen innerhalb von nur sechs Monaten ihr Schlachtgewicht, wohingegen Kühe aus Weidehaltung dafür zwei Jahre benötigen. Interessant ist auch, dass Sumo-Ringer sich fettfrei ernähren, mit viel Reis und Zucker!

Für die schädliche Lüge, dass verarbeitete Nahrungsmittel und Lebensmittelimitate genauso gut sind wie echte Nahrungsmittel, ist die Lebensmittelindustrie verantwortlich. Dass ein Nahrungsmittel den Hunger beseitigt, bedeutet nicht, dass es den Körper ausreichend ernährt. Der Verkauf dieser »Nahrungsmittel« ist jedoch ein milliardenschweres Geschäft. Damit diese Milliarden fließen, müssen die Unternehmen die Dinge so drehen, dass die Menschen gar nicht erst auf die Idee kommen, ihr eigenes Verhalten zu hinterfragen. Marketing-Experten wissen, dass viele Menschen letztendlich auch eine Lüge glauben, wenn sie nur oft genug wiederholt wird.

Die Quintessenz ist, dass Fett nicht fett macht. Es ist die Reaktion Ihres Körpers auf überzählige Kohlenhydrate, die für eine Gewichtszunahme sorgt. Überschüssige Kohlenhydrate können vom Körper nur eingeschränkt gespeichert werden, aber er kann sie ganz einfach in überschüssiges Körperfett umwandeln und so speichern.

Fakten über Zucker

Zucker ist einfach befriedigend. Der erste Bissen einer himmlisch schmeckenden Süßigkeit kann uns beruhigen und uns gleichzeitig Energie schenken. Der Zucker darin wirkt Wunder und kann unsere Stimmung um 180 Grad drehen. Das sind die positiven Wirkungen. Die negative Seite ist, dass das Verlangen nach Süßem umso größer ist, je mehr Süßigkeiten Sie essen. Übermäßiger Zuckerverzehr verursacht ein hormonelles Ungleichgewicht, das zu einem Heißhunger auf Kohlenhydrate und zur Gewichtszunahme führt und den Körper buchstäblich in eine Maschine zur Fettproduktion und Fettspeicherung verwandelt. Aber ich habe gute Nachrichten für Sie: Sie haben es selbst in der Hand und können den zum Diabetes führenden Weg jederzeit wieder verlassen. Ein Zuviel an fettfreien Nahrungsmitteln und ein sitzender Lebensstil können eine Insulinresistenz zur Folge haben, also ein Ungleichgewicht im Körper, durch das er anormal auf kohlenhydrathaltige Nahrungsmittel reagiert und an Gewicht zunimmt.

Die einfachste Form der Kohlenhydrate ist Zucker. Zucker kann natürlichen Ursprungs sein, beispielsweise Laktose (Milchzucker) und Fruktose (Fruchtzucker), oder als raffinierter Zucker wie Saccharose (Haushaltszucker) vorkommen. Bei der Verdauung wird Zucker sofort vom Blut aufgenommen und verursacht einen Anstieg des Hormons Insulin, das Zucker und Fett aus dem Blut entfernt und für eine eventuelle zukünftige Nutzung im Gewebe speichert. So kommt es zur Gewichtszunahme.

Dabei ist es egal, um welche Art von Kohlenhydraten es sich handelt: 4 Gramm Kohlenhydrate entsprechen im Körper einem Teelöffel Zucker. Lassen Sie sich das mal auf der Zunge zergehen. Ein Softeis mit Schokosoße und Keksstückchen bringt es auf etwa 475 Kalorien und 74 Gramm Kohlenhydrate, was etwa 18 Teelöffeln Zucker entspricht. 125 Gramm Kartoffelchips vor dem Fernseher entsprechen 16 Teelöffeln Zucker. Dazu noch ein Softdrink und es kommen weitere 16 Teelöffel Zucker hinzu.

Im Jahr 1890 nahm eine Person täglich durchschnittlich 2 Teelöffel Zucker zu sich. Heute liegt der durchschnittliche Konsum bei 56 Teelöffeln täglich, überwiegend in Form von raffiniertem weißen Zucker. Wahnsinn! Dieser zusätzliche Zucker steckt voller Kalorien, enthält aber keinerlei Nährstoffe. Vielen abgepackten Nahrungsmitteln wird zusätzlich Zucker hinzugefügt, auch eine Scheibe Brot enthält raffinierten Zucker. Schokokuchen und andere süße Leckereien können bis zu 25 Teelöffel raffinierten Zucker enthalten, wobei das raffinierte Mehl, das sich im Blut in Zucker verwandelt, noch nicht mitgezählt ist. Aber nicht nur weißer Zucker sollte in Maßen genossen werden – auch brauner Zucker, Puderzucker, Honig und Ahornsirup sind Quellen raffinierten Zuckers. Zudem löst Zucker auch eine Art Abhängigkeit aus, da er nach dem Essen schnell verdaut und verbrannt wird und so Anstiege und Abfälle des Energielevels verursacht, weshalb Sie mehr Zucker essen wollen.

Gesundes Krankenhausessen?

Mein Schwiegervater hatte einen leichten Schlaganfall und musste anschließend 24 Stunden im Krankenhaus überwacht werden. Mittlerweile geht es ihm gut, wofür wir sehr dankbar sind. Als mein Schwager bei ihm im Krankenhaus war, schickte er mir ein Foto des dort servierten Frühstücks: Cerealien, Magermilch, Saft und Toast.

Meine Antwort auf das Bild war: »Soll dort etwa noch ein Herzinfarkt verursacht werden?« Es macht mich schier wahnsinnig, dass die Patienten in Krankenhäusern ein Essen vorgesetzt bekommen, das sie noch kränker macht. Übertroffen wird das nur noch, wenn Diabetikern dort fettarmes Essen mit viel Zucker und Kohlenhydraten vorgesetzt wird, das anschließend eine höhere Insulindosis erfordert.

Empfiehlt schlecht informiertes medizinisches Personal eine Ernährung mit vielen komplexen Kohlenhydraten und wenig gesättigtem Fett, kann sich daraus eine gefährliche Situation ergeben, denn eine Ernährung mit reichlich komplexen Kohlenhydraten ist nichts anderes als eine zuckerreiche Ernährung.

Große Zuckermengen sind für den Körper giftig, weshalb er sie überwiegend durch Sport abbaut, also indem er sie verbrennt. Der Zucker, der vom Körper nicht verbrannt werden kann, wird dann als Glykogen gespeichert. Allerdings ist der Speicherplatz für Glykogen begrenzt, und so wird der restliche Zucker als Fett gespeichert. Aber das Insulin hält Ihren Körper davon ab, Fett als Treibstoff zu verbrennen, und wenn Sie Zucker essen, nimmt sich ihr Körper zuerst diesen Zucker vor und verbrennt kein Fett.

Je mehr Zucker Sie essen, desto stärker wird auch Ihr Verlangen danach. Wenn Sie Ihren Tag mit Cerealien und Magermilch beginnen, werden Sie spätestens um 14 Uhr den von Kollegen mitgebrachten Süßigkeiten im Büro nicht mehr widerstehen können. Vergleichen Sie mal die folgenden Frühstücksvarianten miteinander:

Variante 1

120 g Frühstücksflakes (Zuckeranteil: 29 g je 100 g) 240 ml Magermilch und eine Banane

kcal	KH	BS
472	105g	4g

= 26¼ Teelöffel Zucker im Blut

Variante 2

2 Eier mit 240 g Champignons, Paprika und Zwiebeln

kcal	KH	BS
190	9g	3g

= 2¼ Teelöffel Zucker im Blut

Variante 3

selbst gemachter Donut aus Kokosmehl

kcal	KH	BS
217	7.4g	4.6g

< 2 Teelöffel Zucker im Blut

Fakten über Insulin

Insulin hat im Körper eine sehr wichtige Aufgabe zu erledigen: Es reagiert auf einen erhöhten Blutzucker. Den vorhandenen Zucker nutzt das Insulin zunächst als Energie und schickt dann den übrig gebliebenen Rest in die Muskeln und in die Leber, wo er als Glykogen gespeichert werden soll.

Problematisch ist dabei allerdings, dass die meisten Menschen jeweils nur etwa 500 g Glykogen speichern können. Ist dieser Speicher voll, wird das restliche Glykogen vom Insulin in die Fettzellen befördert.

Zusätzlich hilft Insulin dem Körper dabei, dass ihm Energie aus Nahrung erhalten bleibt, und das tut es auf die folgenden drei Arten:

1. Es sagt dem Körper, dass er essen soll, insbesondere Zucker oder Kohlenhydrate. Geben Sie diesem Verlangen nach, werden Sie mit einem guten Gefühl belohnt.

2. Es begleitet die in Blutzucker umgewandelte Energie aus der Nahrung im Körper dorthin, wo sie benötigt wird, und weist die Leber an, überschüssige Energie in Triglyceride (Blutfette) zu verwandeln, die in den Fettzellen gespeichert werden.

3. Es befiehlt dem Körper, die Energie aus Nahrung in den Fettzellen einzusperren und nicht für Energie zu verbrennen – für den Fall, dass es eine Hungersnot gibt.

Unter idealen Bedingungen funktioniert dieser Regulierungsmechanismus reibungslos. Isst ein Kind eine Süßigkeit, steigt sein Blutzucker, und die Bauchspeicheldrüse setzt etwas Insulin frei, das den Blutzucker wieder schnell nach unten bringt. Da die Zellen von Kindern noch sehr sensibel auf dieses Hormon reagieren, muss die Bauchspeicheldrüse nur eine sehr geringe Insulinmenge freisetzen. Wir Erwachsenen sind vielleicht der Ansicht, dass die Freuden von Süßigkeiten und anderem ungesunden Essen für Kinder harmlos sind, aber auch sie können genauso wie Erwachsene im Laufe der Zeit ihre Sensitivität gegenüber Insulin verlieren und die bekannte Insulinresistenz entwickeln.

Dadurch wird ein grausamer Kreislauf in Gang gesetzt, bei dem der Körper immer mehr Insulin benötigt, um das System am Laufen zu halten. Setzt der Körper mehr Insulin frei, um die Resistenz zu überwinden und den kostbaren Blutzucker in Muskeln und Leber zu befördern, führt das zusätzliche Insulin zu einem Heißhunger auf Kohlenhydrate. Um das Verlangen nach kohlenhydratreichen Nahrungsmitteln zu unterdrücken, wird noch mehr Insulin freigesetzt, und weil der Körper sich vor zu viel Insulin schützen möchte, wird er noch insulinresistenter. Schließlich kapitulieren die Fettzellen, und das Insulin verbleibt im Blut, was Diabetes Typ 2 zur Folge hat. Durch unseren jahrelangen übermäßigen Verzehr von raffinierten Kohlenhydraten und Zucker benötigt unser Körper größere Mengen an Insulin, um die Nahrung angemessen verstoffwechseln zu können und den Blutzucker im Normalbereich zu halten.

Ein hoher Insulinspiegel unterdrückt darüber hinaus zwei wichtige Hormone: das Wachstumshormon und Glucagon. Ersteres wird für die Muskelentwicklung und den Aufbau neuer Muskelmasse benötigt, Glucagon hingegen fördert die Fett- und Zuckerverbrennung. Essen wir eine kohlenhydratreiche Mahlzeit, regen wir damit den Hunger an. Während der Blutzuckerspiegel steigt, steigt auch das Insulin an und sorgt für einen schnellen Abfall des Blutzuckers – das Ergebnis ist Hunger, oft schon wenige Stunden nach der Mahlzeit. Heißhunger (normalerweise auf Süßes) gehört häufig zu diesem Kreislauf dazu, wodurch wir zwischendurch noch mehr Kohlenhydrate essen. Essen wir nichts, bekommen wir wahnsinnigen Kohldampf, werden zittrig und launisch und stehen kurz vor einem Zusammenbruch. Genau dieser Teufelskreis sorgt dafür, dass das überschüssige gespeicherte Fett an Ihnen kleben bleibt und Ihnen Energie raubt.

Den meisten Menschen ist nicht bekannt, dass das Schilddrüsenhormon T4 in der Leber und nicht in der Schilddrüse in aktiviertes T3 umgewandelt wird. Ist die Leber also durch die ganzen übermäßigen Kohlenhydrate erschöpft und vergiftet, können sich unerklärliche Schilddrüsenprobleme entwickeln, die zu noch mehr Lethargie, einem verlangsamten Stoffwechsel und gedrückter Stimmung führen.

Erkennen Sie sich wieder? Mein Vorschlag für die verstärkte Nutzung von Fett im Körper ist, die Insulinantwort durch eine eingeschränkte Zufuhr von raffiniertem Zucker zu mäßigen und sich auf Kohlenhydrate in Form von nicht stärkehaltigem Gemüse, Blattgemüse und Kräutern zu konzentrieren. Ich selbst habe sämtliches Getreide aus meiner Ernährung verbannt – Nudeln, Reis, Haferflocken, Cerealien oder das vom amerikanischen Gesundheitsministerium empfohlene »gesunde Vollkorn« – und habe mich nie zuvor besser gefühlt.

Die Insulinantwort ist bei jedem Menschen unterschiedlich, aber weniger Kohlenhydrate und mehr Fett helfen auf jeden Fall, den Körper wieder ins Gleichgewicht zu bringen. Durch die geringere Kohlenhydratzufuhr kann Ihr Körper mehr Fett verbrennen, was eine optimale Treibstoffquelle ist.

Ketogene Ernährung – was genau ist das?

Hunderttausende Jahre lang nahmen die Menschen mit der sogenannten Steinzeit- oder Paläo-Ernährung überwiegend Fleisch und Gemüse zu sich. Der Beginn der modernen Zivilisation und die landwirtschaftliche Entwicklung führten schließlich dazu, dass der menschliche Körper größere Mengen an Stärke und raffiniertem Zucker verdauen und verstoffwechseln musste. Aber da unser Körper nicht dazu in der Lage ist, große Mengen an Kohlenhydraten zu nutzen, entwickeln wir Symptome. Die gute Nachricht ist, dass die ketogene Ernährung eine Lösung des Problems bietet: eine zweckmäßige und gesunde Methode, um die moderne Seuche schlechter Gesundheit und Fettleibigkeit zu bekämpfen.

Ein kurzer Überblick über die Keto-Ernährung

Die ketogene Ernährung ist eine fettreiche, kohlenhydratarme Essensweise mit mäßig Eiweiß und bietet enorme gesundheitliche Vorteile. Sie wurde ursprünglich Anfang der 1920er-Jahre zur Behandlung von epileptischen Anfällen entwickelt, dann aber durch das Aufkommen von Medikamenten gegen Epilepsie als Therapiemethode unpopulär. Über 70 Jahre später wurde die ketogene Ernährung als wirksame Alternative zur medikamentösen Behandlung wiederentdeckt, erfreut sich seitdem wachsender Beliebtheit und erhält wegen der Vielzahl an damit behandelbaren Krankheiten auch in den Medien immer mehr Aufmerksamkeit.

Viel zu oft wird die ketogene Ernährung als bloße zuckerfreie Ernährung gesehen, aber sie ist tatsächlich eine kohlenhydratarme Ernährung – ein wichtiger Unterschied. Bei der ketogenen Ernährung werden sämtliche Nahrungsmittel, die sich im Körper in Zucker verwandeln, komplett weggelassen oder stark eingeschränkt. Dazu gehören nicht nur Kohlenhydrate, sondern auch Eiweiß, raffinierter und natürlicher Zucker. Auch komplexe Kohlenhydrate, zu denen »gesundes« Vollkorn und Wurzelgemüse zählen, sind am Ende nur Glucosemoleküle, die an einer langen Kette miteinander verbunden sind. Und die werden im Verdauungstrakt in Glucose aufgebrochen, also in Zucker.

Da ihnen gesagt wird, für den Stoffwechsel sei die Anzahl der aufgenommenen Kalorien von Bedeutung, konzentrieren sich die Menschen zum Abnehmen häufig darauf, Kalorien zu reduzieren. Unser Körper ist jedoch viel komplexer. Nur durch weniger Kalorien abzunehmen ist schwierig, da weniger zu essen und überschüssiges Körperfett zu verlieren nicht notwendigerweise miteinander zusammenhängen. Eine kalorienarme, kohlenhydratreiche Ernährung setzt in unserem Körper eine Reihe biochemischer Signale in Gang, die ihn aus dem Gleichgewicht bringen und es ihm erschweren, zur Energiegewinnung an das gespeicherte Körperfett zu gelangen. Im Ergebnis kommt die Gewichtsabnahme zu einem Stillstand, und weiteres Abnehmen funktioniert einfach nicht mehr. Zudem halten normalerweise die wenigsten Menschen Diäten durch, die sich auf weniger Kalorien konzentrieren, da sie irgendwann die Nase voll davon haben, hungrig zu sein und verzichten zu müssen. Sie sind unzufrieden, beenden die Diät, nehmen wieder zu und fühlen sich dann wie Versager, denen der Wille oder die Disziplin zum Weitermachen fehlen.

Erfolgreiches Abnehmen ist in Wirklichkeit aber kaum von Disziplin abhängig. Es geht vielmehr darum, was Sie essen, und nicht darum, wie viel. Bei einer ketogenen Ernährung essen Sie ausreichend, um sich zufrieden zu fühlen, und nehmen trotzdem Körperfett ab – ohne wie besessen Kalorien oder Fett in Gramm zu zählen.

Das macht die ketogene Ernährung mit Ihrem Körper

Für den menschlichen Körper gibt es zwei verfügbare Treibstoffquellen: Zucker (Glucose) und Fett. Verbrennt der Körper Fett, werden Ketone produziert, die der Treibstoff für die Zellen sind. Ziel der ketogenen Ernährung ist es, den Körper auf die Verstoffwechselung von Fett anstelle von Zucker umzustellen. Verbrennt der Körper Fett, ist er keto-adaptiert und befindet sich im bevorzugten Stoffwechselzustand. Normalerweise muss ein Mensch sich zwei bis vier Wochen an eine ketogene Ernährung halten, um in diesen Zustand zu gelangen.

Sehr viele Menschen leben in dem Glauben, dass Glucose die einzige Treibstoffquelle sei, und haben daher ständig Angst, zu wenig davon zu haben. Tatsächlich ist aber Fett die ideale Energiequelle und war es auch die meiste Zeit der menschlichen Evolution. Deshalb gehört Fett zu unserem Körper einfach dazu. In Wirklichkeit benötigen wir nur eine minimale Menge an Glucose, die täglich je nach Bedarf zum Großteil oder ganz von der Leber geliefert werden kann.

Die traurige Tatsache, dass Kohlenhydrate und Zucker so billig und leicht verfügbar sind, bedeutet nicht, dass wir auf sie als Hauptenergiequelle zurückgreifen sollten. Denn dieses blinde Vertrauen in das »Kohlenhydrat-Leitbild« hat dazu geführt, dass viele Menschen an einer Vielzahl von Stoffwechselproblemen erkranken, die nicht nur unser Gesundheitssystem zu überfordern drohen.

Gesundheitliche Vorteile der ketogenen Ernährung

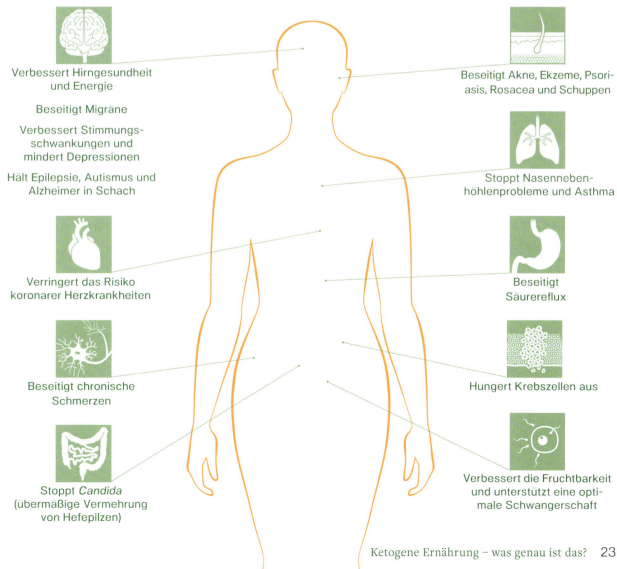

Verbessert Hirngesundheit und Energie

Beseitigt Migräne

Verbessert Stimmungsschwankungen und mindert Depressionen

Hält Epilepsie, Autismus und Alzheimer in Schach

Verringert das Risiko koronarer Herzkrankheiten

Beseitigt chronische Schmerzen

Stoppt Candida (übermäßige Vermehrung von Hefepilzen)

Beseitigt Akne, Ekzeme, Psoriasis, Rosacea und Schuppen

Stoppt Nasennebenhöhlenprobleme und Asthma

Beseitigt Säurereflux

Hungert Krebszellen aus

Verbessert die Fruchtbarkeit und unterstützt eine optimale Schwangerschaft

Das bedeutet es, ein Zuckerverbrenner zu sein

Um verstehen zu können, was eine Keto-Adaption bedeutet, ist es hilfreich zu wissen, was es heißt, ein Zuckerverbrenner zu sein.

Ein Zuckerverbrenner kann für Energie nicht so einfach auf gespeichertes Fett zugreifen, und das bedeutet, dass seine Muskeln Fett nicht oxidieren (oder aufbrechen) können. Ich weiß, dass viele Fitnessmagazine behaupten, der Körper würde Glucose für Energie verbrennen und Marathonläufer müssten deshalb am Abend vor dem Rennen einen großen Teller Nudeln und zum Frühstück Haferflocken essen. Das habe ich auch jahrelang getan und ziemlich gute Marathonzeiten erreicht, aber ich war übergewichtig und hatte häufig Gelenkschmerzen. Im Grunde genommen hätte ich damals gern ständig an einem Glucosetropf gehangen, weil ich immer hungrig oder »wungrig« (wütend + hungrig) war. Immer wenn ich zwei, drei oder vier Stunden lang nichts gegessen oder sogar eine Mahlzeit ausgelassen hatte, mussten sich die Menschen in meiner Umgebung in Acht nehmen! Ich war das Paradebeispiel eines leidenden Zuckerverbrenners.

Der menschliche Körper hat sich so entwickelt, dass er für den Großteil seines Energiebedarfs auf die Oxidation von Fett angewiesen ist. Im keto-adaptierten Körper setzt das Fettgewebe vier bis sechs Stunden nach dem Essen und während des Fastens eine Vielzahl an Fettsäuren frei, denn die Muskeln sind dazu in der Lage, sie als Treibstoff zu nutzen. Da ich jedoch ständig Bananen, Müsliriegel und andere Kohlenhydrate aß, verbrannten meine Zellen Zucker und kein Fett. Sobald dieser Zucker verbraucht war, meldete sich der Hunger wieder und ich griff zur nächsten Banane.

Als Zuckerverbrenner können Sie das aufgenommene Fett nicht zu Energie weiterverarbeiten. Die nachteilige Nebenwirkung ist, dass mehr Fett gespeichert als verbrannt wird (Fett aus Kohlenhydraten, nicht normales Fett aus der Nahrung). Deshalb nehmen Zuckerverbrenner schließlich auch viel an Körperfett zu. Ein niedriges Verbrennungsverhältnis von Fett zu Kohlenhydraten ist ein sicheres Anzeichen für eine zukünftige Gewichtszunahme.

Ein Zuckerverbrenner ist für seine Energie zudem abhängig von einer kurzfristigen Treibstoffquelle, denn der Mensch kann wie bereits erwähnt nur 50 bis 90 g Glykogen (die Speicherform von Glucose) zur Energieumwandlung in der Leber speichern – und das ist nicht gerade viel. Zwar kann Ihr Körper auch in den Muskeln Glykogen speichern, aber das ist von Mensch zu Mensch sehr unterschiedlich. Kohlenhydrate essende Sportler zum Beispiel verfügen normalerweise über größere Speichermöglichkeiten. Allerdings kann schlicht nicht übermäßig viel Glykogen gespeichert werden – es sei denn, Sie zählen die Gramm Zucker in den Snacks in Ihrer Hosentasche mit. Ein sehr schlanker Mann mit 12 Prozent Körperfett und einem Gewicht von 72,5 kg verfügt beispielsweise über 8,6 kg Fett, das zur Energiegewinnung verbrannt werden kann; das Glykogen in seinen Muskeln und seiner Leber macht dagegen nur etwa 500 g aus. Was wäre Ihnen lieber: 8,6 kg Energie oder 0,5 kg Energie? Meine Wahl ist ganz klar die Energiequelle, die länger anhält.

Ein weiteres Problem der begrenzten Speicherkapazität von Glykogen im Körper ist, dass Sie während des Schlafens nicht essen können, um das Glykogen wieder aufzufüllen. Im Schlaf geht dem Zuckerverbrenner also die Glucose aus, weshalb der Körper damit beginnt, Eiweiß (also Muskeln und Knochen) aufzubrechen, um daraus Glucose herzustellen. Im Laufe der Zeit führt das zu weniger fettfreier Masse und trägt zu Problemen wie Osteoporose bei.

Eine gut ausformulierte ketogene Ernährung planen

Fett, Eiweiß und Kohlenhydrate sind die drei Makronährstoffe, die der Mensch für Wachstum und Gesundheit braucht. Eine gut ausformulierte ketogene Ernährung kann als Bereitstellung dieser drei Makronährstoffe in genau dieser Reihenfolge verstanden werden, vom größten Anteil bis zum geringsten. Die folgende Einteilung ist das, womit die meisten Menschen gut klarkommen:

70% bis 80% Fett

10% bis 20% Eiweiß

5% Kohlenhydrate

Diese Prozentzahlen können deshalb nur ungefähr angegeben werden, weil jeder Mensch anders ist. Die genaue Menge jedes Makronährstoffs, die Sie persönlich essen können, um die Keto-Adaption zu erreichen (oder aufrechtzuerhalten), lässt sich am besten durch ausprobieren feststellen, wie auf Seite 28 bis 29 beschrieben.

Ganz allgemein betrachtet beinhaltet eine ketogene Ernährung die folgenden drei Schritte:

1. Zucker und kohlenhydratreiche Nahrungsmittel streichen.

2. Eiweiß nur in Maßen verzehren, dabei fettreiches statt mageres Eiweiß wählen.

3. Reichlich gesunde Fette essen.

Genaueres über das gesunde Gleichgewicht an Mikronährstoffen (Vitamine und Mineralstoffe) bei einer ketogenen Ernährung erfahren Sie auf den Seiten 30 bis 32.

1. Schritt: Zucker und kohlenhydratreiche Nahrungsmittel streichen

Mittlerweile wissen Sie, dass Zucker Entzündungen verursacht und auch komplexe Kohlenhydrate nur eine lange Kette von Glucosemolekülen sind, die Ihr Verdauungssystem ebenfalls in Glucose (also Zucker) aufbricht. Schritt 1 Ihrer Keto-Stoffwechselkur ist folglich, Zucker und Kohlenhydrate wegzulassen.

Damit Ihr Körper wieder mit der Fettverbrennung beginnen kann, sollten Kohlenhydrate nur 5 Prozent Ihrer gesamten Nahrungszufuhr ausmachen. Bei Diabetikern muss diese Menge möglicherweise noch weiter verringert werden, um der Insulinresistenz entgegenzuwirken (siehe Seite 30). Eine gute Kohlenhydratmenge sind etwa 30 Gramm täglich oder weniger, ein Typ 1 Diabetiker sollte mit maximal 20 Gramm sogar noch weniger zu sich nehmen.

Auch die Kohlenhydrate in Gemüse werden im Körper in Zucker aufgebrochen – möchten Sie also in die Ketose gelangen, ist es entscheidend, den Verzehr von stärkehaltigem Gemüse einzuschränken (natürlich neben raffiniertem Zucker und Getreide).

2. Schritt: Eiweiß nur in Maßen verzehren, dabei fettreiches statt mageres Eiweiß wählen

Unsere Steinzeitvorfahren nahmen etwa 80 Prozent ihrer Kalorien in Form von Fett zu sich und nur etwa 20 Prozent aus Eiweiß. In länger anhaltenden Hungerphasen oder bei längerer körperlicher Belastung verbrennt der Körper Fett, um Ketone zu produzieren, die bevorzugte Energiequelle für stark aktives Gewebe wie in Herz und Muskeln.

Ständig werde ich von meinen Klienten gefragt, wie viel Eiweiß zu viel Eiweiß ist. Die Antwort ist, dass jeder Mensch hier über eine andere Toleranz verfügt, genauso wie bei den Kohlenhydraten, aber ein Ketontest kann dabei helfen, die eigene Toleranzschwelle zu ermitteln (siehe Seite 29). Die übliche Spanne liegt bei 50 bis 75 Gramm täglich, allerdings habe ich es auch mit starken Diabetikern zu tun, die nicht mehr als 60 Gramm Eiweiß täglich (etwa 20 Gramm pro Mahlzeit) vertragen können, ohne sich selbst aus der Ketose heraus zu befördern.

Lassen Sie die Finger von magerem Eiweiß! Keine Hähnchenbrust, lieber Hähnchenschenkel und statt Schweinekotelett lieber Schweinebauch. Der Grund ist einfach, dass unser Körper mit magerem Eiweiß nicht gut umgehen kann. Wenn Sie nur mageres Eiweiß essen, nehmen Sie zu viel Stickstoff auf, was zu einer Hyperammonämie führen kann, also einem für das Gehirn toxischen Anstieg des Ammoniakgehalts im Blut. Eine Ernährung mit reichlich gesundem Fett kann jedoch ein Leben lang genossen werden. Es gibt viele traditionelle Kulturen, die dank einer ausschließlich auf tierischen Produkten basierenden und somit natürlich fettreichen Ernährung überlebt haben.

Wie viel Eiweiß braucht der Mensch?

Zur Beantwortung dieser Frage halte ich es für wichtig, sich zunächst die Nahrung von Säuglingen anzusehen. Vermutlich werden mir fast alle Menschen darin zustimmen, dass Muttermilch die beste Nahrung für ein Baby im Wachstum ist. Und da Muttermilch zu 60 Prozent aus Fett besteht, befinden sich Babys in einem ketogenen Zustand. Wir sind uns wohl ebenso einig, dass Babys den höchsten Eiweißbedarf pro Kilogramm Körpergewicht haben, weil sie so schnell wachsen. Wie viel Eiweiß bekommt das Baby also durch die Muttermilch? Das Ergebnis sind etwa 1 Gramm Eiweiß pro Kilogramm Körpergewicht täglich. Das ist die natürliche Eiweißzufuhr in einer Phase, in der der Bedarf am höchsten ist. Voll ausgewachsene Erwachsene brauchen sogar noch weniger.

Eine ketogene Ernährung ist ideal, um Muskelmasse zu bewahren. Hier haben wir also eine Situation, in der die traditionelle Denkweise der westlichen Ernährungsform nicht zutrifft. In einer ernährungsbedingten Ketose benötigt der Mensch weniger Eiweiß.

3. Schritt: Reichlich gesunde Fette essen

Wenn Sie nun Zucker und Kohlenhydrate weglassen und Eiweiß einschränken, was bleibt dann noch übrig? Das gute Fett. Dieser Makronährstoff ist jahrzehntelang fälschlicherweise verteufelt worden. Wenn Sie keto-adaptiert sind, ist gesundes Fett (und zwar jede Menge davon) Ihr Treibstoff. Zudem ist Fett das, was für Sättigung und Zufriedenheit sorgt und Heißhunger in Schach hält. Sobald Sie keto-adaptiert sind, fühlen Sie sich auch mit weniger Kalorien satt. Versuchen Sie nicht zwanghaft, zusätzliches Fett zuzuführen, um den Ketonspiegel ansteigen zu lassen, denn Sie verbrennen Ihr eigenes Fett, um Ketone zu produzieren, und nehmen so schneller an Gewicht ab.

Für die Keto-Adaption müssen Sie Ihre Zufuhr an gesundem Fett erhöhen, um die Anpassungsschwelle so schnell wie möglich zu überwinden. Die benötigte Fettmenge hängt dabei von Ihrem Kalorienbedarf ab: Um abzunehmen, sollten Sie weniger Kalorien zu sich nehmen, als Sie verbrennen. Die meisten meiner Klienten empfinden 1.000 bis 1.400 Kalorien als gute Menge, sobald sie keto-adaptiert sind. Die folgende Gleichung ist gut geeignet, um die Fettmenge in Gramm zu bestimmen, die Sie täglich zu sich nehmen müssen:

(Kalorien x 0,8) : 9 = Gramm Fett täglich

Wenn Sie also 1.400 Kalorien täglich anvisieren und 80 Prozent dieser Kalorien aus Fett stammen, ist die Rechnung folgende:

$$(1.400 \times 0{,}8) : 9 = 124 \text{ g Fett täglich}$$

Bei 70 Prozent Kalorien aus Fett, muss die Gleichung wie folgt angepasst werden:

$$(\text{Kalorien} \times 0{,}7) : 9 = \text{Gramm Fett täglich}$$

In Bezug auf die zu essenden Fette und Öle gilt: Je höher ihr Gehalt an gesättigten Fettsäuren, desto besser. Gesättigte Fette wie MCT-Öl, Kokosöl, Talg und Schmalz gehören zu den Fetten der ersten Wahl, denn sie sind stabil, wirken entzündungshemmend und oxidieren weniger leicht (Oxidation kann Entzündungen verursachen). Wenn möglich sollten diese Fette aus biologischem Anbau und aus Weidehaltung stammen.

MCT steht für »mittelkettige Triglyceride« (Medium-Chain Triglycerides), also eine Art der Fettsäureketten. Der Verzehr von Fetten mit hohem MCT-Gehalt ist deshalb so vorteilhaft, weil MCTs im Gegensatz zu langkettigen Triglyceriden schnell vom Körper genutzt und nicht in den Fettzellen gespeichert werden. Ein weiterer Bonus: Nicht sofort genutzte MCTs werden in Ketone umgewandelt, die auf dem Weg zur Keto-Adaption hilfreich sein können. Bis der Körper selbst wieder effizient Ketone aus Körperfett erzeugen kann, können Ketone aus MCT-Öl dabei helfen, das Gehirn zu füttern, das ja bekanntermaßen nur Ketone oder Glucose verwendet. Natürlich reich an MCTs sind Kokos- und Palmöl sowie Butter und Ghee. MCT-Öl wird aus Kokos- oder Palmöl extrahiert und hat einen höheren MCT-Gehalt. Im Unterschied zu Kokosöl bleibt MCT-Öl auch bei Lagerung im Kühlschrank flüssig.

Vermeiden Sie instabile mehrfach ungesättigte Fettsäuren. Sie kommen in Produkten wie Margarine, Pflanzenöl und ungehärtetem Pflanzenfett vor, denen Sie sowieso stets aus dem Weg gehen sollten.

Auch Transfette sollten Sie meiden. Sie werden produziert, indem ungesättigten Fetten Wasserstoff hinzugefügt wird und sie so teilweise gehärtet werden (Hydrierung). Von der Lebensmittelindustrie werden Transfette gern verwendet, weil sie günstiger sind und die Haltbarkeit der Nahrungsmittel verlängern. Allerdings sind sie für die Gesundheit sehr schädlich.

In einer Studie mit dem Schwerpunkt auf Herzgesundheit und Fette untersuchten die Forscher zwei Gruppen, von denen die eine Transfette zu sich nahm und die andere gesättigte Fette. Die gesättigten Fette verursachten keine Herzerkrankungen, aber die Transfett-Gruppe nahm drei Mal so viel an Gewicht zu wie die andere Gruppe, obwohl beide die gleiche Anzahl an Kalorien zu sich nahmen. Und dieses zusätzliche Gewicht war das viszerale Fett, also das um den Bauch herum gespeicherte Östrogen-dominante Fett, das ein erhöhtes Risiko für Krebs und Herz-Kreislauf-Erkrankungen mit sich bringt.

Fett ist nicht gleich Fett, weshalb Sie in Sachen Ernährung detektivische Fähigkeiten entwickeln müssen. Wenn Sie vorgefertigte Nahrungsmittel kaufen, halten Sie auf dem Etikett nach Transfetten oder teilweise gehärteten Fetten und Ölen Ausschau. Die beste Methode, um Transfette und andere ungesunde Fette zu vermeiden, ist jedoch, das Essen selbst zuzubereiten. Ich empfehle meinen Klienten, alles Mögliche selbst herzustellen, auf das sie Appetit haben – sogar Chili Cheese Fries (mit Käse überbackene Pommes Frites mit Chili con Carne)! Bei selbst gemachten Speisen ist es unwahrscheinlicher, dass Sie an Gewicht zulegen, auch wenn sie die gleiche Kalorienmenge enthalten wie die industriell vorgefertigten Varianten.

Transfette und die Alterung

Wir alle möchten jugendlich bleiben, was auch die Daseinsberechtigung für eine mehrere Milliarden US-Dollar schwere Branche ist, die sich um das jüngere Aussehen der Menschen bemüht. Nahrung ist dabei etwas, das wir häufig außer Acht lassen, aber Transfette sind in vielerlei Hinsicht ein enormer Beschleuniger der Alterung, und zwar von innen nach außen.

Transfette lassen die Zellen einerseits altern, indem sie die Kommunikationsfähigkeit der Nervenzellen hemmen. Nervenzellen (oder Neuronen) sind mit einer Myelin genannten fettigen Substanz umhüllt, dank der sie Impulse durch den ganzen Körper senden können. Transfette werden in das Myelin aufgenommen und beeinträchtigen dann die Fähigkeit der Nervenzellen, diese Impulse zu senden.

Darüber hinaus sind Transfette stark entzündungsfördernd, was ebenfalls die Alterung beschleunigt. Bei einer ketogenen Ernährung konzentrieren wir uns häufig darauf, Zucker und Stärke wegzulassen, um Entzündungen entgegenzuwirken, aber wenn Sie voller Transfette steckende Nahrungsmittel essen, verursachen auch die langfristige Entzündungen!

So steigern Sie Ihr Verhältnis von Makronährstoffen

Meine Klienten glauben häufig, die 70 bis 80 Prozent Fett nicht ganz erreicht zu haben, weshalb sie einen Bulletproof Coffee trinken (eine im Hochleistungsmixer aufgeschlagene Mischung aus Kaffee, Butter und MCT-Öl) oder einen Esslöffel Kokosöl extra zu sich nehmen, um das Verhältnis zu korrigieren. Sollten Sie sich zum Abnehmen ketogen ernähren, würde ich Ihnen dieses Vorgehen nicht empfehlen. Ihr Körper ist ein Wunder und kann Ketone aus dem in Ihrem Körper gespeicherten Fett herstellen.

Solange Ihre Kohlenhydratzufuhr stimmt (30 Gramm oder weniger täglich, idealerweise 20 Gramm oder weniger) und die Eiweißzufuhr moderat ist (bei den meisten Menschen 50 bis 75 Gramm täglich), werden Sie die Ketose auch so erreichen – den Zustand, in dem Ihr Körper Fett aus der Ernährung und Körperfett gleich gut verwerten kann. Steht ihm nicht genügend Fett aus der Ernährung zur Verfügung, nutzt Ihr Körper einfach das gespeicherte Fett als Treibstoff. Und das ist genau das, was Sie zum Abnehmen erreichen wollen.

Essen Sie Fett einfach, bis Sie satt sind oder Sie Ihre Kaloriengrenze für den Tag erreicht haben, beides ist in Ordnung. »Kaloriengrenze« sage ich deshalb, weil Sie am Anfang bei einer Leptin-resistenz zu viel an Fett essen könnten und sich so selbst im Weg stehen. Bei einer Leptinresistenz fühlen Sie sich auch nach einer riesigen Mahlzeit nie voll oder satt, denn die Hormone, die für das Satt-Signal zuständig sind, funktionieren nicht so, wie sie sollten. Durch die ketogene Ernährung beginnt Ihr Körper jedoch zu heilen und dann reagieren auch die Hormone wieder so, wie sie sollten. Ist die Leptinresistenz erst einmal geheilt, fällt es Ihnen bei korrekter Kohlenhydrat- und Eiweißmenge schwer, sich an Fett zu überessen, denn Sie werden sich satt und zufrieden fühlen.

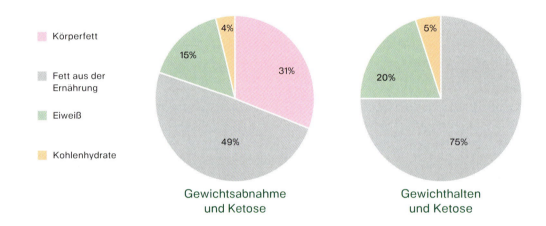

Testen Sie sich auf Ketone

Nach zwei bis vier Wochen mit einer gut ausformulierten ketogenen Ernährung sollten Sie die ernährungsbedingte Ketose erreichen – den Zustand, in dem Ihr Körper keinen Zucker mehr verbrennt, sondern Fett. Zur Bestimmung, ob Sie keto-adaptiert sind, können Sie sich selbst auf Ketone testen, denn die sollten in der Ketose einen bestimmten Wert erreicht haben. Für die Tests haben Sie mehrere Möglichkeiten.

Die drei Ketonkörper

Um die Testmethoden verstehen zu können, müssen Sie ein wenig über die Ketonkörper wissen. Biochemisch betrachtet gibt es drei Arten von Ketonkörpern: Aceton, Acetoacetat und β-Hydroxybutyrate (BHB).

Lang- und mittelkettige Fettsäuren werden in der Leber in BHB und Acetoacetat umgewandelt, die in einem reversiblen Gleichgewicht leben (das heißt, sie können sich hin und her verwandeln). Acetoacetat kann zudem in Aceton umgewandelt werden, anschließend aber nicht mehr umgekehrt werden. Aceton wird üblicherweise über den Urin oder die Atemluft ausgeschieden.

Die verschiedenen Ketontests untersuchen jeweils einen dieser drei Ketonkörper: Aceton wird in der Atemluft gemessen, Acetoacetat im Urin und BHB im Blut.

Die drei Messmethoden für Ketone

Für die Ketontests gibt es drei Methoden, von denen jede jeweils Vor- und Nachteile hat.

Urinteststreifen (Keto-Sticks)
Wie bereits erwähnt scheidet der Körper auf zwei Wegen überschüssige Ketone aus: über den Urin und über die Atemluft. Bei einer Untersuchung des Urins auf Ketone werden Sie insbesondere am Anfang einer ketogenen Ernährung höhere Mengen messen können, da der Körper sich noch nicht an Ketone als Treibstoff gewöhnt hat. Wenn Sie völlig keto-adaptiert sind, werden Sie immer weniger Ketone im Urin nachweisen können, denn der Körper nutzt sie nun als Treibstoff, anstatt sie auszuscheiden.

Urintests sind zudem anfällig für Veränderungen in Ihrem Wasserhaushalt. Je besser Sie mit Wasser versorgt sind (und bei einer ketogenen Lebensweise sollten wir alle mehr Wasser trinken), desto geringer wird der Wert auf dem Urinteststreifen sein.

Atem-Ketontest (Ketonix Atemketon-Messgerät)
Beim Atemtest wird die Atemluft auf Aceton untersucht. Der Acetonwert in der Atemluft gibt einen guten Überblick darüber, wie stark der Körper Fett in Treibstoff umwandelt, aber der Wert korreliert nicht direkt mit dem BHB-Wert im Blut.

Blut-Ketontest
Ein Blut-Ketontest ist die beste Methode zur Messung der tatsächlichen Ketose (mein Favorit ist das Modell Precision Xtra). In einem BHB-Bereich von 0,5 bis etwa 5,0 mmol ist der Körper in der Ketose und nutzt Ketone als primären Treibstoff.

Denken Sie daran, dass bei Ketonen mehr nicht gleich besser ist. Viele Studien haben ergeben, dass ein BHB-Wert von mehr als 4 bis 5 mmol keinen zusätzlichen Nutzen für den Stoffwechsel hat. Zudem kann es bei einem geschädigten Stoffwechsel (oder einer Insulinresistenz, siehe Seite 19) sein, dass Sie Ketone als Treibstoff nicht vollkommen effizient nutzen können und daher höhere Ketonwerte aufweisen. In diesem Fall sollten Sie sich darauf konzentrieren, die Eiweißzufuhr mäßig zu halten und insgesamt nur 20 Gramm Kohlenhydrate oder weniger zu essen. Wenn Sie sich an diese zwei Punkte halten, wird Ihr Körper unabhängig von den Messergebnissen der Blut-Ketonmessung in die Ketose gelangen.

Die Ketose bei Sportlern

Blutketonwerte sind schlicht die Differenz zwischen den produzierten und den genutzten Ketonen. Wenn Sie also viel Sport treiben, haben Sie möglicherweise niedrigere Ketonwerte, da Ihr Körper mehr der im Blut vorhandenen Ketone als Treibstoff nutzt. Es gibt Sportler und Bodybuilder, die in der Ketose nur Blutketonwerte von 0,3 aufweisen, weil sie sämtlichen von ihrem Körper hergestellten Treibstoff (Ketone) nutzen. Daher ist der absolute Blutketonwert nicht so unbedingt wichtig, wenn es um Abnehmen und Heilung geht. Manchen Menschen geht es bei 0,3 oder 0,6 gut, anderen bei 2,0 oder mehr.

Halten Sie ein gesundes Gleichgewicht an Mikronährstoffen

Der Schwerpunkt einer ketogenen Ernährungsweise liegt zwar auf den Makronährstoffen, gleichzeitig sollten Sie aber auch sicherstellen, dass Sie ausreichende Mengen bestimmter Mikronährstoffe aufnehmen – also die Vitamine, Mineralstoffe und Elektrolyte, die der Körper braucht. Das gesunde Gleichgewicht dieser Mikronährstoffe kann den Unterschied ausmachen, ob Sie sich während der 30-Tage-Stoffwechselkur großartig fühlen oder so furchtbar, dass Sie abbrechen möchten.

Natrium und Elektrolyte

Nehmen Menschen eine ketogene Lebensweise an, spüren sie schon bald, dass sie ihre Insulinsensitivität verbessert. Durch das kohlenhydratarme Essen sinkt der Insulinspiegel schnell, und der Körper beginnt, sich von der Insulinresistenz zu erholen. Allerdings geben die Nieren durch den sinkenden Insulinspiegel sofort Flüssigkeit ab. Daher beschweren sich viele meiner Klienten, die gerade mit der ketogenen Ernährung begonnen haben, dass sie nachts häufiger auf die Toilette müssen. Aber auch diese Nebenwirkung lässt irgendwann nach.

Die gute Nachricht ist, dass es für den Körper einfacher wird, Fett zu oxidieren, wenn die Nieren überschüssige Flüssigkeit abgeben. Die schlechte Nachricht ist, dass mit der überschüssigen Flüssigkeit auch wichtiges Natrium und Elektrolyte verloren gehen. Sinkt dann der Natriumspiegel unter ein bestimmtes Niveau (was recht schnell passieren kann), kann es zu unerwünschten Nebenwirkungen wie Kopfschmerzen, Schwindel, Krämpfen und wenig Energie kommen.

Kurz nachdem Sie mit Ihrer 30-Tage-Stoffwechselkur begonnen haben, werden Sie möglicherweise bemerken, dass Sie bei zu schnellem Aufstehen das Gefühl haben, ohnmächtig zu werden. Das liegt daran, dass Sie dehydriert sind. Allerdings hilft es nicht, nur Wasser zu trinken, denn Sie benötigen auch mehr Natrium. Salz ist nicht der Bösewicht, für den Ihr Arzt es wahrscheinlich hält – Sie müssen Ihre Denkweise ändern. Es ist nicht nur wichtig zu wissen, dass Sie Ihr Risiko für Herzerkrankungen senken, wenn Sie mehr Fett essen. Bedenken Sie auch, dass bei einer gut ausformulierten ketogenen Ernährung viel mehr Natrium benötigt wird.

Auch wenn Sie keine offensichtlichen Nebenwirkungen feststellen, braucht Ihr Körper mehr Wasser und Natrium. Indem Sie sämtliche abgepackte Nahrungsmittel weglassen, fällt auch einiges an Natrium in Ihrer Ernährung weg, und da die empfohlenen Keto-Nahrungsmittel nicht sehr viel Flüssigkeit enthalten, sollten Sie abhängig von Ihrem Gewicht 1,6 bis 3,2 Liter Wasser täglich trinken (bei 50 kg Körpergewicht etwa 1,6 l, bei 100 kg etwa 3,2 l). Sollten Sie wie viele Menschen am Anfang starke Kopfschmerzen bekommen, nehmen Sie zusätzlich Natrium ein, etwa sechs Gramm täglich.

Ich selbst nehme Natrium (sowie Elektrolyte und jede Menge Mineralstoffe) am liebsten über selbst gemachte Knochenbrühe auf, deren Rezept Sie auf Seite 108 finden. (Gekaufte Brühe hat nicht die gleiche Zusammensetzung und bietet nicht den gleichen Nutzen.) Sie ist ganz einfach herzustellen, sogar in einem Schongarer. Eine selbst gemachte Brühe muss mindestens einen Tag kochen – oder bis zu drei Tagen für eine extrem reichhaltige Brühe. Ich selbst koche häufig eine riesige Menge in dem Topf, den Craig früher verwendet hat, um selbst Bier zu brauen (ja, seitdem hat sich eine Menge verändert!). Anschließend friere ich die Brühe in kleinen Portionen ein, und sie hält sich ewig.

Sollten Sie wirklich keine Lust haben, selbst Knochenbrühe zu kochen, kaufen Sie am besten eine Bouillon, denn sie enthält viel Natrium, schmeckt als Heißgetränk sehr gut und kann den Heißhunger auf Kohlenhydrate vertreiben. Aber bitte achten Sie darauf, dass sie kein Mononatriumglutamat und Gluten enthält. Nicht alle Markenbrühen sind gesund.

Eine weitere Empfehlung neben dem Brühetrinken ist, das übliche Speisesalz durch reichliche Mengen an echtem Salz zu ersetzen, beispielsweise hochwertiges Meersalz oder Steinsalz. Echtes Salz ist für den Elektrolythaushalt entscheidend und gibt Ihnen einen Energieschub. Keltisches Meersalz (auch graues Meersalz genannt) und Himalayasalz sind gute Alternativen. Dieses Salz wird entweder aus Meerwasser aus tiefen alten Schichten gewonnen oder dadurch, dass Meerwasser mit einem hohen Mineralstoffgehalt verdunstet wird. Es enthält etwa 70 Prozent des im normalen Speisesalz enthaltenen Natriums, das wiederum raffiniert, gebleicht und verarbeitet wurde, bis es fast reines Natriumchlorid ist und zudem mit Rieselhilfen versetzt wird. Die anderen 30 Prozent machen die Mineralstoffe und Mikronährstoffe (einschließlich Jod) aus, die sich in mineralreichem Meerwasser befinden. Ich mag den Geschmack dieser Salze lieber als den von Speisesalz und finde, dass sie den etwas höheren Preis wert sind. Aber seien Sie vorsichtig, denn zumindest in den USA gibt es Meersalze, in denen Dextrose (eine Zuckerart) als Rieselhilfe enthalten ist und die keinerlei Jod und andere Nährstoffe enthalten.

Kalium

Wenn Sie keine magere Muskelmasse verlieren möchten, können Sie Folgendes tun. Dank des diuretischen Effekts werden Sie auch bei einer gut ausformulierten ketogenen Ernährung jede Menge Kalium ausscheiden. Wenn Sie für einen ausreichend hohen Kaliumspiegel sorgen, schützt das beim Abnehmen die magere Muskelmasse, und wie Natrium beugt Kalium Krämpfen und Müdigkeit vor. Ein Kaliummangel führt zu wenig Energie, schweren Beinen, Heißhunger auf Salziges, Schwindel, und es kann sein, dass Sie nah am Wasser gebaut sind.

Ich gebe häufig Unterricht zum Thema Ernährung und beantworte am Ende jeder Stunde die Fragen der Teilnehmer. Dabei höre ich oft die Frage: »Was empfehlen Sie, um Kalium aufzunehmen, wenn man keine Bananen oder Kartoffeln essen darf – insbesondere bei Menschen mit Bluthochdruck?«

Interessant finde ich, dass Ärzte ihren Bluthochdruckpatienten häufig Bananen und Kartoffeln empfehlen. Natürlich schmecken sie gut, und die Menschen essen sie gern, aber in Wahrheit verursachen beide Nahrungsmittel das Problem und lösen es nicht. Außerdem gibt es Nahrungsmittel mit viel höherem Kaliumgehalt als die insulinsteigernde Banane oder Kartoffel. Getrocknete Kräuter enthalten beispielsweise viel mehr Kalium, aber keinen Zucker und auch keine Stärke.

Damit Sie ausreichend Kalium aufnehmen, sollten Sie kaliumreiche Nahrungsmittel wie die folgenden in Ihren Speiseplan integrieren:

| Getrocknete Kräuter: Basilikum, Dill, Estragon, Kerbel, Kurkuma, Oregano, Petersilie, Safran | Avocados | Paprika, rotes Chilipulver | Kakaopulver, Edelbitterschokolade (99 Prozent Kakaoanteil) | Fisch: Heilbutt, Lachs, Stachelmakrele, Thunfisch |

Sie können aber auch zwei Mal täglich 99 mg Kalium einnehmen. Und wenn Sie auf eine ausreichende Natrium- und Magnesiumzufuhr achten, schont das auch den Kaliumspiegel.

Magnesium

In den USA sind mit Magnesium angereicherte Vollkornprodukte für viele Menschen eine der wichtigsten Magnesiumquellen. Aber auch so gelten Vollkornprodukte als gute Magnesiumlieferanten, und es fällt eine wichtige Magnesiumquelle weg, wenn Sie keine Getreideprodukte mehr essen. Zudem steigt die Wahrscheinlichkeit eines Magnesiummangels, wenn Sie Kalziumpräparate einnehmen, da Kalzium mit Magnesium um die Aufnahme konkurriert. Nichtsdestotrotz verursacht eine gut ausformulierte ketogene Ernährung keinen starken Rückgang des Magnesiums – im Gegensatz zu einer kohlenhydratreichen Ernährung. Um nur ein Gramm Zucker oder Stärke zu verarbeiten, wendet der Körper 54 mg Magnesium auf. Das sorgt für einen hohen Magnesiumbedarf, und so ist es auch kein Wunder, dass Magnesiummangel zu den häufigsten

Mangelerscheinungen meiner Klienten gehört. Viele Menschen erreichen nicht einmal die empfohlene Mindest-Magnesiummenge, die gar nicht so hoch ist. Die meisten Menschen mit dem metabolischen Syndrom oder Bluthochdruck und/oder Übergewicht, Insulinresistenz oder Diabetes haben einen Magnesiummangel. Mit steigendem Insulinspiegel steigt auch der Blutdruck. Insulin speichert Magnesium, aber sind die Insulinrezeptoren abgestumpft und werden die Zellen Insulin gegenüber resistent, können Sie kein Magnesium mehr speichern, und es wird mit dem Urin wieder ausgeschieden. Magnesium in den Zellen sorgt zudem dafür, dass die Muskeln entspannt sind. Bei einem zu niedrigen Magnesiumspiegel ziehen sich die Blutgefäße eher zusammen und entspannen sich nicht, was zu erhöhtem Blutdruck und weniger Energie führt.

Es ist nicht unbedingt eine Blutuntersuchung notwendig, um festzustellen, ob Sie einen Magnesiummangel haben, denn es ist einfach eine Tatsache, dass die meisten Menschen nicht genug Magnesium aufnehmen. Ich würde immer zusätzlich Magnesium einnehmen. Es hilft dabei, die Muskeln zu reparieren, entspannt auf natürliche Weise Blutgefäße und angespannte Muskeln und wirkt bei Migräne und anderen Leiden Wunder. Ein guter Magnesiumspiegel hilft zudem, den Kaliumspiegel zu regulieren. Ich empfehle auch, Kindern zusätzlich Magnesium zu geben, da es bei Schlafproblemen hilft. Es gibt auch lokal aufzutragende Magnesiumgele und -lotionen, die für eine sofortige Aufnahme sorgen.

Sie fragen sich vielleicht, weshalb wir unsere Ernährung mit Mineralstoffen ergänzen müssen, obwohl unsere Vorfahren es nie getan haben. Das liegt daran, dass das meiste von ihnen aufgenommene Magnesium sich im Wasser befand, das sie aus Bächen und Brunnen tranken. Heute trinken die meisten Menschen behandeltes, weicher gemachtes oder abgefülltes Wasser, das kaum Magnesium enthält. In Wasserrohren hinterlassen die Magnesiumsalze Ablagerungen und erschweren das Aufschäumen von Seife. Diese Probleme wurden zwar gelöst, indem das Wasser enthärtet wird, aber dieser Prozess des Weichmachens beseitigt auch das Magnesium, das unser Körper benötigt.

Da unser Trinkwasser nun nicht mehr so magnesiumreich ist und auch in Nahrungsmitteln keine ausreichenden Mengen vorhanden sind, empfehle ich die Einnahme von mindestens 400 mg eines hochwertigen Magnesiumchelats täglich. Bei den meisten Menschen wirkt Magnesium entspannend, weshalb die Einnahme vor dem Schlafengehen für einen guten Schlaf sorgt. In wenigen Fällen wirkt es jedoch auch energetisierend, und sollten Sie feststellen, dass Sie nach der Einnahme nicht schlafen können, empfehle ich die Einnahme von 400 mg zum Frühstück und bei Bedarf eine weitere Dosis zum Mittagessen. Auch hier ist die Toleranz bei jedem anders.

Beim Kauf von Nahrungsergänzungsmitteln ist wichtig zu wissen, dass Magnesiumchelat für die bessere Aufnahme mit Aminosäuren kombiniert wird. Beträgt die Dosis also 1.000 mg Magnesiumcitrat, liegt die Magnesiummenge nicht bei 1.000 mg. Die chelatierte Aminosäure ist schwerer als Magnesium, das nur etwa 15 Prozent des Gewichts ausmacht. Einen genauen Überblick über die exakte Magnesiummenge bietet die empfohlene Tagesdosis. Die Deutsche Gesellschaft für Ernährung empfiehlt abhängig von Alter und Geschlecht 300–400 mg.

Die einzige unangenehme Nebenwirkung bei Magnesium kann Durchfall sein, aber das kommt eher bei Magnesiumoxid vor, einer nicht resorbierbaren Form. Halten Sie nach Magnesiumglycinat Ausschau, das ich bislang nur online gefunden habe. Wenn Sie eine geringe Dosis nehmen und immer noch Probleme mit Durchfall haben, probieren Sie ein Magnesiumgel oder eine Lotion aus oder nehmen ein Bad mit Bittersalz (Magnesiumsulfat).

Intermittierendes Fasten

Als ich zum ersten Mal vom intermittierenden Fasten (auch Intervallfasten genannt) hörte, dachte ich: »Oh nein, das kann nicht gut sein, wenn man seine Muskelmasse behalten möchte.« Nachdem ich jedoch selbst erfahren hatte, was beim Fasten während einer gut ausformulierten ketogenen Ernährung passiert, wurde mir klar, dass man nicht nur seine Muskeln behält, sondern auch noch andere Vorteile davon hat. Als ich das intermittierende Fasten ausprobierte, bemerkte ich nicht nur körperliche Vorteile – auch der mentale Nutzen war überragend.

Weshalb fasten? Das sind einige der Vorteile:

Es steigert die Hirnfunktion. Der Neurowissenschaftler Mark Mattson hat herausgefunden, dass sich beim intermittierenden Fasten der Wert eines Eiweißes namens BDNF erhöht (Brain-Derived Neurotrophic Factor, auf Deutsch in etwa »vom Gehirn stammender neurotropher Faktor«). BDNF ist ein Wachstumsfaktor, durch den die Bildung neuer Hirnzellen im Hippocampus angeregt wird, dem für das Gedächtnis zuständigen Bereich des Gehirns. (Ein schrumpfender Hippocampus wird mit Demenz und Alzheimer in Verbindung gebracht.)

Es senkt den Blutdruck. Steigt das Insulin an, steigt auch der Blutdruck. Insulin speichert zwar Magnesium, aber wenn die Insulinrezeptoren abgestumpft sind und die Zellen insulinresistent werden, können sie kein Magnesium mehr speichern, und es wird über den Urin ausgeschieden. Bei einem zu niedrigen Magnesiumspiegel ziehen sich die Blutgefäße zusammen, anstatt sich zu entspannen, wodurch der Blutdruck steigt und die Energie sinkt.

Es hemmt das Krebswachstum. Fasten sorgt dafür, dass geschädigte Mitochondrien aussortiert werden. Zudem aktiviert es bestimmte Gene, die Gewebe reparieren, was in Zeiten des Überflusses nicht geschehen würde. Studien zufolge kann intermittierendes Fasten die spontane Krebsentstehung bei Tieren reduzieren, da es oxidative Schäden verringert oder die Immunantwort steigert.

Es hebt die Stimmung. Eine weitere Wirkung des Wachstumsfaktors BDNF ist, dass er Ängste unterdrückt und die Stimmung hebt. Nachdem Mattson BDNF in die Gehirne von Ratten injiziert hatte, zeigte sich eine antidepressive Wirkung.

Es steigert die Wirksamkeit von Insulin. Insulin ist das Hormon, das unsere Fähigkeit zur Verarbeitung von Zucker und zum Aufbrechen von Fett beeinflusst.

Es senkt die Triglyceride. Insulin steigert die Lipoproteinlipase (LPL) von Fettgewebe und hemmt deren Aktivierung bei Muskelzellen. Glucagon wiederum steigert die LPL bei Muskeln und Herzgewebe und hemmt die Aktivierung von Fett.

Es verlängert das Leben. Fasten ermöglicht das Reparieren von Zellen, da dies energetisch weniger aufwendig ist, als sie zu teilen und neue zu erschaffen. Somit funktionieren bestimmte Zellen länger. Zudem senkt Fasten laut Valter Longo von der University of Southern California die Menge von IGF-1, einem vom Körper produzierten insulinähnlichen Wachstumshormon. Ein geringerer IGF-1-Spiegel senkt nachweislich das Risiko vieler altersbezogener Krankheiten. Der Körper benötigt IGF-1 und andere Wachstumsfaktoren zwar, wenn er jung und im Wachstum ist, allerdings beschleunigt ein hoher Spiegel im späteren Leben anscheinend die Alterung und Krebs.

Fasten ist keine Diät, sondern vielmehr ein Essmuster. Es ist unserer heutigen Art zu leben völlig entgegengesetzt. Dennoch ist es nicht so drastisch, wie es sich anhört, denn bereits während des Schlafens fastet jeder Mensch ein wenig. Beim intermittierenden Fasten geht es darum, diesen Zeitraum des Nicht-Essens etwas zu verlängern. In den ersten acht Stunden nach dem Essen sind Sie dabei, zu verdauen und Nährstoffe aufzunehmen. Erst wenn Sie acht Stunden lang nichts gegessen haben, beginnt das Fasten. Wenn Sie also die Zeitspanne für Ihre Mahlzeiten auf acht Stunden am Tag beschränken (und folglich 16 Stunden lang fasten), halten Sie den Fastenzustand aufrecht und können dabei Fett effizienter verbrennen.

Mit Wasser fasten – mehr nicht!

Knochenbrühe enthält viel Glutamin, das im Blut leicht in Zucker umgewandelt wird. 240 ml Brühe können bis zu 1.000 mg Glutamin enthalten. Wenn sich meine Klienten an meine Anweisungen halten und ohne Brühe fasten, steigt bei vielen von ihnen der Ketonspiegel an, während der Blutzuckerspiegel absinkt. Sollten Sie Erkrankungen oder Probleme mit den Verdauungsorganen haben und die Brühe aus gesundheitlichen Gründen trinken wollen, ist das in Ordnung und auch gesund, aber bleiben Sie bei 240 ml täglich.

Auch unsere Hormone, die letztendlich über Gewichtsabnahme oder -zunahme entscheiden, werden durch das Fasten beeinflusst. Den ganzen Tag über steigt und sinkt die Menge unserer Hormone, quasi wie die Wellenbewegung des Meeres. Dabei sind Insulin und das menschliche Wachstumshormon Antagonisten, also Gegenspieler, und da Insulin das stärkere der beiden Hormone ist, gewinnt es immer. Das bedeutet, dass das Insulin ansteigt und den Anstieg des menschlichen Wachstumshormons hemmt, sobald Sie Kohlenhydrate essen. Der größte natürliche Anstieg des menschlichen Wachstumshormons tritt 30 bis 70 Minuten nach dem Einschlafen auf, aber wenn Sie sich vor dem Zubettgehen noch ein Eis oder eine Scheibe Toastbrot mit Erdnussbutter und Honig gönnen (was ich als Kind immer getan habe), hindert das das kostbare Fettverbrennungshormon daran, Fett im Schlaf zu verbrennen. Beim Aufwachen am Morgen haben Sie dann immer noch Glykogen in der Leber und kein Gramm Fett verbrannt.

Ich finde es spannend, dass bei den meisten Diäten die mentale Komponente einfach ist, aber der physische Teil schwerfällt. Beim Fasten ist es umgekehrt, und die mentale Komponente hält viele meiner Klienten davon ab, es auch nur mal auszuprobieren. Auch ich dachte, es wäre unmöglich, denn als Zuckerverbrenner hatte ich ständig das Bedürfnis, zu essen. Jetzt, da ich keto-adaptiert bin, spare ich mir viel Zeit dadurch, dass ich nicht den ganzen Tag von Gedanken rund ums Essen gequält werde.

Es gibt viele Möglichkeiten, das Fasten ins Leben zu integrieren. Ich empfehle gern, ein bis zwei Mal pro Woche das Abendessen wegzulassen – vielleicht an einem Tag, an dem Sie spät nach Hause kommen und zu kurz vor dem Zubettgehen essen würden. Diese Variante gefällt mir besonders gut, weil sie einen davon abhält, sich zu spät am Abend zu überessen, und weil sie dafür sorgt, dass der Spiegel des menschlichen Wachstumshormons (des Fettverbrennungshormons) beim Einschlafen nicht zu hoch ist. Während des abendlichen Fastens können Sie reines Wasser trinken, Kamillentee oder Wasser aus dem Wassersprudler, das mit Stevia gesüßt wird.

Sie können aber auch morgens fasten, was sich besonders für diejenigen eignet, die morgens gern Ausdauertraining machen. Wenn Sie die Mahlzeit vor dem Sport weglassen, verbrennt Ihr Körper stattdessen Fett, da der Spiegel des fettverbrennenden menschlichen Wachstumshormons hoch bleibt. Fühlen Sie sich nicht dazu verpflichtet, direkt nach dem Training etwas zu essen. Wenn Sie nicht hungrig sind, sollten Sie sich nicht zum Essen zwingen, und insbesondere sollten Sie keinen Eiweißshake trinken, wenn Sie abnehmen möchten. Stattdessen können Sie verzweigtkettige Aminosäuren zum Muskelaufbau einnehmen, die keine Kalorien enthalten. Während des morgendlichen Fastens können Sie einen entkoffeinierten Caffè Americano (einen verlängerten Espresso) aus Bioespresso, Tee oder Wasser trinken. Normaler entkoffeinierter Kaffee wird häufig durch ein Filtrierungsverfahren mit Chlor oder Dichlormethan hergestellt, und Chlor hemmt die Schilddrüsenfunktion. Der Caffè Americano wird mit Espresso gemacht, bei dem ein Filtrierungsverfahren mit Wasser angewendet wird und der außerdem weniger Koffein als Kaffee enthält. Ich empfehle Ihnen auch, nach dem Aufwachen bestimmte Aminosäuren wie L-Carnitin einzunehmen, denn sie helfen dabei, Triglyceride in die Mitochondrien zu geleiten, wo sie Fett verbrennen.

Oder Sie machen ein kombiniertes Fasten, bei dem Sie beispielsweise das Abendessen nicht nach 15 Uhr essen, gegen 22 Uhr ins Bett gehen und gegen 6 Uhr wieder aufstehen. Nach dem Aufstehen trinken Sie dann nur Getränke ohne Kalorien, wie Wasser, grünen Tee oder entkoffeinierten Caffè Americano. Zu dieser Zeit nehme ich auch mein L-Carnitin ein. Anschließend empfehle ich Sport. Dann können Sie gegen 9:30 oder 10 Uhr frühstücken. Insgesamt kommen Sie so auf über 18 Stunden zwischen den Mahlzeiten.

Ich selbst faste gern morgens. Ich stehe um 5 Uhr auf, nehme meine Aminosäuren und arbeite dann. Von 8 bis 9 Uhr gehe ich mit leerem Magen joggen und frühstücke anschließend. Craig und ich machen täglich intermittierendes Fasten und kommen in den meisten Fällen auf bis zu 20 Stunden Fasten. Für manche Menschen ist das allerdings zu extrem oder es passt nicht in ihren Arbeitsalltag. Ein gutes Ziel ist aber bereits, ein paar Tage pro Woche intermittierendes Fasten einzuschieben.

Willenskraft ist ein Muskel!

Wenn Ihnen Heißhunger das Leben schwermacht, sollten Sie sich nicht selbst die Schuld geben. Willenskraft ist wie ein Muskel im Gehirn, der unter Überarbeitung leiden kann, und aus diesem Grund sollten Sie die Versuchungen gering halten. Ihnen steht nur eine endliche Menge an Willenskraft zur Verfügung, die Sie für Notfälle aufheben sollten. Verpflichtungen auf der Arbeit und in der Familie können bereits sämtliche Willenskraft aufbrauchen, weshalb Sie dann letztendlich den Essensversuchungen erliegen. Ich selbst stelle fest, dass meine Gedanken in Richtung Essen wandern, wenn ich zu lange aufbleibe und arbeite – und diese Gedanken werden dann irgendwann übermächtig. Wenn mein Küchenschrank dann voller ungesunder Dinge stecken würde, könnte ich der Versuchung nicht widerstehen. Aber da ich ziemlich weitab vom Schuss wohne und mich abends nicht auch noch hinstelle, um etwas zu backen, nehme ich L-Glutamin, das den Heißhunger dämpft, und gehe dann ins Bett. Sie können es genauso machen.

Die folgenden Tipps helfen Ihnen dabei, auf Kurs zu bleiben:

• Räumen Sie vor der 30-Tage-Stoffwechselkur Ihre Speisekammer oder die Küchenschränke aus. Das meiste Zeug braucht kein Mensch!

• Halten Sie Abstand von Versuchungen. Es reicht schon aus, Essen in Sichtweite zu haben, um die Willenskraft zu schwächen.

• Ergänzungsmittel wie Bifidobakterien, Magnesium und Zink können gegen den lästigen Heißhunger helfen.

• Heißhunger, Frust und Verlangen können überwältigend werden. Nach der 30-Tage-Stoffwechselkur können Sie »gesunde« Brownies und Eiscreme selbst machen. Ich habe insbesondere im Sommer immer etwas davon in meinem Gefrierschrank, falls ich ein Verlangen nach zucker- und weizenhaltigen Süßigkeiten habe!

Kurzfristig gesehen ist Selbstkontrolle nur begrenzt vorhanden. Aber langfristig können Sie sie trainieren wie einen Muskel. Übung macht den Meister, und es wird täglich einfacher werden!

Sport

Manchmal konzentrieren wir uns beim Abnehmen nur auf die Zahlen auf der Waage und vergessen, wie wichtig es ist, Körperfett abzunehmen. Der Großteil des Körperfetts (über 80 Prozent) ist in den Fettzellen gespeichert. Um das loszuwerden, müssen Sie es für Energie verbrennen.

Genau das ist eines der Wunder der Ketose: Ist der Körper daran gewöhnt, Fett als Treibstoff zu verbrennen, kann er sowohl Körperfett als auch Fett aus der Ernährung nutzen. Und wenn Sie dann durch Sport die von Ihrem Körper benötigte Energiemenge erhöhen, kommt all die zusätzliche Energie aus der Fettverbrennung. Sind Sie aber ein Zuckerverbrenner und füttern Ihren Körper mit Kohlenhydraten, verbrennen Sie einfach nur Zucker, und es wird sehr viel schwieriger, Körperfett abzunehmen.

Die Ketose ist auch perfekt für sportliche Leistungen geeignet. Unser Körper kann über 40.000 Fettkalorien und nur 2.000 Kohlenhydratkalorien speichern, weshalb Ihnen jederzeit viel mehr Treibstoff zur Verfügung steht, wenn Sie Fett statt Zucker verbrennen. Daher bekommen Kohlenhydrate verbrennende Marathonläufer während des Wettkampfs einen »Hungerast« und müssen Energiegels essen und isotonische Getränke zu sich nehmen – sie haben die ihnen als Treibstoff zur Verfügung stehende Glucose aufgebraucht. Zudem sinkt ihre Leistung am Ende des Wettkampfs, weil die Kohlenhydrate in Muskeln und Leber aufgebraucht sind. Folgendes lässt einen nachdenklich werden: Zugvögel und Wale zehren auf ihren langen Reisen von gespeichertem Fett.

Wenn Sie Ihren Fettmotor wieder instand setzen und pflegen, erhöht sich die Energiemenge, die Sie selbst produzieren können, und es sinkt die vom Körper genutzte Kohlenhydratmenge. Beides zusammen sorgt für eine stabilere und lang anhaltende Energieversorgung, mehr Ausdauer und schnellere Wettkampfzeiten.

In diesem Abschnitt schauen wir uns einige der effektivsten Sportarten an, und Sie bekommen Tipps, wie Sie aus dem Training das meiste herausholen.

Cardio-Training

Mit dem Körper passieren unglaubliche Dinge, wenn Sie mit einer hohen Intensität trainieren. Cardio- oder Herz-Kreislauf-Training verbessert nicht nur die Effizienz von Herz und Lunge, sondern steigert auch das Maß, in dem Ihr Körper Treibstoff verbrennt. Dies wiederum bedeutet im Laufe der Zeit, dass Ihr Körper an Gewicht abnimmt.

Diejenigen unter Ihnen, die Fans von Gary Taubes (dem Autor von *Why We Get Fat*) sind, werden meine Ansichten für falsch halten. Gary Taubes ist der Meinung, dass Sport nichts mit dem Abnehmen zu tun hat, und einerseits kann ich seine Argumente verstehen. Doch ich habe andererseits die Vorteile von Sport und Cardio-Training erleben dürfen, wenn es ums Abnehmen von Körperfett geht. Zudem zeigen Studien, dass es beim Herz-Kreislauf-Training zu einer Reihe von Stoffwechselveränderungen kommt, die auf einzigartige Weise den Fettstoffwechsel verbessern. Dazu gehören die folgenden:

1. Ein starker Anstieg der Anzahl und Größe der Mitochondrien. Diese Zellteile sind die einzigen Orte, an denen Fett verbrannt und oxidiert wird. Sie sind quasi die Fettverbrennungsöfen der Zelle.

2. Ein Anstieg der oxidativen Enzyme, die den Transport von Fettsäuremolekülen beschleunigen, um sie während des Herz-Kreislauf-Trainings für Energie zu verwenden. (Das Fett gelangt schneller zu den Mitochondrien, damit der Körper es beim Sport als Treibstoff nutzen kann.)

3. Ein erhöhter Sauerstofftransport durch das Blut, der die Zellen dabei unterstützt, Fett besser zu oxidieren und zu verbrennen.

4. Ein verstärktes Ansprechen der Muskeln und Fettzellen auf Adrenalin, wodurch mehr Triglyceride ins Blut und in die Muskeln freigesetzt werden, um sie aus dem Körper zu entfernen. Da die im Blut vorkommende Fettart der Triglyceride mit dem Risiko für Herzerkrankungen in Verbindung steht, sind das tolle Neuigkeiten für Ihr Herz.

5. Eine Steigerung der Frequenz, mit der spezialisierte Eiweißtransporter Fettsäuren in die Muskelzellen bewegen, wodurch das Fett leichter für Energie verfügbar ist.

6. Ein starker Anstieg der Fettsäuremenge, die in den Muskel aufgenommen werden kann, wodurch das Fett ebenfalls leichter für Energie verfügbar ist.

Alle diese Fakten zeigen, dass wir unseren Körper mit regelmäßigem, schrittweise gesteigertem Cardio-Training tatsächlich in einen großartigen Fettverbrenner verwandeln können. Ist unser Körper erschöpft und möchte gern mit dem Training aufhören, hilft der Gedanke daran, dass wir mehr Fettverbrennungsöfen (Mitochondrien) erschaffen, wenn wir den Schmerz überwinden.

Eisen

Der Mineralstoff Eisen wird für den Transport von Sauerstoff in die Mitochondrien der Zellen benötigt, wo Fett durch Oxidation verbrannt wird. (Oxidation bedeutet, dass ein Stoff mit Sauerstoff reagiert.) Bei einem Eisenmangel fällt es dem Körper folglich schwer, Fett zu verbrennen. Schlimmer noch ist, dass der Eisenvorrat noch weiter verringert wird, wenn man sich zu sehr anstrengt. Ein Hinweis für alle Frauen: Wenn Sie müde sind, viele Haare verlieren und trotz Sport nicht abnehmen, haben Sie vermutlich einen Eisenmangel. Etwa 90 Prozent der Frauen mit Eisenmangel leiden aus den folgenden drei Gründen darunter: Menstruation (der Blutverlust ist gleich Eisenverlust), eine glutenreiche Ernährung (Gluten hemmt die Fähigkeit des Körpers, Eisen aufnehmen zu können) und/oder übermäßiges Herz-Kreislauf-Training.

26
Fe

Krafttraining

Die meisten Frauen nutzen ihre kostbare Zeit für Herz-Kreislauf-Training oder aerobes Training, wie ich es früher auch tat. Ich joggte fast 20 Kilometer täglich und nahm an Marathons teil, aber die Waage zeigte keine Veränderung an. Schließlich begann ich mit einem Fitnesskurs namens Bodypump, bei dem leichte bis mittelschwere Gewichte eingesetzt werden, und endlich schmolzen meine Pfunde dahin. Also hörte ich damit auf, so viel zu joggen, und machte stattdessen Krafttraining.

Abgesehen davon, dass ich Gewicht verlor, konnte ich beim Krafttraining auch die folgenden Vorteile feststellen:

• Es hebt die Stimmung. Studien haben erwiesen, dass es Selbstvertrauen aufbaut und Depressionen verringert, wenn man sich selbst immer schwerere Gewichte heben sieht – auch wenn man dabei nicht abnimmt.

• Es sorgt für starke Knochen.

• Es unterstützt den Aufbau eines starken und gesunden Körpers im Alltag.

Die für den Körper vorteilhaftesten Bewegungen sind dabei Übungen, bei denen mehrere Gelenke und Muskelgruppen angesprochen werden (sogenannte Verbundübungen oder Compound Exercises), beispielsweise das Bankdrücken, bei dem Schulter- und Ellenbogengelenke sowie mehrere andere Muskelgruppen trainiert werden. Stoffwechsel und Herzfrequenz stehen in direkter Verbindung mit dem Gesamtvolumen der beanspruchten Muskelmasse, weshalb bei den Verbundübungen mehr Kalorien verbrannt werden.

Manche Menschen machen sich Sorgen, dass sie bei einer kohlenhydratarmen Ernährung wie der ketogenen Ernährung beim Krafttraining keine Muskeln mehr aufbauen können. Bei einer gut ausformulierten kohlenhydratarmen, fettreichen Ernährung wird jedoch weniger Eiweiß und dafür doppelt so viel Fett oxidiert, wodurch Muskeln erhalten bleiben und Fett verbrannt wird.

Rund um das Krafttraining ranken sich jede Menge Mythen, von denen wir nun die häufigsten einen nach dem anderen ausräumen werden.

Nimmt man beim Krafttraining nicht eher zu?

Ein Grund dafür, dass manche Frauen nach dem Training mit schweren Gewichten das Gefühl haben, ihre Hosen würden enger sitzen, ist ihre übermäßige Kohlenhydrat- oder Eiweißzufuhr. Essen Sie nach all dem harten Training bloß keine Haferflocken mit Magermilch oder (schlimmer noch) einen Brownie. Wussten Sie, dass ein Pfund Fett aus 3.500 Kalorien besteht und bei einem Marathonlauf nur etwa 2.500 Kalorien verbrannt werden? Also denken Sie bloß nicht, dass Sie sich nach einem schweißtreibenden Workout eine Tüte Weingummi genehmigen dürfen. Lernen Sie lieber, Ihren Körper richtig mit Treibstoff zu versorgen, denn das ist entscheidend für Ihre Gesundheit und Ihr Aussehen. Und es gibt andere Möglichkeiten, sich zu belohnen! Eine einstündige Massage ist fantastisch, um sich bei den Muskeln für ihre harte Arbeit zu bedanken.

Mythos 1: Zum Abnehmen sollte man nur Cardio-Training machen.

Herz-Kreislauf-Training ist zwar wichtig, es ist aber nicht die einzige Sportart, die beim Abnehmen helfen kann. Krafttraining führt zu mehr Muskelmasse, und je mehr Muskelmasse Sie besitzen, desto mehr Kalorien verbrennen Sie den ganzen Tag über.

Muskeln sind zudem dichter als Fett und benötigen weniger Platz. Wenn Sie also Fett abnehmen und Muskeln dazugewinnen, sind Sie schlanker und wohlgeformt.

Mythos 2: Lieber leichtere Gewichte nehmen und mehr Wiederholungen machen, um die Muskeln zu trainieren.

Um starke Muskeln aufzubauen, müssen Sie mit ausreichend Gewicht arbeiten, um die Muskeln aufzubrechen – nur so können sie anschließend repariert und noch stärker werden. Während des Gewichthebens werden die Muskeln aufgebrochen, im Ruhezustand werden sie repariert und können wachsen. Wenn Sie 15 Trizepsextensions (Trizepsdrücken) machen möchten, sollten Sie ein Gewicht wählen, mit dem Sie die Übung genau diese 15 Mal durchführen können. Ihr Körper sollte die Schwierigkeit des Gewichthebens spüren, damit der Muskel definiert werden kann. Ein schlanker, definierter Körper entsteht durch das Abnehmen von Körperfett, also heißt es: Schwere Gewichte gleich mehr Fettverbrennung.

Mythos 3: Krafttraining führt dazu, dass Frauen Muskelberge wie Männer bekommen.

Dieser beliebte Mythos hält sich hartnäckig – trotz der Tatsache, dass Frauen nicht die erforderliche Testosteronmenge für den Aufbau von Muskelbergen haben. Fakt ist, dass auch Männer sich ordentlich anstrengen müssen, um Muskeln aufzubauen, und dass sie stundenlang Gewichte heben müssen, um einen muskulösen Körper zu bekommen.

Krafttraining mit schweren Gewichten kann sowohl Männern als auch Frauen zugutekommen. Den Körper mit schweren Gewichten herauszufordern ist tatsächlich die einzige Art und Weise, auf die Sie Ergebnisse feststellen und stärker werden. Ich trainiere seit Jahren mit schweren Gewichten und sehe nicht im Entferntesten so aus wie eine Bodybuilderin. Die meisten Frauen, die regelmäßig ihre Kraft trainieren, werden mir da zustimmen. Denken Sie daran, dass Muskeln weniger Raum benötigen als Fett. Neben dem Herz-Kreislauf-Training und einer gesunden Ernährung hilft Ihnen der Aufbau von Muskelmasse beim Fettabnehmen, und Sie werden schlanker und definierter aussehen.

Intervalltraining

Intervalltraining ist meine Lieblingsmethode, um so viele Kalorien wie möglich zu verbrennen. Ein weiterer positiver Nebeneffekt ist, dass es den Stoffwechsel weitaus stärker anregt als ein Training mit geringerer Intensität. Dadurch kommt es zum sogenannten Nachbrenn- oder Afterburn-Effekt. Intervalltraining sorgt dafür, dass die Muskeln vor lauter Aktivität fast wahnsinnig werden, was ich als Stoffwechselaufruhr bezeichne. Dieser übermütige Stoffwechselturbo sorgt dafür, dass auch nach dem Training noch jede Menge Kalorien verbrannt werden, um den Körper wieder in den Normalbetrieb zu schalten. Im Ergebnis verbrennen Sie in der Phase nach dem Training mehr Fett und Kalorien, während der Körper wieder versucht, alles in Ordnung zu bringen.

Im Grunde genommen ist Intervalltraining genau das, wonach es sich anhört, nämlich abwechselnde Intervalle mit Übungen hoher und niedriger Intensität. Es basiert auf einem einfachen Konzept: Schnell, langsam, wiederholen. Das hört sich wirklich einfach an, aber in dieser Formel stecken unglaublich viele Möglichkeiten zum Variieren und viele Strategien.

Die Grundlagen des Intervalltrainings sind:

1. **Beginnen Sie die Einheit in einem lockeren Tempo und steigern Sie die Herzfrequenz dann langsam mindestens fünf Minuten lang.** Dafür können Sie ein Pulsmessgerät verwenden oder einfach selbst einschätzen, wie erschöpft Sie sich fühlen. Stellen Sie sich hierfür eine Skala von eins bis zehn vor, an der Sie sich langsam hocharbeiten: Eins bedeutet Ruhezustand, zehn sich so stark anstrengen wie nur möglich.

2. **Nach dem Aufwärmen sind Sie bereit für explosionsartiges hochintensives Training.** Beginnen Sie entweder zu joggen oder zu sprinten, je nachdem, was »hochintensiv« für Sie bedeutet. Dabei sollten Sie sich auf Ihrer Erschöpfungsskala bei etwa acht bewegen, und Sie sollten sich nicht mehr unterhalten können. Die Fähigkeit Ihres Körpers, Sauerstoff und Kohlendioxid auszutauschen, wird verringert, und Sie sollten das »Brennen« spüren, das entsteht, wenn der Körper Milchsäure freisetzt und die Muskeln die Fähigkeit verlieren, sich zusammenzuziehen. Sie sollten sich so stark anstrengen, dass Sie körperlich nicht dazu in der Lage sind, dieses Anstrengungsniveau lange aufrechtzuerhalten.

3. **Senken Sie die Höhe der Intensität nach ein paar Minuten auf ein Niveau, das Sie länger halten können**, aber werden Sie nicht so langsam, dass Ihr Puls zu stark fällt – denn dadurch geht der aerobe Effekt verloren. Das ist die sogenannte aktive Erholungsphase. Der Körper steigert den Sauerstoff- und Kohlendioxidaustausch, um den Muskeln Nährstoffe zu liefern. Das Brennen durch die Milchsäure sollte zurückgehen, und auch die Atemfrequenz sollte sich etwas beruhigen. Wenn Sie diese Phase ein paar Minuten durchgehalten haben, ist die erste Runde abgeschlossen.

4. **Wiederholen Sie diesen Prozess aus brennender Anstrengung und Erholung mindestens 30 Minuten lang.** Die Phasen hoher Intensität sollten dabei kürzer sein als die aktiven Erholungsphasen, insbesondere wenn Sie am Anfang des Trainings stehen. Wenn Sie Ihren Körper in das Intervalltraining einführen, beginnen Sie beispielsweise mit fünf Minuten Gehen und einer Minute Rennen. Sobald Sie geübter werden, können Sie die Dauer der hochintensiven Phasen verlängern.

Intervalltraining ist aus folgenden Gründen fantastisch:

• **Es spart Zeit.** Bislang verbringen Sie vielleicht 90 Minuten im Fitnessstudio, um die »Fettverbrennungszone« zu erreichen – mit Intervalltraining trainieren Sie genauso stark, aber in nur 45 Minuten.

• **Durch die höhere Intensität wird der Stoffwechsel auch nach dem Training stärker angeregt als bei einem Training mit niedriger Intensität.** Das bedeutet, dass Sie auch nach dem Training noch für einen längeren Zeitraum weiter Kalorien verbrennen – etwa 150–250 zusätzlich verbrannte Kalorien ohne zusätzliche Arbeit!

• **Es hilft gegen Langeweile.** Intervalltraining macht Spaß, und die Zeit scheint während jeder Trainingseinheit nur so zu verfliegen, weil sich starke und geringe Intensität abwechseln und man nicht viel Zeit auf einer Intensitätsstufe verbringt. Ich stelle mir für mein Training jeweils passend zur Intensität gern Playlists zusammen: einen Song zum Aufwärmen, einen mit Tempo für den schnellen Teil, einen für die Erholungsphase, und dann wird einfach wiederholt.

• **Es wird gleichzeitig sowohl das aerobe als auch das anaerobe System gefordert, wodurch Sie die Fähigkeit Ihres Körpers verbessern, schneller Kalorien zu verbrennen.**

• **Es hilft dabei, neue Muskeln aufzubauen, was wiederum den Fettstoffwechsel im Ruhezustand erhöht.**

• **Es ist ein aerobes Workout, bei dem viele Kalorien verbrannt werden.**

• **Es ist äußerst wirksam, um eine Stagnationsphase beim Abnehmen zu überwinden.**

Die Bedeutung des Intervalltrainings ist bereits in vielen Studien nachgewiesen worden. Bei einer Studie wurden beispielsweise übergewichtige Frauen untersucht, die in zwei Gruppen eingeteilt waren. Die erste Gruppe trainierte mit hochintensiven Intervallen, also zwei Minuten maximaler Anstrengung gefolgt von drei Minuten bei geringerer Anstrengung. Die zweite Gruppe trainierte die ganze Zeit über in einem gleichbleibenden Tempo. Die Dauer der Trainingseinheiten variierte, sodass beide Gruppen jeweils 300 Kalorien verbrannten. Am Ende der Studie hatte sich der Grad der Fitness in der Intervallgruppe um 13 Prozent verbessert, während bei der Gruppe mit dem gleichbleibenden Übungstempo keinerlei Verbesserungen zu sehen waren. Zudem verbrannte die erste Gruppe auch nach Abschluss der Trainingseinheiten weiter Kalorien.

Das menschliche Wachstumshormon

Das menschliche Wachstumshormon ist nicht nur für den Muskelaufbau notwendig (der wiederum den Stoffwechsel erhöht), sondern gilt auch als Fettverbrennungshormon. Diese Kombination bedeutet, dass mehr Wachstumshormone fantastisch für das Abnehmen sind.

Das Wachstumshormon steht umgekehrt proportional mit dem Insulin in Verbindung: Gibt es von einem viel, gibt es vom anderen wenig. Essen Sie also vor dem Training etwas (insbesondere Kohlenhydrate), steigt der Insulinspiegel, und der Spiegel des Wachstumshormons sinkt. Das ist einer der Gründe, weshalb Sport auf leeren Magen so hilfreich ist (weitere Gründe finden Sie auf Seite 43). Kurze Einheiten mit hoher Intensität sorgen dafür, dass das Wachstumshormon angeregt wird. Auch beim Gewichtheben bedeutet das Brennen der Muskeln am Ende des Trainings einen Anstieg des Wachstumshormons.

Zirkeltraining: Kraft- und Cardio-Training

Zirkeltraining ist eine Mischung aus Krafttraining und Herz-Kreislauf-Training. Wenn Sie nach einem Training suchen, das den Stoffwechsel ankurbelt, die Ausdauer steigert und die Fitness insgesamt verbessert, haben Sie mit Zirkeltraining genau das Richtige gefunden.

Bei einer Einheit Zirkeltraining werden Ausdaueraktivitäten wie Jogging mit Krafttraining verbunden, wobei zwischen den einzelnen Übungen nur kurze bis gar keine Pausen eingelegt werden. Diese fehlenden langen Ruhephasen machen Zirkeltraining so wirksam wie ein auf Ausdauer basierendes hochintensives Intervalltraining (siehe Seite 39), bei dem die Herzfrequenz ansteigt und der Stoffwechsel durch den Muskelaufbau angekurbelt wird. Wie beim Intervalltraining werden auch beim Zirkeltraining dank des Nachbrenneffekts nicht nur während des Trainings jede Menge Kalorien verbrannt, sondern auch noch Stunden danach. Die Ruhephasen zwischen den Übungen so gering wie möglich zu halten ist ebenso wichtig wie die Übungen selbst, denn je länger die Pause zwischen den Bewegungen ist, desto stärker sinken auch Herzfrequenz und Stoffwechselaktivität.

In dem Fitnessstudio, in das ich immer gehe, gibt es einen Kurs namens Bootcamp, bei dem wir jeweils abwechselnd zu zweit an Stationen sind, an denen es eine Kraftübung und eine Ausdauerübung gibt. Eine Station beinhaltet beispielsweise Bizepscurls für die eine Person und wahnsinnig schnelle Step-ups auf einen höheren Kasten oder eine Bank für die andere Person, wobei die Personen sich alle ein bis zwei Minuten abwechseln. Sobald man mit einer Station fertig ist, macht man schnell 15 Liegestütze, Sit-ups oder Squats und geht dann weiter zur nächsten schweißtreibenden Station.

Mit der folgenden Einheit Zirkeltraining können Sie wirksam Fett verbrennen:

1. **5 Minuten aufwärmen, dann 5 Minuten joggen.**

   Erster Satz: 10 Liegestütze, dann 10 Sit-ups

   Zweiter Satz: 9 Liegestütze, dann 9 Sit-ups

   Dritter Satz: 8 Liegestütze, dann 8 Sit-ups

   Weitere Sätze: 7, 6, 5 … bis jeweils runter auf 1

2. **Weitere 5 Minuten joggen.**

   Erster Satz: 10 Trizeps-Dips (z. B. am Stuhl), 10 Bizeps-Curls (Armbeugen mit Kurzhanteln)

   Zweiter Satz: 9 Trizeps-Dips, 9 Bizeps-Curls

   Weitere Sätze: 8, 7, 6 … bis jeweils runter auf 1

3. **Weitere 5 Minuten joggen.**

   Erster Satz: 10 Squats, 10 Hampelmänner

   Zweiter Satz: 9 Squats, 9 Hampelmänner

   Weitere Sätze: 8, 7, 6 … bis jeweils runter auf 1

Beim Workout für Fortgeschrittene wiederholen Sie die komplette Einheit einfach. Zum Cooldown dann gehen und dehnen.

Yoga

Vor etwa acht Jahren gab ich während der Mittagspause Yoga-Unterricht in der Zentrale eines großen Unternehmens. Fast alle Teilnehmer waren Yoga-Anfänger und wollten eigentlich nur eine Pause vom Sitzen am Schreibtisch und sich entspannen. Nach der ersten Stunde waren dann aber alle erstaunt, wie viel sie geschwitzt hatten und wie ihre Muskeln gebrannt hatten, obwohl sie sich gleichzeitig vom Stress erholten. Sie waren angefixt. Es freute mich, nach jeder Stunde zu hören, wie Yoga das Leben der Teilnehmer auf unterschiedliche Weise verändert hatte: Manche hatten weniger Rückenschmerzen, sie ernährten sich gesünder, fühlten sich glücklicher und ruhiger und so weiter.

Beim Kampf gegen hartnäckige Fettpölsterchen zählt Yoga zu den hilfreichsten Trainingsmethoden. Forschungen haben ergeben, dass Yoga den Stresshormonspiegel senkt und die Insulinsensitivität erhöht und so dem Körper dabei hilft, Energie eher zu verbrennen als zu speichern. Zudem kann Yoga auch gegen Stress, schlechte Ernährungsgewohnheiten, Energiemangel und Schilddrüsenprobleme helfen, all jene Dinge, die eine Gewichtszunahme begünstigen.

Allerdings werden bei den meisten Yoga-Arten nicht so viele Kalorien verbrannt wie bei aerobem Sport. Eine 68 Kilogramm schwere Person verbrennt mit einer Stunde Yoga etwa 150 Kalorien, im Gegensatz zu etwa 311 Kalorien bei einer Stunde Spazierengehen mit einem Tempo von 5 km/h. Der größte Vorteil von Yoga in Bezug auf das Abnehmen ist, dass es einen selbst wieder mit seinem Körper verbindet, so wie es mit keiner anderen Bewegungsform möglich ist.

Yoga ist nicht nur Sport, sondern eine Verbindung von Körper und Geist, die uns dabei hilft, mehr mit unserem Körper und unseren Gefühlen in Berührung zu kommen. Es sorgt für Achtsamkeit – also die Fähigkeit zu erkennen, was in uns gerade geschieht. Indem es die Beziehung zwischen Körper und Geist verändert, führt es im Laufe der Zeit zu einer Veränderung der Essgewohnheiten. Ihnen wird bewusster, was Sie essen und wie es sich anfühlt, satt zu sein, und dieses Bewusstsein über den Körper sorgt für eine bessere Kontrolle des Appetits. Sie spüren, welche Nahrungsmittel nahrhaft für Sie sind und welche Sie lethargisch werden lassen.

Sollten Sie also der Meinung sein, Ihr Tagesablauf oder die Art, wie Sie mit Essen umgehen, könnte eine Änderung vertragen, oder wenn Sie schlechte Essmuster loswerden möchten, kann Yoga Sie bei diesen Veränderungen unterstützen.

Sport gegen schlechte Angewohnheiten

Es fällt jedem schwer, Angewohnheiten abzulegen. Deshalb unterstütze ich die Menschen gern dabei, schlechte Angewohnheiten durch neue gesunde Angewohnheiten zu ersetzen, anstatt die schlechten einfach nur zu beseitigen. So fällt es viel leichter, die schlechte Angewohnheit zu überwinden – doch das ist natürlich nicht der einzige Vorteil. Sport kann als hilfreiche gute Angewohnheit ein wirksames Werkzeug sein, wofür ich ein Beispiel aus meinem eigenen Leben geben kann: Ich wuchs damit auf, dass es kurz vor dem Zubettgehen noch ein Betthupferl gab, und diese Angewohnheit war für mich am schwierigsten abzulegen. Also begann ich damit, kurz vor dem Zubettgehen Yoga zu machen, um Körper und Geist zur Ruhe zu bringen und das ungesunde Betthupferl zu ersetzen. So ist diese neue Angewohnheit tatsächlich gut für mich.

Sporttipps für mehr Fettverbrennung

Natürlich gibt es auch beim Sport ein paar Tricks, wie man die Fettverbrennung steigern kann. Allerdings funktionieren diese Tipps nicht bei jedem, da jeder dann Sport treiben sollte, wenn er oder sie Zeit hat, und manche Menschen möchten lieber ihre Leistung verbessern, anstatt Fett zu verbrennen – aber wenn es Ihr Ziel ist, Fett loszuwerden, sollten Sie die folgenden Tricks unbedingt ausprobieren.

• **Treiben Sie Sport am Morgen auf leeren Magen.** Ist Ihr Ziel, mehr Fett zu verbrennen, sollten Sie am besten gleich morgens auf leeren Magen Sport treiben. (Gegen Dehydrierung trinken Sie vorher aber besser ein großes Glas kaltes Wasser mit einer Prise gutem Salz.) Dadurch verbrennen Sie 300 Prozent mehr Körperfett als durch Sport zu einer anderen Tageszeit, weil in Ihrer Leber kein Glykogen (gespeicherte Kohlenhydrate) zur Verbrennung vorhanden ist und Ihr Körper deshalb direkt die Fettreserven anzapfen muss, um an die für die Bewegung notwendige Energie zu gelangen. Für Diabetiker oder bei anderen gesundheitlichen Problemen ist dieser Tipp jedoch nicht geeignet. Er richtet sich nur an Menschen, die keine medizinischen Probleme haben und nicht für Wettkämpfe trainieren.

• **Absolvieren Sie direkt nach dem Krafttraining noch ein Cardio-Training.** Beim Sport ist die sofort als Treibstoff verfügbare Glucose erst nach etwa 20 bis 30 Minuten aufgebraucht (es sei denn, Sie machen direkt morgens auf leeren Magen Sport, siehe oben). Erst anschließend beginnt die Verbrennung von Körperfett. Wenn Sie vor dem Cardio-Training Krafttraining machen, brauchen Sie die Glucose schneller auf und fangen schneller mit der Fettverbrennung an. Das Gewichtheben an den Anfang zu setzen hilft zudem dabei, dass Sie sich noch gut auf die richtige Haltung konzentrieren können und das Verletzungsrisiko gering bleibt.

• **Wechseln Sie die Übungen ab.** Wenn Sie ständig eine bestimmte Übung machen, gewöhnen sich die Muskeln daran. Das Training wird einfacher, und die Muskeln müssen nicht mehr so schwer arbeiten, weshalb Sie weniger Kalorien verbrennen. Indem Sie die Übungen häufig abwechseln oder ändern, müssen sich Ihre Muskeln mehr anstrengen, und die Herzfrequenz erhöht sich, was wiederum mehr verbrannte Kalorien bedeutet.

• **Variieren Sie die Dauer der Übungen.** Auch das ist wichtig, weil Sie so vermeiden, dass sich der Körper an eine bestimmte Aktivität gewöhnt. Denn sobald dies der Fall ist, fällt es den Muskeln leichter, sie durchzuführen. Das ist zwar für die Leistung gut, aber es wird schwieriger, die Fettverbrennungszone zu erreichen. Ausgleichen können Sie das, indem Sie die Länge Ihrer Trainingseinheit variieren.

Sport im Alltag

Es gibt zwei Arten von physischer Aktivität: Geplante Aktivität, wie das Laufen auf dem Laufband, und die unbewussten Bewegungen, die wir im Alltag durchführen, beispielsweise in einer Besprechung mit dem Fuß wippen oder uns einfach von einem Ort zum anderen bewegen. Für beide Aktivitäten wird Treibstoff benötigt, und beide wirken sich auf unseren Stoffwechsel aus, der bestimmt, wie unser Körper Treibstoff verbrennt. Insgesamt macht das Aktivitätsniveau 15 bis 30 Prozent unseres Stoffwechsels aus.

Allerdings überschätzen wir häufig, wie viel Treibstoff wir während einer geplanten Aktivität tatsächlich verbrennen. Um das einmal deutlich zu machen: Während eines Marathons verbrennt ein Läufer etwa 2.500 Kalorien. Um ein Pfund Fett zu verbrennen, müssen 3.500 Kalorien verbrannt werden! Darüber hinaus kann es im Alltag schwierig sein, Zeit für Sport zu finden und etwa drei einstündige Trainingseinheiten unterzubringen. Aber die gute Nachricht ist: Die bei ungeplanten Aktivitäten verbrannten Kalorien können insgesamt eine Menge ausmachen. Zum Supermarkt zu gehen und anschließend Essen zu kochen kann genauso viele Kalorien verbrennen, wie eine langweilige 40-Minuten-Einheit auf dem Laufband.

Anstatt also nach der Arbeit ins Fitnessstudio zu gehen, sich anschließend auf dem Weg nach Hause gestresst zu fühlen, weil nichts zum Abendessen geplant ist, und sich dann etwas zum Mitnehmen zu besorgen, gehen Sie lieber in den Supermarkt, kaufen Sie ordentlich ein und gehen dann nach Hause und kochen Ihrer Familie ein gesundes Essen. Dabei werden Sie dieselbe Menge an Kalorien verbrennen und versorgen Ihren Körper gleichzeitig mit dem gesunden Treibstoff, den er zum Leben benötigt.

Das soll aber nicht heißen, dass Sport unbedeutend ist, denn das ist er definitiv nicht! Er stärkt Herz, Lunge und Muskeln und ist somit für die Gesundheit insgesamt durchaus wichtig. Studien haben kürzlich ergeben, dass Sport bei der Behandlung von Depressionen hilfreicher ist als die medikamentöse Behandlung mit Antidepressiva. In Bezug auf das Abnehmen ist Sport aber nicht alles. Ob ich Sport treibe? Ja, ich jogge, fahre mit dem Fahrrad, gehe spazieren, mache Krafttraining und Yoga. Ich bewege mich einfach gern. Aber das habe ich auch gemacht, als ich fett war. Bei mir war die Ernährung das fehlende Puzzleteil zum erfolgreichen Abnehmen.

Ich sehe Sport als ein Hilfsmittel, das mich bei einem gesunden Lebensstil unterstützt. Setzen Sie sich nicht unter Druck, indem Sie quasi im Fitnessstudio oder auf dem Laufband leben, um mehr abzunehmen. Es geht eher um das, was Sie sich in den Mund stecken, als darum, wie viele Kilometer Ihre Beine laufen können.

Fitnesstipp: Tragen Sie einen Schrittzähler!

In jedem Auto gibt es einen Kilometerzähler, der die zurückgelegte Strecke anzeigt. Ähnlich funktioniert ein Schrittzähler. Mit 10.000 Schritten täglich verbrennen Sie 300 bis 400 Kalorien und ein Schrittzähler kann Ihre Motivation steigern, die täglich gelaufenen Schritte zu erhöhen. Konzentrieren Sie sich dabei jeweils nur auf den aktuellen Tag. Im Laufe der Zeit werden Sie feststellen, dass Sie eine Runde zusätzlich drehen, etwas weiter weg parken und hier und da ein paar Kalorien mehr verbrauchen. Aus diesen kleinen Veränderungen werden mit der Zeit dauerhafte, lebenslange Erfolge.

Die Gefahren von zu viel Sport

Ich liebe Sport aus vielerlei Gründen, bei meinem morgendlichen Lauf durch die Natur genieße ich die Ruhe, das Gefühl der Dankbarkeit und auch die Rehe, die ich sehen kann. Aber ich brauchte ein paar Jahre, um das Laufen genießen zu können. Am Anfang war mein Ziel, knapp zwei Kilometer zu laufen, und selbst das war für mich sehr hart. Mittlerweile laufe ich jeden Morgen ohne Anstrengung, und zwar nicht zum Abnehmen, sondern weil es mir Spaß macht.

Allerdings habe ich mich vor sechs Jahren wegen des Abnehmens für einen Marathon angemeldet, und raten Sie mal, was passierte, als ich zwei Mal am Tag trainierte? Ich *nahm zu*, obwohl ich dieselbe kohlenhydratarme Ernährung aß. Was da los war? Es war ein Übertraining. Mein hochintensiver Trainingsplan hatte die Stressreaktion meines Körpers über die Maßen herausgefordert und zu einer Serie an biochemischen Reaktionen geführt, die meine Gesundheit beeinträchtigten.

Die meisten Menschen machen Herz-Kreislauf-Training, um abzunehmen. Ein Zuviel an Herz-Kreislauf-Training regt jedoch leider die Bildung von Cortisol an, also dem Stresshormon, das unserem Körper befiehlt, an seinen Fettreserven festzuhalten. Cortisol wird bei allen möglichen Arten von Stress für den Körper freigesetzt: durch die Arbeit, das Familienleben, Schlafmangel, schlechte Ernährungsgewohnheiten und auch durch zu viel Sport (wie Marathontraining).

Ein chronisch hoher Cortisolspiegel wird nicht nur beim Abnehmen zum Problem, sondern erhöht auch das Risiko für weitere Krankheiten, beispielsweise Depressionen, Schlafstörungen und Verdauungsprobleme. Zudem scheinen Cortisol und Testosteron miteinander zu kollidieren: Je mehr aeroben Sport Sie treiben, desto mehr Cortisol wird freigesetzt und desto weniger Testosteron steht zum Muskelaufbau zur Verfügung. (Bei Männern hat ein niedriger Testosteronspiegel außerdem Auswirkungen auf die Libido und kann zu erektiler Dysfunktion führen.)

Eine Möglichkeit, den Cortisolspiegel zu senken, ist es also, weniger exzessiv und intensiv Sport zu treiben. Doch es gibt noch eine andere einfache Methode: mehr schlafen. (Deshalb neigen viele Menschen auch dazu, im Sommer zuzunehmen – die Tage sind länger und sie schlafen weniger.)

Stress (egal ob durch zu viel Cardio-Training oder durch andere Stressfaktoren im Leben) hat darüber hinaus auch Auswirkungen auf Neurotransmitter, beispielsweise Serotonin, GABA und Dopamin. Das sind Botenstoffe in unserem Gehirn, die für ein gutes Gefühl und weniger Angst sorgen, durch Stress und zu viel intensiven Sport aber ausgebrannt werden, was dann zu Depressionen, chronischer Müdigkeit und Schlafstörungen führen kann. Ein Mangel dieser Neurotransmitter kann zudem ernsthafte Schilddrüsenprobleme wie eine Schilddrüsenunterfunktion verursachen, wodurch eine Gewichtszunahme, Depressionen und Verdauungsstörungen auftreten können. Ein niedriger Serotoninspiegel steht außerdem in Zusammenhang mit Heißhunger auf Kohlenhydrate und Fressanfälle.

Wenn es in Ihrem Leben bereits genug Stress durch die Arbeit, Schule oder Familie gibt, sollte Ihnen bewusst sein, dass Sport ein weiterer Stressfaktor ist. Natürlich sagt man, dass Sport ein »gesunder« Stress ist, aber Ihre Nebennieren machen da keinen Unterschied. Bei einer bestehenden Nebennierenschwäche sollten Sie sich den Abschnitt über Yoga durchlesen, denn Yoga ist ein toller, wenig belastender Sport, der auch gegen Stress hilft (siehe Seite 42).

Heilung auf Zellebene

Dieser Abschnitt enthält einige der unglaublichsten Informationen, die Sie je über die Zukunft des gesunden Lebens erfahren werden. Sie beginnen dort, wo die ketogene Ernährung aufhört, und beziehen sich auf das Verständnis, wie wir unseren Körper auf Zellebene heilen können – insbesondere unsere Mitochondrien, die Fettverbrennungsöfen unserer Zellen. Das mag vielleicht weit über das Konzept der 30-Tage-Stoffwechselkur hinausgehen, aber die Informationen sind so wichtig für Ihre Gesundheit insgesamt, dass ich es nicht für richtig halte, sie einfach wegzulassen.

Alles beginnt mit Wasser, einem der lebenswichtigen Elemente. Der menschliche Körper besteht zu 80 Prozent aus Wasser, die Moleküle in unserem Körper sind jedoch zu 99 Prozent Wassermoleküle. Das ist erstaunlich, oder?

Wasser ist recht unkompliziert, denn das einfache Molekül H_2O hat genau drei Aggregatzustände: gasförmig, flüssig und fest. Das wurde uns zumindest so in der Schule beigebracht, und die meisten Wissenschaftler haben sich nicht die Mühe gemacht, das weiter zu untersuchen. Vor Kurzem haben jedoch ein paar Wissenschaftler unter der Führung von Dr. Gerald Pollack, Professor für Bioengineering an der University of Washington, beschlossen, sich Wasser einmal genauer anzusehen. Diese Entscheidung zog eine Reihe an Untersuchungen nach sich, die unsere Art und Weise, Wasser zu betrachten, für immer verändern werden.

Bereits bevor Dr. Pollack und sein Team mit ihren Untersuchungen begannen, gab es viele unerklärliche Rätsel rund ums Wasser. Warum bilden die Moleküle Klumpen und sammeln sich in Clustern? Und weshalb bleiben Wassertropfen bis zu zehn Sekunden, nachdem sie auf eine Wasseroberfläche getropft sind, intakt? Für diese Rätsel gab es keine wirklichen Erklärungen, also begannen die Wissenschaftler mit ihrer Forschung.

Sie fanden heraus, dass sich eine Barriere aus negativ geladenem Wasser entwickelt, wenn Wasser in Kontakt mit einer hydrophilen Oberfläche kommt (also einer Oberfläche, auf der sich Wasser gut ausbreiten kann). Diese Ausschlusszone (Exclusion Zone, EZ) negativ geladenen Wassers wächst an und verdrängt alles andere. Die nächste Entdeckung der Forscher war, dass die Ausschlusszone sich vergrößerte, wenn das Wasser mit Licht, insbesondere Infrarotlicht, bestrahlt wurde.

Dieses sogenannte EZ-Wasser ist der vierte Aggregatzustand von Wasser (eigentlich H_3O_2). Es ist eine Phase, die Wasser durchläuft, wenn es friert und auftaut. Es ist ein geordneter Zustand des Wassers, und einige Wissenschaftler haben diese Entdeckung als die einflussreichste unserer Generation bezeichnet.

Darüber hinaus beobachtete das Team von Dr. Pollack, dass Wasser selbsttätig durch ein kleines Röhrchen fließt, wenn diese ins Wasser gelegt wird. Als die Wissenschaftler das Wasser dann mit Licht bestrahlten, stellten sie fest, dass sich der Durchflussgrad des Wassers erhöhte, insbesondere bei Infrarotlicht, weil das Licht das EZ-Wasser mit zusätzlicher Energie (Elektronen) versorgte. In Verbindung mit der Art und Weise, wie Licht die Ausschlusszone dazu bringt, sich zu vergrößern, zeigt dies, dass Licht dem Wasser tatsächlich Energie verleiht.

Sie fragen sich jetzt vielleicht, was genau das mit Gesundheit zu tun hat, und deshalb nehmen wir mal Ihren Blutfluss als Beispiel. Es wurde beobachtet, dass einige der Kapillargefäße, die unsere Zellen mit Blut versorgen, im Durchmesser nur 3 Mikrometer groß sind. Rote Blutkörperchen sind aber mindestens doppelt so groß, also 6 bis 8 Mikrometer. Wie gelangen die roten Blutkörperchen also durch diese winzigen Kapillargefäße? Sie müssen sich »zusammenfalten«. Zunächst wurde angenommen, dass das Pumpen des Herzens sie durch die Gefäße drücken würde, aber ein russischer Forscher stellte dazu Berechnungen an und fand heraus, dass es eine Million Mal mehr Druck erfordern würde, als das menschliche Herz erzeugen kann, um die roten Blutkörperchen durch die Kapillargefäße zu bewegen.

Alles im Körper, beispielsweise die Zellwände, ist hydrophil. Somit ist ein Großteil des Wassers im Körper (wenn nicht sogar alles) EZ-Wasser. Infrarotlicht kann als Teil des Sonnenlichts in den Körper eindringen und dieses Wasser energetisieren, und so jede Menge Nützliches vollbringen, beispielsweise ihm die Energie verleihen, rote Blutkörperchen durch die kleinsten Kapillargefäße zu pumpen. Wasser ist im Grunde genommen wie ein Akku, und die durch das Licht verliehene Energie ermöglicht den roten Blutkörperchen, durch die kleinen Kapillargefäße zu fließen.

Eigentlich ist der gesamte Körper ein riesiger Akku, der von Sonnenlicht und Magnetismus aufgeladen wird. Je mehr Sonnenlicht (insbesondere morgens) und Magnetismus (durch die negative Ladung der Erde) wir aufnehmen, desto mehr negative Ladung sammelt sich im Körper an, weil diese Energie vom EZ-Wasser gespeichert wird. Eine negative Ladung macht den Körper leicht basisch, was genau das ist, was wir wollen, da es mit einem niedrigeren Krebsrisiko und weniger systemischen Entzündungen in Verbindung gebracht wird.

Vier Maßnahmen für Ihre Gesundheit

Diese neuen Informationen darüber, wie Licht und Wasser in den Zellen unseres Körpers miteinander reagieren, haben tatsächlich Folgen für die Gesundheit.

Ich möchte, dass Sie diese Informationen verstehen und nutzen können, um Ihre Lebensweise zu vervollkommnen und Gesundheit, Schlaf und Vitalität zu verbessern. Deshalb werde ich alles in einem vierteiligen Maßnahmenkatalog zusammenfassen, mit dem Sie diese Quantenbiologie in Ihrem Körper zu Ihrem Vorteil nutzen können.

Teil 1: Lassen Sie tagsüber Sonnenlicht rein und nachts blaues Licht raus

Pflanzen brauchen Sonnenlicht, um zu wachsen. Und wie sieht es mit den Menschen aus? Interessanterweise kann der menschliche Körper Licht einer bestimmten Wellenlänge (670 nm) nutzen, um Adenosintriphosphat (ATP) herzustellen, einen Energieträger.

Zwei der wichtigsten Dinge, die Sie zur Verbesserung Ihrer Umgebung, Ihres Schlafs und Ihrer Gesundheit tun können, sind, morgens Sonnenlicht zu tanken und nachts blaues Licht abzuschirmen.

Ersteres, also die verstärkte Aufnahme von morgendlichem Sonnen- und UV-Licht, ist vielleicht die wichtigste Maßnahme. Beides kann für Heilung, Schlaf und ein langes Leben sehr hilfreich sein.

Ich predige immer wieder, wie wichtig guter Schlaf ist, denn mindestens acht Stunden Schlaf können der Schlüssel zu Gesundheit, Gewichtsabnahme, mentaler Klarheit und so viel mehr sein. Eine der besten Methoden, um für einen erholsamen Nachtschlaf zu sorgen ist, die circadiane Rhythmik (also die innere Uhr) richtig einzustellen, damit der Körper zur richtigen Zeit auf natürliche Weise Melatonin produziert, das Signalhormon für Schlaf.

Im menschlichen Auge sitzt ein Rezeptor, der auf Licht (insbesondere blaues Licht) reagiert und die Aktivierung des Nucleus suprachiasmaticus (SCN) im Gehirn auslöst. Die Aktivierung des SCN durch blaues Licht im Auge hindert die Epiphyse daran, Melatonin zu produzieren. Ein Mangel an blauem Licht im Auge signalisiert der Epiphyse hingegen, Melatonin zu produzieren, und führt zu Schläfrigkeit.

Für einen guten Schlafzyklus ist es also äußerst wichtig, diesen Prozess zu unterstützen. Die innere Uhr können Sie mit den zwei folgenden Hinweisen wieder »richtig« einstellen:

Tanken Sie innerhalb von zwei Stunden nach dem Aufwachen 20 Minuten lang direktes Sonnenlicht. Das Sonnenlicht sollte dabei idealerweise auch in Ihre Augen gelangen, um den SCN anzuregen und Sie für den Tag mit Energie aufzutanken. Gehen Sie nach draußen und halten Sie das Gesicht in die Sonne. Sollten Sie eine Brille oder Kontaktlinsen tragen, setzen Sie sie ab oder nehmen Sie sie heraus. Je mehr Haut Kontakt mit dem UV-Licht hat, desto stärker wird der gesamte Körper energetisiert, desto mehr Vitamin D können Sie aufnehmen und Cholesterolsulfate produzieren, die die Stimmung und die Zellgesundheit verbessern.

Das aus dem Sonnenlicht aufgenommene UV- und Infrarotlicht hilft bei vielen gesundheitlichen Prozessen. Wir alle wissen, wie wichtig Vitamin D für die Stimmung und für starke Knochen ist. Über ein Nahrungsergänzungsmittel bekommen Sie vielleicht 5.000 IE (internationale Einheiten) Vitamin D3, aber an ein einem sonnigen Ort können Sie bereits pro Minute Hautkontakt mit der Sonne 1.000 IE produzieren. Und wie bei so vielen Dingen ist die aktuell vorherrschende Meinung über UV-Licht falsch. Ein Sonnenbrand dritten Grades ist schädlich, aber UV-Licht an sich ist nicht gefährlich.

Infrarotlicht versorgt die Zellen und das in ihnen enthaltene EZ-Wasser mit Energie, sodass eine Art »Akku für Säugetiere« entsteht, der wiederum Ihnen Energie verleiht und die Mitochondrien effizienter arbeiten lässt. Es ermöglicht unserem Körper sogar, aus Sonnenlicht ATP herzustellen, wie es auch die Pflanzen tun.

Vermeiden Sie blaues Licht am Abend. In dieser Hinsicht ist unsere moderne Umwelt sehr schlecht und trägt zu schlechten Schlafzyklen bei. Unsere Innenraumbeleuchtung, Smartphones, Computer und Fernsehgeräte geben alle blaues Licht ab, das die Epiphyse daran hindert, in einem natürlichen Zyklus Melatonin zu produzieren. Wenn Sie abends mobile Endgeräte benutzen oder fernsehen möchten, sollten Sie sich eine Brille zulegen, die das blaue Licht ausfiltert. Dank dieser Brillengläser werden die Augen vor sämtlichem blauem Licht geschützt, und Sie können fernsehen oder andere Geräte nutzen und erlauben Ihrem Gehirn und der Epiphyse, zur richtigen Zeit Melatonin zu produzieren, damit Sie schlafen können. Beginnen Sie drei bis vier Stunden vor dem Zubettgehen damit, die Brille zu tragen.

Die Nebenwirkungen des blauen Lichts werden immer bekannter, sodass sogar iOS-Geräte wie das iPhone und iPad mittlerweile über Einstellungsmöglichkeiten verfügen, um das blaue Licht einzuschränken. Dafür gehen Sie einfach auf Einstellungen, klicken auf Anzeige & Helligkeit und aktivieren Night Shift. Stellen Sie dann die wärmste Einstellung ein. Ich habe festgelegt, dass sie bei mir um 18:30 Uhr beginnen soll.

Teil 2: Sorgen Sie für eine gute Hydrierung

Ich betone immer wieder, wie wichtig es ist, ausreichend zu trinken. Sie sollten abhängig von Ihrem Körpergewicht mindestens 1,6 bis 3,2 Liter Wasser täglich trinken. Ich selbst peile täglich 3,7 l an. Am förderlichsten für die Zellgesundheit ist Quellwasser, bei dem es eine gute Auswahl gibt. Aber achten Sie darauf, dass das Wasser kein Fluorid und Chlor enthält.

Der zweite wichtige Punkt bei der Hydrierung ist, dieses Wasser durch gutes Licht zu energetisieren, wie in Teil 1 erwähnt.

Teil 3: Erden Sie sich

Die Erde ist negativ geladen, und seit Langem ist bekannt, dass ein leichter Basenüberschuss im Körper viele Vorteile hat, beispielsweise ein geringeres Krebsrisiko, besseren Schlaf und weniger Entzündungen. Wenn wir unseren Körper stärker negativ aufladen, wird er basischer.

Verbinden wir uns direkt mit der Erde, laden wir unseren Körper negativ auf (und machen ihn basischer), aber genau das erreichen wir heutzutage fast nie. Zu Hause und auf der Arbeit tragen wir Schuhe mit Gummisohlen, und auch in unseren Autos sind wir elektrisch von der Erde isoliert.

Was also können wir dagegen tun? Zunächst einmal können Sie Erdungsschuhe tragen, bei denen die Sohle ganz oder teilweise Elektrizität leiten kann und Sie während des Gehens mit der Erde verbindet. Es gibt sie schon in vielen Varianten. Aber Sie können auch einfach draußen barfuß gehen. Eine Möglichkeit für zu Hause oder das Büro ist eine Erdungsmatte, die über einen Stecker mit Erdung (das Loch unten am Stecker) mit einer Steckdose verbunden wird. Die Erdungsmatte können Sie am PC verwenden, im Bett und überall, wo Sie sonst noch viel Zeit verbringen.

Teil 4: Kühlen Sie sich ab

Die Kältetherapie wird bei Sportlern schon seit Längerem angewendet, um ihre Regeneration zu beschleunigen, aber eigentlich ist Kälte für die Zellgesundheit von uns allen wichtig. Wird der Körper abgekühlt, schrumpfen die Mitochondrien, und kleinere Mitochondrien arbeiten bei der Fettverbrennung effizienter.

Es kann gut sein, dass dieser Abschnitt für Sie wie der anstrengende Biologieunterricht in der Schule war und Ihnen der Kopf schwirrt – deshalb finden Sie hier noch einen kurzen Überblick darüber, wie Sie Ihre Umgebung positiv verändern, die Gesundheit Ihrer Zellen und Ihres Körpers verbessern und Ihre Mitochondrien heilen können:

• **Essen Sie ketogen.** Zucker verursacht in den Zellen Entzündungen, und eine ketogene Ernährung reduziert diese Entzündungen.

• **Fasten Sie täglich.** Beim Fasten muss Ihr Körper nicht darauf achten, Nahrung zu verdauen und zu verwenden. Er kann sich vielmehr darauf konzentrieren, kaputte Mitochondrien zu beseitigen und neue und gesunde Mitochondrien zu schaffen. Ich bezeichne das gern als den Umkehrmechanismus des Körpers gegen Alterung und zur Heilung eines geschädigten Stoffwechsels. (Siehe Seite 51 für weitere Einzelheiten)

• **Schlafen Sie jede Nacht acht bis zehn Stunden.** Beim Schlafen geht es nicht nur darum, den Kopf abzulegen. Der Schlaf ist eine wichtige Phase, in der das Gehirn die Frequenzen der Gewebe im Körper durchgeht und sie in einer Art Magnetresonanzverfahren aneinander angleicht. Ein Durchlauf durch alle Gewebe im Körper bildet einen Schlafzyklus, in dem die Ladung unserer von den Tagesaktivitäten erschöpften Zellen teilweise wiederhergestellt wird. Ist der Schlafzyklus abgeschlossen, sind Sie wieder bereit für den nächsten Tag. Eine Magnetauflage für die Matratze kann diesen Prozess unterstützen.

• **Stehen Sie früh auf und stellen Sie ein UV-Licht an, insbesondere bei weniger Sonnenlicht im Winter.** Ich liebe diese Jahreszeit, weil ich beispielsweise von den wunderschönen Schattierungen der Wolken gern Fotos mache, aber meinem Körper fehlt das Licht. Mehr Licht kann Ihnen außerdem dabei helfen, besser zu schlafen.

• **Machen Sie jeden zweiten Tag Krafttraining.** Sport fördert ebenfalls die Gesundheit der Mitochondrien.

• **Trinken Sie morgens eiskaltes Wasser.** Es gab eine Zeit, in der ich Kaffee liebte – schließlich hatte ich während meiner Schul- und Studienzeit in einem Coffee-Shop gearbeitet. Nach und nach erfuhr ich aber von den Verbindungen zwischen Koffein, den Nebennieren, Hormonen und Insulin, weshalb ich zu entkoffeiniertem Caffè Americano, Chocolate Safari Tea (einer Rooibos-Mischung), grünem Tee und eiskaltem Wasser wechselte. Außerdem lutsche ich gern Eiswürfel.

• **Joggen Sie in der Kälte.** Kälte ist wichtig für die Zellgesundheit.

• **Laufen Sie, wann immer möglich, draußen barfuß auf der Erde** und denken Sie über die Anschaffung von Erdungsschuhen nach (hilft auch gegen Plantarfasziitis, also Fersenschmerzen).

• **Seien Sie kritisch gegenüber dem, was Sie sich auf die Haut schmieren.** Keine Chemikalien. Ich finde das sehr befreiend, denn ich muss keine Zahnpasta, Cremes oder andere giftige Produkte, die die Gesundheit meiner Zellen beeinträchtigen, im Laden kaufen. (Weitere Informationen ab Seite 412.)

• **Machen Sie etwa eine Stunde vor dem Zubettgehen eine Kältetherapie.** Ich beginne damit, meine Füße in einen großen Eimer zu stellen und ihn langsam mit eiskaltem Wasser aus dem Gartenschlauch zu füllen, damit ich mich schrittweise an die Kälte gewöhnen kann. Früher bin ich eiskalt duschen gegangen, aber ich finde es leichter, mit den Füßen zu beginnen. Sobald meine Füße und Beine vom Eiswasser umgeben sind, bespritze ich meine Arme, meinen Kopf und meinen Rücken mit dem Wasser. So kühlt mein Körper für einen schönen langen Nachtschlaf wunderbar ab.

Wenn wir uns die Quanteneigenschaften unseres Körpers und des Wassers, aus dem er besteht, zunutze machen, können wir unsere Gesundheit insgesamt bereits enorm verbessern, inklusive Schlaf, Stimmung, Energie und Konzentrationsfähigkeit. Aber auch die Gesundheit unserer Mitochondrien, der Fettverbrennungsöfen in unseren Zellen, verbessert sich dadurch. Viele Faktoren in unserer Umgebung können unsere Mitochondrien schädigen und sie weniger effizient arbeiten lassen: Dunkle Büroräume, künstliches Licht den ganzen Tag über und auch in der Nacht, keine Verbindung zur Erde und Giftstoffe aus der Nahrung sind nur einige wenige Dinge, die uns bremsen. Das Gute ist, dass wir mit nur ein paar einfachen Änderungen unserer Lebensweise unsere Mitochondrien bei der Heilung unterstützen und unseren Körper energetisieren können.

So heilen Sie die Mitochondrien

MORGENS:

 Stehen Sie mit der Sonne auf und gehen Sie innerhalb von zwei Stunden nach dem Aufwachen nach draußen. Halten Sie 20 Minuten lang so viel Haut wie möglich in die Sonne. Das bringt Ihre innere Uhr in Gang.

 Trainieren Sie draußen und tanken Sie Sonne! Selbst bei schlechtem Wetter im Januar laufe ich im Freien. Diese Läufe haben viele Vorteile: Ich komme nach draußen, bin in der Natur, bekomme Sonne ab und komme in den Genuss einer Kältetherapie.

 Trinken Sie eiskaltes Wasser statt heißem Kaffee. Dadurch schrumpfen die Mitochondrien, und kleinere Mitochondrien arbeiten effizienter. Achten Sie auf gutes Wasser (kein Chlor oder Fluorid), denn das ist entscheidend für die Zellgesundheit.

 Versuchen Sie, eiskalt zu duschen, oder drehen Sie das Wasser so kalt, wie Sie es die letzten paar Minuten unter der Dusche aushalten können.

 Treiben Sie wenn möglich Sport, denn Sport fördert gesunde Mitochondrien. Die beste Sportzeit für die Fettverbrennung ist gleich morgens auf leeren Magen, nachdem Sie ein großes Glas Wasser oder grünen Tee getrunken haben (um nicht zu dehydrieren). Am Morgen auf leeren Magen verbrennen Sie 300 Prozent mehr Körperfett als zu jeder anderen Tageszeit, weil dem Körper nicht so viel Glucose zum Verbrennen zur Verfügung steht und er für die notwendige Energie direkt an die Fettreserven gehen muss. Zudem erhöhen Sie dadurch den Spiegel des menschlichen Wachstumshormons, also des Fettverbrennungshormons. Wie Sie bereits wissen, arbeiten das menschliche Wachstumshormon und Insulin gegeneinander – ist der Spiegel des einen erhöht, ist der des anderen niedrig, wie bei einer Wippe. Wenn Sie also vor dem Sport etwas essen (insbesondere Kohlenhydrate), treiben Sie Ihren Insulinspiegel nach oben, wodurch der Spiegel des menschlichen Wachstumshormons niedrig bleibt. (Mehr dazu auf Seite 40.)

MITTAGS:

 Brechen Sie Ihr Fasten mit einer ketogenen Mahlzeit.

 Tragen Sie Erdungsschuhe oder gehen Sie barfuß. Legen Sie eine Erdungsmatte unter Ihren Schreibtisch, um die Zellen negativ aufzuladen und sich basischer zu machen.

 Trinken Sie viel Wasser. Unsere Zellen bestehen zu 99 Prozent aus Wassermolekülen.

 Gehen Sie nach draußen in die Sonne. Sonnenlicht ist wichtig für die Gesundheit, und das Wasser im Körper wird durch das Infrarotlicht aufgeladen (und wird basischer).

ABENDS:

 Schränken Sie blaues Licht ein: Verringern Sie die Abgabe von blauem Licht bei elektronischen Geräten (zum Beispiel über die Night-Shift-Einstellung bei iOS-Geräten) und tragen Sie eine Brille, die das blaue Licht ausfiltert, wenn Sie fernsehen oder am Computer arbeiten.

 Tauchen Sie Ihr Gesicht oder den gesamten Körper in Eiswasser (ich schwimme manchmal vor dem Zubettgehen in einem quellgespeisten Fluss).

 Essen Sie ein ketogenes Wassereis, um die Körpertemperatur zu senken.

 Lassen Sie heftigen Sport am Abend lieber sein und gehen Sie stattdessen spazieren oder praktizieren Yoga.

ZUBETTGEHEN:

 Essen Sie in den drei Stunden vorm Zubettgehen nichts mehr.

 68°F Senken Sie die Raumtemperatur im Schlafzimmer. Sie sollte maximal 20 °C betragen, je niedriger, desto besser. Ich habe zudem eine kühlende Matratzenauflage.

 Verwenden Sie lichtundurchlässige Rollos oder Vorhänge, damit das Schlafzimmer dunkel bleibt.

 Verwenden Sie eine Sound-Maschine im Schlafzimmer, deren Geräusche oder Musik beim Einschlafen helfen können.

 Verwenden Sie einen Diffuser oder ein anderes Raumduftgerät für ätherische Öle. Zum Einschlafen eignet sich Lavendelöl am besten.

 Schlafen Sie jede Nacht acht bis zehn Stunden!

Hilfe bei Problemen

Eine gut ausformulierte ketogene Ernährung enthält das richtige Makronährstoffverhältnis und Nahrungsmittel, die die Ketose fördern, sowie zusätzliche Elektrolyte und Salz. Viele meiner neuen Klienten sind der Meinung, sie würden ketogen essen, aber dann stellt sich heraus, dass sie durch bestimmte Nahrungsmittel weder in die Ketose gelangen noch abnehmen konnten. Es gibt Menschen, deren Stoffwechsel so geschädigt ist, dass bereits eine Scheibe Zitrone im Wasser sie aus der Ketose bringen kann.

Sollten Sie selbst feststellen, dass Sie während der 30-Tage-Stoffwechselkur auf Hindernisse stoßen, kann dieses Kapitel Ihnen dabei helfen, sie aus dem Weg zu räumen.

Häufige Keto-Fehler

Die folgenden Fallstricke können Sie davon abhalten, in die Ketose zu gelangen und in ihr zu bleiben.

☒ Sie essen Obst und kohlenhydratreiches Gemüse, um sich »besser zu fühlen«

Bei manchen Menschen kommt es zu Beginn der kohlenhydratarmen Ernährung zu Nebenwirkungen wie Haarausfall, Müdigkeit, Depressionen und schweren Beinen; das nennen wir die Low-Carb-Grippe. Häufig wird dann der Fehler gemacht, Obst und kohlenhydratreiches Gemüse (beispielsweise Spaghettikürbis) in den Speiseplan aufzunehmen, weil man sich durch die zusätzlichen Kohlenhydrate wieder besser fühlt. Die Kohlenhydrate sind aber nicht die Lösung des Problems, sondern die ketogene Ernährung ist einfach nicht gut ausformuliert: Sie enthält zu wenig Natrium und Elektrolyte. Die müssen Sie in ausreichender Menge zuführen, um sich besser und wieder energiegeladener zu fühlen. Weitere Informationen finden Sie auf Seite 88.

☒ Sie zählen Nettokohlenhydrate anstatt der Gesamtkohlenhydrate

Zu den weiteren häufigen Fehlern von Low-Carb-Anfängern gehört, Ballaststoffe von den Kohlenhydraten im Gemüse abzuziehen, um die Nettokohlenhydrate zu zählen. Viele meiner Klienten konnten aufgrund von zu viel Ballaststoffen nicht in der Ketose bleiben. Mein Mahlzeitenplan (ab Seite 87) enthält nur die nährstoffreichsten Gemüse mit wenig Gesamtkohlenhydraten.

☒ Sie essen zu viele Nüsse, gemahlene Nüsse, Samen und Flohsamenschalen

Zu viele Ballaststoffe sind ein häufig auftretendes Problem, wenn jemand zum ersten Mal eine ketogene Ernährung ausprobiert und zu viele Nüsse, gemahlene Nüsse, Samen und Flohsamenschalen zu sich nimmt. Die Ketose ist nicht nur zum Abnehmen gut, man kann durch sie auch an Gewicht zunehmen, Muskeln aufbauen oder einfach nur gesund bleiben. Wenn Sie diese Keto-Stoffwechselkur allerdings mit der Absicht durchführen, an Gewicht abzunehmen, sollten Sie zumindest in den ersten zwei Wochen sämtliche Nüsse, gemahlenen Nüsse, Samen und Flohsamenschalen weglassen. Stellen Sie sich am ersten Tag auf die Waage und nach zwei Wochen erneut. Nach zwei Wochen können Sie versuchen, 30 bis 60 g Nüsse mit dem geringstmöglichen Kohlenhydratgehalt täglich in Ihren Speiseplan aufzunehmen (Walnüsse und Macadamianüsse sind gut geeignet, weitere Informationen in der folgenden Tabelle). Achten Sie dabei darauf, wie Sie sich fühlen.

NUSSARTEN	GESAMTKOHLENHYDRATE PRO CA. 30 G
Macadamianüsse	3 g
Walnüsse	3,8 g
Mandeln	6 g
Haselnüsse	5 g
Paranüsse (hoher Selengehalt, gut für die Schilddrüse)	3,5 g
Pistazien	7,6 g
Cashewkerne	7,8 g

☒ Sie essen Milchprodukte

Streichen Sie während der 30-Tage-Stoffwechselkur sämtliche Milchprodukte, auch die »kohlenhydratarmen«, fettreichen, von Ihrem Speiseplan. Lassen Sie Butter, Sahne, Molke, Käse, Joghurt, Frischkäse und Molkeneiweißpulver weg. Alle Rezepte in diesem Buch können ohne Milchprodukte zubereitet werden.

Ich habe festgestellt, dass es sehr vielen Menschen beim Erreichen ihres Wunschgewichts hilft, wenn sie Milchprodukte weglassen. Bei 50 Prozent meiner Klienten lassen Milchprodukte den Insulinspiegel ansteigen und halten sie von jeglicher Gewichtsabnahme ab. Milchprodukte können auch zu anderen Problemen führen: Ist Ihr Darm bereits geschädigt und entzündet, kommt es zu einem Phänomen namens »Zottenatrophie«. Milchprodukte werden am Ende der Darmzotten verdaut, den kleinen fingerartigen Ausstülpungen der Darmwand. Sind die Darmzotten geschädigt, können Milchprodukte nicht richtig aufgenommen werden, und das kann wiederum zu Symptomen wie Sodbrennen, Verdauungsbeschwerden, Blähungen und/oder Völlegefühl führen. Sobald die Darmwand durch eine entzündungshemmende ketogene Ernährung geheilt wurde, können Sie wieder Milchprodukte zu sich nehmen (zunächst nur in kleineren Mengen). Häufig empfehle ich auch die Einnahme von Nahrungsergänzungsmitteln wie Zinlori (online erhältlich) und Aloe Vera, um die Darmwand schneller wieder zu regenerieren.

Bei der Wiedereinführung von Milchprodukten sollten Sie mit Ziegenkäse beginnen und beobachten, ob Ihr Gewicht stagniert oder Sie zunehmen. Ist beides nicht der Fall, können Sie als nächstes Ghee ausprobieren. Machen Sie dann mit Butter und Käse aus Kuhmilch weiter, um zu sehen, ob Ihr Körper das toleriert.

☒ Sie trinken Kalorien

Wenn Sie Ihre Kalorien in flüssiger Form zu sich nehmen, stimuliert das nicht die richtigen Hormone (wie Leptin und Ghrelin), die für ein Gefühl der Befriedigung sorgen und signalisieren, dass Sie gesättigt sind. Kauen ist ein wichtiges und kraftvolles Hilfsmittel, das Sie nutzen sollten.

Denken Sie daran, dass ein Bulletproof Coffee, den Sie mit dem Vorsatz trinken, bis zum Mittag zu »fasten«, das Fasten beendet. Wenn Sie mehr als 40 bis 50 Kalorien zu sich nehmen, unterbrechen Sie das intermittierende Fasten und so das mächtige Hilfsmittel der ketogenen Ernährung (mehr dazu auf Seite 33). Außerdem zählt Butter zu den Milchprodukten, die Sie während der 30-Tage-Stoffwechselkur weglassen sollten.

☒ Sie essen, obwohl Sie nicht hungrig sind

Es hilft Ihrer Taille nicht, wenn Sie weiter daran glauben, Sie müssten innerhalb einer Stunde nach dem Aufstehen etwas frühstücken. Wenn Sie Ihren Körper ständig mit Treibstoff versorgen und das Insulin erhöhen, verbrennen Sie Zucker und keine Ketone und gelangen gar nicht erst in den Fettverbrennungsmodus. Essen Sie nicht alle zwei Stunden, sondern warten Sie, bis Sie wirklich Hunger haben. Das Frühstück ist nicht die wichtigste Mahlzeit des Tages, es ist die zum »Fastenbrechen«.

☒ Sie trinken Alkohol

Ich hatte einmal einen Klienten, der mir erzählte, er *müsse* jeden Abend ein paar Gläser Wein trinken, damit sein Ketonix-Atem-Ketonmessgerät am nächsten Morgen Ketone anzeigen würde. (Mehr über Ketontests finden Sie auf Seite 29.) Er behauptete, es wären keine Ketone vorhanden, wenn er keinen Alkohol trinken würde. Ich dachte, ich höre nicht richtig. Doch, er hat recht. Ein Atem-Ketonmessgerät ähnelt stark einem Atemalkoholmessgerät, wie es von der Polizei verwendet wird. Da frage ich mich natürlich: Wenn jemand, der sich in der Ketose befindet, ins Röhrchen pusten muss, würde er dann Probleme bekommen?

Es ist aber in Wahrheit so, dass Alkohol Ihnen nicht dabei hilft, in die Ketose zu gelangen, sondern Sie vielmehr davon abhält, sowohl physisch als auch psychisch die beste Version Ihrer selbst zu sein.

Bei einer Diät wechseln die Menschen häufig zur »Diät-« oder »Light-«Version ihres liebsten alkoholischen Getränks, um ein paar Kalorien zu sparen. Kalorien sind jedoch nur ein kleines Teilstück des großen Puzzles, denn nach nur zwei alkoholischen Getränken verringert sich der Fettstoffwechsel um bis zu 73 Prozent. Sie nehmen also nicht nur Kalorien zu sich, wenn Sie Alkohol trinken, sondern Sie hemmen auch die Fähigkeit Ihres Körpers, Fett für Energie zu verbrennen.

Im Körper wird Alkohol dann in eine Substanz namens Acetat umgewandelt. Erhöht sich der Acetatspiegel im Blut, nutzt der Körper dieses Acetat anstelle von Fett für Energie. Schlimmer ist aber, dass Sie dazu neigen, mehr zu essen, je mehr Sie trinken – und weil Ihre Leber damit beschäftigt ist, den Alkohol in Acetat umzuwandeln, wird die von Ihnen aufgenommene Nahrung in zusätzliches Körperfett umgewandelt.

Testosteron und Alkohol

Alkohol zu trinken ist die wirksamste Methode, um den eigenen Testosteronspiegel in den Keller zu bringen. Und wir Frauen wollen genauso wenig wie die Männer, dass das passiert. Es genügt bereits, ein einziges Mal stark zu trinken, um den Spiegel des muskelabbauenden Stresshormons Cortisol ansteigen zu lassen und das Testosteron für bis zu 24 Stunden zu senken. Wenn Sie daran arbeiten, starke fettverbrennende Muskeln aufzubauen, und dennoch Alkohol trinken, ist das Ergebnis tatsächlich ein weiterer Muskelabbau und ein langsamerer Stoffwechsel. Bei einem gesunden Hormonspiegel brechen Sie während des Krafttrainings die Muskeln auf und reparieren sie dann in der Regenerationsphase. Geschieht das nicht, kann Ihr Körper die Muskeln niemals ordentlich reparieren.

Falls das noch nicht schlimm genug klingt, stimmt Sie das vielleicht um: Alkohol regt den Appetit an und lässt den Östrogenspiegel um 300 Prozent ansteigen. Der berühmt-berüchtigte »Bierbauch« ist eigentlich eher ein »Östrogenbauch«. Vom biochemischen Standpunkt aus betrachtet neutralisiert Ihr Körper Alkohol umso besser, je höher Ihr Östrogenspiegel ist, aber aber er baut ihn auch langsamer ab.

Zudem dehydriert Alkohol den Körper, wie wir alle wissen. Damit Fett aber verstoffwechselt werden kann, muss es erst aus den Fettzellen freigesetzt und über den Blutstrom bis in die Leber transportiert werden, wo es als Treibstoff verwendet werden kann. Sind Sie dehydriert, muss die Leber jedoch die Nieren unterstützen und kann sich nicht auf die Fettfreisetzung konzentrieren.

Alkohol wirkt sich zwar auf jedes Organ im Körper aus, aber am dramatischsten ist seine Wirkung auf die Leber. Normalerweise bevorzugen die Leberzellen Fettsäuren als Treibstoff und verpacken überschüssige Fettsäuren als Triglyceride, die dann in andere Gewebe weitergeleitet werden. Ist Alkohol vorhanden, werden die Leberzellen jedoch dazu gezwungen, zuerst den Alkohol zu verstoffwechseln, wodurch sich die Fettsäuren ansammeln. Dieser Alkoholstoffwechsel verändert die Struktur der Leberzellen dauerhaft und beeinträchtigt so die Fähigkeit der Leber, Fette zu verstoffwechseln, was zu einer Fettlebererkrankung führen kann.

☒ Sie schlafen nicht ausreichend

In Bezug auf seine Rolle beim Abnehmen wird Schlaf extrem unterbewertet. Am Anfang habe ich meine Klienten immer gefragt: »Wie gut schlafen Sie?« Darauf antworteten sie häufig: »Sehr gut! Ich schlafe sechs Stunden lang wie ein Baby!« Mittlerweile frage ich deshalb: »Wie *lange* schlafen Sie?« Sie sollten auf acht bis zehn Stunden pro Nacht kommen.

Wenn Sie häufig Probleme mit dem Einschlafen haben, empfehle ich Ihnen einen Cortisoltest morgens und abends, um festzustellen, ob Ihr Cortisolspiegel am Tag nicht so sinkt, wie er es tun sollte. Außerdem empfehle ich Ihnen eine Untersuchung des Ferritinwertes, um zu sehen, ob das Eisen auch in Ihren Zellen ankommt. Ein niedriger Eisenwert führt tagsüber zu starker Müdigkeit, auch wenn Sie Angst haben, nicht schlafen zu können. Wenn Sie zu früh aufwachen und beispielsweise um 3:00 Uhr morgens schon hellwach sind, ist das ein Zeichen für einen niedrigen Progesteronspiegel.

Sollten Sie beim Schlafen Hilfe benötigen, beginnen Sie mit der Heilung Ihrer inneren Uhr, wie auf Seite 49 besprochen. Auch bestimmte Nahrungsergänzungsmittel können helfen. Bei Einschlafproblemen können Sie die folgenden Nahrungsergänzungsmittel eine Stunde vor dem Schlafengehen ausprobieren:

• 400–800 mg Magnesiumglycinat (nicht Magnesiumoxid, denn das wird nicht gut aufgenommen und kann Durchfall verursachen). Magnesium entspannt die Muskeln auf natürliche Weise und hilft Ihnen, die Körperfunktionen herunterzufahren (obwohl es in seltenen Fällen auch energetisierend wirkt).

• Eine Kapsel probiotische Bifidobakterien. Bifidobakterien lassen den Serotoninspiegel ansteigen, wodurch wiederum die Melaninproduktion erhöht wird.

• 750 mg GABA (γ-Aminobuttersäure). GABA ist eine nichtessenzielle Aminosäure, die überwiegend im Gehirn und den Augen vorkommt. Sie gilt als hemmender Neurotransmitter, das heißt, sie regelt die Aktivität von Gehirn und Nervenzellen, indem sie die Anzahl der im Gehirn feuernden Nervenzellen verringert. GABA unterdrückt eine Überstimulierung des Gehirns und sorgt so für Entspannung, nachlassende Nervosität und eine verbesserte Schlafqualität. Sie ist das natürliche Beruhigungsmittel des Gehirns.

• 200 mg 5-Hydroxytryptophan (5-HTP) oder 1.000 mg L-Tryptophan. Diese Aminosäuren lassen das Serotonin ansteigen, wodurch wiederum die Melaninproduktion gesteigert wird. Hinweis: Nehmen Sie dieses Nahrungsergänzungsmittel nicht ein, wenn Sie Antidepressiva nehmen.

Auch Melatonin kann beim Schlafen helfen, aber viele Menschen behaupten, Melatonin-Ergänzungsmittel würden bei ihnen nicht helfen. Das liegt vermutlich an einem Aufnahmeproblem oder einem Leaky-Gut-Syndrom und in solchen Fällen empfehle ich Melatoninpflaster. Beginnen Sie mit 1 mg und erhöhen Sie bei Bedarf die Dosis.

Wenn Ihnen das *Durchschlafen* Schwierigkeiten bereitet, ist die Ursache dafür wahrscheinlich ein niedriger Progesteronspiegel, der eine Östrogendominanz zur Folge hat. Ich empfehle dann, an bestimmten Tagen des Zyklus etwas reine Progesteroncreme auf ein Stückchen Haut aufzutragen. Ich nehme gern die Creme Pro-Gest von Emerita (sie kann online bestellt werden). Viele meiner Klientinnen berichten von einem sofortigen Gefühl der Ruhe, sobald sie die Creme auf dem Handgelenk auftragen.

☒ Sie essen zu viel Eiweiß

Verwechseln Sie die ketogene Ernährung nicht mit den beliebten Eiweiß-Diäten. Zu viel Eiweiß wird im Blut zu Zucker. Zudem sollten Sie nicht zu viel Eiweiß auf einmal essen, sondern es über den Tag verteilt aufnehmen, da Ihr Körper überschüssiges Eiweiß nicht aufnehmen kann.

☒ Sie essen vor dem Zubettgehen und/oder treiben Sport zur falschen Tageszeit

Die Manipulation der Hormone ist der Schlüssel zum Abnehmen. Wenn Sie Ihr Essmuster entsprechend verändern, erlangen Sie jede Menge Kontrolle über das Insulin, das menschliche Wachstumshormon und Cortisol. Der natürliche Anstieg des menschlichen Wachstumshormons geschieht 30 bis 70 Minuten nach dem Einschlafen, aber der Gegenspieler heißt Insulin, wie Sie bereits wissen. Essen Sie vor dem Zubettgehen, steigt der Insulinspiegel an, und das menschliche Wachstumshormon (Ihr Fettverbrennungshormon) kann nicht ansteigen, weil das Insulin stärker ist.

Der Cortisolspiegel ist morgens natürlich hoch und sollte im Laufe des Tages sinken. Und aus diesem Grund ist Sport am Morgen so fantastisch. Wenn Sie mit dem Sport bis nach der Arbeit warten, kommt es zu einem weiteren Cortisolanstieg, der den natürlichen Rückgang durcheinanderbringt und den Körper zur Speicherung von Bauchfett anregen kann.

☒ Sie leiden an einer Nebennierenschwäche

Die Nebennieren gehören zu den wichtigsten Organen im Körper, werden von Ärzten jedoch häufig nicht beachtet. Im Körper sind die Nebennieren die Drüsen, die hauptsächlich für die Anpassung an Stress verantwortlich sind und bei Stress Hormone abgeben, die den Körper bei seiner Reaktion darauf unterstützen. Sie produzieren Cortisol (das auch als »Bauchfetthormon« bekannt ist), Östrogen, Testosteron, Schilddrüsenhormon und viele andere Hormone, die den Stoffwechsel, das Immunsystem, das Fortpflanzungssystem und die Ausscheidungsfunktionen steuern.

Zudem steuern die Nebennieren den Wasser- und Mineralstoffhaushalt in den Zellen. Ohne ausreichendes, hochwertiges Salz sinkt der Blutdruck, und die Nebennierenhormone leiden darunter. Menschen mit einer Nebennierenschwäche haben häufig ein Verlangen nach Salz, da sie einen niedrigen Blutdruck haben.

Innere und äußere Stressoren, beispielsweise zu viel Sport, Schlafmangel, Probleme auf der Arbeit oder in der Familie, haben starke Auswirkungen auf die Nebennieren und somit die Hormonausschüttung. Die folgenden Symptome deuten auf eine Nebennierenschwäche hin:

• Schlaflosigkeit (einschließlich häufiges Aufwachen in der Nacht)

• Energiemangel

• innere Unruhe auch bei kleineren Stressfaktoren

• schlechte Stimmung

• niedriger Blutdruck

• schlechtes Gedächtnis

• geringe Libido

• wiederkehrende Infektionen

• Asthma oder Allergien

• Verlangen nach Kaffee oder anderen Energielieferanten

• Hitzewallungen oder PMS

• Ausbleiben der Menstruation oder verlängerter Zyklus

Sind Sie der Meinung, Sie könnten an einer Nebennierenschwäche leiden, sollten Sie Ihr Möglichstes tun, um weniger Stress zu haben. Wenn Sie Ihre Arbeit hassen, ist es an der Zeit, eine andere Arbeit zu finden, die Ihrer neuen Lebensweise entgegenkommt. Einer meiner Klienten kündigte seine Stelle und wurde Fitnesstrainer – er ist ein völlig anderer Mensch geworden.

Überprüfen Sie Beziehungen, die zu viel Stress für Sie bedeuten. Gibt es in Ihrem Leben Menschen, die Gift für Sie sind und versuchen, Ihre Gesundheitsziele zu sabotieren? Dann ist es vielleicht an der Zeit, stattdessen Menschen um sich zu haben, die Sie stärker unterstützen.

Auch Sport kann ein Stressfaktor sein. Planen Sie nicht mitten in einer Scheidung oder nach dem Tod eines Angehörigen, einen Marathon zu laufen. Ihr Körper kann jeden Tag nur eine bestimmte Menge Stresshormone produzieren, weshalb Yoga (siehe Seite 42) in einem stressigen Lebensabschnitt möglicherweise besser geeignet ist.

☒ Sie essen in Stresssituationen

Haben Sie auf der Arbeit häufig Gesprächstermine oder Meetings während des Mittagessens? Bemerken Sie eventuell, dass Sie unter Verdauungsstörungen oder Durchfall leiden, wenn Sie unter Stress essen? Bei Stress steigen Herzfrequenz und Blutdruck, und das Blut wird aus dem Verdauungstrakt in Beine, Arme und für schnelles Denken in den Kopf umgeleitet. Dadurch kann der Blutfluss im Verdauungssystem um vier Mal geringer sein, und der Körper kann Kalorien nicht so effizient verbrennen. Zudem kann die Freisetzung von Enzymen im Darm sich um das 20.000-Fache verringern, weshalb Nährstoffe nicht so gut aufgenommen werden können.

Darüber hinaus steigen die Triglyceride und das Cholesterin in Stresssituationen an, während sich die Zahl der gesunden Darmbakterien verringert. Dadurch sind Sie anfälliger für Verdauungsstörungen, Refluxösophagitis oder Sodbrennen.

Wie Sie bereits wissen, steigen bei Stress für den Körper auch der Cortisol- und Insulinspiegel an. Ist der Cortisolspiegel ständig erhöht, kann das zu Problemen beim Abnehmen oder beim Muskelaufbau führen, und Bauchfett ist ein häufig vorkommendes äußerliches Anzeichen für einen oftmals erhöhten Cortisolspiegel. Das Beunruhigende am Bauchfett ist, dass es bedeutend zur Entstehung von Diabetes und dem metabolischen Syndrom beiträgt.

Aus diesen Gründen rate ich all meinen Klienten davon ab, während des Mittagessens Meetings zu haben. Sie versauen sich ihre Verdauung. Verschieben Sie Meetings lieber auf andere Tageszeiten, und reservieren Sie sich eine kleine ruhige Pause für das Mittagessen. Versuchen Sie außerdem, nach einem Streit nicht zu essen, sondern machen Sie lieber Yoga – denn durch den Stress fließt das Blut sowieso in Ihre Gliedmaßen.

Was Ihre Ketose schnell beenden kann

Die folgende Aufzählung soll Sie nicht entmutigen, sondern darauf hinweisen, dass jeder anders ist und dass es wichtig ist, die persönliche Kohlenhydrattoleranz auszutesten (mehr darüber auf Seite 29). Der Stoffwechsel mancher Menschen ist derart geschädigt, dass sie ihre Kohlenhydrat- und Eiweißzufuhr noch stärker einschränken müssen als andere. Die folgenden Lebensmittel können Sie also schnell aus Ihrer Ketose bringen:

 Zu viel »kohlenhydratarmes« Gemüse wie Blumenkohl und Rosenkohl. Ja, diese zwei Gemüsesorten enthalten zwar wenig Kohlenhydrate, aber dennoch kann da schnell einiges an Kohlenhydraten zusammenkommen. Die Ballaststoffe dürfen nicht von den Gesamtkohlenhydraten abgezogen werden.

 Milchprodukte. Bei einigen Menschen erhöhen Milchprodukte den Insulinspiegel und bringen sie aus der Ketose. Milchprodukte enthalten von Natur aus Zucker, auch Naturjoghurt mit vollem Fettgehalt. Aufgrund des Zuckers empfehle ich nie Milch.

 Obst mit niedrigem Zuckergehalt wie Heidelbeeren, Erdbeeren, Himbeeren und Melone. Meine Klientin Sally liebt Beeren und genießt sie, wenn die Saison dafür ist. Sie weiß, dass sie 36 g davon essen darf und dass ihr Blutzucker bereits bei 72 g ansteigt und sie aus der Ketose befördert wird. Aber es macht sie bereits glücklich, dass sie 36 g essen darf. Wissen ist Macht!

 **Nüsse und gemahlene Nüsse, beispielsweise Mandeln und Mandelmehl**

 Zu viel Eiweiß

 **Kokoswasser**

 **Zitronen- oder Limettensaft**

Die Leber und das Abnehmen

Die Leber ist im Körper das Hauptorgan, das darüber bestimmt, Fett zu verlieren. Sie verarbeitet Hormone, befreit Zellen von Giftstoffen, bricht Fette auf und verstoffwechselt Kohlenhydrate und Eiweiße. Eine ständig durch ungesunde Nahrung, Alkohol, Schlafmangel oder Verschmutzung gestresste Leber ermüdet und kann Sie weniger dabei unterstützen abzunehmen. Zudem führt eine geringe Leberfunktion zu Heißhunger, Fressanfällen und dem Ausscheiden von zu viel Cortisol, was wiederum zu mehr Stress für die Leber führt. Das Ganze ist ein Teufelskreis. Auch Antidepressiva sind zusätzliches Gift für die Leber und verursachen so noch mehr Depressionen und hindern Sie daran abzunehmen.

Eine weitere wichtige Aufgabe der Leber ist es, für das richtige hormonelle Gleichgewicht zu sorgen. Ein häufiges Problem ist die Östrogendominanz, die durch den Kontakt mit ungesunden, von außen zugeführten Östrogenen entsteht, beispielsweise aus Fleisch und Milch aus konventioneller Tierhaltung, Alkohol, Fruktose und Plastikbehältern zur Aufbewahrung von Nahrungsmitteln. Eine gesunde Leber entgiftet den Körper von diesen Östrogenen. Wird dieser Prozess jedoch durch Stress gestört, trägt das zu einer Östrogendominanz bei, und es wird schwieriger, Bauchfett abzunehmen. Uns wird oft genug erzählt, wir müssten zum Abnehmen Kalorien zählen, aber ich bin der Meinung, dass die Hormonregulation der Schlüssel ist. Insulin, Östrogen, Testosteron, Leptin, Ghrelin, Glucagon, Schilddrüsenhormon, Progesteron, Cortisol, das menschliche Wachstumshormon und andere Hormone bestimmen die Geschwindigkeit Ihres

Fettstoffwechsels, Ihren Heißhunger, Ihr Energielevel, Ihre Schlafqualität und vieles mehr. Wenn Sie nicht auf Ihre Hormone achten, kann das Abnehmen so gut wie unmöglich werden, auch wenn Sie den ganzen Tag lang joggen und nur 500 Kalorien täglich zu sich nehmen.

Darüber hinaus ist die Leber für die Produktion von mehr als der Hälfte des Cholesterins im Körper verantwortlich. Das meiste dieses Cholesterins wird zur Produktion von Gallenflüssigkeit benötigt, die Fett aufbricht. Gallensalze stimulieren das Ausscheiden von Wasser in den Dickdarm, wodurch die Darmbewegungen unterstützt werden. Verstopfung ist ein Anzeichen einer gestressten oder ermüdeten Leber, andere Anzeichen sind:

- *zu viel Bauchfett*
- *Fettzysten*
- *Altersflecken*
- *chronische Verdauungsstörungen*
- *Cellulite*
- *PMS oder Symptome der Menopause*
- *schlechte Stimmung: Depressionen, Ängste, Reizbarkeit*
- *Muskel- oder Gelenkschmerzen*
- *Kopfschmerzen oder Migräne*
- *Erschöpfung*

Die gute Nachricht ist, dass die Leber schnell wieder heilen kann, wenn sie die richtigen Nährstoffe erhält.

Leiden Sie unter wenig Energie?

1. Haben Sie Ihre Salz- und Wasserzufuhr erhöht? (Siehe Seite 88 und 92)

2. Nehmen Sie zusätzlich Elektrolyte auf? (Siehe Seite 88)

3. Überlegen Sie, L-Carnitin einzunehmen, denn die Aminosäure sorgt für mehr Energie, Konzentration und bessere Stimmung.

4. Schlafen Sie mindestens acht Stunden? (Siehe Seite 47 und 55)

5. Haben Sie einen Eisenmangel? Starke Regelblutungen, zu viel Sport, Antazida und Nahrungsmittelallergien können zu einem niedrigen Eisenwert beitragen. (Siehe Seite 37.)

6. Wie geht es Ihrer Schilddrüse? Bei einer geringen Schilddrüsenfunktion können Sie Nährstoffe nicht so gut aufnehmen, was wiederum zu wenig Energie und schlechter Stimmung führen kann.

7. Wirkt Magnesium bei Ihnen beruhigend oder energetisierend? Manche Menschen sollten es lieber nicht vor dem Schlafengehen einnehmen. (Siehe Seite 31)

8. Essen Sie aus Versehen zu viele Kohlenhydrate? Oder schlagen Sie am Wochenende über die Stränge? Haben Sie am Abend zuvor Alkohol getrunken? All diese Dinge können die Ursache für wenig Energie sein, da der Körper nicht weiß, ober er Glucose oder Ketone als Treibstoff nutzen soll. Von der unglaublichen Energie der Ketoadaption können Sie erst dann profitieren, wenn Sie völlig in dieser Lebensweise aufgehen. Aber nachdem Sie 30 Tage lang so gegessen haben wie in diesem Kochbuch beschrieben, werden Sie sich so voller Energie fühlen, dass Sie nie wieder etwas anderes erleben möchten.

Maßnahmen für den Erfolg

In Bezug auf Ernährung und Abnehmen ist jeder anders, keine zwei Menschen sind gleich. Mir ist bewusst, dass dieses Buch unglaublich viele Informationen enthält, und deshalb möchte ich diesen Teil mit einer Checkliste abschließen. Sie wird Ihnen dabei helfen, während Ihrer 30-Tage-Stoffwechselkur und darüber hinaus so erfolgreich wie möglich zu sein.

☑ Machen Sie Ihre Leber so gesund wie möglich

Die Leber hat über 400 verschiedene Aufgaben und ist das Organ im Körper, das für die Unterstützung des Stoffwechsels am wichtigsten ist: Sie befreit den Körper von Giftstoffen, verstoffwechselt Eiweiß, steuert das hormonelle Gleichgewicht und unterstützt das Immunsystem. Sie kann sogar eigene geschädigte Zellen erneuern. Aber leider ist sie nicht unbesiegbar. Fehlt es der Leber an essenziellen Nährstoffen oder ist sie mit zu vielen Giften überlastet, arbeitet sie nicht so, wie sie sollte.

Die wichtigste Funktion der Leber – und die mit dem größten Schadensrisiko – ist das Ausfiltern der zahlreichen Giftstoffe, die unseren Körper angreifen. In Zusammenarbeit mit der Lunge, den Nieren, der Haut und dem Darm entfernt eine gesunde Leber viele schädigende Substanzen aus dem Blut. Wenn Sie feststellen, dass Sie gereizt sind oder leicht gestresst reagieren, einen erhöhten Cholesterinwert haben oder unter Hautreizungen, Depressionen, Schlafproblemen, Verdauungsstörungen, Nierenschäden, Brain Fog, einer Schilddrüsenunterfunktion, chronischer Müdigkeit, Gewichtszunahme, einem schlechten Gedächtnis, PMS, einem Blutzuckerungleichgewicht oder Allergien leiden, kann das an einer ermüdeten Leber liegen.

Sollten Sie bereits erfolglos einiges ausprobiert haben, um Ihre Gesundheit zu verbessern und Ihre Energie zu steigern, können Ihre Probleme durch eine ermüdete Leber hervorgerufen werden. Die Leberfunktion wiederherzustellen ist eine der wichtigsten Maßnahmen, die Sie für Ihre Gesundheit durchführen können. Die folgenden Tipps können Ihnen dabei helfen, Ihre Leber zu heilen:

- Streichen Sie Fruktose von Ihrem Speiseplan.

- Trinken Sie keinen Alkohol mehr.

- Essen Sie Cholesterin. Wenn Sie nicht ausreichend Cholesterin essen, produziert Ihre Leber es und läuft dabei auf Hochtouren.

- Geben Sie keine Chemie auf Ihre Haut (weitere Informationen im Anhang auf Seite 408).

- Werfen Sie sogenannte Obesogene weg, also Substanzen, welche die Funktion des Fettstoffwechsels beeinflussen, wie Trocknertücher und Duftkerzen.

- Kommen Sie ins Schwitzen. Gehen Sie in die Sauna oder machen Sie Bikram-Yoga. Achten Sie darauf, genug zu trinken, und füllen Sie sich hinterher wieder mit Elektrolyten auf.

☑ Lassen Sie sämtliche Milchprodukte weg, auch die mit vollem Fettgehalt

Vielleicht hilft es Ihnen zu wissen, dass ich ein typisches Mädchen aus Wisconsin mit deutschen Wurzeln bin – das heißt, ich liebe Käse. Aber ich weiß auch, dass Milchprodukte viele meiner Kunden davon abhalten, ihre Ziele zu erreichen.

Während Ihrer 30-Tage-Stoffwechselkur sollten Sie Butter, Sahne, Käse, Joghurt und Molke (einschließlich Molkeneiweiß) weglassen. Ich habe festgestellt, dass genau das vielen meiner Kunden dabei hilft, ihr Wunschgewicht zu erreichen. Bei einem entzündeten Darm kann es zu einer sogenannten

Zottenatrophie kommen, einem Phänomen, durch das die Zotten an der inneren Darmwand geschädigt werden. Da an den Enden dieser Zotten Milchprodukte verdaut werden, hemmt diese Erkrankung die Aufnahme von Milchprodukten. Sobald die Darmwand aber durch eine entzündungshemmende ketogene Ernährung geheilt wurde, können Sie Milchprodukte eventuell wieder in Ihre Ernährung aufnehmen. Beginnen Sie aber mit kleinen Mengen.

Nach der 30-Tage-Stoffwechselkur können Sie den an anderer Stelle bereits vorgestellten Versuch wagen: Wiegen Sie sich einen Tag, bevor Sie wieder Milchprodukte essen, und am Tag danach zur gleichen Uhrzeit. Wählen Sie für den Versuch laktosefreie Milchprodukte, da Ihr Gewicht so durch den Zucker nicht beeinflusst werden kann. Ich würde den Versuch mit Ghee oder Bio-Butter aus Weidehaltung beginnen. Zeigt die Waage mehr Gewicht an, sollten Sie nicht in Panik geraten, denn es ist nur zurückbehaltenes Wasser. Kommt es zu dieser Wasseransammlung, empfehle ich Ihnen, weitere zwei Monate auf Milchprodukte zu verzichten und drei Mal täglich 3 g L-Glutamin auf leeren Magen einzunehmen, um die Heilung der Zotten zu unterstützen. Dann können Sie den Versuch erneut wagen.

☑ Planen Sie kalorienreiche Tage ein

Das soll keine Erlaubnis von mir sein, sich mit Pizza oder Eiscreme vollzustopfen. Ein kalorienreicher Tag ist ein »auf gesund getrimmter« Tag, an dem Sie 300 bis 500 Kalorien zusätzlich zu sich nehmen, überwiegend in Form von Eiweiß, um die Gluconeogenese (die Produktion von Glucose im Körper) kurz anzukurbeln und die Schilddrüse anzuregen. Wenn Sie täglich dieselbe Kalorienmenge essen, kann es dazu kommen, dass Ihre Schilddrüse weniger T3 produziert, also das aktivierte Schilddrüsenhormon. Das Energiedefizit ist zwar an sich notwendig, aber wenn Sie jahrelang jeden Tag eines haben, kann das die Leistung der Schilddrüse verringern. Dagegen hilft ein kalorienreicher Tag.

Viele meiner Klienten suchen sich für diesen Tag den Sonntag aus, weil dann beim gemeinsamen Essen mit der Familie die Portionen größer ausfallen. Ich bin hingegen der Ansicht, Sie sollten sich lieber auf die Gespräche konzentrieren und die Gesellschaft genießen, denn häufig können wir uns an das, was wir im Beisein vieler Menschen gegessen haben, nicht mehr erinnern. Zudem neigen wir dazu, unser Essen zu schnell herunterzuschlucken, damit wir uns am Gespräch beteiligen können.

Meine kalorienreichen Tage sind deshalb ruhigere Tage auf der Arbeit, an denen ich langsam kauen und jeden Bissen genießen kann. Je langsamer die Nahrung in Ihren Körper gelangt, desto geringer fällt auch die Insulinantwort aus. Ein Spaziergang nach dem Essen senkt die Insulinantwort zusätzlich.

An kalorienreichen Tagen empfehle ich, das Essen so lange zu kauen, bis es wirklich nahezu flüssig ist, und es erst dann hinunterzuschlucken. Meinen Klienten erkläre ich im Scherz, sie sollten jeden Bissen 32 Mal kauen. Im Scherz deshalb, weil ich nicht wirklich möchte, dass sie mitzählen, aber die Zahl 32 eignet sich gut, um es auszuprobieren – denn sie bedeutet wirklich langes Kauen.

☑ Probieren Sie intermittierendes Fasten aus

Intermittierendes Fasten ist ein Essmuster, bei dem Sie regelmäßig fasten (wie auf Seite 33 beschrieben). Das Zeitfenster zum Essen ist bei Craig und mir jeden Tag festgelegt, und an den meisten Tagen fasten wir etwa 20 Stunden lang und essen in einem Zeitfenster von vier Stunden. Manchen Menschen ist dieser Zeitplan jedoch zu extrem, und auch ein zwölf Stunden dauerndes Fasten über Nacht (zwischen Abendessen und Frühstück) kann bereits helfen. Setzen Sie sich das Ziel, wenigstens ein paar Tage pro Woche intermittierend zu fasten.

Das Fasten können Sie auf mehreren Wegen in Ihren Alltag einbauen, beispielsweise durch das Weglassen des Abendessens an ein oder zwei Tagen in der Woche. Dafür eignen sich unter anderem Tage, an denen Sie spät nach Hause kommen und nach dem Essen zu schnell ins Bett gehen würden. Mir gefällt diese Variante besonders, denn durch sie ist der Spiegel des menschlichen Wachstumshormons beim Einschlafen hoch.

☑ Essen Sie fermentiertes Gemüse

Ich werde häufig gefragt, wie es sein kann, dass Asiaten so viel Reis und Nudeln essen können und trotzdem so dünn sind. Des Rätsels Lösung liegt darin, dass sie ihre Mahlzeiten häufig mit Kimchi und anderen fermentierten Nahrungsmitteln beginnen. Die guten Darmbakterien helfen dabei, die Nahrung richtig zu verdauen, unterstützen das Abnehmen und kurbeln das Immunsystem an. In einem gesunden Körper sollte sich etwa ein Kilo guter Darmbakterien im Dickdarm befinden, aber vielen Menschen fehlen sie aufgrund von Antibiotika, Stress, Darmspiegelungen oder Darmreinigungen nahezu völlig, denn all das raubt dem Körper diese lebenswichtigen Bakterien.

Kein Wunder also, dass ich in meiner Praxis so viele Menschen mit Depressionen habe. Der Darm gilt auch als das zweite Nervensystem unseres Körpers, in dem dieselbe Menge an Neurotransmittern steckt wie im Gehirn. Sinkt die Menge an gesunden Darmbakterien, sinkt auch der Spiegel des »Wohlfühlhormons« Serotonin und führt zu einem Verlangen nach Zucker und Kohlenhydraten. Ein niedriger Serotoninspiegel verursacht außerdem einen niedrigen Melatoninspiegel, was wiederum zu schlechtem Schlaf führt. Dieses lösbare Problem stelle ich nicht nur bei Erwachsenen fest, sondern auch bei einem Großteil der Kinder, mit denen ich arbeite. Heißhunger, Depressionen und schlaflose Nächte müssen aber nicht Ihr Schicksal bestimmen.

Kimchi und andere fermentierte Gemüsesorten enthalten gute Darmbakterien, die sogenannten Probiotika, die bei der Besiedelung und dem Wiederherstellen des Gleichgewichts der Darmflora helfen. Studien zufolge helfen Probiotika bei der Heilung einer Vielzahl an Erkrankungen, wie Depressionen, Krebs, Darmkrankheiten und Allergien.

Ja, viele asiatische Gerichte enthalten Reis oder Nudeln, aber der Nährwert dieser Gerichte ist beachtlich. Eine Schale Nudeln wird mit hausgemachter Brühe aus Rinderknochen, Sehnen und Kutteln zubereitet. Zudem werden in asiatischen Kulturen viele Innereien verzehrt, beispielsweise Rinderzunge und Leber.

Beginnen Sie also Ihre Mahlzeit mit fermentiertem Gemüse, echtem Sauerkraut oder Kimchi, um für das richtige Darmgleichgewicht zu sorgen, oder nehmen Sie hochwertige Probiotika mit Bifidobakterien ein. Ich versichere Ihnen, dass der Heißhunger zurückgeht, Ihre Stimmung ausgeglichener wird und Ihr Schlaf sich verbessert.

☑ Meiden Sie Alkohol

Alkohol zu vermeiden ist wichtig für den Schlaf, die Stimmung und den Stoffwechsel. Er hilft Ihnen nicht dabei, in die Ketose zu gelangen, sondern hält Sie vielmehr davon ab, physisch und psychisch in Bestform zu sein. (Mehr dazu auf Seite 54.)

☑ Lassen Sie Pflanzenöle weg

Pflanzenöle sind stark entzündungsfördernd und sollten vermieden werden. In den meisten abgepackten Nahrungsmitteln, beispielsweise auch in fertiger Tomatensoße, ist Rapsöl, Baumwollsamenöl, Sojaöl oder Maiskeimöl enthalten. Auch »gesunde« Mayonnaise, Salatsoßen und geröstete Nüsse enthalten häufig Pflanzenöle. Machen Sie diese Lebensmittel lieber selbst und verwenden Sie dafür gesunde Fette.

☑ Entgiften Sie sich von schlechten Östrogenen

Plastik hat eine östrogenartige Wirkung. Deshalb sollten Sie heiße Speisen nicht von Plastiktellern essen oder heiße Getränke aus Plastikbechern trinken, das Essen nicht in Plastikbehältern in die Mikrowelle geben oder Wasser aus Plastikflaschen trinken. Vermeiden Sie zudem Nahrungsmittel aus konventioneller Erzeugung, die voller synthetischer Östrogene stecken, und verwenden Sie keine Obesogene, beispielsweise Trocknertücher und synthetische Duftstoffe, die sowohl bei Frauen als auch bei Männern den Östrogenspiegel erhöhen. Zu guter Letzt sollten Sie jeden Tag Stuhlgang haben, denn sonst werden die Östrogene wieder aufgenommen und in die Fettzellen eingeschlossen.

☑ Profitieren Sie vom Nachbrenneffekt

Warten Sie nach dem Sport ein wenig, bevor Sie etwas essen, denn durch das Training steigt der Spiegel des menschlichen Wachstumshormons und regt die Bildung von Ketonen an. Durch diesen Nachbrenneffekt können Sie bis zu 400 Kalorien zusätzlich verbrennen, wenn Sie mit dem Essen etwas warten. Empfehlenswert ist auch eine Nahrungsergänzung mit verzweigtkettigen Aminosäuren und L-Glutamin, um das schnelle Reparieren der Muskeln zu unterstützen. Essen Sie erst eine Stunde nach dem Training.

☑ Verzichten Sie auf Zwischenmahlzeiten

Wenn Sie Ihren Körper ständig mit Treibstoff versorgen und das Insulin ansteigen lassen, können Sie nicht in den Fettverbrennungsmodus gelangen. Essen Sie nicht alle zwei Stunden, sondern halten Sie sich an die Hauptmahlzeiten.

☑ Essen Sie nicht zu viel Eiweiß auf einmal

Ihr Körper kann Eiweiß nicht speichern, weshalb überschüssiges Eiweiß durch die Gluconeogenese in Zucker umgewandelt wird. Verteilen Sie Ihre tägliche Eiweißmenge auf die Mahlzeiten.

☑ Essen Sie langsam

Es senkt die Insulinantwort, wenn Sie sich beim Essen Zeit lassen, und zudem hilft es, das Hormon Leptin zu registrieren, also das Signal, dass Sie voll sind.

☑ Versorgen Sie sich ausreichend mit Flüssigkeiten

Trinken Sie abhängig von Ihrem Körpergewicht 1,6 bis 3,2 Liter Wasser täglich, um Nieren und Leber zu unterstützen. Sind die Nieren dehydriert, stellt die Leber ihre Hauptarbeit ein und hilft stattdessen den Nieren. Wenn Sie gut hydriert sind, kann sich die Leber auf die Fettverbrennung konzentrieren – Sie sollten also nett zu ihr sein.

☑ Trinken Sie nicht während des Essens

Sich ordentlich mit Flüssigkeiten zu versorgen, ist zwar wichtig, aber während des Essens verwässern Getränke die Verdauungsenzyme. Sie sollten daher eine Stunde vor einer Mahlzeit nichts mehr trinken und erst eine oder zwei Stunden nach dem Essen wieder mit dem Trinken beginnen.

☑ Vermeiden Sie Fluorid, indem Sie aufbereitetes Wasser trinken und Bioprodukte auswählen

In den USA werden viele Obst- und Gemüsesorten und andere Anbaupflanzen mit dem in der Europäischen Union nicht zugelassenen Kryolith (Natriumhexafluoroaluminat) gespritzt – einem Pestizid, das große Mengen des energieraubenden Fluorids enthält. Heute nehmen die Amerikaner folglich vier Mal so viel Fluorid zu sich wie im Jahr 1940, als damit begonnen wurde, es zur Vorbeugung von Karies dem Trinkwasser zuzusetzen. Mittlerweile ist es in den USA in vielen Produkten enthalten, beispielsweise in Suppe, Limonaden und schwarzem Tee. In Deutschland hingegen ist nur die Fluoridierung von Speisesalz erlaubt. Die amerikanische Gesundheitsbehörde CDC (Centers for Disease Control) hat sich bereits besorgt darüber geäußert, dass über 200 Millionen Amerikaner einer erheblichen Fluoridmenge ausgesetzt sind. Da dieses ganze Fluorid letztendlich verheerende Schilddrüsenschäden verursacht, wird empfohlen, durch Umkehrosmose aufbereitetes Wasser zu trinken und bevorzugt pestizidfreie Biolebensmittel zu sich nehmen, um die Fluoridaufnahme zu verringern.

☑ Aktivieren Sie das braune Fett

Im Körper gibt es zwei Arten von Fett: das weiße Fettgewebe, das wir normalerweise als Körperfett bezeichnen und das wir verbrennen wollen. Das andere Fett, das braune Fettgewebe, ist nützlich, denn es hilft dem Körper dabei, Kalorien und das ungesunde weiße Fettgewebe zu verbrennen. Kälte regt das braune Fettgewebe an, überschüssiges Fett und Glucose für Energie zu verbrennen.

Auch die folgenden Tipps helfen bei der Aktivierung des braunen Fetts:

• Legen Sie sich abends vor dem Einschlafen zur Entspannung 30 bis 60 Minuten lang Eisbeutel oder Kühlpacks auf den Rücken oder in den Nacken. Der Insulinspiegel ist zu dieser Zeit höher und reagiert sensibler.

• Stellen Sie Ihre Füße abends oder gleich morgens nach dem Aufstehen in kaltes Wasser. Das sorgt den ganzen Tag über für Wärme.

• Lutschen Sie tagsüber immer mal wieder einen Eiswürfel.

• Gönnen Sie sich zum Nachtisch ein Wasser- oder Kratzeis mit aromatisierten Steviatropfen, zum Beispiel Vanille.

• Duschen Sie nach dem Aufstehen sofort sehr kalt.

• Verringern Sie die Temperatur in Ihrer Wohnung um etwa drei Grad.

☑ Beginnen Sie mit dem Ölziehen

Ich weiß, dass es sich verrückt anhört, aber eine einfache, gesunde und leckere Gesundheitsmaßnahme ist das Ölziehen, also täglich ein paar Minuten lang Kokosöl im Mund hin- und herbewegen und durch die Zähne ziehen. Dafür nehmen Sie einfach einen Esslöffel Kokosöl in den Mund und spülen den Mundraum damit, wie Sie es mit einem Mundwasser tun würden (festes Kokosöl schmilzt im Mund). Ich empfehle Ihnen, Ihr normales, voller Chemikalien steckendes Mundwasser wegzuwerfen und sich stattdessen lieber ein Glas Kokosöl ins Bad zu stellen.

Hier ein paar überzeugende Gründe dafür, gleich heute mit dem Ölziehen zu beginnen:

• Es beseitigt Bakterien, Parasiten und Giftstoffe, die sich in Ihrem Lymphsystem befinden. Kokosöl hat antimikrobielle, entzündungshemmende und enzymatische Eigenschaften, weshalb ich das Ölziehen ausschließlich mit Kokosöl empfehle. Es hilft, *Streptococcus mutans* abzutöten – ein säureproduzierendes Bakterium, das eine Hauptursache für Karies ist. Zudem beseitigt es den Hefepilz *Candida*, der Candidose, also Soor verursachen kann.

• Es löst Verstopfungen der Nasennebenhöhlen und Verschleimungen des Halses.

• Es mineralisiert die Zähne und stärkt das Zahnfleisch.

• Es beseitigt Hautprobleme wie Psoriasis, indem es Giftstoffe entfernt und das Immunsystem stärkt.

☑ Schränken Sie es ein, auswärts zu essen

Wann ist es derart zu einer Gewohnheit geworden, essen zu gehen? Ich kann mich noch an Zeiten erinnern, in denen es ein seltenes und besonderes Ereignis war, am Wochenende ins Restaurant zu gehen. Wenn man heute zur Mittagszeit in ein Restaurant geht, ist es fast immer voll, egal an welchem Wochentag. Und sehr häufig bekomme ich Beschwerden zu hören, dass es ja so teuer sei, sich gesund zu ernähren, obwohl es in Wirklichkeit teurer ist, essen zu gehen. Neulich bin ich mit meiner Familie frühstücken gegangen und wir haben uns alle Eier und Lachs mit extra Sauce hollandaise bestellt, dazu Chorizo und Speck als Beilage. Craig bestellte sich Kaffee, die Jungs und ich tranken Wasser. Am Ende belief sich die Rechnung auf 63 Dollar! Für Eier! Da musste ich fast darüber lachen, dass ich mich beim Einkaufen am Vortag über den Preis eines Kartons Eier gewundert hatte.

Die Kontrolle über die Zutaten ist ein weiterer Grund, das Essen im Restaurant zu vermeiden. Sie können nie sicher sein, welche Öle ein Restaurant zur Zubereitung verwendet, aber wahrscheinlich sind es entzündungsfördernde Pflanzenöle. Auch entzündungsförderndes Gluten und Milchprodukte können in Restaurantmahlzeiten enthalten sein, beispielsweise durch Fleisch, das in glutenhaltiger Sojasoße mariniert wurde.

☑ Stellen Sie negative Selbstgespräche ab

Sagen Sie sich selbst, dass Sie es schaffen, und umgeben Sie sich mit positiv denkenden Menschen, die Sie auf Ihrem Weg unterstützen. Auch eine Online-Community kann Ihnen dabei helfen, auf dem richtigen Kurs zu bleiben.

Zusammenfassung

Mit all diesen Informationen, die Ihnen nun zur Verfügung stehen, wünsche ich Ihnen auf den ersten 30 Tagen Ihrer Keto-Reise viel Glück. Ich weiß, dass die ketogene Lebensweise überwältigend und neu sein mag, aber wenn Sie jede Woche eine neue Kleinigkeit ausprobieren, ist es gar nicht mehr so schlimm. Vielleicht beginnen Sie diese Woche damit, Ihr Frühstück von Cerealien auf Eier umzustellen, und fangen dann in der nächsten Woche damit an, nach dem Abendessen spazieren zu gehen. Dieses schrittweise Vorgehen hat mir persönlich sehr geholfen. Anstatt sich überfordert zu fühlen, sollten Sie sich ermutigt fühlen, denn Sie haben die Werkzeuge an der Hand, die Sie für den Erfolg benötigen. Es erwartet Sie keine weitere entbehrungsreiche Diät mit fettfreien Fertigprodukten – eine ketogene Ernährung bedeutet echtes Essen, echte Sättigung und einen gesunden Stoffwechsel.

Wenn Sie wie ich ein visueller Mensch sind oder mehr Informationen benötigen, schauen Sie sich unter www.MariaMindBodyHealth.com/video-classes/ um, wo ich viele Skype- und Online-Videokurse anbiete, die allerdings nur auf Englisch verfügbar sind.

TEIL 2:
Die Keto-Küche

Zutaten

Der Schlüssel zu jeder gesunden Ernährungsweise ist, echte, vollwertige Nahrungsmittel zu essen. Während der 30-Tage-Stoffwechselkur sollten Sie bestimmte Zutaten auswählen und andere wiederum vermeiden.

Fette

Bei einer ketogenen Ernährung brauchen Sie viel gesundes Fett, um es als Treibstoff verbrennen zu können. Ungesunde Fette zu vermeiden ist dabei ebenso wichtig wie gesunde Fette auszuwählen.

Gesunde Fette

 Am besten sind Fette mit einem hohen Anteil an gesättigten Fettsäuren, beispielsweise MCT-Öl, Kokosöl, Talg und Schmalz, denn sie sind stabil und wirken entzündungshemmend, schützen vor Oxidation und bieten viele weitere wichtige gesundheitliche Vorteile. Halten Sie sich an Biofette und solche von Tieren aus Weidehaltung, denn die sind immer am besten. Vermeiden Sie mehrfach ungesättigte Fettsäuren, wann immer möglich, denn sie oxidieren leicht und sind daher weniger gesund. (Mehr über ungesunde Fette finden Sie auf Seite 71.)

Auf der nächsten Seite finden Sie eine Liste der besten Öle und Fette mit ihrem jeweiligen Gehalt an gesättigten und mehrfach ungesättigten Fettsäuren. Steht in einem Rezept in diesem Buch »Paläo-Fett«, können Sie irgendeines der hier aufgeführten Fette verwenden – Sie sollten nur darauf achten, ob Sie es erhitzen oder kalt verwenden möchten.

MCT-ÖL

MCT steht für »Medium-Chain Triglycerides«, also »mittelkettige Triglyceride« und sind nichts anderes als bestimmte Fettsäureketten. MCTs sind von Natur aus in Kokosöl, Palmöl und Milchprodukten enthalten, und sie sind bei einer ketogenen Ernährung besonders hilfreich, weil der Körper sie schnell verbrauchen kann und nicht sofort genutzte MCTs in Ketone umgewandelt werden.

MCT-Öl wird aus Kokos- oder Palmöl extrahiert und enthält eine größere konzentrierte Menge an MCTs, weshalb es sich gut eignet, um die Ernährung mit Ketonen zu ergänzen. Steht in einem der Rezepte in diesem Buch MCT-Öl, sollte es immer die erste Wahl sein – aber ich gebe auch alternative Öle an, damit die Rezepte einfach zubereitet werden können.

Fett	gesättigte Fettsäuren	mehrfach unge-sättigte Fettsäuren	Hinweise
Avocadoöl	11 %	10 %	• milder, neutraler Geschmack • passt gut zu pikanten, süßen und Thai-Gerichten • erhitzbar
Entenfett	25 %	13 %	• starker Geschmack nach Ente • gut zum Braten pikanter Gerichte geeignet • erhitzbar
Haselnussöl	10 %	14 %	• milder Haselnussgeschmack • passt gut zu süßen und Thai-Gerichten • kalt zu verwenden, z. B. in Salatsoßen
High oleic Sonnen-blumenöl	8 %	9 %	• milder Geschmack nach Sonnenblumenkernen • passt gut zu süßen und Thai-Gerichten • kalt zu verwenden, z. B. in Salatsoßen
Kakaobutter	60 %	3 %	• milder Kokosgeschmack • passt gut zu süßen und pikanten Gerichten • erhitzbar
Kokosöl	92 %	1,9 %	• starker Kokosgeschmack • passt gut zu süßen und Thai-Gerichten • erhitzbar • als Hautpflege verwendbar
Macadamiaöl	15 %	10 %	• milder nussiger Geschmack • passt gut zu Salatsoßen • kalt zu verwenden, z. B. in Salatsoßen
Mandelöl	8,2 %	17 %	• milder, neutraler Geschmack • passt gut zu süßen und Thai-Gerichten • kalt zu verwenden, z. B. in Salatsoßen • als Hautpflege verwendbar
MCT-Öl*	97 %	unter 1 %	• neutraler Geschmack • geeignet für pikante Gerichte und Gebackenes • für leichte und mittlere Hitze geeignet (nicht über 160 °C)
Natives Oli-venöl extra**	14 %	9,9 %	• starker Olivengeschmack • passt gut zu italienischen Salatsoßen • kalt zu verwenden, z. B. in Salatsoßen
Palmkernöl***	82 %	2 %	• neutraler Geschmack • gut zum Backen geeignet • erhitzbar
Rindertalg	49,8 %	3,1 %	• milder Geschmack nach Rind • passt gut zu pikanten Gerichten • erhitzbar
Schmalz	41 %	12 %	• milder Geschmack • gut zum Braten süßer oder pikanter Gerichte geeignet • erhitzbar

* MCT-Öl ist in den meisten Reformhäusern und auch online erhältlich. Sollten Sie dennoch Schwierigkeiten mit dem Einkauf haben, können Sie stattdessen Avocadoöl, Macadamiaöl oder natives Olivenöl extra verwenden. Von diesen drei Ölen ist Avocadoöl das mit dem neutralsten Geschmack.

** Natives Olivenöl extra eignet sich besonders zur kalten Anwendung, beispielsweise in Salatsoßen. Es sollte nicht erhitzt werden, da das Öl durch die Hitze oxidiert und so gesundheitsschädlich wird.

*** Achten Sie darauf, nachhaltig angebautes und verarbeitetes Palmkernöl zu kaufen. Bei vielen Palmölen ist der Anbau ökologisch nicht vertretbar.

Während der 30-Tage-Stoffwechselkur empfehle ich Ihnen, sämtliche Milchprodukte zu vermeiden – sie sind zudem in keinem der Rezepte in diesem Buch enthalten. Durch den 30 Tage langen Verzicht auf Milchprodukte bekommt Ihr Darm die Chance, sich von Reizungen zu erholen und Entzündungen zu heilen, die durch Milchprodukte verursacht wurden.

Wenn Sie am Ende des Programms Milchprodukte wieder in Ihre Ernährung aufnehmen möchten, wählen Sie eines zur Zeit und beobachten Sie, wie Ihr Körper über zwei, drei Tage darauf reagiert. Zeigt er keine Reaktion, sind die Chancen gut, dass Sie nicht empfindlich auf Milchprodukte reagieren.

Sollten Sie nicht empfindlich auf Milchprodukte reagieren, gehören die folgenden gesunden, keto-freundlichen Milchfette zu den besten, die Sie in die Ernährung aufnehmen können:

Fett	gesättigte Fettsäuren	mehrfach ungesättigte Fettsäuren
Butter	50%	3,4%
Crème fraîche	64%	3%
Frischkäse	56%	4%
Ghee*	48%	4%
Käse	64%	3%
Konditorsahne	62%	4%
Sour cream	58%	4%

Ich empfehle zwar, Ghee während der 30-Tage-Stoffwechselkur zu meiden, aber es kann dennoch auch bei einer Empfindlichkeit gegenüber Milchprodukten ein gutes Fett sein, da es kein Milcheiweiß mehr enthält.

Tipps für den Kauf keto-freundlicher Zutaten

Keto-freundliche Vorräte erhalten Sie in den meisten Supermärkten. Um das Portemonnaie zu schonen, sollten Sie die Zutaten jeweils in größeren Mengen kaufen, auch verderbliche Produkte wie Fleisch und frisches Gemüse. Die meisten Nahrungsmittel können eingefroren und später wieder aufgetaut werden (die Investition in eine Gefriertruhe lohnt sich).

Denken Sie daran, dass hochwertige Bionahrungsmittel die beste Wahl sind.

Schlechte Fette

Bei einer ketogenen Ernährungsweise sollten zwei Arten von Fetten gemieden werden: Transfette und mehrfach ungesättigte Fettsäuren.

Transfette sind nicht nur die entzündungsförderndsten Fette, sondern sie gehören auch zu den für die Gesundheit schlimmsten Substanzen, die wir zu uns nehmen können. Viele Studien haben ergeben, dass es das Risiko für Herzerkrankungen und Krebs erhöht, wenn man Lebensmittel isst, die Transfette enthalten.

Die Transfette auf der folgenden Liste sollten Sie unbedingt meiden:

• gehärtete oder teilweise gehärtete Fette (auf die Zutatenliste schauen)

• Margarine

• ungehärtetes Pflanzenfett

Auch die Aufnahme mehrfach ungesättigter Fettsäuren sollten Sie einschränken, da sie leicht oxidieren. Viele der häufig verwendeten Bratöle sind reich an mehrfach ungesättigten Fettsäuren, wie Sie der folgenden Liste entnehmen können.

Fett	Anteil an mehrfach ungesättigten Fettsäuren
Traubenkernöl	70.6%
Sonnenblumenöl	68%
Leinöl	66%
Distelöl	65%
Sojaöl	58%
Maiskeimöl	54.6%
Walnussöl	53.9%
Baumwollsamenöl	52.4%
Pflanzenöl	51.4%
Sesamöl	42%
Erdnussöl	33.4%
Rapsöl	19%

Eiweiß

Fleisch aus Grasfütterung und artgerechter Haltung sowie Fisch und Meeresfrüchte aus Wildfang sind hier die beste Wahl. Diese Produkte enthalten nicht nur mehr Nährstoffe, den Tieren wurden zudem keine zusätzlichen Hormone, Antibiotika oder andere mögliche Gifte verabreicht. (Hilfe für die Auswahl von nachhaltig gefangenem Fisch finden Sie unter http://www.greenpeace.de/themen/meere/fischerei/einkaufsratgeber-fisch.)

WILDFLEISCH

• Bär

• Büffel

• Elch

• Hirsch und Reh

• Kaninchen

• Wildschwein

RINDFLEISCH

ZIEGENFLEISCH

LAMMFLEISCH

SCHWEINE-FLEISCH

FISCH

• Forelle

• Gelbflossen-Thun, Gemeine Goldmakrele

• Glasaugen-barsch

• Heilbutt

• Hering

• Lachs

• Makrele

• Wels

• Sardinen

• Schnapper

• Schwertfisch

• Thunfisch

• Weißer Fisch (Dorsch, Blauer Sonnenbarsch)

MUSCHELN/ SCHALEN- UND KRUSTENTIERE

• Austern

• Garnelen

• Hummer

• Jakobsmuscheln

• Krabben

• Krebse

• Miesmuscheln

• Muscheln

• Schnecken

GEFLÜGEL

• Ente

• Fasan

• Gans

• Hühnerleber

• Huhn

• Rebhuhn

• Strauß

• Taube

• Truthahn

• Wachtel

EIER

• Enteneier

• Gänseeier

• Hühnereier

• Straußeneier

• Wachteleier

Beachten Sie bei den folgenden Tabellen für Schweine- und Rindfleisch, dass der Fleischzuschnitt in den USA und in Deutschland bei vielen Stücken unterschiedlich ist. Sprechen Sie mit dem Schlachter Ihres Vertrauens, denn möglicherweise kann er Ihnen auf Bestellung den gewünschten Zuschnitt liefern oder ein ähnliches Fleischstück mit entsprechendem Fettgehalt empfehlen.

Schwein	NÄHRWERTANGABEN (PRO 113 G)							
	KCAL	FT.	EW	KH	BS	% FT.	% EW	% KH
Bauch	588	60,0	10,4	0,0	0,0	92 %	7 %	0 %
Dicke Rippe (mit Knochen)	245	16,0	25,0	0,0	0,0	59 %	41 %	0 %
Filet	158	4,0	30,0	0,0	0,0	23 %	76 %	0 %
Kamm	240	18,0	19,0	0,0	0,0	68 %	32 %	0 %
Kotelett	241	12,0	33,0	0,0	0,0	45 %	55 %	0 %
Kotelettrippchen	315	27,0	18,0	0,0	0,0	77 %	23 %	0 %
Lende	265	15,5	30,8	0,0	0,0	53 %	46 %	0 %
Rump (Teil der oberen Hinterkeule)	280	16,2	32,8	0,0	0,0	52 %	47 %	0 %
Schinken	305	20,0	30,4	0,0	0,0	59 %	40 %	0 %
Schulter	285	23,0	19,0	0,0	0,0	73 %	27 %	0 %
Schweinshaxe	285	24,0	17,0	0,0	0,0	76 %	24 %	0 %
Speck	600	47,2	41,8	0,0	0,0	71 %	28 %	0 %

Rind	NÄHRWERTANGABEN (PRO 113 G)							
	KCAL	FT.	EW	KH	BS	% FT.	% EW	% KH
Beinscheibe	215	6,7	38,7	0,0	0,0	28 %	72 %	0 %
Bratenstück aus der Fehlrippe	240	14,0	28,0	0,0	0,0	53 %	47 %	0 %
Bratenstück aus der Schulter	185	7,0	30,7	0,0	0,0	34 %	66 %	0 %
Bratenstück aus der Semerrolle	253	13,4	32,0	0,0	0,0	48 %	51 %	0 %
Bratenstück aus der Unterschale	220	14,0	23,0	0,0	0,0	57 %	42 %	0 %
Bratenstück aus Flanke	199	12,0	22,9	0,0	0,0	54 %	46 %	0 %
Bürgermeisterstück (als Braten)	340	29,0	18,0	0,0	0,0	77 %	21 %	0 %
Fehlrippe (Steak)	250	18,0	21,0	0,0	0,0	65 %	34 %	0 %
Flanksteak	150	6,0	23,5	0,0	0,0	36 %	63 %	0 %
Halsfleisch ohne Knochen	240	14,0	28,0	0,0	0,0	53 %	47 %	0 %
Hochrippe am Stück (Entrecôte)	373	28,0	27,0	0,0	0,0	69 %	30 %	0 %
Hüftsteak (Top-Sirloin-Steak)	240	16,0	22,0	0,0	0,0	60 %	37 %	0 %
Kronfleisch (Skirt Steak)	255	16,5	27,0	0,0	0,0	58 %	42 %	0 %
Medaillons vom Metzgerstück	150	7,0	22,0	0,0	0,0	42 %	59 %	0 %
Metzgerstück	150	7,0	22,0	0,0	0,0	42 %	59 %	0 %
Querrippe ohne Knochen	440	41,0	16,0	0,0	0,0	84 %	15 %	0 %
Porterhouse-Steak	280	22,0	21,0	0,0	0,0	70 %	30 %	0 %
Ranch Steak (aus der Schulter)	152	8,0	24,0	0,0	0,0	40 %	60 %	0 %
Rinderbrust	245	14,7	28,0	0,0	0,0	54 %	46 %	0 %
Rinderfiletbraten	180	8,0	25,0	0,0	0,0	40 %	56 %	0 %
Rinderfiletsteak	122	3,0	22,2	0,0	0,0	60 %	40 %	0 %
Rinderrippchen (flach ausgeschnitten)	310	26,0	19,0	0,0	0,0	75 %	25 %	0 %
Rumpsteak	270	20,0	21,0	0,0	0,0	67 %	31 %	0 %
Schaufelstück (Flat Iron Steak)	204	13,0	22,0	0,0	0,0	57 %	43 %	0 %
Sirloin-Steak (Center Roast)	190	7,0	31,0	0,0	0,0	33 %	65 %	0 %
Sirloin-Steak (Center Steak)	190	7,0	31,0	0,0	0,0	33 %	65 %	0 %
Sirloin-Steak (Side Steak)	190	6,0	34,0	0,0	0,0	28 %	72 %	0 %
Steak aus dem Bauchlappen (Flanksteak)	200	8,0	32,0	0,0	0,0	36 %	64 %	0 %
Steak aus dem Nacken (ohne Knochen)	160	8,0	22,0	0,0	0,0	45 %	55 %	0 %
Steak aus der Hochrippe (Rib-Eye)	310	25,0	20,0	0,0	0,0	73 %	26 %	0 %
Steak aus der oberen Nackenschicht	204	13,0	22,0	0,0	0,0	57 %	43 %	0 %
Steak aus der Oberschale	180	9,0	25,0	0,0	0,0	45 %	56 %	0 %
Steak aus der Unterschale	220	14,0	23,0	0,0	0,0	57 %	42 %	0 %
Steak aus der Semerrolle	182	9,0	25,0	0,0	0,0	45 %	55 %	0 %
Steak aus der Schulter	204	12,0	24,0	0,0	0,0	53 %	47 %	0 %
Steak vom Bürgermeisterstück	200	11,0	23,0	0,0	0,0	50 %	46 %	0 %
T-Bone-Steak	170	12,2	15,8	0,0	0,0	64 %	36 %	0 %

Fisch	KCAL	FT.	EW	KH	BS	% FT.	% EW	% KH
	\ NÄHRWERTANGABEN (JE 113 G)							
Barramundi	110	2,0	23,0	0,0	0,0	16 %	84 %	0 %
Dorsch	113	1,0	26,0	0,0	0,0	8 %	92 %	0 %
Forelle	190	8,6	28,0	0,0	0,0	41 %	59 %	0 %
Gelbflossen-Thun	150	1,5	34,0	0,0	0,0	9 %	91 %	0 %
Glasaugenbarsch	156	7,5	22,0	0,0	0,0	43 %	56 %	0 %
Heilbutt	155	3,5	30,7	0,0	0,0	20 %	79 %	0 %
Lachs	206	9,0	31,0	0,0	0,0	39 %	60 %	0 %
Makrele	290	20,3	27,0	0,0	0,0	63 %	37 %	0 %
Sardellen	256	15,9	28,0	0,0	0,0	56 %	44 %	0 %
Sardinen	139	7,5	18,0	0,0	0,0	49 %	52 %	0 %
Seesaibling	208	10,0	29,0	0,0	0,0	43 %	56 %	0 %
Thunfisch (Dose)	123	0,8	27,5	1,5	0,0	6 %	89 %	5 %
Wolfsbarsch	135	3,0	27,0	0,0	0,0	20 %	80 %	0 %

NÄHRWERTANGABEN (JE 113 G)

Meeresfrüchte/Schalen- und Krustentiere	KCAL	FT.	EW	KH	BS	% FT.	% EW	% KH
Austern	58	1,9	6,5	3,1	0,0	29 %	33 %	38 %
Garnelen	135	2,0	25,8	1,7	0,0	18 %	78 %	4 %
Hummer	116	1,8	25,0	0,0	0,0	14 %	86 %	0 %
Jakobsmuscheln	97	1,0	19,0	3,0	0,0	9 %	78 %	12 %
Kaviar	260	12,0	31,0	8,0	0,0	42 %	48 %	12 %
Krebs	107	2,0	22,0	0,0	0,0	17 %	82 %	0 %
Miesmuscheln	97	2,8	13,5	4,5	0,0	26 %	56 %	19 %
Muscheln	82	1,1	15,0	3,0	0,0	12 %	73 %	15 %

NÄHRWERTANGABEN (JE 113 G)

Hähnchen und Geflügel	KCAL	FT.	EW	KH	BS	% FT.	% EW	% KH
Ente	228	13,9	26,3	0,0	0,0	55 %	46 %	0 %
Fasan	200	10,5	25,7	0,0	0,0	47 %	51 %	0 %
Gans	340	24,9	28,5	0,0	0,0	66 %	34 %	0 %
Hähnchenbrust, mit Haut	200	8,4	31,0	0,0	0,0	38 %	62 %	0 %
Hähnchenbrust, ohne Haut	138	4,0	25,0	0,0	0,0	26 %	72 %	0 %
Hähnchenflügel	320	22,0	30,4	0,0	0,0	62 %	38 %	0 %
Hähnchenschenkel, mit Haut	255	15,2	29,4	0,0	0,0	54 %	46 %	0 %
Hähnchenschenkel, ohne Haut	210	9,5	30,7	0,0	0,0	41 %	58 %	0 %
Hähnchenunterkeule	178	9,9	22,0	0,0	0,0	50 %	49 %	0 %
Obere Hähnchenkeule, mit Haut	275	17,6	28,3	0,0	0,0	58 %	41 %	0 %
Obere Hähnchenkeule, ohne Haut	165	10,0	19,0	0,0	0,0	55 %	46 %	0 %
Pute	175	9,9	21,0	0,0	0,0	51 %	48 %	0 %
Stubenküken	220	16,0	19,0	0,0	0,0	65 %	35 %	0 %

Kein Ei gleicht dem anderen

Eier sind ein unglaublich nahrhaftes Nahrungsmittel, insbesondere das Eigelb, denn es steckt voller Cholin, gesunder Fette und jeder Menge Geschmack. Hochwertige Eier, also solche von gesunden, artgerecht gehaltenen Hühnern, sind noch nahrhafter und geschmackvoller. Welche Eier haben also die beste Qualität?

Braune oder weiße Eier: Die Farbe sagt in Sachen Qualität überhaupt nichts aus, da sie von der Rasse des jeweiligen Huhns abhängt. Gute Eier können Sie also nicht anhand der Farbe auswählen.

Güteklasse: In der Europäischen Union werden im Einzelhandel nur Eier der Güteklasse A verkauft. Eier der Güteklasse B dürfen nur an die Nahrungsmittelindustrie oder andere Industriebetriebe verkauft werden, beispielsweise zur Herstellung von Kosmetika, und gelten nicht als unmittelbar zum Verzehr geeignet. Geschmacklich und auf den Nährwert bezogen gibt es aber zwischen beiden Güteklassen keinen Unterschied. Eier der Güteklasse A weisen eine unbeschädigte Schale und Cuticula (eine dünne Haut auf der Innenseite der Schale, die das Ei vor Austrocknung und Mikroorganismen schützt) sowie eine normale Form auf. Weitere Kriterien gibt es in Bezug auf die Größe der Luftkammer im Ei sowie auf die Farbe des Eiklars.

Aus vegetarischer Fütterung: In den USA gibt es diese Auszeichnung tatsächlich und sie besagt, dass die Hennen ein auf Mais basierendes Futter erhalten (wobei der Mais überwiegend gentechnisch verändert ist). Damit sichergestellt wird, dass die Hennen nur vegetarisch gefüttert werden, erfolgt ihre Haltung in Käfigen. Denn Hühner sind von Natur aus Allesfresser und fressen neben Gras und Getreide auch Insekten, Würmer und Raupen. Es ist von der Evolution nicht vorgesehen, dass sie sich vegetarisch ernähren.

Bioeier: In der Europäischen Union besagt diese Auszeichnung, dass die Hennen nicht in Käfigen, sondern in Tageslichtställen gehalten werden und ihnen eine bestimmte Menge an Platz zur Verfügung stehen muss. Freier Auslauf ist (außer bei extremer Witterung) verpflichtend, und auch draußen müssen die Hennen eine vorgeschriebene Menge an Platz erhalten. Die Hennen erhalten Biofutter, das nicht gentechnisch verändert sein darf, und sie werden nicht vorbeugend mit Antibiotika behandelt. Zudem ist die Anzahl der pro Jahr erlaubten Behandlungen begrenzt, und nach der Medikamentengabe gilt die doppelte Wartezeit bis zur Gewinnung eines tierischen Erzeugnisses als gesetzlich vorgeschrieben.

Freiland- oder Bodenhaltung: Freilandhühner leben im Stall, es steht ihnen jedoch tagsüber ein Auslauf im Freien zur Verfügung. Bei der Bodenhaltung leben die Hennen ausschließlich im Stall, können sich dort aber frei bewegen.

Omega-3-Eier: Hennen, die Omega-3-Eier legen, bekommen an Omega-3-Fettsäuren reiches Zusatzfutter zum normalen Futter, üblicherweise Leinsamen. Aber auch ohne die zusätzliche Fütterung von Leinsamen sind Eier eine gute Omega-3-Quelle, weshalb Sie nicht unbedingt Omega-3-Eier kaufen müssen.

Da die meisten Bezeichnungen auf den Eierkartons nicht gerade hilfreich sind, wenn es darum geht, die gesündesten Eier auszuwählen, sollten Sie beim Einkauf die folgenden Tipps beachten:

1. Möglichst wenig Behandlung mit Antibiotika. Bei konventioneller Legehennenhaltung kann davon ausgegangen werden, dass die Hennen nicht nur bei Erkrankungen, sondern häufig auch vorbeugend Antibiotika verabreicht bekommen. Möglichst gering mit Antibiotika belastete Eier erhalten Sie, wenn Sie Bioeier kaufen.

2. Damit Sie auch wirklich Eier von freilaufenden Hühnern bekommen, sollten Sie Eier aus biodynamischer Haltung (beispielsweise mit Demeter-Siegel) kaufen. Bei biodynamischer Haltung können die Hennen ihre natürliche Ernährung aufpicken, das heißt Grünzeug, Samen, Würmer und Insekten. Studien zufolge enthalten Eier aus biodynamischer Haltung oftmals mehr Omega-3-Fettsäuren, Vitamine und Mineralstoffe.

3. Kleinere Eier haben meist eine dickere Schale als große Eier, weshalb die Wahrscheinlichkeit einer Belastung mit Bakterien geringer ist.

4. Seien Sie vorsichtig bei Eiern, auf deren Verpackung zusätzlich zur gesetzlich verpflichtenden Kennzeichnung mit anderen Versprechen oder Labels geworben wird. Erkundigen Sie sich im Zweifel im Supermarkt oder im Internet, was genau hinter diesen Labels steckt.

Getränke

Sie ahnen vermutlich schon, dass Limonaden und Fruchtsäfte während der Keto-Stoffwechselkur aufgrund ihres Zuckergehalts tabu sind – sie lassen den Blutzucker ansteigen und beenden die Ketose. Das heißt aber nicht, dass Sie nur Wasser trinken dürfen. Die folgenden Getränke sind während Ihrer Keto-Stoffwechselkur erlaubt:

- ungesüßter Mandeldrink
- ungesüßter Cashewdrink
- ungesüßte Kokosmilch
- ungesüßter Hanfdrink
- grüner Tee

- entkoffeinierter Bio-Caffè Americano (mit Wasser verlängerter Espresso)
- Mineralwasser
- Wasser (am besten Umkehrosmose-Wasser)

Nüsse und Samen

Eine gewisse Menge an Nüssen und Samen ist bei einer ketogenen Ernährung in Ordnung, aber bei Menschen mit metabolischem Syndrom können sie die Ketose beenden. Deshalb empfehle ich, während der 30-Tage-Stoffwechselkur keine Nüsse und Samen zu essen – auch in den hier angegebenen Rezepten sind sie nicht enthalten.

Gemüse

Frisches Gemüse steckt voller Nährstoffe und ist ein wichtiger Bestandteil der Keto-Stoffwechselkur. Um jedoch sicherzustellen, dass Sie in der Ketose bleiben, müssen Sie Gemüsesorten auswählen, die keine Stärke und wenig Kohlenhydrate enthalten. Die folgende Auflistung zeigt einige der nicht stärkehaltigen Gemüsesorten, die ich am häufigsten esse:

- Algen
- Blumenkohl
- Brokkoli
- Brunnenkresse
- Champignons
- Endivien
- Grüner Spargel
- Grünkohl

- Gurke
- Kelp (Seetang)
- Knoblauch
- Kohlblätter
- Mangold
- Pak Choi
- Paprika, Jalapeños, Chilis
- Rucola

- Salat: rotblättrige Salate, Kopfsalat, Römersalat, Radicchio
- Stangensellerie
- Weißkohl
- Zwiebeln: Frühlingszwiebeln, Speisezwiebeln, weiße Zwiebeln, rote Zwiebeln

Kräuter und Gewürze

Gewürze und frische Kräuter sind die nährstoffreichsten Pflanzen, die uns unsere Erde zum Essen zur Verfügung stellt. Die meisten Menschen denken zwar, dass Spinat unglaublich nährstoffreich ist, aber frischer Oregano enthält die achtfache Menge an Antioxidantien. Natürlich essen wir nicht einfach so 200 g Oregano, aber dieser Vergleich soll zeigen, dass bereits eine kleine Menge Kräuter viele Vorteile bieten kann.

- Anis
- Annatto (Samen des Orleansstrauchs)
- Basilikum
- Bockshornklee
- Cayennepfeffer
- Chilipfeffer
- Curry
- Dill
- Echtes Süßholz
- Estragon
- Galgant
- Ingwer
- Kardamom
- Kerbel
- Knoblauch
- Koriander
- Koriandersamen
- Kreuzkümmel (auch Cumin genannt)
- Kümmel
- Kurkuma
- Lorbeer
- Majoran
- Minze
- Muskatblüte
- Nelken
- Oregano
- Paprikapulver
- Petersilie
- Pfefferminze
- Rosmarin
- Safran
- Salbei
- Schnittlauch
- Schwarzer Pfeffer
- Selleriesamen
- Senfsaat
- Sternanis
- Thymian
- Vanilleschoten
- Zimt
- Zitronengras

Obst

Obst halten wir im Allgemeinen für gesund, aber tatsächlich steckt es voller Kohlenhydrate und Zucker. Studien zufolge sind die heute angebauten Obstsorten weniger nährstoffreich und haben einen höheren Zuckergehalt als in der Steinzeit. Zuckerreiche Obstsorten wie Weintrauben, Bananen und Mangos sollten Sie daher während der Keto-Stoffwechselkur nicht essen.

Das soll aber nicht heißen, dass Sie auf alle Obstsorten verzichten müssen. Ich habe mal einen Keto-Obstsalat mit einer griechischen Vinaigrette gemacht, der aus Gurken, Oliven, Aubergine und Kapern bestand. Sie sehen, dass Obst erlaubt ist, aber nur solches mit geringem Zuckergehalt.

- Aubergine
- Avocado
- Gurke
- Limette
- Oliven
- Tomaten
- Wildbeeren (in der Saison, in Maßen)
- Zitrone

Der Vorratsschrank

Zusätzlich zu den auf den vorherigen Seiten angegebenen Nahrungsmitteln benötigen Sie für die Rezepte in diesem Buch noch ein paar weitere wichtige Zutaten.

Backzutaten

Empfohlene Süßungsmittel finden Sie auf Seite 79.

- Edelbitterschokolade (99 Prozent Kakaoanteil)

- Eiklarpulver (Zutatenliste auf Kohlenhydratgehalt und Zusatzstoffe überprüfen)

- Extrakte und ätherische Öle, z. B. reines Vanilleextrakt für den Geschmack

- gemahlene Mandeln (ohne Haut)

- gemahlene Pekannüsse

- Molkeneiweißpulver (Zutatenliste auf Kohlenhydratgehalt und Zusatzstoffe überprüfen, bei Empfindlichkeit gegenüber Milchprodukten nicht verwenden)

- Natron

- Kakaobutter

- Kokosmehl

- ungesüßtes Kakaopulver

- Xanthan und Guarkernmehl

Soßen und Geschmacksverbesserer

- Coconut Aminos (Würzsoße aus Kokospalm-Blütensaft)

- Fischsauce

- Kokosessig

Ei-Ersatz

Der einzige empfehlenswerte Keto-Ei-Ersatz ist Gelatine. Chia- und Leinsamen sind nicht geeignet, da sie sich negativ auf den Östrogenspiegel auswirken und zudem viele Kohlenhydrate enthalten.

Vorräte in Gläsern und Dosen

Frisch einzukaufen ist immer besser, aber die folgenden keto-freundlichen Nahrungsmittel sind auch aus Gläsern, Dosen oder anderen Verpackungen gut geeignet:

- fermentiertes Gemüse*

- fermentiertes Sauerkraut*

- gelbe, eingelegte Paprika (Banana Peppers)

- getrocknete Biokräuter

- hochwertige Marinara- oder Napolisoße (auf Öl und zugesetzten Zucker achten)

- Kapern

- Kokosmilch

- Lachs

- Nori-Blätter

- Oliven (besser aus dem Glas als aus der Dose)

- Paläo-Mayonnaise

- Paläo-Wraps

- Paprika

- passierte Tomaten**

- Pizzasoße (auf Öl und zugesetzten Zucker achten)

- Rollmops (auf zugesetzten Zucker achten)

- Sardinen

- Soleier

- Thunfisch

- Tomatenmark**

- vakuumverpacktes Rindfleisch und Hühnerbrühe

* Fermentieren ist nicht nur eine tolle Möglichkeit, um Nahrungsmittel zu konservieren, denn fermentierte Nahrungsmittel fördern nützliche Darmbakterien und Verdauungsenzyme. Fermentiertes Sauerkraut enthält zudem sehr viele B-Vitamine.

** Achten Sie bei Tomatenerzeugnissen darauf, Produkte im Glas und nicht aus der Dose zu kaufen. Die Beschichtung der Dosen enthält häufig BPA, das mit verschiedenen gesundheitlichen Problemen in Verbindung gebracht wird und die Entwicklung von Kindern beeinträchtigen kann. Der hohe Säuregehalt von Tomaten kann dazu führen, dass mehr BPA an den Inhalt abgegeben wird.

Natürliche Süßungsmittel

In meinen Rezepten verwende ich immer natürliche Süßungs-mittel. Erythrit und das Steviakraut kommen in der Natur ebenso vor wie Zuckerrohr und Honig.

Allerdings nehme ich in meinen Rezepten Honig, Ahorn-sirup und Agavendicksaft lieber nicht zum Süßen (auch wenn sie natürlichen Ursprungs sind), weil sie den Blutzuckerspiegel erhöhen und so nicht nur Entzündungen fördern, sondern auch Ihre Ketose beenden. (Die Abbildung zeigt eine Liste mit dem glykämischen Index häufiger Süßungsmittel.)

Insbesondere Fruktose ist problematisch. Stärker als Glucose för-dert sie eine chemische Reaktion namens Glykierung, die zu glykier-ten Reaktionsprodukten führt (Advanced Glycation End Products, AGE). Die AGEs bilden um die Zellen herum eine Art Kruste, die mit vielen verschiedenen Krankheiten wie Diabetes, Herzerkrankun-gen, Asthma, dem Polyzystischen Ovarsyndrom und Alzheimer in Verbindung gebracht wird. Zudem trägt Fruktose zur Bildung einer nichtalkoholischen Fettleber bei. Aus diesen Gründen meide ich Süßungsmittel mit hohem Fruktosegehalt wie Tafelzucker, Glucose-Fruktose-Sirup, Honig, Agavendicksaft und auch Obst.

Auf der folgenden Liste finden Sie alle natürlichen Süßungsmittel, die ich empfehle und die nur geringe Auswirkungen auf den Blutzucker haben. Weitere Informationen über die einzelnen Süßungsmittel finden Sie weiter unten.

GLYKÄMISCHER INDEX VON SÜSSUNGSMITTELN	
Stevia ohne Zusatzstoffe	0
Steviasirup	0
Erythrit	0
Luo Han Guo	0
Yacon-Sirup	1
Xylit	7
Agavendicksaft	13
Ahornsirup	54
Honig	62
Haushaltszucker	68
Sucralose	80
	87
Glucose-Fruktose-Sirup (oder High Fructose Corn Sirup, HFCS)	

- Erythrit (beispielsweise von Sukrin)
- Süßungsmittel der Marke Swerve
- Stevia, flüssig oder als Pulver (ohne Zusatzstoffe)
- Steviasirup (Stevia-Glycerite)
- Luo Han Guo
- Xylit
- Yacon-Sirup

Erythrit
Trotz des künstlich klingenden Namens handelt es sich bei Erythrit nicht um ein künstliches Süßungsmittel, sondern um einen Zuckeralkohol, der in einigen Früchten und fermentierten Nah-rungsmitteln auf natürliche Weise vorkommt. Erythrit enthält keine Kalorien und lässt weder den Blutzucker- noch den Insulinspiegel ansteigen; und da es vor Erreichen des Dickdarms fast völlig aufgenommen wird, verursacht es keine Verdauungsprobleme wie andere Zuckeralkohole. Im All-gemeinen ist Erythrit als Granulat erhältlich, manchmal jedoch auch in Pulverform. Das Granulat sollten Sie vor der Verwendung zu einem Pulver zermahlen, da es sich nicht gut auflöst und dem Essen eine körnige Konsistenz verleihen kann.

Luo Han Guo
Die Frucht Luo Han Guo wird in den südchinesischen Bergen angebaut und ist ähnlich wie Stevia 300 Mal süßer als Zucker, allerdings ohne den für Stevia typischen bitteren Nachgeschmack. Luo Han Guo gibt es in flüssiger Form und als Pulver. Da es so viel süßer als Zucker ist, wird das Pulver normalerweise mit einem weiteren Süßstoff gestreckt, damit man es besser abmessen kann. Über-prüfen Sie die Zutatenliste auf Stoffe wie Maltodextrin und kaufen Sie nur Pulver, in dem keto-freundliche Süßungsmittel wie Erythrit enthalten sind.

Stevia

Stevia ist als Pulver oder in flüssiger Form erhältlich. Da es so konzentriert ist, fügen viele Produzenten dem Steviapulver Füllstoffe wie Maltodextrin hinzu, damit seine Dosierung einfacher wird. Von diesen Produkten sollten Sie aber die Finger lassen – der glykämische Index von Haushaltszucker liegt bei 52, der von Maltodextrin hingegen bei 110. Halten Sie nach Produkten Ausschau, die nur Stevia oder Stevia gemischt mit einem anderen natürlichen und keto-freundlichen Süßungsmittel enthalten.

Steviasirup (Stevia-Glycerite)

Steviasirup ist eine dickflüssige Steviaform, die von der Konsistenz her Honig ähnelt. Verwechseln Sie es nicht mit flüssigem Stevia, das stärker konzentriert ist. Steviasirup ist etwa doppelt so süß wie Zucker und somit etwas weniger süß als flüssiges Stevia oder Steviapulver. Ich verwende Steviasirup gern, weil er im Gegensatz zum flüssigen Stevia oder zum Pulver keinen bitteren Nachgeschmack hat. Darüber hinaus eignet sich Steviasirup gut zum Kochen, weil sein Geschmack im Gegensatz zu anderen Süßungsmitteln auch beim Erhitzen erhalten bleibt. Da er aber nicht karamellisiert oder eindickt, wird er in vielen Backrezepten gern mit anderen Süßstoffen kombiniert. In Deutschland ist Steviasirup oder Stevia-Glycerite derzeit nur schwer bis gar nicht erhältlich.

Süßungsmittel der Marke Swerve

Swerve ist ein kalorienfreies Süßungsmittel, das Erythrit (siehe Seite 79) und Oligosaccharide enthält, also präbiotische Ballaststoffe, die in stärkehaltigem Wurzelgemüse vorkommen. Swerve hat einen glykämischen Index von 0 und wirkt sich somit nicht auf den Blutzucker aus. Zudem lässt es sich wie Haushaltszucker in Gramm abwiegen. Ich verwende Swerve gern in Pulverform (als »Konditorzuckerersatz« oder »Confectioners« bezeichnet), da es sich beim Kochen oder Backen gut auflöst. Swerve lässt sich sogar wie Zucker karamellisieren und wird bräunlich. Bislang ist Swerve in Deutschland (wenn überhaupt) nur in Onlineshops erhältlich und wird direkt aus den USA eingeführt, weshalb Zollgebühren anfallen können.

Xylit

Xylit ist ein natürliches kalorienarmes Süßungsmittel, das in Obst und Gemüse vorkommt. Es hat sehr geringe Auswirkungen auf den Blutzucker- und Insulinspiegel, allerdings einen leicht höheren glykämischen Index als Erythrit. Da Erythrit sich aber nicht gut für kohlenhydratarme Süßigkeiten eignet (es schmilzt nicht richtig), verwende ich stattdessen Xylit. Allerdings ist Xylit bekannt dafür, bei manchen Menschen die Ketose zu beenden – wenn Sie es also zum Kochen oder Backen verwenden, sollten Sie Ihre Ketonwerte sorgfältig im Auge behalten und es nicht mehr verwenden, wenn es Ihre Ketose beendet.

Yacon-Sirup

Yacon-Sirup ist ein dicker Sirup, der aus der Knolle der Yaconpflanze gewonnen wird und leicht nach Melasse schmeckt. In Peru wird er seit vielen Jahrhunderten verwendet. Ich selbst verwende Yacon-Sirup äußerst sparsam, weil er sehr teuer ist und etwas Fruktose enthält. Ein kleines Glas reicht üblicherweise vier bis sechs Monate. Ich nehme hier und da einen Teelöffel Sirup, um die Konsistenz und den Geschmack meiner Soßen zu optimieren, denn er verleiht süßsauren Soßen den perfekten Geschmack oder einer Grillsoße einen leichten Geschmack von Melasse. Bei diesen geringen Mengen bleibt der Zuckeranteil pro Portion bei etwa 1 g.

So verwenden Sie Süßungsmittel für die Rezepte aus diesem Buch

Wenn Sie mit Ihrer 30-Tage-Keto-Stoffwechselkur zum ersten Mal eine ketogene Ernährung ausprobieren, sollten die Rezepte in diesem Buch von der Süße her genau richtig sein. Sollten Sie anschließend die ketogene Lebensweise fortführen, kann es sein, dass Ihnen das Essen süßer vorkommt; in diesem Fall können Sie die Menge an Süßungsmitteln in den Rezepten verringern.

Bei jedem Rezept, in dem ein Süßungsmittel in Pulverform erforderlich ist, ist mein persönlicher Favorit der Zuckerersatz Swerve, den es wie gesagt als Granulat und Pulver gibt. Ich verwende immer das Swerve-Pulver, also den Konditorzuckerersatz, weil die fertige Speise nicht körnig wird und die Ergebnisse insgesamt besser sind. Natürlich können Sie jedes Erythrit-Granulat oder das Granulat von Swerve in einer Küchenmaschine oder einer Kaffeemühle mahlen, um ein Pulver zu bekommen.

Ist in einem Rezept ein besonderes Süßungsmittel oder speziell die Pulver- oder flüssige Form angegeben, sollten Sie es nicht durch einen anderen Stoff ersetzen, da es exakt wie angegeben für dieses Rezept erforderlich ist. In Rezepten, in denen das Süßungsmittel geschmolzen wird, funktionieren einige Süßungsmittel beispielsweise nicht, weshalb ein genaues Einhalten des Rezepts notwendig ist.

Steht hinter dem Süßungsmittel in der Zutatenliste »oder die entsprechende Menge«, beispielsweise »30 g Swerve-Konditorzuckerersatz oder die entsprechende Menge eines flüssigen oder pulvrigen Süßungsmittels«, können Sie jedes keto-freundliche Süßungsmittel nehmen, egal ob flüssig oder als Pulver (flüssiges Stevia, Steviasirup, Luo Han Guo oder Xylit).

In vielen Rezepten in diesem Buch verwende ich Swerve, mein keto-freundliches Lieblingssüßungsmittel. Wenn Sie jedoch lieber ein anderes keto-freundliches Süßungsmittel verwenden möchten, gelten die folgenden Umrechnungsverhältnisse:

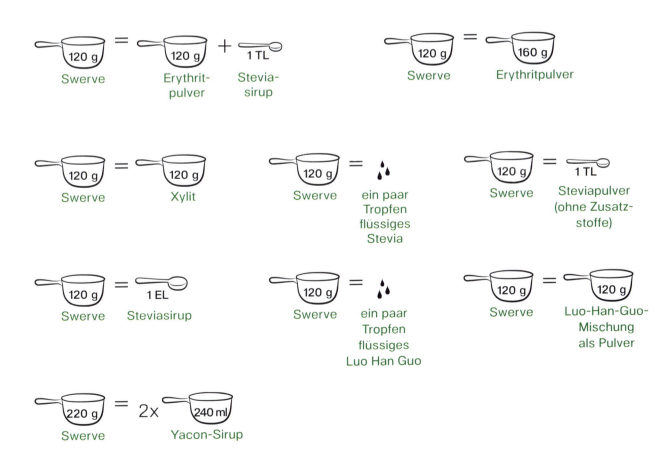

Diese Süßungsmittel sollten Sie meiden

Honig
Honig ist vielleicht weniger stark raffiniert als Haushaltszucker, aber er steckt dennoch voller Kalorien und Fruktose. Ein Teelöffel Honig enthält 22 Kalorien und somit mehr als ein Teelöffel Zucker (16 Kalorien). Das größte Problem beim Honig ist jedoch, dass er zu etwa 50 Prozent aus Fruktose besteht (mehr über Fruktose erfahren Sie auf Seite 79).

Agavendicksaft
Lassen Sie sich nicht davon täuschen, dass Agavendicksaft einen niedrigeren glykämischen Index als Zucker hat, denn er besteht zu etwa 90 Prozent aus Fruktose und ist somit eine sehr ungesunde Alternative.

Kokosblütenzucker
Auch wenn im Internet überall zu lesen ist, dass Kokosblütenzucker lobenswerterweise keine Fruktose enthält, besteht er doch zu 70 bis 80 Prozent aus Saccharose, die nun einmal zur Hälfte aus Fruktose besteht (und zur anderen Hälfte aus Glucose). Das bedeutet im Wesentlichen, dass jedes Gramm Kokosblütenzucker die gleiche Menge Fruktose enthält wie Haushaltszucker.

Sucralose (Splenda)
Die in den USA unter dem Markennamen Splenda bekannte Sucralose ist ein sehr beliebtes künstliches Süßungsmittel. In Deutschland wird Sucralose bereits von einigen Lebensmittelproduzenten in ihren Produkten verwendet. Als eigenständiges Produkt (Splenda) kann es bislang nur über das Internet erworben werden. Flüssige Sucralose ist derart konzentriert, dass man für die gewünschte Süße nur eine sehr kleine Menge benötigt. Splenda ist hingegen mit anderen Zutaten gestreckt, sodass es wie Haushaltszucker verwendet werden kann. Die ersten zwei Inhaltsstoffe von Splenda sind Dextrose und Maltodextrin, also Kalorien enthaltende Kohlenhydrate. 120 g Splenda enthalten 96 Kalorien und 32 g Kohlenhydrate, was insbesondere für Diabetiker erheblich ist. Besorgniserregender ist aber, dass Sucralose die Aufnahme von Zink und Jod hemmt, von Mineralstoffen also, die für die richtige Schilddrüsenfunktion notwendig sind. Zudem scheint Sucralose die guten Darmbakterien zu verringern, was zu zahlreichen gesundheitlichen Problemen führen kann.

Andere künstliche Süßungsmittel
Künstliche Süßungsmittel wie Aspartam, Acesulfam-K, Neotam, Saccharin und Advantame sind nicht gut für Ihre Gesundheit. Sie verringern die Fähigkeit der Leber, Giftstoffe auszufiltern, stressen den Stoffwechsel und bringen das bakterielle Gleichgewicht im Darm durcheinander, das für eine richtige Funktion des Immunsystems erforderlich ist. Halten Sie sich von allen künstlichen Süßungsmitteln fern.

Andere viel Zucker enthaltende Süßungsmittel
Auf den ersten Blick ist häufig nicht ersichtlich, dass Zucker in manchen Produkten enthalten ist – da hilft nur, sorgfältig das Etikett zu lesen. Alles, was auf »-ose« endet, sowie die folgenden Inhaltsstoffe weisen auf einen Zucker hin: Agavendicksaft, Ahornsirup, brauner Zucker, Dextrin, Dextrose, Fruchtsaftkonzentrat, Fruktose, Glucose-Fruktose-Sirup, Honig, Invertzucker, Laktose, Maissüße, Maltose, Malzsirup, Melasse, Palmzucker, Reismalz, Rohrohrzucker, Rübensirup, Rübenzucker, Saccharose, Sirup, Sorghum-Hirse, Sorghumsirup, Sucrose, Vollrohrzucker, Xylose und Zuckerrohr.

Unerwünschte Zuckeralkohole
Auch wenn einige Zuckeralkohole, beispielsweise Erythrit, tolle keto-freundliche Süßungsmittel sind, gibt es unter ihnen auch schwarze Schafe. Lassen Sie die Finger von Maltit und Sorbit, da sie den Blutzuckerspiegel erhöhen und Magen-Darm-Probleme verursachen können.

Pasta-Ersatz

Ich gehörte nie zu den Menschen, die nur 50 g Pasta aßen und dann aufhören konnten – umso mehr hat es mir nun Spaß gemacht, diesen Vergleich von Pasta und gesünderem gemüsebasiertem Ersatz zu erstellen. Alle Nahrungsmittel auf diesem Bild enthalten dieselbe Menge an Kohlenhydraten und so wird unmittelbar deutlich, wie viel gesünder die ketogenen Ersatznahrungsmittel sind. Als Craig und ich die Zutaten für das Bild vorbereiteten, musste er immer mehr Zucchini-Spaghetti machen, damit wir auf den gleichen Kohlenhydratgehalt wie den von mageren 50 g Vollkornnudeln kommen.

**50 g Vollkornnudeln =
Spaghetti aus drei Brokkolistrünken
oder 750 g Zucchini-Spaghetti
oder 445 g Weißkohlnudeln**

Küchenhelfer

Für die Zubereitung der in diesem Buch enthaltenen Rezepte benötigen Sie größtenteils alltägliche Küchengeräte, die mit Sicherheit auch in Ihrer Küche vorhanden sind: Töpfe, Pfannen, Backblech usw. Einige Rezepte sehen jedoch besondere Küchenhelfer vor, und dann gibt es noch ein paar Dinge, die Ihnen die Zubereitung einfach erleichtern.

Spiralschneider
Für Gemüsenudeln

Ein Spiralschneider erleichtert es enorm, Gemüse in Spaghettiform zu schneiden, wie sie beispielsweise im Rezept für Zucchini-Spaghetti auf Seite 262 benötigt werden. Ich werde häufig gefragt, welchen Spiralschneider ich am liebsten verwende, aber das kommt auf die gewünschte Dicke der Nudeln an. Mein Tipp: Lassen Sie sich im Fachhandel beraten oder lesen Sie sich im Internet die Rezensionen durch, um das für Ihre Bedürfnisse passende Gerät zu finden.

Antihaftbeschichtete Bratpfanne oder Crêpespfanne (20 cm Durchmesser)
Für Crêpes, Omeletts und Wraps

Gibt es überhaupt so etwas wie eine gesunde antihaftbeschichtete Bratpfanne? Antihaftbeschichtete Pfannen sind sehr praktisch, wenn man beispielsweise die Wraps von Seite 254 zubereiten möchte. Aber bei den meisten Antihaftbeschichtungen werden Teflon oder andere chemische Substanzen verwendet, die wir eigentlich gern vermeiden möchten. Stattdessen können Sie auch eine gut eingebrannte gusseiserne Pfanne oder eine Edelstahlpfanne mit reichlich Öl einsetzen. Auch Pfannen mit Keramikbeschichtung sind eine gute Alternative, insbesondere wenn die Beschichtung keine Kunststoffe oder Metalle wie Blei und Cadmium enthält. Achten Sie also auf die Herstellerangaben. Keramikpfannen lassen sich ebenso einfach reinigen wie andere Pfannen und haben eine sehr kratzfeste Oberfläche, halten lange und auch bei häufiger Benutzung. Allerdings muss man seine Kochgewohnheiten etwas an diese Pfannen anpassen, denn durch die Keramikbeschichtung brauchen sie länger, um heiß zu werden. Bei Omeletts stelle ich meinen Herd beispielsweise 2 bis 3 Minuten auf niedriger Stufe an, um die Pfanne zu erhitzen, und gebe dann mein Bratfett hinzu. Anschließend brate ich das Omelett an und stelle die Herdplatte aus, wenn ich das Omelett umdrehe, da die Hitze sich in der Keramikpfanne länger hält (wie bei einer gusseisernen Pfanne). Zum Schluss lasse ich das Omelett einfach aus der Pfanne rutschen.

Hochleistungsmixer
Zum Pürieren, für Shakes, Salatsoßen, Dips, Eiscreme

Für die Verarbeitung von Flüssigkeiten ist ein Hochleistungsmixer perfekt. Halten Sie nach einem Mixer mit wirklich guter Leistung, langer Haltbarkeit und hohen Umdrehungen Ausschau. Die sind zwar in der Anschaffung etwas teurer, doch es lohnt sich.

Eismaschine
Für Eiscreme, Eis am Stiel und andere eisige Leckereien

Süßes aus Eis gehört zu meinen absoluten Favoriten, und in meinem Gefrierschrank gibt es immer Keto-Eiscreme, Keto-Eis am Stiel und Ähnliches. Ich selbst habe eine Eismaschine von Cuisinart, die ich über alles liebe. Vor etwa zehn Jahren habe ich mir meine erste Eismaschine auch von Cuisinart gekauft, und als sie aufgrund der starken Nutzung den Geist aufgab, bekam ich kostenlos einen neuen Motor zugeschickt.

Pürierstab
Zum Pürieren und Verrühren

Es ist kaum zu glauben, dass ich es so lange ohne einen Pürierstab ausgehalten habe. Im Gegensatz zu meinem Mann bin ich nicht so der Fan von Küchengeräten (ich liebe es einfach und aufgeräumt), weshalb ich erst einmal Nein sagte, als Craig einen Pürierstab kaufen wollte. Aber als ich dann doch damit begann, ihn zu nutzen, war ich sofort angetan. Er lässt sich ganz einfach handhaben und verfügt über jede Menge Power. Ich verwende ihn gern für Cremesuppen, selbst gemachte Mayonnaise, Soßen, Dressings und Shakes.

Waffeleisen
Für Waffeln

Für ein schnelles Frühstück habe ich gern getreidefreie Waffeln im Gefrierschrank auf Vorrat. Ich rate Ihnen, für ein hochwertiges Gerät auch etwas mehr Geld auszugeben. Mein Lieblingsgerät ist eines für belgische Waffeln.

Schongarer (ca. 5,6 l)
Für schonendes Garen über mehrere Stunden bei geringer Hitze

Wenn Sie zum Kochen nicht viel Zeit haben, kann Ihnen ein Schongarer viel Zeit und Mühe sparen. Die Zutaten bereiten Sie einfach am Abend vorher zu, stellen den Schongarer dann an, wenn Sie morgens zur Arbeit gehen, und haben eine fertige Mahlzeit, wenn Sie wieder nach Hause kommen.

Formen
Um Nahrungsmittel in eine bestimmte Form zu bringen, beispielsweise Flüssigkeiten in einzelnen Portionen einzufrieren

Eisformen: Für Chai-Eis am Stiel (Seite 386) oder Knochenbrühe-Eis am Stiel (Seite 388)
Silikonform mit 12 Vertiefungen: Für Chai-Fettbomben (Seite 398), Knochenbrühe-Fettbomben (Seite 192), Vanille-Petits-Fours (Seite 398), Erdbeer-Petits-Fours (Seite 398).

Bain Marie (Wasserbad)
Für die Zubereitung und das Wiederaufwärmen von Soßen

Die Bain Marie ist großartig, um Soßen zu erhitzen, ohne dass sie zu heiß werden und gerinnen oder ausflocken. Meine einfache Basilikum-Hollandaise (Seite 136) wärme ich häufig in der Bain Marie wieder auf. Aber Sie können stattdessen auch ein einfaches Wasserbad verwenden, indem Sie ein entsprechendes hitzebeständiges Gefäß oder ein extra dafür gemachtes Edelstahlschälchen in einen Topf mit heißem bis kochendem Wasser stellen oder darüber hängen. So können Sie Soßen auch dann unfallfrei erwärmen, wenn Sie mal nicht in Ihrer eigenen Küche sind.

TEIL 3:
Mahlzeitenplan und Einkaufslisten

So essen Sie nach dem Mahlzeitenplan für 30 Tage

In diesem Teil des Buches finden Sie den Mahlzeitenplan für 30 Tage sowie die dazugehörigen Einkaufslisten. Die Gerichte des Mahlzeitenplans werden mit vollwertigen Nahrungsmitteln zubereitet und sind so zusammengestellt, dass das Verhältnis von Fett, Eiweiß und Kohlenhydraten für den Körper genau richtig ist und ihm ermöglicht, Giftstoffe zu beseitigen und schnell keto-adaptiert zu werden.

Wenn Sie sich an den 30-Tage-Mahlzeitenplan halten, werden Sie in den ersten ein bis zwei Wochen möglicherweise weniger Energie verspüren, dem Sie aber mit zusätzlichem Wasser und Elektrolyten (Salz, Kalium und Magnesium) gegensteuern können. Achten Sie zudem darauf, in der ersten Woche Ihre sportliche Betätigung etwas zu reduzieren. Wenn Ihr Körper langsam besser darin wird, Fett als Treibstoff zu verbrennen und Sie Ihre Leptin- und Insulinresistenz heilen, werden Sie sich länger satt fühlen und der Heißhunger verschwindet. Abhängig vom Zustand Ihres Stoffwechsels kann das zwei bis vier Wochen (oder auch länger) dauern, aber sobald Sie nach vier bis sechs Wochen völlig keto-adaptiert sind, werden Sie merken, wie Ihre Energie wieder deutlich ansteigt.

Während der 30-Tage-Stoffwechselkur sollten Sie sich so streng wie möglich an den Mahlzeitenplan halten. Wenn Sie ein Rezept des Plans gern gegen ein anderes aus diesem Buch austauschen möchten, achten Sie darauf, dass es die gleichen Mengen an Kohlenhydraten und Eiweiß (in Gramm) enthält.

Die Rezepte des Mahlzeitenplans sind jeweils für zwei Personen gedacht. Essen Sie als einzige Person in Ihrem Haushalt ketogen oder isst die ganze Familie ketogene Kost, können Sie die Zutaten der Rezepte je nach Bedarf nach unten oder oben anpassen. Achten Sie beim Anpassen auch darauf, bei welchen Rezepten sich Reste gut aufbewahren lassen, und denken Sie daran, auch die Zutatenmengen der Einkaufslisten entsprechend anzupassen.

Ist der ketogene Lebensstil für Sie neu, könnte es in den ersten paar Wochen bis zur Keto-Adaption für Sie zur Herausforderung werden, den Mahlzeitenplan einzuhalten. Der Speiseplan enthält an sich keinen Nachtisch, allerdings habe ich ein paar Rezepte für Desserts in dieses Buch aufgenommen, damit Ihnen gesunde ketogene Alternativen zur Verfügung stehen, falls der Heißhunger oder Hunger übermächtig wird. Die meisten von uns essen täglich etwas Süßes, und ich weiß, dass es möglicherweise zu schwierig werden kann, sich während der Keto-Adaption auch noch von Süßigkeiten fernzuhalten. Wenn Sie also Heißhunger auf etwas Süßes haben oder Sie zusätzlicher Hunger plagt, probieren Sie eines der Nachtischrezepte aus, um die Nerven zu beruhigen und den Plan nicht durch Zucker oder andere problematische Süßigkeiten zu gefährden. Die Rezepte für Keto-Nachtische in diesem Buch eignen sich außerdem prima für die Gelegenheiten, zu denen traditionell ein Nachtisch gereicht wird, beispielsweise besondere Ereignisse wie Geburtstage, Feiertage oder bei Besuch. Sollten Sie bereits keto-erprobt sein und sich zumindest für die 30-Tage-Stoffwechselkur komplett ohne Süßungsmittel ernähren wollen, können Sie das Nachtisch-Kapitel völlig außer Acht lassen. Indem Sie so Zucker, Getreide, Milchprodukte und Hülsenfrüchte aus Ihrer Ernährung streichen, können sich Ihre Verdauung und Ihr Stoffwechsel normalisieren, und Ihr Immunsystem kann sich stärken. Das Internet bietet reichlich Informationen zu diesem Ernährungsprogramm, das auch als Whole30 bekannt ist.

Die Einkaufslisten enthalten sämtliche für die Zubereitung der Rezepte erforderlichen Zutaten, einschließlich Rezeptbestandteile wie Gewürzmischungen. Wenn Sie die Zubereitungszeit planen, sollten Sie daher auch die Zeit miteinrechnen, die Sie für die Zubereitung dieser Rezeptbestandteile benötigen. In einigen Fällen sind auch fertig gekaufte Alternativen zu einfachen Zutaten in Ordnung und verkürzen natürlich die Zubereitungszeit insgesamt. Meersalz und schwarzen Pfeffer habe ich jedoch nicht in die Einkaufslisten aufgenommen, denn ich gehe davon aus, dass Sie davon stets etwas im Haus haben.

Falls Sie unter einer Nahrungsmittelallergie oder -intoleranz leiden, schauen Sie im jeweiligen Rezept nach angegebenen Ersatzprodukten für Zutaten und/oder ob Sie etwas weglassen können, und passen Sie die Einkaufslisten entsprechend an.

Zu guter Letzt sollten Sie die Rezepte vor ihrer Zubereitung sorgfältig durchlesen, damit Sie auch eventuell erforderliche besondere Küchenhelfer parat haben, beispielsweise einen Spiralschneider für die Zucchini-Spaghetti. Meine Empfehlungen für besondere Küchenhelfer zum ketogenen Kochen finden Sie in Teil 2 des Buches.

Makronährstoffe und die ketogene Ernährung: Fakten

Die drei Makronährstoffe der menschlichen Ernährung sind Fett, Eiweiß und Kohlenhydrate. Wenn Sie keto-adaptiert sind und als Treibstoff Fett und keinen Zucker verbrennen, sind keine Kohlenhydrate in der Ernährung mehr erforderlich, da der Körper sämtliche Glucose selbst herstellen kann, die er für seine Funktion und Gesundheit benötigt. Sie brauchen daher nur ein paar Ballaststoffe (etwa 10 g täglich), um die Darmbakterien zu füttern. Wenn Sie natürlich fermentierte Nahrungsmittel essen oder probiotische Nahrungsergänzungsmittel einnehmen, brauchen Sie noch weniger Ballaststoffe. Bei der Anpassung an die ketogene Lebensweise ist es am wichtigsten, darauf zu achten, dass die Kohlenhydrataufnahme niedrig genug ist und die Eiweißzufuhr nur mäßig. Stimmen diese zwei Variablen, kommen Sie in die Ketose.

Fett hilft Ihnen dabei, satt zu werden und den Heißhunger im Zaum zu halten. Dennoch sollten Sie Ihren Mahlzeiten niemals zusätzliches Fett hinzufügen, wenn Sie keinen Hunger haben. Diesen Fehler (zusätzliches Fett hinzufügen, um auf eine bestimmte Menge zu kommen) machen viele Menschen bei dieser Lebensweise. Ein keto-adaptierter Körper verbrennt Körperfett ebenso wie Fett aus der Ernährung. Wenn Sie Ihrem Speiseplan nun aber zusätzliches Fett hinzufügen (beispielsweise als Bulletproof Coffee oder Fettbomben), verbrennt der Körper weniger Körperfett und mehr Fett aus der Ernährung, weshalb Sie weniger Körperfett abnehmen.

Zusätzlich muss die Menge der Gesamtkohlenhydrate (nicht die der Nettokohlenhydrate) unterhalb von 20 g täglich liegen, damit Sie in die Ketose kommen. Sehr aktive Menschen können teilweise bis zu 30 g Gesamtkohlenhydrate täglich essen und bleiben dabei keto-adaptiert, aber 20 g sind ein gutes Ziel.

Ein weiteres wichtiges Puzzleteil ist die mäßige Eiweißzufuhr, da zu viel Eiweiß den Blutzucker beeinflussen kann (insbesondere bei Menschen mit Stoffwechselschäden in Form von Diabetes). Ein guter Zielwert an Gramm Eiweiß pro Tag ergibt sich durch die Berechnung Ihrer fettfreien Masse (in kg) mal 1,544. Die fettfreie Masse ergibt sich aus Ihrem Gesamtgewicht minus Körperfett. Für die Bestimmung des Körperfettanteils in Prozent gibt es viele verschiedene Methoden, die alle mehr oder weniger genau sind – von der sehr genauen DXA-Messung (Dual-Röntgen-Absorptiometrie) bis zu den weniger genauen Berechnungen durch die Körperfettwaage im eigenen Badezimmer. Um das genaueste Ergebnis zu bekommen, sollten Sie eine DXA-Messung durchführen lassen.

Beispiel: Eine Frau mit 68 kg Körpergewicht und 30 % Körperfettanteil trägt 20,4 kg Fett mit sich herum (68 x 0,3) und hat eine fettfreie Masse von 47,6 kg (68 - 20,4). Ihre Ziel-Eiweißzufuhr wäre also:

$$47,6 \times 1,544 = 73,5 \text{ g Eiweiß täglich}$$

Bei starken Stoffwechselschäden müssen Sie Ihre Eiweißzufuhr etwas verringern und den Faktor 1,102 zur Berechnung verwenden. Für eine Frau mit Stoffwechselschäden und 47,6 kg fettfreier Körpermasse wären das:

$$47,6 \times 1,102 = 52,5 \text{ g Eiweiß täglich}$$

Sobald Sie Ihre richtige Kohlenhydrat- und Eiweißzufuhr ermittelt haben, können Sie den Makronährstoff Fett entsprechend nutzen, um sich satt und zufrieden zu fühlen. Das kann in den ersten ein bis zwei Wochen der 30-Tage-Stoffwechselkur zwar eine leichte Herausforderung werden, aber in dem Fall können Sie bei Bedarf zusätzliches Fett in Form einer Portion der Keto-Nachtische (ab Seite 382) aufnehmen. Die ketogenen Nachtische, die mit einem gesunden Keto-Süßungsmittel gesüßt sind und voller gesunder Fette stecken, besänftigen nicht nur den Appetit auf Süßes, sondern halten auch den Hunger in Schach. Sie können sie jederzeit während Ihres persönlichen Zeitfensters für Mahlzeiten essen.

Wenn Sie erst einmal keto-adaptiert sind, reichen 1.000 bis 1.400 Kalorien täglich aus, um sich gesättigt zu fühlen. Die bei einer ketogenen Lebensweise verzehrten Nahrungsmittel sind derart nährstoffreich, dass sogar für einen aktiven Mann mit dem Ziel, Muskelmasse zu erhalten, 1.800 bis 2.200 Kalorien täglich ausreichen. Sie brauchen also kein zusätzliches Fett zu essen, nur um auf einen bestimmten prozentualen Anteil oder ein bestimmtes Verhältnis zu kommen, wenn Sie nicht hungrig sind. Es kann sogar eher hinderlich sein.

Das Zeitfenster für Mahlzeiten

Der Mahlzeitenplan enthält täglich einen Zeitraum für das intermittierende Fasten, das auf den Seiten 33 bis 35 genauer beschrieben wird. Intermittierendes Fasten hilft Ihnen dabei, schneller die Keto-Adaption zu erreichen, und es hat viele Vorteile für den Stoffwechsel, beispielsweise ist es gesünder für die Mitochondrien und sie regenerieren sich schneller, das Krebsrisiko sinkt, und der Körper ist weniger anfällig für Entzündungen. Das intermittierende Fasten ist für jeden von Vorteil, egal ob Sie eine 30-Tage-Stoffwechselkur durchführen oder bereits keto-adaptiert sind.

Während des intermittierenden Fastens nehmen Sie sämtliche Nahrung innerhalb eines bestimmten Zeitfensters auf – außerhalb dieses Zeitfensters essen Sie nichts und trinken ausschließlich Wasser. Für optimale Ergebnisse ist ein Zeitfenster von sechs Stunden ideal, um die Mahlzeiten einzunehmen, aber auch acht Stunden sind in Ordnung, wenn das kleinere Zeitfenster für Sie unrealistisch ist. Wenn Sie Ihre erste Mahlzeit beispielsweise um 10 Uhr morgens essen, sollte die letzte Mahlzeit idealerweise um 16 Uhr gegessen werden und auf keinen Fall nach 18 Uhr. Die genauen Zeiten dieses Mahlzeitenfensters können Sie an Ihren Tagesablauf anpassen, aber achten Sie darauf, dass Sie die letzten drei Stunden vor dem Schlafengehen nichts mehr zu sich nehmen. Wenn Sie zu kurz vor dem Schlafengehen essen, kann das die Produktion des menschlichen Wachstumshormons hemmen und die Gewichtsabnahme verlangsamen.

Mahlzeitenplanvergleich: Vorher und nachher

Zucker versteckt sich heutzutage in unglaublich vielen Nahrungsmitteln. Auch das, was viele Menschen für eine gesunde Ernährung halten, kann voller Zucker stecken – und durch den Zucker fühlen Sie sich nie satt und gesättigt. Ein sorgfältig ausformulierter Keto-Speiseplan verzichtet auf diesen Zucker und bringt Sie auf den richtigen Weg für Gewichtsabnahme und gute Gesundheit. Wie kraftvoll ein ketogener Lebensstil ist, können Sie anhand des Mahlzeitenplanvergleichs auf der folgenden Seite sehen.

Mahlzeitenplan A gibt das wieder, was eine meiner Klientinnen aß, bevor Sie zu einer ketogenen Ernährungsweise wechselte. Mahlzeitenplan B ist ein Beispiel für das, was sie jetzt nach ihrer Keto-Adaption isst. Sie dachte, sie würde mit dem Mahlzeitenplan A abnehmen können, bemerkte aber schnell, dass sie zu starken Hunger hatte, um den Plan weiter einhalten zu können. Er bestand zwar aus Diät-Lebensmitteln, aber enthielt viel zu viel Zucker – kein Wunder, dass er nicht funktioniert hat. Auch wenn sie mit dem Plan viel Nahrung zu sich nahm, fühlte sich meine Klientin niemals satt, war tagsüber häufig müde und ständig gereizt.

Mahlzeitenplan A (vor der Keto-Adaption)

Zeitpunkt der Mahlzeit	Mahlzeit/Gefühle der Klientin	Kalorien	Zucker	Meine Bemerkungen
7:30 Uhr	Kaffee mit Magermilch *Ich habe Hunger.*	22	3 g	*Magermilch enthält viel Zucker (Laktose).*
8:00 Uhr	Vollkorn-Cerealien mit Magermilch und 240 ml Traubensaft *Fühle mich o.k., nicht satt.*	470	64 g	*Zuckerreiche Mahlzeit mit wenig Eiweiß und null Fett – lässt den Blutzucker nach oben schnellen und eignet sich nicht als Treibstoff für einen produktiven Morgen.*
10:00 Uhr	Banane *Habe einen Bärenhunger.*	121	17 g	*Ein weiterer Blutzuckertreiber, der den Hunger nicht bekämpft. Fruktose lässt den Blutzucker schneller ansteigen als jeder andere Zucker.*
12:40 Uhr	Shake als Mahlzeitenersatz *Bemühe mich, »gesund« zu essen.*	180	18 g	*Shakes zum Ersatz von Mahlzeiten enthalten zu viel Zucker, und da man nicht kaut, fehlt einem die Befriedigung.*
13:15 Uhr	Joghurt mit Ananas und Wasser mit Vitaminzusatz	332	67 g	*Blutzuckeranstieg.*
14:00 Uhr	Zwei Bonbons	45	7 g	*Noch ein Blutzuckeranstieg.*
15:00 Uhr	Diät-Limo	0	0 g	*Sie denkt, sie hält sich wacker, aber der Heißhunger bleibt.*
18:30 Uhr	Kleiner Salat mit fettfreiem French Dressing, 140 g Spaghetti mit Marinara-Soße und ein Stück Knoblauchbrot	699	20 g	*Zu wenig Eiweiß, kein Fett und zu viele Kohlenhydrate und Zucker (Marinara-Soße ist bekannt für zusätzlichen Zucker).*
21:45 Uhr	115 g fettfreier Frozen Yoghurt	100	18 g	*Noch ein Blutzuckeranstieg.*

Mahlzeitenplan B (nach der Keto-Adaption)

Zeitpunkt der Mahlzeit	Mahlzeit/Gefühle der Klientin	Kalorien	Zucker	Bemerkungen der Klientin
7:30 Uhr	*Ich wache energiegeladen auf und habe keinen Hunger. Trinke viel Wasser.*			
10:30 Uhr	Eggs Florentine mit Basilikum-Hollandaise (S. 166) *Ich bin satt und energiegeladen.*	694	0 g	*Ich esse, sobald ich hungrig werde, etwa 3 Stunden nach dem Aufstehen. An manchen Tagen muss ich mich selbst ans Essen erinnern, weil Hunger eher selten ist.*
14:00 Uhr	*Ich bin energiegeladen und habe gute Laune.*			
16:00 Uhr	Griechische Keto-Avgolemono (S. 286) mit zitronig-pfeffrigen Hähnchenflügeln als Beilage (S. 202) *Das war lecker und ich bin pappsatt!*	594	0 g	*Das waren meine Mahlzeiten für den Tag und ich hatte auch nachts keinen Hunger.*

Dieser Vergleich der zwei Mahlzeitenpläne sorgt wirklich für einen Aha-Moment. Vier Gramm Kohlenhydrate bedeuten jeweils 1 TL Zucker in Ihrem Blut. Bei Mahlzeitenplan A mit seinen 359 g Kohlenhydraten sind das über den Tag verteilt 90 TL Zucker im Blut. Mahlzeitenplan B mit seinen 12 g Kohlenhydraten kommt im Gegensatz dazu nur auf 3 TL Zucker im Blut. Bei einer Insulin-sensitivität und für das Abnehmen ist das natürlich viel besser, und da der Blutzuckerspiegel nicht mehrfach am Tag nach oben getrieben wird, kommt es nicht zu Hunger und Heißhunger wie bei Mahlzeitenplan A.

Mahlzeitenplan	Kalorien	Fett	Eiweiß	Kohlen-hydrate	davon Zucker	Zucker im Blut
A (»Vorher«)	1.969	31 g	66 g	359 g	214 g	90 TL
B (»Nachher«)	1288	111 g	65 g	12 g	0 g	3 TL

Indem die Klientin von einer Ernährung mit vielen Kohlenhydraten, die den Blutzucker nach oben treiben und Hunger verursachen, zu einer Ernährung mit sättigendem Fett und mäßig Eiweiß wechselte, konnte sie wieder die Kontrolle über ihren Hunger erlangen und mit weniger Kalorien durch den Tag kommen – gleichzeitig nimmt sie mehr nährstoffreiche Nahrung zu sich. Mit dem Mahlzeitenplan für 30 Tage in diesem Abschnitt können Sie dasselbe erreichen.

Sollte ich Kohlenhydrate hinzufügen oder zumindest manchmal welche essen?

Einige Menschen behaupten, es sei notwendig, Kohlen-hydrate hinzuzufügen, um besser schlafen zu können, hormonelle Unregelmäßigkeiten zu mildern und zu wenig Energie oder anderen Problemen entgegenzuwirken, die bei der 30-Tage-Keto-Stoffwechselkur auftauchen können. Aber in dieser Situation Kohlenhydrate hinzuzu-fügen, beseitigt nicht das eigentliche Problem (beispiels-weise einen Nährstoffmangel) und hält Sie zudem von Ihren Abnehm- und Gesundheitszielen fern. Vor Kurzem verglich Dr. Jacob Wilson eine periodische Keto-Ernäh-rung mit Krafttraining mit einer vollen ketogenen Ernäh-rung mit Krafttraining. Die Gruppe mit der periodischen Keto-Ernährung aß unter der Woche ketogen und nahm am Wochenende zusätzliche Kohlenhydrate auf. Die voll ketogene Gruppe aß die ganze Woche lang ketogen. Beide Gruppen nahmen die gleiche Menge an Gewicht ab, aber bei der Gruppe mit zusätzlichen Kohlenhydraten war es nur halb so viel Fettgewebe wie bei der anderen Gruppe – sie hatte also auch viel Muskelmasse abge-nommen. Und Muskelmasse abzunehmen ist das Letzte, was Sie wollen, insbesondere mit steigendem Alter.

Rein von der Ernährung her betrachtet gibt es für den Menschen keinerlei Notwendigkeit, Kohlenhydrate zu essen. Ich wiederhole: keinerlei. Für die anderen Makro-nährstoffe gilt das nicht. Fett und Eiweiß benötigen wir, um zu überleben, aber Kohlenhydrate sind dafür nicht notwendig. Solange Sie eine gut ausformulierte, nähr-stoffreiche ketogene Ernährung zu sich nehmen, werden Sie keine Probleme mit schlechtem Schlaf, hormonel-lem Ungleichgewicht oder wenig Energie haben. Wenig Energie ist zum Beispiel typischerweise die Folge von zu wenig Flüssigkeit. Im Rahmen der Keto-Adaption setzt der Körper viel Salz und dazugehöriges Wasser frei, das er bei einer kohlenhydratreichen Ernährung zurück-behält. Daher müssen Sie zusätzliche Elektrolyte (Salz, Kalium und Magnesium) und jede Menge Wasser auf-nehmen, um das Energieproblem zu lösen. Zudem wird Ihr Körper umso effizienter bei der Verbrennung von Fett als Treibstoff, je länger Sie keto-adaptiert sind, und nach einem oder zwei Monaten ist zu wenig Energie normaler-weise kein Problem mehr. Bei den meisten Menschen, die eine gut ausformulierte ketogene Ernährung essen, steigt der Energielevel vielmehr in ungeahnte Höhen.

Aber auch bei einer nährstoffreichen Ernährung ist manchmal eine Nahrungsergänzung notwendig, um den jeweiligen Spiegel wieder auf das entsprechende Niveau zu bringen. Unsere Nahrungsmittel und unser Wasser enthalten nicht mehr die Nährstoffe, die früher einmal enthalten waren. Früher war das Wasser reich an Magnesium (neben anderen Mineralstoffen), aber das heutige gefilterte Wasser in den Städten kann das nicht mehr bieten. So kann es beispielsweise hilfreich sein, zusätzliches Magnesium einzunehmen, um den Mangel an Nahrungsmitteln und Wasser auszugleichen.

Mahlzeitenplan

	FASTENBRECHER-FRÜHSTÜCK		2. MAHLZEIT		NÄHRWERTE (pro Person)	
Tag 1	Rösti mit Frühstücks-speck, Pilzen und Frühlings-zwiebeln — 158		Umami-Burger — 296	Zitronig-pfeffrige Hähnchen-flügel — 202	kcal	1314
					Ft.	108 g
					EW	69 g
					KH	17 g
Tag 2	Ramen mit Eiern und Frühstücks-speck — 150		Reuben-Schweine-koteletts — 334	Marinierte Champignons nach italienischer Art — 208	kcal	1324
					Ft.	109 g
					EW	67 g
					KH	19 g
Tag 3	Cremiges Keto-Rührei — 154		California Club Wraps — 276	Marinierte Champignons nach italienischer Art — RESTE	kcal	1301
					Ft.	112 g
					EW	51 g
					KH	13 g
Tag 4	Ramen mit Eiern und mit Frühstücks-speck (Reste) — LEFTOVER		Griechische Keto-Avgolemono — 286	Warmer Frühlingssalat mit Basilikum-Chimichurri und weich gekochten Eiern — 226	kcal	1150
					Ft.	94 g
					EW	58 g
					KH	19 g
Tag 5	Kimchi-Eier — 160		Umami-Burger — RESTE	Warmer Frühlingssalat mit Basilikum-Chimichurri und weich gekochten Eiern — RESTE	kcal	1591
					Ft.	137 g
					EW	72 g
					KH	19 g
Tag 6	Eggs Florentine mit Basilikum-Hollandaise (mit English Muffin) — 166		Griechische Keto-Avgolemono — RESTE	Zitronig-pfeffrige Hähnchen-flügel — RESTE	kcal	1315
					Ft.	111 g
					EW	65 g
					KH	12 g
Tag 7	Eier im Brötchen mit übrig gebliebener Basilikum-Hollandaise — 168		California Club Wraps — RESTE	Marinierte Champignons nach italienischer Art — RESTE	kcal	1379
					Ft.	112 g
					EW	66 g
					KH	13 g

Einkaufsliste

Backzutaten

Natron, 2 Prisen

Kokosmehl, 4 TL

Brühe

Hühner-Knochenbrühe,
1,8 l in zwei 900-Milliliter-Behältern

Würzmittel

Mayonnaise*, 340 ml

Eier

42 große Eier

Fette und Öle

Kokosöl, 115 g

MCT-Öl, 240 ml

Paläo-Fett nach Wahl, 395–620 g

Sesamöl, 1 EL

Frische Kräuter

Basilikum, 3 Bund

Ingwer, ein 2,5 cm großes Stück
(1 EL gerieben)

Koriander, 1 kleines Bund
(2 EL gehackt)

Schnittlauch, 1 kleines Bund
(2 EL gehackt)

Thymian, 1 Zweig

Frisches Gemüse und Obst

Avocado, 1 kleine

Champignons (klein), 900 g

Frühlingszwiebeln, 1 kleines Bund
(30 g plus 2 EL plus mehr zum
Garnieren)

Grüner Spargel, 225 g

Knoblauch, 1 Knolle

Pilze (z. B. Champignons, 450 g)

Portobello-Pilze, 450 g

Römersalat, 1 Kopf (220 g)

Spinat, 450 g

Tomaten, 2 kleine

Weißkohl, 1 kleiner Kopf
(100 g kleingeschnitten)

Zitronen, 2

Zwiebeln, 2 große (300 g)

Zucchini, 2 mittelgroße

Aus der Speisekammer

Coconut Aminos, 2 EL

Cornichons, 1 kleines Glas
(zum Garnieren)

Eiklarpulver, ohne Geschmack, 3 EL

Fischsauce, 1½ TL

Kimchi, 450-g-Glas

Kokosessig, 120 ml

Sauerkraut, 150 g

Tomatenmark, 1 EL

Gewürze und Extrakte

Basilikum, getrocknet, 6½ TL

Chilipulver, 1 EL

Pfefferflocken, rot, 1 EL

Eiweiß

Frühstücksspeck, 8 Scheiben

Obere Hähnchenkeule, mit Knochen
und Haut, 6 Stück

Hähnchenflügel, 450 g

Rindermarkknochen in Scheiben
(jeweils 5 cm lang), 7 Stück

Rinderhack, 600 g

Schweinebauch, gekocht, 340 g

Schweinekoteletts, mit Knochen,
vier 142 g Stücke

Keto-Gewürze und Gewürzmischungen

Milchfreies Thousand-Island-Dressing
(S. 118) *(Für die Zubereitung benötigen
Sie: 170 g Mayonnaise, 35 g gehackte
saure Gurken, 60 ml passierte
Tomaten, ⅛ TL Fischsauce)*

Einfache Basilikum-Hollandaise
(S. 136), 2 große EL *(Für die
Zubereitung benötigen Sie: 240 ml
Speckfett, 4 große Eigelb, 120 ml
Zitronensaft, 25 g frischer Basilikum)*

Kräutermischung Florence (S. 113),
1 TL *(Für die Zubereitung benötigen
Sie: 2 EL getrockneten Basilikum,
2 EL getrockneten gemahlenen
Majoran, 2 EL getrockneten Oregano,
2 EL getrocknete Petersilie, 1 EL
getrockneten gemahlenen Rosmarin,
1 EL getrockneten Thymian, 1 EL rote
Pfefferflocken, 2 TL Knoblauchpulver,
1 TL Zwiebelpulver)*

** Achten Sie beim Kauf auf die Zutatenangaben und greifen Sie zu Produkten, die keinen Zucker oder andere Süßungsmittel
und/oder Rapsöl etc. enthalten. Die Eier in der Mayonnaise sollten zudem aus biodynamischer Haltung stammen.*

Tag 8–14

Mahlzeitenplan

	FASTENBRECHER-FRÜHSTÜCK	2. MAHLZEIT		NÄHRWERTE (pro Person)	
Tag 8	Frühstücks-speck und Champig-nons mit weich-gekochten Eiern `164`	Ropa Vieja aus dem Schongarer `308`	Einfacher Krebssalat `236`	kcal Ft. EW KH	1307 100 g 88 g 14 g
Tag 9	Spiegelei mit Schweins-haxe `162`	**DOPPELTE MENGE** Chiles Rellenos `266`		kcal Ft. EW KH	1225 109 g 53 g 9 g
	Steak mit Eiern `156`	Pochierter Lachs mit cremiger Dillsoße `380`		kcal Ft. EW KH	1132 96 g 62 g 5 g
Tag 11	Frühstücks-speck und Champig-nons mit weich-gekochten Eiern RESTE	Ropa Vieja aus dem Schongarer RESTE	**DOPPELTE MENGE** Schottische Eier `196`	kcal Ft. EW KH	1355 106 g 90 g 11 g
Tag 12	Spiegelei mit Schweins-haxe RESTE	Chiles Rellenos RESTE		kcal Ft. EW KH	1225 109 g 53 g 9 g
Tag 13	Steak mit Eiern RESTE	Pochierter Lachs mit cremiger Dillsoße RESTE		kcal Ft. EW KH	1132 111 g 65 g 12 g
Tag 14	Kimchi-Eier `160`	Ropa Vieja aus dem Schongarer RESTE	Schottische Eier RESTE	kcal Ft. EW KH	1275 96 g 62 g 5 g

Einkaufsliste

Brühe

Rinderknochenbrühe oder Wasser, 120 ml

Würzmittel

Mayonnaise*, 225 ml

Dijonsenf*, 1½ TL

Körniger Senf*, 170 g

Salsa*, 240 ml

Eier

26 große Eier

Fette und Öle

Kokosöl, 565 g plus 3 EL

MCT-Öl, 120 ml plus 3 EL

Paläo-Fett nach Wahl, 2 EL

Frische Kräuter

Dill, 1 kleines Bund (1 EL plus 1 Zweig)

Estragon, 1 kleines Bund (1 TL)

Koriander, 1 Bund (6 EL plus mehr zum Garnieren)

Schnittlauch, 1 kleines Bund (1 EL plus mehr zum Garnieren)

Frisches Gemüse und Obst

Gurken, 2 mittelgroße

Jalapeño-Paprika, 1

Knoblauch, 1 Knolle (1 Zehe plus 2 TL gehackt)

Limetten, 2

Mini-Champignons, 340 g

Paprika, grün, 1 mittelgroße

Paprika, rot, 1 mittelgroße

Poblano-Chilis (oder türkische Dolmalik), 4 mittelgroße

Radieschen, 1 (zum Garnieren)

Rote Zwiebel, 1 kleine

Stangensellerie, 2 Stangen

Tomate, 1 große

Zitrone, 1

Zwiebel, 1 große

Aus der Speisekammer

Grüne Oliven, 340-g-Glas (3 EL plus mehr zum Garnieren)

Kimchi, 450-g-Glas (ca. 225 g)

Kokosessig, 60 ml plus 2 TL

passierte Tomaten, 60 ml

Sardellen, 56-g-Dose

Eiweiß

Filets von Wild oder Rind, vier Mal 115 g

Frühstücksspeck, 450 g

Krebsfleisch, 2 Dosen à 170 g

Lachsfilets, sechs Mal 115 g

Obere Hähnchenkeulen, 900 g

Prosciutto, zwei 85 g-Pakete (12 Scheiben)

Rinderbrust, 900 g

Schweinehack, 300 g

Schweinshaxe in Scheiben, geräuchert, vier Mal 85 g

Gewürze und Extrakte

Getrockneter Oregano, 2 TL

Kreuzkümmel, gemahlen, 2 TL

Keto-Würzmittel und Gewürzmischungen

Einfache Basilikum-Hollandaise (S. 136), 120 ml *(Für die Zubereitung benötigen Sie: 240 ml Speckfett, 4 große Eigelb, 120 ml Zitronensaft, 25 g frischer Basilikum)*

Einfache milchfreie Hollandaise (S. 136), 240 ml *(Für die Zubereitung benötigen Sie: 240 ml Speckfett, 4 große Eigelb, 120 ml Zitronensaft)*

---

* Achten Sie beim Kauf auf die Zutatenangaben und greifen Sie zu Produkts, die keinen Zucker oder andere Süßungsmittel und/oder Rapsöl etc. enthalten. Die Eier in der Mayonnaise sollten zudem aus biodynamischer Haltung stammen.

Tag 15–21

Mahlzeitenplan

	FASTENBRECHER-FRÜHSTÜCK	2. MAHLZEIT		NÄHRWERTE (pro Person)	
Tag 15	Ramen mit Eiern und Frühstücksspeck **150**	Burger mit Frühstücksspeck und Champignons **294**	Gemischter grüner Salat mit Russischen Eiern und Speck-Vinaigrette **232**	kcal	1483
				Ft.	122 g
				EW	76 g
				KH	20 g
Tag 16	Keto-Taschen **170**	Scharfe gegrillte Garnelen mit Mojo Verde **364**	Panzanella-Salat **234**	kcal	1116
				Ft.	94 g
				EW	58 g
				KH	10 g
Tag 17	DOPPELTE MENGE Eier im Schinkenkörbchen **172**	Burger mit Frühstücksspeck und Champignons RESTE	Keto-Obstsalat **224**	kcal	1074
				Ft.	84 g
				EW	68 g
				KH	12 g
Tag 18	Ramen mit Eiern und Frühstücksspeck RESTE	Scharfe gegrillte Garnelen mit Mojo Verde RESTE	Gemischter grüner Salat mit Russischen Eiern und Speck-Vinaigrette RESTE	kcal	1278
				Ft.	106 g
				EW	62 g
				KH	19 g
Tag 19	Keto-Taschen RESTE	Scharfer Thunfischsalat **358**	Panzanella-Salat RESTE	kcal	1328
				Ft.	111 g
				EW	71 g
				KH	12 g
Tag 20	Eier im Schinkenkörbchen RESTE	Pfeffersteak für zwei **318**	Keto-Obstsalat RESTE	kcal	1136
				Ft.	94 g
				EW	54 g
				KH	8 g
Tag 21	Keto-Taschen RESTE	Zucchini-Spaghetti in Muschelsoße **262**	Chicken Tinga Wings **200**	kcal	1117
				Ft.	86 g
				EW	70 g
				KH	16 g

Einkaufsliste

Brühe

Hühnerknochenbrühe, 1,1 l

Rinderknochenbrühe, 60 ml

Würzsoßen

Chilisoße*, 1 TL

Dijonsenf*, 1 TL

Mayonnaise*, 225 ml plus 2 EL

Senf, mild*, 2 TL

Eier

40 große Eier

Fette und Öle

Kokosöl, 225–450 g plus 1 EL

MCT-Öl, 420 ml

Paläo-Fett nach Wahl, 70 g

Frische Kräuter

Ingwer, ein 2,5 cm großes Stück
(1 EL gerieben)

Koriander, 2 Bund

Minze, 1 kleines Bund (1 EL)

Schnittlauch, 1 kleines Bund (12 g plus
mehr zum Garnieren)

Thymian, 1 kleines Bund

Frisches Gemüse und Obst

Avocado, 1 mittelgroße

Cherry-Tomaten, 150 g plus 12 Stück

Frühlingszwiebeln, 1 kleines Bund
(2 EL plus mehr zum Garnieren)

Gemischtes Salatgrün, 450 g

Gurken, 3 mittelgroße

Knoblauch, 1 Knolle (5 Zehen plus
3 EL gehackt)

Kopfsalat, 1 kleiner Kopf (8 Blätter)

Limetten, 6 Stück

Pilze, 755 g

Rote Zwiebel, 1 kleine

Rotkohl, 1 kleiner Kopf

Tomaten, 3 mittelgroße

Tomatillos, 200 g (ersatzweise die
halbe Menge grüne Tomaten)

Zwiebeln, 2 große

Zucchini, 3 mittelgroße

Aus der Speisekammer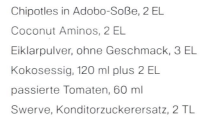

Chipotles in Adobo-Soße, 2 EL

Coconut Aminos, 2 EL

Eiklarpulver, ohne Geschmack, 3 EL

Kokosessig, 120 ml plus 2 EL

passierte Tomaten, 60 ml

Swerve, Konditorzuckerersatz, 2 TL

Tomatenmark, 1 EL

Eiweiß

Chorizo, 450 g

Frühstücksspeck, 15 Scheiben

Garnelen, 12 große

Hähnchenflügel, 450 g

Kochschinken, 450 g (12 Scheiben)

Mortadella (12 dünne Scheiben)

Muscheln, 185-g-Dose

Rib-eye-Steak, 230 g

Rinderhack, 600 g

Schweinebauch, gekocht, 340 g

Thunfisch, 170-g-Dose

Gewürze und Extrakte

Cayennepfeffer, 2 TL

Getrockneter Oregano, ½ TL

Kreuzkümmel, gemahlen, 1½ TL

Rote Pfefferflocken, 1 EL plus mehr
zum Garnieren

Schwarze Pfefferkörner, 1 EL

Milch

Kokosmilch, vollfett, 60 ml

---

* Achten Sie beim Kauf auf die Zutatenangaben und greifen Sie zu Produkten, die keinen Zucker oder andere Süßungsmittel und/oder Rapsöl etc. enthalten. Die Eier in der Mayonnaise sollten zudem aus biodynamischer Haltung stammen.

Tag 22–30

Mahlzeitenplan

Tag	FASTENBRECHER-FRÜHSTÜCK	2. MAHLZEIT		NÄHRWERTE (pro Person)	
Tag 22	Rösti mit Frühstücksspeck, Pilzen und Frühlingszwiebeln `158`	Querrippe mit Mole aus dem Schongarer `312`	Knochenmark-Chili con Keto `242`	kcal	1243
				Ft.	107 g
				EW	50 g
				KH	19 g
Tag 23	Frühstücks-Chili `148`	Gefüllte Paprika nach Hunan-Art `322`	Pak Choi und Pilze mit Ingwerdressing `250`	kcal	1093
				Ft.	83 g
				EW	56 g
				KH	33 g
Tag 24	Russische Eier à la Oscar `216`	Querrippe mit Mole aus dem Schongarer `RESTE`	Knochenmark-Chili con Keto `RESTE`	kcal	1358
				Ft.	121 g
				EW	55 g
				KH	11 g
Tag 25	Eier im Brötchen mit Frühstücksspeck `168`	Gefüllte Paprika nach Hunan-Art `RESTE`	Sauer-scharf-Suppe mit Schweinehackbällchen `248`	kcal	1228
				Ft.	89 g
				EW	80 g
				KH	28 g
Tag 26	Frühstücks-Chili `RESTE`	Tom Ka Gai (Kokoshähnchen nach thailändischer Art) `284`	Sauer-scharf-Suppe mit Schweinehackbällchen `RESTE`	kcal	1210
				Ft.	91 g
				EW	74 g
				KH	24 g
Tag 27	Russische Eier à la Oscar `RESTE`	Querrippe mit Mole aus dem Schongarer `RESTE`	Pak Choi und Pilze mit Ingwerdressing `RESTE`	kcal	1165
				Ft.	104 g
				EW	46 g
				KH	13 g
Tag 28	Frühstücks-Chili `RESTE`	Tom Ka Gai (Kokoshähnchen nach thailändischer Art) `RESTE`	Knochenmark-Chili con Keto `RESTE`	kcal	1188
				Ft.	93 g
				EW	66 g
				KH	21 g

Einkaufsliste

Backzutaten
Kakaopulver, ungesüßt, 1 EL

Brühe
Hühnerknochenbrühe (1560 ml)

Rinderknochenbrühe (360 ml plus 2 EL)

Würzsoßen
Mayonnaise*, 115 ml

Milder Senf*, 1 TL

Rote Curry-Paste, 1½–3 TL

Eier
33 große Eier

Fette und Öle
Kokosöl, 115 g plus 1 EL

MCT-Öl, 120 ml plus 1 EL

Sesamöl, geröstet, 2 EL

Frische Kräuter
Ingwer, 5 cm großes Stück
(1 1/2 EL plus ¼ TL gerieben)

Koriander, 1 Bund

Schnittlauch, 1 Bund

Frisches Gemüse und Obst
Avocados, 3 mittelgroße

Baby Pak Choi, 4 Köpfe

Chinakohl, 1 kleiner Kopf

Frühlingszwiebeln, 9 Stück

Grüne Chilis, 4 Stück

Grüne Paprika, 1 mittelgroße

Grüner Spargel, 4 Stangen

Knoblauch, 1 Knolle (7 Zehen)

Limetten, 2 Stück

Paprika, 2 mittelgroße, Farbe egal

Pilze, 675 g

Schalotten, 3 Stück

Weißkohl, 1 kleiner Kopf

Zwiebel, 1 große

Milch
Kokosmilch, vollfett, 400 ml-Dose

Aus der Speisekammer
Coconut Aminos, 180 ml plus 1 EL

Grüne Chilis, gehackt, 115 g-Dose

Kokosessig, 1 EL

passierte Tomaten, 720 ml

Tomatenstücke aus der Dose, ca. 1,6 kg (4 Dosen à 400 g)

Reisessig, 60 ml

Rote Chilipaste, 1 EL

Eiweiß
Chorizo, 900 g

Flanksteak, 450 g

Frühstücksspeck, 22 Scheiben

Kochschinken, 6 Scheiben

Krebsfleisch, aus der Dose, 60 g

Querrippen vom Rind, 8 Stück (1,8 kg)

Rinderhack, 900 g

Rindermarkknochen, 8 Stücke à 5 cm Länge

Schweinehack, 225 g

Gewürze und Extrakte
Cayennepfeffer, 1 TL plus mehr zum Garnieren

Chilipulver, 30 g

Getrockneter gemahlener Oregano, 2 TL

Getrockneter Oregano, 2 TL

Getrocknete Thai-Chilis, 4 Stück

Kreuzkümmel, gemahlen, 3 TL

Paprikapulver, 1 TL

Salbeiblätter, 2 Stück

---

* Achten Sie beim Kauf auf die Zutatenangaben und greifen Sie zu Produkts, die keinen Zucker oder andere Süßungsmittel und/oder Rapsöl etc. enthalten. Die Eier in der Mayonnaise sollten zudem aus biodynamischer Haltung stammen.

TEIL 4

Reinigende Keto-Rezepte

Umgang mit den Rezepten

Vor jedem Rezept finden Sie ein sogenanntes Keto-Meter, das Ihnen sagt, auf welcher Stufe der Keto-Skala das Rezept steht: hoch (H), mittel (M) oder leicht (L). Ist Ihr Hauptziel eine Gewichtsabnahme, sollten Sie Rezepte mittlerer oder leichter Keto-Stufe besser erst dann zubereiten und essen, wenn Sie dichter an Ihrem Ziel dran sind. Zwar sind alle Rezepte speziell für die Ketose entwickelt, aber wenn Sie das Gefühl haben, nicht weiterzukommen, empfehle ich Ihnen die Rezepte, die auf der Keto-Skala als hoch eingestuft sind.

Zudem finden Sie über jedem Rezept Symbole, die anzeigen, ob das Rezept Milchprodukte, Nüsse und/oder Eier enthält oder ob es vegetarisch ist. Kann ein Rezept auch ohne Milchprodukte, Nüsse oder Eier zubereitet werden, indem eine Zutat weggelassen oder gegen eine andere ausgetauscht wird, steht unter dem jeweiligen Symbol das Wort »Variante« – die entsprechenden Einzelheiten finden Sie in der Zutatenliste. Der Kaloriengehalt sowie die Menge und Prozentanteile von Fett, Eiweiß, Kohlenhydraten und Ballaststoffen jedes Rezepts sind jeweils unter den Rezepten angegeben.

Viele der von mir in diesem Kapitel aufgeschriebenen Soßen, Dressings und Gewürzmischungen gehören zu den Grundvorräten in meinem Kühlschrank und meiner Speisekammer. In meiner Kühlschranktür befinden sich immer selbst gemachter Cashewdrink sowie mehrere Soßen und Salatsoßen, um Rezepte schnell damit ergänzen zu können. Planung macht den Meister oder besser gesagt: Planung führt zum Erfolg. Auch meine Gewürzmischungen habe ich als Vorrat in beschrifteten Gläsern, damit sie immer sofort für die Zubereitung zur Verfügung stehen.

* Achten Sie beim Kauf auf die Zutatenangaben und greifen Sie zu Produkten, die keinen Zucker oder andere Süßungsmittel und/oder Rapsöl etc. enthalten. Die Eier in der Mayonnaise sollten zudem aus biodynamischer Haltung stammen.

Nährwertangaben: kcal = Kalorien, Ft. = Fett, EW = Eiweiß, KH = Kohlenhydrate, BS = Ballaststoffe

Soßen, Dressings und Gewürzmischungen

Selbst gemachter Cashewdrink

 Zubereitungszeit: 2 Minuten plus Einweichen über Nacht • Ergibt: ca. 960 ml (ca. 240 ml pro Portion)

Mit diesem Rezept können Sie einen köstlichen, cremigen Nussdrink zubereiten, der keine schädlichen Zutaten oder Süßungsmittel enthält.

225 g Cashewkerne in Rohkost-qualität, über Nacht in Wasser eingeweicht

960 ml Umkehrosmose-Wasser oder Quellwasser

Besondere Küchenhelfer:

Hochleistungsmixer und Nussmilchbeutel oder Passiertuch

Alternative:

Cashewdrink mit Vanille-Geschmack

1 TL Vanilleextrakt oder das ausgekratzte Mark einer Vanilleschote zu den Nüssen in den Mixer geben (Schritt 2), dann obiges Rezept weiter befolgen.

1. Die Nüsse über Nacht in ausreichend Wasser einweichen.

2. Die eingeweichten Nüsse durch ein Sieb abgießen und mit den 960 ml Wasser in einen Hochleistungsmixer geben. Solange durchmixen, bis die Mischung eine glatte Konsistenz hat.

3. Die Mischung in einen Nussmilchbeutel oder ein mit einem Passiertuch aus-gelegtes Sieb geben und ein Gefäß zum Auffangen des Drinks darunterstellen. Den Beutel zusammendrücken oder die Mischung mit den Händen durch das Tuch drücken, um sämtliche Flüssigkeit auszudrücken. Cashewreste entsor-gen. Der Cashewdrink hält sich in einem luftdicht verschlossenen Behältnis im Kühlschrank bis zu einer Woche.

NAHRWERTANGABEN (pro Portion ca.)

kcal	Ft.	EW	KH	BS
25	2g	1g	1g	0g
	70%	15%	15%	

Knochenbrühe (Rind, Hühnchen oder Fisch)

 Zubereitungszeit: 10 Minuten • Garzeit: 1–3 Tage • Ergibt: ca. 960 ml (ca. 240 ml pro Portion)

Nichts ist einfacher in der Zubereitung als diese Brühe. Sobald alle Zutaten erst einmal im Schongarer sind, überlassen Sie die Arbeit einfach ihm. Je länger Sie die Brühe kochen lassen, umso dickflüssiger wird sie. Wenn Sie die Rinderknochen vorher rösten, erhalten Sie eine dunklere und geschmackvollere Brühe (siehe Hinweis unten). Die Brühe eignet sich als Grundlage für Suppen oder Soßen, die Knochenbrühe-Fettbomben (S. 192) oder als nahrhaftes Getränk.

950 ml kaltes Wasser (am besten Umkehrosmose-Wasser oder gefiltertes Wasser)

4 große Rinderknochen (etwa 1,8 kg) *oder* übrig gebliebene Knochen und Haut eines Hähnchens aus biodynamischer Haltung (idealerweise mit Füßen) *oder* 1,8 kg Fischknochen und -köpfe

1 mittelgroße Zwiebel, gewürfelt

2 Stangen Sellerie, in 0,5 cm großen Stücken

2 EL Kokosessig oder Apfelessig

2 EL frischer Rosmarin oder ein anderes Gewürzkraut nach Wahl

2 TL fein gehackter Knoblauch oder die Zehen einer Knolle Knoblauch-Confit (S. 142)

2 TL feines Meersalz

1 TL frischer oder getrockneter Thymian

1. Alle Zutaten in einen Schongarer (ca. 5,6 l Fassungsvermögen) geben. Auf höchste Stufe stellen, nach einer Stunde auf die niedrigste Stufe stellen. Mindestens 1 Tag und längstens 3 Tage köcheln lassen. Je länger die Brühe gart, desto mehr Nährstoffe und Mineralstoffe werden aus den Knochen gezogen.

2. Die fertig gekochte Brühe durch ein Sieb geben und die Flüssigkeit auffangen. Die Feststoffe entsorgen, aber die Fettschicht auf der Brühe nicht entfernen, denn das Fett macht die Brühe noch keto-freundlicher.

3. Im Kühlschrank hält sich die Brühe etwa fünf Tage, im Gefrierschrank mehrere Monate.

Hinweis: *Für eine stärkere, geschmackvollere Rinderbrühe können Sie vorher auf einem mit Backpapier ausgelegten Backblech bei 190 °C die großen Rinderknochen 50–60 Minuten und kleinere Knochen 30–40 Minuten rösten.*

Familientipp: *Kochen Sie mit zwei Schongarern die doppelte Menge Brühe und frieren Sie sie in tiefkühlgeeigneten Behältern ein, um bei Bedarf immer etwas Brühe zur Hand zu haben.*

NÄHRWERTANGABEN (pro Portion ca.)

kcal	Ft.	EW	KH	BS
20	4 g	1,5 g	1,7 g	0 g
	60 %	19 %	21 %	

Berbere-Gewürzmischung

    Zubereitungszeit: 5 Minuten • Ergibt: etwa 90 g (2 TL pro Portion)

Wenn Sie Ethno-Food mit leicht scharfer Note lieben, probieren Sie diese traditionelle Gewürzmischung aus Äthiopien, die fantastisch zu Hähnchen, Rind oder Schwein passt. Ihr Geschmack versetzt mich jedes Mal zurück nach Äthiopien, wo mein Mann und ich unsere zwei Jungs adoptiert haben, und bringt diese besonderen Erinnerungen zurück.

6 EL Paprikapulver

3 EL Cayennepfeffer

1 EL feines Meersalz

1 TL Knoblauchpulver

1 TL Zwiebelpulver

1 TL gemahlener Koriander

½ TL gemahlener Ingwer

½ TL gemahlener Kardamom

½ TL gemahlener Bockshornklee

½ TL frisch geriebene Muskatnuss

¼ TL gemahlene Nelken

Alle Zutaten in ein Glas mit Deckel geben. Das Glas verschließen und die Mischung gut durchschütteln. Hält sich in der Speisekammer maximal zwei Monate.

NAHRWERTANGABEN (pro Portion ca.)

kcal	Ft.	EW	KH	BS
1	0,03 g	0,04 g	0,2 g	0,1 g
	13 %	7 %	80 %	

Scharf-süße Gewürzmischung für Hamburger

 Zubereitungszeit: 5 Minuten • Ergibt: 60 g plus 3 EL (2 TL pro Portion)

30 g Paprikapulver

1 EL plus 2 TL feines Meersalz

1 EL plus 1 TL frisch gemahlener schwarzer Pfeffer

1 EL plus 1 TL Swerve (Konditor-zuckerersatz) oder die entsprechende Menge Erythritpulver oder Luo Han Guo (siehe S. 79)

1 EL plus 1 TL Knoblauchpulver

1 EL plus 1 TL Zwiebelpulver

1 TL Cayennepfeffer

Alle Zutaten in ein großes luftdicht verschließbares Behältnis geben und die Mischung gut durchschütteln. Hält sich in der Speisekammer maximal zwei Monate.

NÄHRWERTANGABEN (pro Portion ca.)

kcal	Ft.	EW	KH	BS
11	0,2 g	0,4 g	2 g	0,9 g
	15 %	13 %	72 %	

Cajun-Gewürzmischung

 Zubereitungszeit: 5 Minuten • Ergibt: etwa 30 g (1 TL pro Portion)

Wenn Sie pikantes Essen lieben, müssen Sie diese Gewürzmischung einfach probieren. Mein Sohn Kai liebt sie besonders zu Wels (siehe S. 370).

2½ TL geräuchertes Paprikapulver

2 TL feines Meersalz

2 TL Knoblauchpulver

1¼ TL Zwiebelpulver

1¼ TL getrockneter Oregano

1¼ TL getrockneter Thymian

1 TL frisch gemahlener schwarzer Pfeffer

1 TL Cayennepfeffer

½ TL rote Pfefferflocken

Alle Zutaten in ein Glas mit Deckel geben. Das Glas verschließen und die Mischung gut durchschütteln. Hält sich in der Speisekammer maximal zwei Monate.

NAHRWERTANGABEN (pro Portion ca.)				
kcal	Ft.	EW	KH	BS
6	0,1 g	0,2 g	1,1 g	0 g
	15 %	13 %	72 %	

Gewürzmischung Florence

   Zubereitungszeit: 5 Minuten • Ergibt: 90 g (2¼ TL pro Portion)

Diese Kräutermischung ist eine leicht italienische Abwandlung der Kräuter der Provence. Ich verwende sie gern in Salatsoßen, in selbst gemachter Mayonnaise und reibe Geflügel damit ein, um dem Essen eine besondere Note zu verleihen.

2 EL getrockneter Basilikum

2 EL getrockneter gemahlener Majoran

2 EL getrockneter Oregano

2 EL getrocknete Petersilie

1 EL getrockneter gemahlener Rosmarin

1 EL getrockneter Thymian

1 EL rote Pfefferflocken

2 TL Knoblauchpulver

1 TL Zwiebelpulver

Alle Zutaten in ein Glas mit Deckel geben. Das Glas verschließen und die Mischung gut durchschütteln. Hält sich in der Speisekammer maximal zwei Monate.

NAHRWERTANGABEN (pro Portion ca.)

kcal	Ft.	EW	KH	BS
6	0,1 g	0,2 g	1 g	0,4 g
	16 %	15 %	69 %	

Ranch-Gewürzmischung

 Zubereitungszeit: 5 Minuten • Ergibt: 40 g (1¼ gehäufte TL pro Portion)

Diese Gewürzmischung passt gut zu Fisch, Meeresfrüchten und sogar Hamburgern. Selbst gemachte Mayonnaise wird mit ihr zu einer leckeren Keto-Soße!

2 EL getrocknete Petersilie

1 EL plus 1 TL Zwiebelpulver

2 TL Knoblauchpulver

1½ TL getrockneter Dill

1 TL getrockneter Schnittlauch

1 TL feines Meersalz

1 TL frisch gemahlener schwarzer Pfeffer

Alle Zutaten in ein Glas mit Deckel geben. Das Glas verschließen und die Mischung gut durchschütteln. Hält sich in der Speisekammer maximal zwei Monate.

NAHRWERTANGABEN (pro Portion ca.)

kcal	Ft.	EW	KH	BS
5	0 g	0,2 g	1,1 g	0,2 g
	0 %	15 %	85 %	

Milchfreies Ranch-Dressing

Zubereitungszeit: 5 Minuten plus 2 Stunden Kühlzeit • Ergibt: 420 ml (2 EL plus 1 TL pro Portion)

240 ml Mayonnaise, selbst gemacht (S. 124) oder gekauft* (oder Keto-Mayo ohne Ei, S. 125 für die Ei-freie Variante)

180 ml Hühner- oder Rinderknochenbrühe, selbst gemacht (S. 108) oder gekauft

2½ TL Ranch-Gewürzmischung (S. 114)

Alle Zutaten in ein Glas mit Deckel geben (0,5 l oder größer), das Glas verschließen und alles gut durchschütteln. Vor dem Servieren zwei Stunden im Kühlschrank kalt stellen, damit das Dressing andickt. Hält sich in einem luftdicht verschließbaren Behältnis im Kühlschrank maximal fünf Tage.

NAHRWERTANGABEN (pro Portion ca.)

kcal	Ft.	EW	KH	BS
128	14 g	0,3 g	0,2 g	0,1 g
	98 %	1 %	1 %	

Cremiges mexikanisches Dressing

   Zubereitungszeit: 5 Minuten • Ergibt: 360 ml (ca. 2 EL pro Portion)

60 ml MCT-Öl oder natives Olivenöl extra

60 ml Hühnerknochenbrühe, selbst gemacht (S. 108) oder gekauft (oder Gemüsebrühe für Vegetarier)

1 Avocado, ohne Schale und entkernt

30 g frische Korianderblätter

Saft einer Limette

1 TL gehackter Knoblauch

½ TL gemahlener Kreuzkümmel

¼ TL getrockneter Oregano

½–1 kleine Jalapeño (je nach gewünschter Schärfe), ohne Kerne

Alle Zutaten in eine Küchenmaschine geben und so lange pürieren, bis eine glatte Masse entsteht. Hält sich in einem verschlossenen Behältnis im Kühlschrank maximal acht Tage.

NÄHRWERTANGABEN (pro Portion ca.)

kcal	Ft.	EW	KH	BS
72	7 g	0,5 g	2 g	1 g
	87 %	2 %	11 %	

Milchfreies Thousand-Island-Dressing

 Zubereitungszeit: 5 Minuten • Ergibt: ca. 300 ml (etwa 2 EL pro Portion)

180 ml Mayonnaise, selbst gemacht (S. 124) oder gekauft* (oder Keto-Mayo ohne Ei, S. 125)

55 g gehackte saure Gurken

60 ml passierte Tomaten

⅛ TL feines Meersalz

⅛ TL Fischsauce (für Vegetarier einfach weglassen)

Alle Zutaten in ein Glas mit Deckel geben, das Glas verschließen und alles gut durchschütteln, bis sich eine homogene Masse ergibt. Hält sich im Kühlschrank bis zu einer Woche. Vor Gebrauch gut schütteln.

NAHRWERTANGABEN (pro Portion ca.)

kcal	Ft.	EW	KH	BS
110	12 g	0,1 g	0,3 g	0,1 g
	98 %	1 %	1 %	

Orangendressing

   Zubereitungszeit: 5 Minuten plus 1 Tag zum Ziehen • Ergibt: ca. 480 ml (2 EL pro Portion)

Dieses Dressing passt perfekt zu Blattsalaten und Zucchini-Spaghetti (S. 378) sowie dem asiatischen Hähnchensalat (S. 222).

360 ml MCT-Öl, natives Olivenöl extra oder Avocadoöl

abgeriebene Schale einer Orange

2 EL Swerve (Konditorzucker-ersatz) oder die entsprechende Menge eines flüssigen oder pulvrigen Süßungsmittels (siehe S. 79)

1 TL feines Meersalz

¼ TL frisch gemahlener schwarzer Pfeffer

3 Tropfen Orangenöl

120 ml Kokosessig oder Apfelessig

1. Das Öl in ein großes Glas (ca. 900 ml Fassungsvermögen) geben. Orangenschale, Süßungsmittel, Salz, Pfeffer und Orangenöl dazugeben. Das Glas abdecken und die Mischung bei Raumtemperatur einen Tag ziehen lassen.

2. Die Orangenschale entfernen, Essig zur Ölmischung geben und gut durchschütteln. Hält sich im Kühlschrank bis zu zwei Wochen.

NAHRWERTANGABEN (pro Portion ca.)

kcal	Ft.	EW	KH	BS
193	21 g	0 g	0 g	0 g
	100 %	0 %	0 %	

Zwiebeldressing

   Zubereitungszeit: 5 Minuten plus einen Tag zum Ziehen • Ergibt: ca. 480 ml (2 EL pro Portion)

360 ml MCT-Öl, natives Olivenöl extra oder Avocadoöl

75 g Zwiebeln, in Scheiben geschnitten

2 EL Swerve (Konditorzuckerersatz) oder die entsprechende Menge eines flüssigen oder pulvrigen Süßungsmittels (siehe S. 79)

1 TL feines Meersalz

3 Tropfen Zwiebelöl (zum Verzehr geeignetes ätherisches Öl)

120 ml Kokosessig oder Apfelessig

1. Das Öl in ein großes Glas (ca. 900 ml Fassungsvermögen) mit Deckel geben. Zwiebeln, Süßungsmittel, Salz und Zwiebelöl dazugeben. Das Glas verschließen und die Mischung bei Raumtemperatur einen Tag ziehen lassen.

2. Anschließend in den Kühlschrank stellen und nach ein bis zwei Tagen die Zwiebeln entfernen.

3. Essig zur Ölmischung geben und vor Gebrauch gut durchschütteln. Hält sich im Kühlschrank bis zu zwei Wochen.

NÄHRWERTANGABEN (pro Portion ca.)

kcal	Ft.	EW	KH	BS
164	18,4 g	0 g	0,1 g	0 g
	100 %	0 %	0 %	

Fatburner-Dressing Florence

 Zubereitungszeit: 5 Minuten • Ergibt: ca. 180 ml (etwa 2 EL pro Portion) • 120 ml MCT-Öl

3 EL Kokosessig oder
Weißweinessig

1 EL Gewürzmischung Florence
(S. 113)

2 EL Zitronensaft

1 EL gehackter Knoblauch

Alle Zutaten in ein mittelgroßes Glas mit Deckel geben. Den Deckel schließen und die Mischung gut durchschütteln. Hält sich im Kühlschrank bis zu zwei Wochen. Vor Gebrauch gut durchschütteln.

NÄHRWERTANGABEN (pro Portion ca.)

kcal	Ft.	EW	KH	BS
175	19 g	0,1 g	1 g	0,1 g
	96 %	0 %	2 %	

Speckmarmelade

   Zubereitungszeit: 8 Minuten • Garzeit: 25 Minuten • Ergibt: ca. 560 g (etwa 2 EL pro Portion)

450 g Frühstücksspeck, in kleine Würfel geschnitten

150 g Zwiebeln, gewürfelt

2 EL Swerve (Konditorzucker-ersatz) oder entsprechende Menge eines flüssigen oder pulvrigen Süßungsmittels (siehe S. 79)

480 ml Rinderknochenbrühe, selbst gemacht (S. 108) oder gekauft

1. Den Speck in einer großen gusseisernen Pfanne bei mittlerer bis starker Hitze etwa 10 Minuten anbraten, bis er zart bis knusprig ist. Gewürfelte Zwiebel dazugeben und weitere 5 Minuten braten.

2. Süßungsmittel und Brühe dazugeben und zum Köcheln bringen, dabei Angebranntes vom Pfannenboden abkratzen. Die Hitze erhöhen und unter Rühren etwa 10 Minuten kochen, bis die Flüssigkeit verdampft ist und die Masse die Konsistenz einer Marmelade hat.

3. Hält sich in einem luftdicht verschlossenen Behältnis im Kühlschrank maximal sechs Tage.

NAHRWERTANGABEN (pro Portion ca.)				
kcal	Ft.	EW	KH	BS
71	6 g	4 g	0,4 g	0,1 g
	76 %	22 %	2 %	

Mole-Soße

 Zubereitungszeit: 5 Minuten • Garzeit: 15 Minuten • Ergibt: ca. 360 ml (etwa 2 EL pro Portion)

Wenn Sie genauso ein Soßenfan sind wie ich, sollten Sie eine Extraportion dieser Soße zubereiten. Sie werden es nicht bereuen. Die Soße passt beispielsweise zu den Querrippen mit Mole aus dem Schongarer (S. 312), den einfachen Hähnchenkeulen aus dem Schongarer (S. 290) oder gegrillten Hähnchenschenkeln.

2 EL MCT-Öl

40 g Zwiebeln, fein gehackt

1 Knoblauchzehe, gehackt

240 ml passierte Tomaten

115 g gewürfelte grüne Chilis

1 EL frischer Koriander, gehackt

1 EL ungesüßtes Kakaopulver

1 TL gemahlener Kreuzkümmel

1. Das Öl in einer Bratpfanne bei mittlerer Hitze erwärmen. Zwiebeln in die Pfanne geben und etwa 3 Minuten anbraten, bis sie glasig werden. Knoblauch dazugeben und etwa 1 Minute anbraten, bis er zu duften anfängt.

2. Die restlichen Zutaten hinzufügen, umrühren und 10 Minuten köcheln lassen. Die Pfanne von der Herdplatte nehmen und den Inhalt so weich pürieren wie gewünscht. Hält sich in einem luftdicht verschlossenen Behältnis im Kühlschrank bis zu einer Woche.

NAHRWERTANGABEN (pro Portion ca.)

kcal	Ft.	EW	KH	BS
14	1 g	0,2 g	1 g	0,2 g
	65 %	5 %	29 %	

Einfache Mayonnaise

   Zubereitungszeit: 5 Minuten • Ergibt: ca. 360 ml (etwa 1 EL pro Portion)

Selbst gemachte Mayonnaise ist nicht nur milder und neutraler im Geschmack als gekaufte, sondern ist auch viel gesünder. Dieses Grundrezept können Sie nach Geschmack mit fein gehacktem oder geröstetem Knoblauch oder Kräutern abwandeln.

2 große Eigelb

2 TL Zitronensaft

240 ml MCT-Öl oder ein anderes Öl mit neutralem Geschmack, beispielsweise Macadamia- oder Avocadoöl

1 EL Dijonsenf*

½ TL feines Meersalz

Die Zutaten in der angegebenen Reihenfolge in ein etwa 500 ml fassendes Einmachglas mit Deckel und großer Öffnung geben. Den Pürierstab bis ganz nach unten in das Glas einführen, anschalten und ganz langsam im Glas nach oben ziehen. Gehen Sie dabei langsam vor, denn es sollte etwa eine Minute dauern, bis Sie von unten nach oben gelangt sind. Das langsame Bewegen des Pürierstabs ist das Geheimnis, damit die Mayonnaise emulgiert. Und schon ist die Mayo fertig – ganz einfach! Hält sich im Kühlschrank maximal 5 Tage.

Besondere Küchenhelfer:

Pürierstab

Nussfreie Variante:

Kein Nussöl verwenden

Alternative: Speck-Mayo

Das MCT-Öl durch flüssiges, aber nicht mehr heißes Speckfett ersetzen und den ½ TL Salz weglassen. Die Mayo abschmecken und gegebenenfalls nachsalzen (sie kann durch das Speckfett schon salzig genug sein).

NÄHRWERTANGABEN (pro Portion ca.)

kcal	Ft.	EW	KH	BS
92	10 g	0,3 g	0,1 g	0 g
	98 %	1,5 %	0,4 %	

Keto-Mayo ohne Ei

   Zubereitungszeit: 5 Minuten • Ergibt: ca. 360 ml (2 EL pro Portion)

3 EL Zitronensaft

2 EL Kokosessig oder Apfelessig

1 EL Swerve (Konditorzucker-ersatz) oder die entsprechende Menge eines flüssigen oder pulvrigen Süßungsmittels (siehe S. 79)

1½ TL Dijonsenf*

1¼ TL feines Meersalz

120 ml kalt gepresstes natives Olivenöl extra

120 ml Kokosöl (kalt gepresst), weich, aber nicht geschmolzen (siehe Hinweis)

1. Zitronensaft, Kokosessig, Süßungsmittel, Senf und Salz in einen Mixer oder eine Küchenmaschine geben und gut durchmixen.

2. Den Mixer auf geringe Geschwindigkeit stellen und das Olivenöl ganz langsam, Tropfen für Tropfen dazugeben. Sobald 60 ml Olivenöl hinzugegeben wurden, können Sie das Tropftempo etwas erhöhen.

3. Das weiche Kokosöl in den Mixer geben und unterrühren. Alles in ein Glas geben, den Deckel verschließen und im Kühlschrank lagern. Hält sich bis zu einer Woche.

Hinweis: *Nach der Trockenmethode (auch Expeller-Methode genannt) kalt gepresstes Kokosöl hat den geringsten Kokosgeschmack aller Kokosöle, weshalb es sich gut für Speisen eignet, bei denen ein neutralerer Geschmack gewünscht ist. Ist Ihnen das immer noch nicht neutral genug, probieren Sie Palmöl aus.*

NAHRWERTANGABEN (pro Portion ca.)

kcal	Ft.	EW	KH	BS
228	25 g	0,1 g	0,2 g	0 g
	98 %	1 %	1 %	

Berbere-Mayo

  Zubereitungszeit: 5 Minuten • Ergibt: ca. 120 ml (2 EL pro Portion)

Diese Mayo passt ideal zu den Hähnchensalat-Wraps Doro Watt (S. 272).

2 EL Berbere-Gewürzmischung
(S. 110)

120 ml Mayonnaise, selbst
gemacht (S. 124) oder gekauft*
(oder Keto-Mayo ohne Ei, S. 125)

Gewürzmischung und Mayo gut miteinander verrühren. Hält sich in einem luftdicht verschlossenen Behältnis im Kühlschrank bis zu einer Woche.

NAHRWERTANGABEN (pro Portion ca.)

kcal	Ft.	EW	KH	BS
205	23 g	0 g	0,1 g	0 g
	100 %	0 %	0 %	

Basilikum-Mayonnaise

 Zubereitungszeit: 5 Minuten • Ergibt: ca. 240 ml (2 EL pro Portion)

25 g grob gehackter frischer Basilikum

180 ml Mayonnaise, selbst gemacht (S. 124) oder gekauft* (oder Keto-Mayo ohne Ei, S. 125)

1 Knoblauchzehe, zerdrückt

¼ TL feines Meersalz

Das Basilikum in eine Küchenmaschine oder einen Mixer geben und zu einer glatten Masse pürieren. Mayo, Knoblauch und Salz hinzufügen und mit der Pulse-Funktion gut unterrühren. Die Masse in ein Glas geben und den Deckel schließen. Hält sich im Kühlschrank bis zu einer Woche.

NAHRWERTANGABEN (pro Portion ca.)

kcal	Ft.	EW	KH	BS
155	17 g	0 g	0,1 g	0 g
	99 %	0 %	1 %	

Knoblauch-Kräuter-Aioli

 L M H KETO · option · Zubereitungszeit: 5 Minuten • Ergibt: ca. 240 ml (2 EL pro Portion)

240 ml Mayonnaise, selbst gemacht (S. 124) oder gekauft* (oder Keto-Mayo ohne Ei, S. 125)

4 Knoblauchzehen, gehackt

1 TL getrockneter Thymian oder andere Kräuter nach Geschmack

½ TL feines Meersalz

Alle Zutaten in eine Küchenmaschine geben und so lange mixen, bis sich eine glatte Konsistenz ergibt und die Kräuter schön klein gehackt sind. Hält sich in einem luftdicht verschlossenen Behältnis maximal acht Tage.

Hinweis: *Wenn Sie diese Aioli für den Hawaiianischen Traum von S. 362 zubereiten, verwenden Sie statt des Thymians Schnittlauch, damit sie asiatischer schmeckt.*

NAHRWERTANGABEN (pro Portion ca.)

kcal	Ft.	EW	KH	BS
208	23 g	0,1 g	1 g	0,1 g
	99 %	0 %	1 %	

Rote Soße Florence

 Zubereitungszeit: 7 Minuten • Garzeit: 30 Minuten • Ergibt: ca. 960 ml (etwa 120 ml pro Portion)

In diesem Rezept verstecken sich zwei tolle Tipps, die ich von einem italienischen Koch bekam: Erstens wird durch das Anbraten der Zwiebeln ihre natürliche Süße verstärkt, weshalb kein zusätzlicher Zucker erforderlich ist (und der wird in viel zu vielen »herkömmlichen« Rezepten angegeben). Zweitens verleiht es der Soße eine ganz neue Geschmacksdimension, wenn das native Olivenöl extra und die frischen Kräuter erst am Ende des Garens hinzugefügt werden.

60 ml MCT-Öl oder Avocadoöl

40 g geriebene Zwiebel

4 Knoblauchzehen, gehackt

1,6 kg frische reife Tomaten oder 3 Packungen passierte Tomaten (à 500 ml)

2 EL Gewürzmischung Florence (S. 113)

Zum Garnieren:

2 EL natives Olivenöl extra, zum Beträufeln

2 EL frisch gehackter Basilikum oder Petersilie

1. Öl in einer Bratpfanne mit hohem Rand bei mittlerer Hitze erwärmen. Zwiebeln in die Pfanne geben und 5–8 Minuten anbraten, bis sie leicht goldbraun werden. Knoblauch dazugeben und weitere 3 Minuten anbraten.

2. Bei frischen Tomaten: Die Haut entfernen, indem Sie ins untere Ende jeder Tomate mit dem Messer ein X ritzen und sie anschließend 30 Sekunden in kochendem Wasser blanchieren. Tomaten unter kaltem Wasser abspülen und die Haut entfernen (sie sollte sich nun leicht lösen lassen). Die Tomaten mit den Händen über einer Schüssel in kleine Stücke zerdrücken.

3. Zerdrückte Tomaten inklusive Tomatensaft (oder passierte Tomaten) sowie die Gewürzmischung Florence in die Pfanne geben. Die Hitze verringern und ohne Deckel 30 Minuten bis 2 Stunden köcheln lassen. Je länger die Soße köchelt, desto geschmackvoller wird sie.

4. Am Ende des Kochvorgangs Olivenöl und frische Kräuter dazugeben. Hält sich in einem luftdicht verschlossenen Behältnis im Kühlschrank maximal acht Tage, im Gefrierschrank maximal zwei Monate.

NÄHRWERTANGABEN (pro Portion ca.)

kcal	Ft.	EW	KH	BS
129	9,7 g	9,7 g	8,6 g	2,5 g
	68 %	6 %	26 %	

Worcestershire-Soße

  Zubereitungszeit: 8 Minuten • Garzeit: 5 Minuten • Ergibt: ca. 600 ml (3 EL plus 1 TL pro Portion)

120 ml Kokosessig

120 ml Apfelessig

115 g Swerve (Konditorzucker-ersatz) oder die entsprechende Menge eines flüssigen oder pulvrigen Süßungsmittels (siehe S. 79)

60 ml Fischsauce

2 EL Tamarindenpaste

1 EL Coconut Aminos oder Bio-Tamari

1 TL Zwiebelpulver

1 TL frisch gemahlener schwarzer Pfeffer

½ TL gemahlener Zimt

½ TL gemahlene Nelken

¼ TL Cayennepfeffer

2 EL MCT-Öl oder Kokosöl

2 Schalotten, fein gehackt

4 Knoblauchzehen, gehackt

1 TL frisch geriebener Ingwer

8 Sardellen, gehackt

Saft einer Limette

1. Essig, Süßungsmittel, Fischsauce, Tamarindenpaste, Coconut Aminos und Zwiebelpulver in einer kleinen Schüssel miteinander verrühren und beiseitestellen.

2. Einen trockenen Stieltopf bei mittlerer Hitze erwärmen. Schwarzen Pfeffer, Zimt, Nelken und Cayennepfeffer in den Topf geben und etwa 1 Minute anrösten, bis die Gewürze zu duften beginnen. Gewürze in eine kleine Schüssel geben und beiseitestellen.

3. Öl bei mittlerer Hitze in dem für die Gewürze verwendeten Stieltopf erwärmen. Schalotten in den Topf geben und etwa 3 Minuten anbraten, bis sie glasig und leicht bräunlich werden. Knoblauch, Ingwer, Sardellen und geröstete Gewürze dazugeben und etwa 30 Sekunden anbraten, bis alles zu duften beginnt.

4. Die Essigmischung in den Topf geben und Angebranntes vom Topfboden lösen. Die Flüssigkeit zum Kochen bringen, dann von der Herdplatte nehmen und vollständig abkühlen lassen.

5. Die Flüssigkeit durch ein feinmaschiges Sieb in eine Schüssel gießen und den Limettensaft unterrühren. Hält sich in einem luftdicht verschlossenen Behältnis im Kühlschrank bis zu zwei Wochen, im Gefrierschrank maximal zwei Monate.

NÄHRWERTANGABEN (pro Portion ca.)

kcal	Ft.	EW	KH	BS
48	3 g	2 g	3 g	1 g
	51 %	26 %	23 %	

Hot Sauce

 Zubereitungszeit: 5 Minuten • Garzeit: 5 Minuten • Ergibt: ca. 960 ml (1 TL pro Portion)

Ich bin eine echte Deutsche, denn ich mag es nicht so gern scharf. Aber diese scharfe Soße haben ich wegen ihrer tollen wärmenden Eigenschaften und ihrer Fähigkeit, die Stoffwechselrate zu erhöhen, schätzen gelernt.

2 EL MCT-Öl oder Kokosöl

15 mittelgroße Serrano-Chilis, entkernt und quer in kleine Stücke geschnitten (siehe Hinweis) (die Serrano-Chilis können auch durch drei Thai-Chilis ersetzt werden)

75 g Zwiebeln, klein gewürfelt

1 EL gehackter Knoblauch (ca. 3 Zehen)

480 ml Hühnerknochenbrühe, selbst gemacht (S. 108) oder gekauft oder durch Wasser ersetzen (dem Wasser ¼ TL Salz hinzufügen)

240 ml Kokosessig oder Apfelessig

feines Meersalz

1. Das Öl in einer großen gusseisernen Pfanne bei geringer Hitze erwärmen. Chilis, Zwiebeln und Knoblauch dazugeben und 5 Minuten garen, bis die Zwiebeln glasig werden und die Chilis weich sind. Dann die Brühe hinzufügen.

2. Das angebratene Gemüse und die Brühe in einen Hochleistungsmixer oder eine Küchenmaschine geben und so lange pürieren, bis eine glatte Konsistenz erreicht ist. Das Gerät auf niedriger Stufe weiterlaufen lassen und den Essig langsam und gleichmäßig dazugeben. Nach Geschmack würzen.

3. Die scharfe Soße durch ein Sieb in ein Glas gießen. Das Glas verschließen und in den Kühlschrank stellen, wo die Soße sich maximal 6 Monate hält. Ich empfehle, die Soße vor ihrer Verwendung zwei Wochen ruhen zu lassen, damit sich der Geschmack voll entfalten kann.

Hinweis: *Bei dieser großen Anzahl von Chilis sollten Sie bei der Zubereitung Einmalhandschuhe tragen und mit den Fingern nicht die Augen berühren.*

NAHRWERTANGABEN (pro Portion ca.)

kcal	Ft.	EW	KH	BS
2	0,1 g	0,1 g	0,2 g	0 g
	42 %	20 %	38 %	

Einfache milchfreie Hollandaise

 Zubereitungszeit: 5 Minuten • Garzeit: 5 Minuten • Ergibt: ca. 360 ml (ca. 2 EL pro Portion)

Diese Mayo passt fantastisch zu den Eggs Florentine (S. 166), dem Frühstücksburger Florentine (S. 152), Steak, Fisch oder Hähnchen.

240 ml Speckfett, Rindertalg oder Schweineschmalz

4 große Eigelb

120 ml Zitronensaft

½ TL feines Meersalz

¼ TL frisch gemahlener schwarzer Pfeffer

Vegetarische Variante:

Angewärmtes MCT-Öl, Avocadoöl oder natives Olivenöl extra verwenden.

Abwandlung:

Einfache Basilikum-Hollandaise

Im 2. Schritt ca. 25 g Basilikumblätter zusammen mit den Eigelben und dem Zitronensaft in den Mixer geben, dann wie im Rezept angegeben fortfahren.

1. Das Fett in einem kleinen Stieltopf bei großer Hitze erwärmen (oder in die Mikrowelle stellen), bis es geschmolzen und sehr heiß ist. Beiseitestellen.

2. Eigelbe und Zitronensaft in einen Mixer geben und pürieren, bis eine glatte Konsistenz erreicht ist. Den Mixer auf niedriger Stufe weiterlaufen lassen und das geschmolzene heiße Fett tröpfchenweise dazugeben, bis eine dicke, cremige Konsistenz erreicht ist. Salz und Pfeffer hinzufügen und mit der Pulse-Funktion unterrühren, nach Geschmack mehr würzen.

3. Sofort verwenden oder bis zu einer Stunde im Wasserbad warmhalten. Hält sich abgedeckt im Kühlschrank maximal fünf Tage. Die Soße im Wasserbad erwärmen, dabei häufig umrühren, bis sie wieder warm und dickflüssig ist.

NÄHRWERTANGABEN (pro Portion ca.)

kcal	Ft.	EW	KH	BS
10	11 g	0,5 g	0,1 g	0 g
	97 %	2 %	1 %	

Keto-Zitronen-Mostarda

 Zubereitungszeit: 5 Minuten • Ergibt: ca. 180 ml (ca. 2 EL pro Portion)

Traditionell wird Mostarda (Senffrüchte) aus kandierten Früchten und Senf hergestellt, aber meine Keto-Zitronen-Mostarda enthält keinen Zucker. Sie passt perfekt zur Meeresfrüchte-Wurst (S. 366).

2 EL Zitronensaft

2 EL Dijonsenf*

1 EL Kokosessig oder Rotweinessig

1 Knoblauchzehe, gehackt

120 ml MCT-Öl

feines Meersalz und frisch gemahlener schwarzer Pfeffer

55 g Swerve (Konditorzucker-ersatz) oder die entsprechende Menge eines flüssigen oder pulvrigen Süßungsmittels (s. S. 79) (optional)

Zitronensaft, Senf, Essig und Knoblauch in einer kleinen Schüssel mit einem Schneebesen verrühren. Weiterrühren und dabei das Öl tröpfchenweise hinzugeben, bis die Flüssigkeiten emulgieren. Nach Geschmack mit Salz und Pfeffer würzen und, falls gewünscht, das Süßungsmittel dazugeben. Hält sich in einem Glas mit Deckel maximal fünf Tage im Kühlschrank.

NAHRWERTANGABEN (pro Portion ca.)

kcal	Ft.	EW	KH	BS
81	9 g	0 g	0,1 g	0 g
	100 %	0 %	0 %	

Guacamole

 Zubereitungszeit: 15 Minuten • Ergibt: ca. 675 g (115 g pro Portion)

Guacamole ist ein unglaublich cremiger Dip, der zugegebenermaßen ein wenig unappetitlich aussieht, wenn er braun wird. Aber für dieses Problem gibt es eine Lösung, für die man den Avocadokern benötigt und ein möglichst luftdicht schließendes Behältnis. Dann legt man den Kern mitten in die Schüssel mit der Guacamole und deckt den Dip mit großen Zwiebelstücken ab. Die Zwiebeln geben Gase ab, die die Oxidation von Polyphenol verhindern, was die Frucht ansonsten braun werden lässt. Die Schüssel mit Frischhaltefolie abdecken, wobei die Folie direkt auf die Zwiebeln gelegt wird, und dann bis zum Servieren im Kühlschrank aufbewahren. Die Zwiebelstücke erst kurz vor dem Servieren entfernen. Der Trick funktioniert auch bei übrig gebliebener Avocado. Wenn Sie nur eine halbe Avocado verwenden, lassen Sie den Kern in der anderen Hälfte stecken und geben Sie die Frucht in einen wiederverschließbaren Beutel. Eine Zwiebel in Stücke schneiden und die Zwiebelstücke zur halben Avocado in den Beutel geben. Anschließend so viel Luft wie möglich aus dem Beutel herausdrücken, den Beutel verschließen und in den Kühlschrank legen.

3 Avocados, ohne Schale und Kern

3–4 EL Limettensaft

75 g gelbe Zwiebel, gewürfelt

2 Eiertomaten, gewürfelt

2 Zehen Knoblauch-Confit (S. 142) oder rohen zerdrückten Knoblauch

3 EL frischer gehackter Koriander

1 TL feines Meersalz

½ TL gemahlener Kreuzkümmel

1. Die Avocados und 3 EL Limettensaft in eine große Schüssel geben und mit der Gabel zerdrücken, bis die gewünschte Konsistenz erreicht ist.

2. Die restlichen Zutaten hinzufügen und gut unterrühren. Abschmecken und eventuell mehr Limettensaft dazugeben.

3. Die Schüssel gut abdecken und für den besten Geschmack eine Stunde in den Kühlschrank stellen – oder sofort verzehren. Bei der oben beschriebenen Lagerung hält sich die Guacamole im Kühlschrank maximal drei Tage.

NÄHRWERTANGABEN (pro Portion ca.)

kcal	Ft.	EW	KH	BS
175	14 g	2 g	11 g	7 g
	72 %	4 %	24 %	

Knoblauch-Confit

 Zubereitungszeit: 5 Minuten • Garzeit: 45–60 Minuten • Ergibt: 40 Portionen

240 ml MCT-Öl oder natives Olivenöl extra

20 Knoblauchzehen, geschält

4 Zweige frischer Thymian oder ein anderes Gewürzkraut nach Wahl

Öl, Knoblauch und Kräuter in einen kleinen Stieltopf geben. Den Knoblauch bei geringer Hitze etwa 45–60 Minuten pochieren, bis er sehr weich wird. Hält sich in einem luftdicht verschlossenen Behältnis im Kühlschrank maximal einen Monat.

Familientipp: *Immer etwas Knoblauch-Confit als geschmackvolle Ergänzung zu Gerichten im Kühlschrank vorrätig haben. Experimentieren Sie mit verschiedenen Kräutern und Gewürzen.*

NAHRWERTANGABEN (pro Portion ca.)

kcal	Ft.	EW	KH	BS
58	6 g	0,1 g	1 g	0,1 g
	93 %	1 %	7 %	

Fastenbrecher-Frühstücksrezepte

Keto-Chai

 Zubereitungszeit: 3 Minuten • Garzeit: 10–15 Minuten • Ergibt: 7 Portionen à ca. 240 ml

Ich bin kein Fan davon, Kalorien in flüssiger Form zu sich zu nehmen, wenn man sich mit dem Ziel einer Gewichtsabnahme ketogen ernährt. Aber da die ketogene Ernährung mehr ist als eine bloße Abnehmdiät, habe ich dieses leckere Getränk für all jene aufgenommen, die ketogen essen, um gesund zu bleiben und ihren Körper zu heilen.

Mich hat es traurig gemacht, als ich erfuhr, dass häufig auch in Teebeuteln und losen Teemischungen Süßungsmittel enthalten sind. Ich gehe mit meinen Jungs oft in eine Teestube um die Ecke und spiele dort mit ihnen Karten. Dabei habe ich die dortige Tee-Fachfrau Lauren gefragt, ob in Früchtetees zugesetzter oder auch »natürlicher« Zucker vorhanden sei. Sie antwortete: »Höchstwahrscheinlich ja. In den USA stecken in vielen losen Tees sogar winzige Marshmallows. Auch in dem Chocolate-Safari-Tee, den du häufig bestellst, sind winzige Marshmallows.« Das hat mich völlig aus der Bahn geworfen! Sie empfahl mir dann, Bio-Tees zu kaufen, in denen keine billigen Süßungsmittel stecken. Daraufhin fragte ich sie, ob da dann nicht Bio-Kokosblütenzucker drin sein könnte. Sie antwortete, dass auch Bio-Tees selbstverständlich Bio-Zucker natürlichen Ursprungs enthalten könnten. Die Moral von der Geschicht': Machen Sie Ihren Chai lieber selbst!

8 ganze Nelken

7 Kardamomkapseln

2 Zimtstangen

1½ TL schwarze Pfefferkörner

1 Stück frischer Ingwer (5 cm groß), in dünne Scheiben geschnitten

1,2 l kaltes Wasser

5 Beutel schwarzer Tee

480 g ungesüßter Cashewdrink (ohne Geschmack oder mit Vanillegeschmack), selbst gemacht (S. 106) oder gekauft oder Mandeldrink (oder Hanfdrink als nussfreie Alternative)

2–4 EL Swerve (Konditorzuckerersatz) oder die entsprechende Menge eines flüssigen oder pulvrigen Süßungsmittels (siehe S. 79)

1 EL Kokosöl pro 240 ml Tee

1. Gewürze und Ingwer in einen mittelgroßen Stieltopf geben. Bei geringer Hitze anrösten und die Gewürze dabei mit dem Rücken eines Löffels zerdrücken.

2. Das Wasser dazugeben und zum Kochen bringen. Wenn das Wasser kocht, den Deckel auf den Topf geben, die Hitze reduzieren und alles 5–10 Minuten köcheln lassen (je länger es köchelt, desto stärker wird der Chai-Geschmack). Den Topf von der Herdplatte nehmen.

3. Die Teebeutel in den Topf geben und 4 Minuten ziehen lassen. Teebeutel entfernen und den Cashewdrink und 2 EL Süßungsmittel dazugeben. Umrühren, abschmecken und, falls notwendig, mehr süßen.

4. Den Chai bei mittlerer Hitze gerade eben zum Kochen bringen, dann durch ein Sieb in eine Teekanne gießen. Kurz vor dem Servieren in jede Tasse 1 EL Kokosöl geben, den Tee darübergießen und umrühren (eventuell mit einem Schneebesen oder Milchschäumer), um das Kokosöl mit dem Tee zu vermischen. Hält sich in einem luftdicht verschlossenen Behältnis im Kühlschrank bis zu einer Woche.

NAHRWERTANGABEN (pro Portion ca.)

kcal	Ft.	EW	KH	BS
35	3 g	1 g	1 g	0,3 g
	78 %	11 %	11 %	

Frühstücks-Chili

 Zubereitungszeit: 10 Minuten • Garzeit: 135 Minuten • Ergibt: 12 Portionen (ca. 240 g pro Portion)

4 Scheiben Frühstücksspeck, gewürfelt

450 g zu 80 % mageres Rinderhack

450 g frische Chorizo nach mexikanischer Art (roh) (falls nicht erhältlich, durch spanische Chorizo ersetzen), ohne Pelle

2 Dosen (à 400 g) Tomatenstücke mit Saft

240 ml passierte Tomaten

40 g Zwiebeln, klein gewürfelt

1 rote Paprika, klein gewürfelt

2 grüne Chilis, klein gewürfelt

120 ml Rinderknochenbrühe, selbst gemacht (S. 108) oder gekauft

2 EL Chilipulver

2 TL getrockneter gemahlener Oregano

2 TL Knoblauch, gehackt

1 TL gemahlener Kreuzkümmel

½ TL Cayennepfeffer

½ TL Paprikapulver

½ TL feines Meersalz

½ TL frisch gemahlener schwarzer Pfeffer

2 EL Swerve (Konditorzuckerersatz) oder die entsprechende Menge eines flüssigen oder pulvrigen Süßungsmittels (siehe S. 79) (optional)

Beilagen (pro Portion)

1 großes Ei als Spiegelei (für die Ei-freie Variante weglassen)

¼ Avocado, in etwa 1 cm große Würfel geschnitten

2 EL gewürfelter gebratener Frühstücksspeck (etwa 1 Streifen)

1 TL frischer gehackter Schnittlauch

1. Den Frühstücksspeck in einem Topf bei mittlerer Hitze anbraten, bis er knusprig ist, dann mit einer Schaumkelle aus dem Topf nehmen und beiseitestellen. Rinderhack und Chorizo mit den Händen in den heißen Topf krümeln und etwa 7 Minuten anbraten, bis alles gleichmäßig gebräunt ist, dabei häufig umrühren und das Hack zerteilen.

2. Tomatenstücke und passierte Tomaten dazugeben. Zwiebeln, Paprika, Chilis, angebratenen Speck und die Rinderbrühe hinzufügen und gut umrühren. Mit Chilipulver, Oregano, Knoblauch, Kreuzkümmel, Cayennepfeffer, Paprika, Salz, schwarzem Pfeffer und bei Bedarf Süßungsmittel würzen. Gut umrühren, dann den Deckel schließen und das Chili bei mittlerer Hitze aufkochen. Anschließend die Hitze reduzieren und mindestens zwei Stunden köcheln lassen, dabei gelegentlich umrühren. Je länger das Chili vor sich hin köchelt, desto besser schmeckt es.

3. Nach zwei Stunden abschmecken und gegebenenfalls mit Salz, Pfeffer und Chilipulver nachwürzen. Den Topf von der Herdplatte nehmen und jede Portion mit einem Spiegelei, gewürfelter Avocado, Speckwürfeln und Schnittlauch servieren. Hält sich in einem luftdicht verschlossenen Behältnis im Kühlschrank maximal fünf Tage, im Gefrierschrank maximal zwei Monate.

Hinweis: Dieses Rezept kommt erst in der vierten Woche des 30-Tage-Plans vor. Bei zwei Essern bleiben vier Portionen mehr übrig, als Sie benötigen, aber dieses Gericht gehört zu denen, bei denen sich das Kochen einer großen Menge lohnt. Daher empfehle ich Ihnen, die angegebene Menge zu kochen und Reste in Einzelportionen einzufrieren – so haben Sie auch nach Abschluss des 30-Tage-Plans ein schnelles Frühstück parat. Um den Hunger auf Süßes während der Stoffwechselkur zu unterdrücken, empfehle ich Ihnen, das Süßungsmittel wegzulassen.

Familientipp: *Für ein schnelles Frühstück die Reste in Einzelportionen aufbewahren.*

NÄHRWERTANGABEN (pro Portion ca.)

kcal	Ft.	EW	KH	BS
440	34 g	25 g	8 g	3 g
	70 %	23 %	7 %	

Ramen mit Eiern und Frühstücksspeck

  Zubereitungszeit: 5 Minuten • Garzeit: 20 Minuten (Zubereitungszeit für die Zucchini-Spaghetti und die weich gekochten Eier nicht eingerechnet) • Ergibt: 4 Portionen

In vielen Kulturkreisen werden Suppen wie die japanische Ramen zum Frühstück gegessen. Sie sind eine tolle Möglichkeit, das Fasten zu brechen, und diese leckere Variante sorgt den ganzen Tag über für ein angenehmes und warmes Bauchgefühl.

1 EL geröstetes Sesamöl

1 EL Kokosöl

1 Päckchen vorgekochter Schweinebauch (340 g) (oder im Stück 20–30 Minuten in kochendem Wasser garen), in 0,6 cm große Würfel geschnitten

75 g Zwiebeln, klein gehackt

2 Knoblauchzehen

1 EL rote Pfefferflocken oder 1½ TL Cayennepfeffer

960 ml Hühnerknochenbrühe, selbst gemacht (S. 108) oder gekauft

2 EL Coconut Aminos oder Tamari (ohne Weizen)

1 EL Kokosessig oder ungewürzter Reisessig

1 EL frischer geriebener Ingwer

1 EL Tomatenmark

feines Meersalz und frisch gemahlener schwarzer Pfeffer

Zucchini-Spaghetti (S. 378, in der angegebenen Menge), zum Servieren

4 große Eier, weich gekocht (siehe S. 164), zum Servieren (für die Ei-freie Variante weglassen)

Frühlingszwiebeln in Scheiben, zum Garnieren

rote Pfefferflocken, zum Garnieren

1. Sesam- und Kokosöl in einem großen Topf bei mittlerer Hitze erwärmen. Den Schweinebauch im heißen Öl von allen Seiten knusprig anbraten, etwa 4 Minuten pro Seite.

2. Den Schweinebauch mit einer Schaumkelle aus dem Topf nehmen und das Fett im Topf lassen. Zwiebeln, Knoblauch und rote Pfefferflocken in den Topf geben und bei geringer Hitze 4 Minuten anbraten, bis die Zwiebeln glasig sind.

3. Hühnerbrühe, Coconut Aminos, Essig, Ingwer und Tomatenmark dazugeben und bei mittlerer bis starker Hitze zum Kochen bringen. 8 Minuten köcheln lassen, dann nach Geschmack mit Salz und Pfeffer würzen.

4. Die Zucchini-Spaghetti kurz vor dem Servieren auf vier Schüsseln aufteilen, dann jeweils 240 ml Suppe in die Schüsseln geben. Jede Schüssel mit einem weich gekochten Ei, Frühlingszwiebeln und roten Pfefferflocken garnieren. Am besten schmeckt dieses Gericht frisch zubereitet.

NAHRWERTANGABEN (pro Portion ca.)

kcal	Ft.	EW	KH	BS
495	40 g	24 g	10 g	4 g
	73 %	19 %	8 %	

Frühstücksburger Florentine

  Zubereitungszeit: 5 Minuten • Garzeit: 20 Minuten (Zubereitungszeit für die English Muffins und die Hollandaise nicht eingerechnet) • Ergibt: 4 Burger (1 pro Portion)

Einer der besten Tipps für die Zubereitung saftiger Burger ist unglaublich einfach: Die Burger nur von außen salzen. Salz entzieht dem Fleisch Wasser und zersetzt das im Fleisch enthaltene Eiweiß teilweise, wodurch sich die unlöslichen Eiweiße miteinander verbinden. Das ist zwar toll, wenn man Wurst herstellen möchte (und eine etwas elastische Konsistenz gewünscht ist), aber nicht für zarte, saftige Burger. Ein weiterer Tipp: Das Fleisch so wenig wie möglich bearbeiten.

1 EL Paläo-Fett zum Braten

450 g zu 80 % mageres Rinderhack

2½ TL feines Meersalz

1½ TL frisch gemahlener schwarzer Pfeffer

450 g Spinat oder anderes Blattgrün nach Wahl

4 große Eier

4 keto-freundliche English-Muffins (S. 188), in der Mitte aufgeschnitten, zum Servieren

1 Tomate, in etwa 0,5 cm dicke Scheiben geschnitten, zum Servieren

120 ml Einfache Basilikum-Hollandaise (S. 136), zum Servieren

frische Basilikumblätter, zum Garnieren

1. Das Paläo-Fett in einer gusseisernen Bratpfanne bei mittlerer bis starker Hitze erwärmen.

2. Das Hack mit den Händen zu vier Burgerpatties formen. Die Außenseiten mit Salz und Pfeffer würzen. Die Patties in der Bratpfanne von beiden Seiten braten, bis sie den gewünschten Gargrad erreicht haben. Hierfür können Sie ein Fleischthermometer verwenden (siehe Grafik unten).

3. Die Burger aus der Pfanne nehmen und das Fett in der Pfanne lassen. Spinat in die Pfanne geben, mit Salz und Pfeffer würzen, und bei mittlerer Hitze etwa 2 Minuten dünsten, bis die Blätter leicht einfallen.

4. Eier pochieren (siehe S. 166).

5. Die Burger jeweils auf einem English Muffin servieren (falls gewünscht, können die Muffinhälften im restlichen Fett angebraten werden). Mit einer Tomatenscheibe, einem Viertel des Spinats, einem pochierten Ei, etwas Basilikum-Hollandaise und garniert mit frischem Basilikum servieren. Am besten schmecken die Burger, wenn sie frisch zubereitet sind.

BURGER-GARGRAD

77
74
71 DURCH
68
65 MEDIUM
63
°C

NAHRWERTANGABEN (pro Portion ca.)

kcal	Ft.	EW	KH	BS
640	52 g	37 g	5 g	3 g
	74 %	23 %	3 %	

Cremiges Keto-Rührei

 Zubereitungszeit: 3 Minuten • Garzeit: 25 Minuten • Ergibt: 2 Portionen

Weiches Rührei mit geröstetem Knochenmark zum Frühstück – Sie finden, dass sich das merkwürdig anhört? Lassen Sie mich Ihnen erklären, warum Sie Ihren Tag damit beginnen sollten:

Knochenmark ist eine der wenigen natürlichen Quellen von Vitamin K2, das Arterienverkalkung und Alzheimer entgegenwirken kann, die Fruchtbarkeit steigert, die Alterung hemmt und noch viele andere heilende Eigenschaften besitzt.

Knochenmark ist eine der besten, gehaltvollsten Quellen fettlöslicher Vitamine.

Als fettreiches Nahrungsmittel mit mäßig Eiweiß eignet sich Knochenmark besonders gut für eine ketogene Ernährung.

Konnte ich Sie überzeugen? Wenn die gesundheitlichen Gründe nicht ausreichen, dann lassen Sie sich vom unglaublichen Geschmack und der cremigen Konsistenz des Knochenmarks überraschen.

2 Markknochen (5 cm lang) vom Rind oder Kalb, der Länge nach halbiert

1 TL feines Meersalz, in zwei Portionen

½ TL frisch gemahlener schwarzer Pfeffer, in zwei Portionen

5 große Eier

1 TL frische Kräuter nach Wahl (ganze oder gehackte Blätter, je nach Größe) zum Garnieren (optional)

1. Den Backofen auf 230 °C vorheizen.

2. Knochen abspülen und trocken tupfen. Mit ½ TL Salz und ¼ TL Pfeffer würzen und mit der aufgeschnittenen Seite nach oben in einen Bräter legen.

3. 15–25 Minuten im Backofen rösten, bis das Mark in der Mitte leicht aufgegangen und warm ist (die genaue Zeit hängt vom Durchmesser der Knochen ab – bei 5 cm Durchmesser sind es eher 15 Minuten). Um den Garzustand zu testen, stecken Sie einen Grill- oder Schaschlikspieß aus Metall in die Mitte des Knochens. Beim Hineinpiken sollte kein Widerstand spürbar sein und ein wenig Mark sollte bereits aus den Knochen ausgetreten sein.

4. Einen gusseisernen Stieltopf bei mittlerer Hitze erwärmen. Etwas Flüssigkeit aus dem Bräter in den Topf geben. Das Knochenmark mit einem kleinen Löffel aus den Knochen lösen und in eine Schüssel geben, dann die Eier, den restlichen ½ TL Salz und den ¼ TL Pfeffer unterrühren und mit dem Schneebesen gut vermengen. Die Ei-Mischung in den Topf geben und sanft umrühren, bis die Eier gestockt und cremig sind. Mit frischen Kräutern garnieren.

5. Am besten sofort genießen. Reste halten sich in einem luftdicht verschlossenen Behältnis im Kühlschrank maximal drei Tage.

NAHRWERTANGABEN (pro Portion ca.)

kcal	Ft.	EW	KH	BS
398	35 g	18 g	2 g	0,4 g
	80 %	18 %	2 %	

Steak mit Eiern

  Zubereitungszeit: 2 Minuten (Zubereitungszeit für die Hollandaise nicht eingerechnet) • Garzeit: 10 Minuten plus 10 Minuten zum Ruhen • Ergibt: 4 Portionen

4 Rinder- oder Hirschfiletsteaks (jeweils ca. 115 g)

feines Meersalz und frisch gemahlener schwarzer Pfeffer

1 EL Paläo-Fett, zum Braten

4 große Eier

240 ml einfache Hollandaise ohne Ei (S. 124)

1. Die Steaks großzügig von allen Seiten mit Salz und Pfeffer würzen. Das Paläo-Fett in einer gusseisernen Pfanne bei mittlerer bis starker Hitze erwärmen. Sobald das Fett heiß ist, die Steaks in die Pfanne geben und von jeder Seite etwa 3 Minuten oder bis zum gewünschten Gargrad braten. Hierfür können Sie ein Fleischthermometer verwenden (siehe Grafik unten). Die Pfanne von der Herdplatte nehmen und die Steaks 10 Minuten ruhen lassen, bevor sie in Scheiben geschnitten oder serviert werden. Das Fett in der Pfanne lassen.

2. Während das Fleisch ruht, die Eier in der heißen Pfanne mit dem übrig gebliebenen Fett aufschlagen. Mit Salz und Pfeffer würzen und bei mittlerer bis geringer Hitze etwa 4 Minuten braten, bis das Eiweiß durchgegart ist und die Eigelbe noch weich sind.

3. Die Steaks in Scheiben schneiden und auf Tellern anrichten. Die Eier und die Hollandaise darübergeben. Schmeckt frisch zubereitet am besten.

Hinweis: *Dieses Gericht kommt in der 2. Woche des 30-Tage-Plans vor. Wenn Reste aufgehoben werden sollen, können Steak und Hollandaise wie beschrieben zubereitet und wieder aufgewärmt werden, die Eier sollten Sie jedoch erst kurz vor dem Servieren braten.*

GARGRAD VON RINDFLEISCH

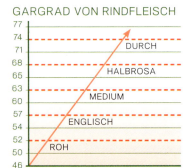

NÄHRWERTANGABEN (pro Portion ca.)				
kcal	Ft.	EW	KH	BS
693	64 g	28 g	1 g	0,2 g
	83 %	16 %	1 %	

Rösti mit Frühstücksspeck, Pilzen und Frühlingszwiebeln

  Zubereitungszeit: 10 Minuten • Garzeit: 25 Minuten • Ergibt: 2 Portionen

Traditionell besteht ein Rösti aus geriebenen Kartoffeln, die in Fladenform gepresst und in der Pfanne gebraten werden. Statt Kartoffeln verwenden wir keto-freundlichen Weißkohl, der auch in Bezug auf den Geschmack nicht enttäuscht.

2 Scheiben Frühstücksspeck, gewürfelt

2 EL Kokosöl oder Schweineschmalz

75 g Champignons, in dünnen Scheiben

60 g gehackte Frühlingszwiebeln, plus etwas mehr zum Garnieren (optional)

¼ TL gehackter Knoblauch

100 g geriebener Weißkohl

1 großes Ei

½ TL feines Meersalz

⅛ TL frisch gemahlener schwarzer Pfeffer

1. Den Speck in eine große Pfanne geben und bei mittlerer Hitze braten, bis er gar und knusprig ist. Falls gewünscht, etwas Frühstücksspeck zum Garnieren beiseitelegen. Kokosöl, Champignons, Frühlingszwiebeln und Knoblauch in die Pfanne geben und etwa 5 Minuten braten, bis die Champignons goldbraun werden.

2. Geriebenen Weißkohl, Ei, Salz und Pfeffer in einer großen Schüssel vermischen und dann zur Speckmischung in die Pfanne geben. Die Weißkohlmischung gleichmäßig in der Pfanne verteilen und leicht nach unten drücken, damit sich ein Fladen formt. Bei mittlerer Hitze etwa 5 Minuten braten, bis die Unterseite goldbraun und knusprig ist, dann mit einem großen Pfannenwender umdrehen und weitere 10 Minuten garen, bis der Weißkohl weicher wird.

3. Das Rösti aus der Pfanne nehmen und servieren. Reste halten sich in einem luftdicht verschlossenen Behältnis im Kühlschrank maximal vier Tage. Zum Aufwärmen das Rösti mit einem EL Paläo-Fett oder Kokosöl von beiden Seiten etwa 3 Minuten in einer Pfanne braten, bis es knusprig ist. Nach Wunsch mit Frühlingszwiebeln und/oder dem restlichen Speck garnieren.

NÄHRWERTANGABEN (pro Portion ca.)

kcal	Ft.	EW	KH	BS
265	21 g	10 g	9 g	3 g
	71 %	15 %	14 %	

Kimchi-Eier

   Zubereitungszeit: 4 Minuten • Garzeit: 5 Minuten • Ergibt: 2 Portionen

Wenn Sie es scharf mögen, ist dies das perfekte Frühstück für Sie.

1 EL Paläo-Fett

4 große Eier

feines Meersalz und frisch gemahlener schwarzer Pfeffer

150 g Kimchi (siehe Hinweis)

Zum Garnieren (optional):

Frühlingszwiebeln, in Scheiben

rote Pfefferflocken

1. Das Fett in einer gusseisernen Pfanne bei geringer Hitze erwärmen. Die Eier in der Pfanne aufschlagen und mit Salz und Pfeffer würzen. Einen Deckel auf die Pfanne geben und die Eier etwa 4 Minuten garen, bis das Eiweiß oben gestockt und das Eigelb immer noch flüssig ist.

2. Das Kimchi auf zwei Schalen verteilen. Die Pfanne von der Herdplatte nehmen und jeweils zwei gegarte Eier in jede Schale geben. Falls gewünscht, mit Frühlingszwiebeln und roten Pfefferflocken garnieren.

Hinweis: *Schauen Sie beim Kauf von fertigem Kimchi auf das Etikett, um sicherzugehen, dass kein zusätzlicher Zucker oder Mononatriumglutamat enthalten ist.*

NÄHRWERTANGABEN (pro Portion ca.)

kcal	Ft.	EW	KH	BS
448	40 g	17 g	5 g	0 g
	80 %	15 %	5 %	

Spiegelei mit Schweinshaxe

  Zubereitungszeit: 5 Minuten (Zubereitungszeit für die Hollandaise nicht eingerechnet) • Garzeit: 10 Minuten • Ergibt: 4 Portionen

Jedes Jahr koche ich am Geburtstag des Kinderbuchautors Dr. Seuss für meine Familie Spiegelei mit Schweinshaxe (in Anspielung auf sein Buch *Grünes Ei mit Speck*). Dr. Seuss ist ein wichtiger Teil meiner liebsten Erinnerungen an vergangene Sommer: Als ich auf das College ging, arbeitete ich im Camp St. Croix, einem Umweltcamp für Kinder, in dem wir die Geschichte des *Lorax* mit Handpuppen nachspielten, um den Kindern umweltfreundliches Verhalten beizubringen. Dieser Ferienjob hat mir sehr viel bedeutet, ebenso alle besonderen Menschen und Kinder, mit denen ich dort arbeiten durfte. Dieses Rezept ist also eine Hommage an all die unglaublichen Erinnerungen, die ich an das Camp habe.

Um Geld zu sparen und auch um weniger Zeit damit zu verbringen, ständig einkaufen gehen zu müssen, kaufe ich bei einem Bauern in der Nähe ein ganzes Schwein aus Weidehaltung und lagere es in der Gefriertruhe. Es ist toll, jederzeit eine große Auswahl an verschiedenen Fleischstücken vorrätig zu haben. Wenn ich ein ganzes Schwein bestelle, ist eine der Auswahlmöglichkeiten die geräucherte Schweinshaxe, also der Schenkel. Da sie bereits vorgegart ist, muss man sie einfach nur noch erwärmen (aber auch kalt schmeckt sie toll). Sie müssen aber kein ganzes Schwein kaufen, um dieses Gericht nachkochen zu können – fragen Sie einfach beim Schlachter in Ihrer Nähe nach Scheiben von der geräucherten Schweinshaxe und lagern Sie sie in Ihrem Gefrierschrank. So haben Sie immer ein schnelles Frühstück oder Abendessen parat.

4 Scheiben von der geräucherten Schweinshaxe (jeweils 85 g)

1 EL Kokosöl oder ein anderes Paläo-Fett

4 große Eier

feines Meersalz und frisch gemahlener schwarzer Pfeffer

120 ml einfache Basilikum-Hollandaise (S. 136)

1. Den Backofen auf 220 °C vorheizen.

2. Die Schweinshaxenscheiben auf ein Backblech legen und 10 Minuten im Ofen garen, bis die Haut knusprig wird. (Hinweis: Geräucherte Schweinshaxe kann auch kalt serviert werden.)

3. Zubereitung der Eier: Das Öl in einer gusseisernen Pfanne bei geringer Hitze erwärmen. Die Eier in der Pfanne aufschlagen und mit Salz und Pfeffer würzen. Den Deckel auf die Pfanne geben und die Eier etwa 4 Minuten garen, bis das Eiweiß gestockt und das Eigelb noch flüssig ist. Anschließend die Eier aus der Pfanne nehmen.

4. Die Schweinshaxenscheiben jeweils auf einen Teller legen und mit einem Spiegelei und 2 EL Basilikum-Hollandaise anrichten.

Hinweis: Funktioniert auch in einem Mini-Backofen!

Dieses Gericht kommt in der 2. Woche des 30-Tage-Plans vor. Wenn Reste aufgehoben werden sollen, können Fleisch und Hollandaise wie beschrieben zubereitet und wieder aufgewärmt werden, die Spiegeleier sollten Sie jedoch erst kurz vor dem Servieren braten.

NÄHRWERTANGABEN (pro Portion ca.)

kcal	Ft.	EW	KH	BS
640	61 g	22 g	1 g	0,1 g
	86 %	14 %	0 %	

Frühstücksspeck und Champignons mit weich gekochten Eiern

 Zubereitungszeit: 8 Minuten • Garzeit: 15 Minuten • Ergibt: 4 Portionen

230 g Frühstücksspeck, gewürfelt

340 g kleine Champignons, entstielt und geviertelt

40 g Zwiebeln, gewürfelt

4 große Eier (für die Variante ohne Ei einfach weglassen)

3 EL plus 2 TL Kokosessig oder Rotweinessig

3 EL MCT-Öl oder natives Olivenöl extra

1 TL Dijonsenf*

½ TL feines Meersalz

¼ TL frisch gemahlener schwarzer Pfeffer

1 TL Swerve (Konditorzucker-ersatz) oder die entsprechende Menge eines flüssigen oder pulvrigen Süßungsmittels (siehe S. 79) (optional)

frischer Schnittlauch, gehackt, zum Garnieren

1. Den gewürfelten Frühstücksspeck in eine Bratpfanne geben und bei mittlerer Hitze etwa 5 Minuten knusprig braten. Den Speck mit einer Schaumkelle aus der Pfanne nehmen und das Fett in der Pfanne lassen. Pilze und Zwiebeln etwa 10 Minuten im restlichen Fett anbraten, bis die Pilze goldbraun und durchgegart sind.

2. In der Zwischenzeit die weich gekochten Eier zubereiten: Die Eier in einen Topf mit leicht köchelndem (nicht kochendem) Wasser geben, den Deckel verschließen und 6 Minuten köcheln lassen. Anschließend sofort unter kaltem Wasser abschrecken. Die Eier pellen und beiseitestellen.

3. Essig, Öl, Senf, Salz, Pfeffer und, falls gewünscht, Süßungsmittel zu den Champignons geben und gut umrühren. Den knusprigen Frühstücksspeck hinzufügen und umrühren.

4. Die Champignonmischung auf einen Servierteller geben. Die Eier halbieren und mit dem Eigelb nach oben auf die Champignons legen. Mit frischem Schnittlauch garnieren.

5. Reste halten in einem luftdicht verschlossenen Behältnis im Kühlschrank maximal vier Tage. Schmeckt frisch zubereitet am besten.

Hinweis: *Dieses Rezept kommt in der 2. Woche des 30-Tage-Plans vor. Um den Heißhunger auf Süßes während der Stoffwechselkur im Zaum zu halten, empfehle ich, das Süßungsmittel wegzulassen.*

NÄHRWERTANGABEN (pro Portion ca.)

kcal	Ft.	EW	KH	BS
528	44 g	28 g	5 g	1 g
	75 %	21 %	4 %	

Eggs Florentine mit Basilikum-Hollandaise

  Zubereitungszeit: 8 Minuten (Zubereitungszeit für die Hollandaise und Muffins/Brötchen nicht eingerechnet) • Garzeit: 12 Minuten • Ergibt: 2 Portionen

Früher gingen mein Mann und ich gern und häufig in ein kleines französisches Bistro namens Salut in St. Paul, Minnesota. Im Sommer war es am schönsten, denn bei gutem Wetter konnten wir mit unserem kleinen Hund Ohana draußen an der Grand Avenue sitzen. Ich bestellte mir immer die Eggs Florentine mit Basilikum-Hollandaise, mit Parmesanchips anstelle des Brötchens, und bekam immer etwas Hollandaise extra dazu. Damit dieses Frühstück milchfrei wird, gibt es statt der Parmesanchips die keto-freundlichen English Muffins (S. 188) oder die Keto-Brötchen (S. 256).

2 EL Paläo-Fett, beispielsweise Schweineschmalz

30 g gewürfelte Zwiebeln

1 TL gehackter Knoblauch

900 g frischer Spinat (tiefgefrorener ist nicht empfehlenswert)

½ TL feines Meersalz

¼ TL frisch gemahlener schwarzer Pfeffer

1 Prise frisch gemahlene Muskatnuss

1 EL Kokosessig

4 große Eier

2 keto-freundliche English Muffins (S. 188) oder Keto-Brötchen (S. 256), halbiert und angeröstet

2 Scheiben Tomate (ca. 1,5 cm dick)

2 gehäufte EL einfache Basilikum-Hollandaise (S. 136)

1. Das Fett in einer gusseisernen Pfanne bei mittlerer Hitze erwärmen. Zwiebeln und Knoblauch in die Pfanne geben und etwa 5 Minuten anbraten, bis die Zwiebeln glasig sind. Den Spinat dazugeben und weitere 2 Minuten braten. Mit Salz, Pfeffer und Muskat würzen. Abschmecken und eventuell nachwürzen.

2. Die Eier pochieren: Einen Topf etwa 8–10 cm hoch mit Wasser füllen und zum Kochen bringen.

3. Während das Wasser erwärmt wird, in zwei kleine Schüsseln oder Förmchen je ½ EL Essig geben, dann in jede Schüssel je zwei Eier aufschlagen. Der Essig dient dazu, das Eiweiß zu stabilisieren.

4. Kocht das Wasser, die Hitze reduzieren, sodass es nur noch leicht köchelt, und dann das Wasser umrühren und einen leichten Strudel erzeugen. Dann die Eier nacheinander vorsichtig in die Mitte des Strudels geben und 4 Minuten pochieren, bis das Eiweiß fest ist, das Eigelb aber noch flüssig. Hinweis: Wenn Sie zum ersten Mal Eier pochieren, kochen Sie eine Schüssel nach der anderen, nicht beide gleichzeitig.

5. Die Eier mit einem Schaumlöffel aus dem Wasser nehmen und den Löffel einen Moment auf einem Stück Küchenpapier abtropfen lassen.

6. Zwei Hälften der keto-freundlichen English Muffins oder Keto-Brötchen in einer Pfanne anrösten und anschließend auf zwei Teller geben. Auf eine Hälfte jeweils eine Tomatenscheibe, den Spinat und ein pochiertes Ei geben. Mit einem gehäuften Esslöffel Basilikum-Hollandaise garnieren.

Familientipp: *Die pochierten Eier können Sie bis zu drei Tagen im Voraus zubereiten und in etwas Wasser in einem luftdicht verschlossenen Behältnis im Kühlschrank lagern. Die Eier zum Aufwärmen 30 Sekunden lang in sehr heißes Wasser geben.*

NÄHRWERTANGABEN (pro Portion ca.)

kcal	Ft.	EW	KH	BS
754	67 g	27 g	9 g	4 g
	80 %	15 %	5 %	

Eier im Brötchen

  Zubereitungszeit: 10 Minuten (Zubereitungszeit für die Brötchen nicht eingerechnet) • Garzeit: 5 Minuten • Ergibt: 2 Portionen

2 EL Kokosöl

4 Keto-Brötchen (S. 256)

4 große Eier

½ TL feines Meersalz

2 Scheiben Frühstücksspeck, gebraten und zerkrümelt (für Vegetarier weglassen)

2 EL Frühlingszwiebeln, in Scheiben

60 ml einfache Basilikum-Hollandaise (S. 136) (optional)

Familientipp: *Ich habe immer Keto-Brötchen in meinem Gefrierschrank vorrätig, um Rezepte wie dieses hier schnell zubereiten zu können.*

1. Das Öl bei mittlerer bis geringer Hitze in einer Pfanne erwärmen.

2. In der Mitte jedes Keto-Brötchens einen ca. 4 cm großen Kreis ausschneiden. Die Brötchen sowie die ausgeschnittenen Teile in die warme Pfanne legen. In jedes Brötchenloch jeweils ein Ei aufschlagen und mit Salz, Speckstückchen und Frühlingszwiebel bestreuen.

3. Einen Deckel auf die Pfanne geben und die Eier etwa 5 Minuten garen, bis sie gestockt sind. Die Brötchen aus der Pfanne nehmen und servieren. Um den Keto-Grad dieses Rezepts zu steigern, jede Portion mit 2 EL Basilikum-Hollandaise servieren.

NAHRWERTANGABEN (pro Portion ca.)

kcal	Ft.	EW	KH	BS
345	23 g	29 g	1 g	0,5 g
	61 %	35 %	4 %	

Keto-Taschen

 Zubereitungszeit: 8 Minuten • Garzeit: 4–6 Minuten • Ergibt: 12 Taschen (2 pro Portion)

12 dünne Scheiben Mortadella (siehe Hinweis)

6 große Eier, als Rührei gebraten

6 Scheiben Frühstücksspeck, gebraten und zerkrümelt, oder 85 g Schinken, klein gewürfelt

1 EL Kokosöl

130 g Rucola, zum Servieren (optional)

120 ml Keto-Dressing nach Wahl (S. 115 bis 120) (optional)

1. Die Mortadellascheiben auf die saubere, trockene Arbeitsplatte legen. Jeweils 3 EL Rührei und 2 EL zerkrümelten Speck in die Mitte einer Scheibe legen.

2. Die Scheiben jeweils einmal falten (wie einen Halbmond) und mit einem Zahnstocher fixieren. Hinweis: Die Taschen können zwei Tage im Voraus zubereitet und im Kühlschrank aufbewahrt werden. Kurz vor dem Servieren dann wie folgt garen.

3. Das Öl in einer großen Pfanne bei mittlerer bis starker Hitze erwärmen. Die Mortadellataschen von jeder Seite 1 Minute anbraten, bis sie leicht gebräunt sind. Aus der Pfanne nehmen und die Zahnstocher entfernen.

4. Die Taschen auf einen Teller geben. Falls gewünscht, mit Rucola und dem Lieblings-Keto-Dressing servieren.

Hinweis: *Wenn Sie keine Nüsse essen, achten Sie darauf, dass die Mortadella keine Pistazien enthält oder kaufen Sie stattdessen eine Lyoner. Achten Sie beim Kauf zudem darauf, dass der Mortadella keine Süßungsmittel zugesetzt wurden.*

NAHRWERTANGABEN (pro Portion, ohne Rucola und ohne Dressing ca.)

kcal	Ft.	EW	KH	BS
271	22 g	17 g	1 g	0 g
	73 %	26 %	1 %	

Eier im Schinkenkörbchen

  Zubereitungszeit: 5 Minuten • Garzeit: 12 Minuten • Ergibt: 6 Eier im Schinkenkörbchen (3 pro Portion)

Kokosöl, für das Muffinblech

6 Scheiben Kochschinken, mit etwa 10 cm Durchmesser

6 große Eier

½ TL feines Meersalz

¼ TL frisch gemahlener schwarzer Pfeffer

2 EL frischer gehackter Schnittlauch, zum Garnieren

6 EL einfache Basilikum-Hollandaise (S. 136) (optional)

1. Den Backofen auf 200 °C vorheizen und eine Muffinform (6 Mulden) einfetten.

2. Jede Mulde mit jeweils einer Scheibe Kochschinken auslegen und je ein Ei in die ausgelegten Mulden aufschlagen. Eier mit Salz und Pfeffer würzen.

3. 12 Minuten im Backofen backen, bis das Eiweiß gestockt, das Eigelb aber noch leicht flüssig ist.

4. Mit Schnittlauchröllchen garnieren. Um den Keto-Grad zu erhöhen, servieren Sie jedes Schinkenkörbchen mit einem EL aufgewärmter (oder kalter) Basilikum-Hollandaise (S. 136).

NÄHRWERTANGABEN (pro Portion, ohne Hollandaise, ca.)

kcal	Ft.	EW	KH	BS
360	25 g	32 g	2 g	0,2 g
	62 %	36 %	2 %	

Russische Eier mit Basilikum-Mayo

  Zubereitungszeit: 15 Minuten (Zubereitungszeit für die Mayonnaise nicht eingerechnet) • Garzeit: 11 Minuten • Ergibt: 24 (2 Hälften pro Portion)

12 große Eier

120 ml Basilikum-Mayonnaise (S. 127)

1 TL Kokosessig oder Apfelessig

½ TL feines Meersalz

200 g gemischte Blattsalate, zum Servieren

12 Cherrytomaten, halbiert, zum Garnieren

frische Basilikumblätter, zum Garnieren

180 ml einfache Basilikum-Hollandaise (S. 136) (optional)

1. Die Eier hart kochen: Eier in einen großen Topf geben und mit kaltem Wasser bedecken. Das Wasser zum Kochen bringen, dann sofort den Deckel auf den Topf legen und den Topf von der Herdplatte nehmen. Die Eier im heißen Wasser 11 Minuten garen lassen.

2. Nach den 11 Minuten das heiße Wasser abgießen und die Eier ein bis zwei Minuten unter sehr kaltem Wasser abschrecken, um den Garprozess zu unterbrechen. Eier pellen und der Länge nach halbieren. Die Eigelbe entfernen und in eine Schüssel (oder eine Küchenmaschine) geben. Die Eigelbe mit der Gabel zerdrücken (oder in der Küchenmaschine klein hacken), bis sie eine feinkrümelige Konsistenz haben.

3. Basilikum-Mayonnaise, Essig und Salz zum Eigelb geben und gut unterrühren. Die Eiweißhälften mit der Mischung füllen.

4. Den gemischten Blattsalat auf 12 Teller aufteilen und jeweils 2 Russische Eier darauflegen. Mit halbierten Cherrytomaten und Basilikumblättern garnieren und, falls gewünscht, jedes Ei mit 1 ½ TL Basilikum-Hollandaise beträufeln.

5. Übrig gebliebene Eier halten sich in einem luftdicht verschlossenen Behältnis im Kühlschrank maximal drei Tage.

Familientipp: *Ich habe immer etwa ein Dutzend hart gekochte Eier im Kühlschrank. Meine Jungs (fünf und sechs Jahre alt) lieben es, mir in der Küche zu helfen, und Eierpellen ist eine Aufgabe, die sie auch ohne permanente Aufsicht meinerseits erledigen können, sodass ich mich dem Rest der Zubereitung widmen kann.*

NAHRWERTANGABEN (pro Portion, ohne Hollandaise, ca.)

kcal	Ft.	EW	KH	BS
198	18 g	7 g	2 g	1 g
	82 %	14 %	4 %	

Frühstückssalat

  Zubereitungszeit: 10 Minuten (Zubereitungszeit der Croûtons, des weich gekochten Eis und Dressings nicht eingerechnet) • Ergibt: 1 Portion

Ich liebe diesen Salat zum Frühstück. Das weich gekochte Ei, die knusprigen Croûtons aus Schweine-bauch und die cremige Avocado machen ihn zu einem wirklich köstlichen Fastenbrecher-Frühstück.

60 g Rucola

1 EL gehackter Rotkohl

2 EL knusprige Schweinebauch-Croûtons (S. 260)

1 weich gekochtes Ei (siehe S. 164)

¼ Avocado, in Scheiben

2 Cherry- oder Mini-Pflaumentomaten, geviertelt

2 EL Zwiebeldressing (S. 120), milchfreies Ranch-Dressing (S. 115) oder Keto-Dressing nach Wahl (S. 116 bis 119)

feines Meersalz und frisch gemahlener schwarzer Pfeffer

Rucola und Rotkohl in eine Salatschüssel geben und mit Schweinebauch-Croûtons, weich gekochtem Ei, Avocadoscheiben und Tomatenvierteln garnieren. Alles mit der Salatsoße beträufeln und mit Salz und frisch gemahlenem Pfeffer würzen.

Tipp: *Bei diesem Rezept wird nur eine Viertel Avocado benötigt. Wenn Sie sich fragen, was Sie mit der restlichen Avocado tun sollen, frieren Sie sie einfach ein. Dafür müssen Sie die geschälte Avocado nur mit etwas Zitronensaft beträufeln, eng mit Frischhaltefolie umwickeln und sie in den Gefrierschrank legen. Sie werden überrascht sein, wie grün die gefrorene Avocado ist, obwohl sie geschält wurde. Sie können aber auch ganze Avocados mit Schale einfrieren. Wenn ich zu viele Avocados auf einmal kaufe (weil sie gerade im Angebot sind), lagere ich sie im Gefrierschrank. Dort halten sie sich sowohl geschält als auch ungeschält maximal einen Monat. Möchten Sie die gefrorene Avocado verzehren, nehmen Sie sie aus dem Gefrierschrank und lassen Sie sie auftauen.*

NÄHRWERTANGABEN (pro Portion ca.)

kcal	Ft.	EW	KH	BS
375	34 g	11 g	7 g	4 g
	81 %	12 %	7 %	

Milchfreier Joghurt

 Zubereitungszeit: 10 Minuten plus 16–24 Stunden für die Kultur • Garzeit: 10 Minuten •
Ergibt: ca. 960 g (240 g pro Portion)

Milchfreier Joghurt ist häufig ziemlich dünnflüssig. Zum Verdicken gebe ich 1 TL Gelatine pro 480 g selbst gemachtem Joghurt dazu.

1 Dose Vollfett-Kokosmilch
(400 ml)

480 ml ungesüßter Cashew-drink (ohne Aroma oder mit Vanillegeschmack), selbst gemacht (S. 106) oder gekauft, oder Mandeldrink

55 g Swerve (Konditorzucker-ersatz) oder die entsprechende Menge eines flüssigen oder pulvrigen Süßungsmittels (siehe S. 79) (optional)

2 TL Gelatinepulver
(aus Weidehaltung)

1 TL Probiotik-Pulver (sollte einen der folgenden Bakterienstämme enthalten: *Lactobacillus bulgaricus, Streptococcus thermophilus, Bifidobacterium lactis oder Lactobacillus acidophilus*)

1. Kokosmilch, Cashewdrink und bei Bedarf Süßungsmittel in einen Topf geben und zum Köcheln bringen, dann von der Herdplatte nehmen und die Flüssigkeit in eine hitzebeständige Glasschüssel gießen.

2. Die Milchmischung auf 45 °C abkühlen lassen. Während die Milch abkühlt, die Gelatine in 2 EL kaltem Wasser auflösen. Sobald sie sich völlig aufgelöst hat, die Gelatinemischung zur warmen Milchmischung geben und gut umrühren.

3. Anschließend das Probiotik-Pulver dazugeben und gut unterrühren.

4. Die Mischung in ein steriles Einmachglas (ca. 1 l Fassungsvermögen) mit dicht schließendem Deckel geben. Den Deckel schließen und das Glas an einen warmen Ort stellen (ca. 38 °C warm). Dafür können Sie den Backofen beispielsweise auf der geringsten Stufe vorheizen (50 °C), dann wieder ausstellen und mit einem Thermometer immer wieder die Temperatur überprüfen. Alternativ können Sie das Einmachglas auch in ein großes Handtuch einwickeln und es an einen warmen Ort stellen, damit der Joghurt so lange wie möglich eine Temperatur zwischen 41 und 50 °C halten kann.

5. Den Joghurt 16–24 Stunden warm halten und die Kultur reifen lassen. Je länger die Kulturen reifen können, desto würziger wird der Joghurt. Sobald der Joghurt den gewünschten Geschmack erreicht hat, stellen Sie das Glas mindestens 6 Stunden in den Kühlschrank. Dadurch wird der Fermentierungsprozess unterbrochen, und der Joghurt dickt ein. Im Kühlschrank hält er sich etwa eine Woche.

NÄHRWERTANGABEN (pro Portion ca.)

kcal	Ft.	EW	KH	BS
101	9 g	2 g	2 g	0,1 g
	83 %	10 %	7 %	

Snickerdoodle-Zimtwaffeln

   Zubereitungszeit: 5 Minuten • Garzeit: 8 Minuten • Ergibt: 2 Waffeln (1 pro Portion)

Dieses Rezept hat mich wirklich gequält, und ich habe etwa einen Monat ununterbrochen daran gearbeitet. Da Nussmehl zu den häufig zu viel verzehrten Keto-Nahrungsmitteln gehört und eine Gewichtszunahme verursachen kann, wollte ich eine völlig kohlenhydratfreie Waffel ohne Nüsse oder Nussmehl kreieren, die zudem keine Milchprodukte enthalten sollte – also war auch ein perfektes Keto-Topping wichtig. Ich lag nachts wach und dachte darüber nach, wie ich den Teig ohne zu viel Eiweißpulver dicker bekommen könnte, denn das Pulver lässt die Waffeln manchmal zu trocken werden. Eines Abends wollte mein Sohn dann Russische Eier essen (eigentlich will er immer Russische Eier essen). Als wir in der Küche saßen und uns beim Eierpellen unterhielten, schaute ich zum Waffeleisen hinüber und dachte: »Hart gekochte Eier könnten den Teig dickflüssiger machen.« Und es funktionierte! Die Waffeln sind nicht im Geringsten trocken und schmecken unglaublich – besonders mit der englischen Creme mit Vanillegeschmack serviert!

2 große Eier

2 hart gekochte Eier (siehe S. 174)

2 EL Swerve (Konditorzucker-ersatz) oder die entsprechende Menge eines flüssigen oder pulvrigen Süßungsmittels (siehe S. 79)

1 EL Eiklarpulver mit Vanille-Geschmack

1 EL Zimtpulver

½ TL Backpulver

⅛ TL feines Meersalz

2 EL Kokosöl

1–2 TL Vanilleextrakt oder 1 TL Mandelextrakt

Geschmolzenes Kokosöl oder Kokosölspray für das Waffeleisen

60 ml Englische Creme mit Vanillegeschmack (S. 404), aufgeteilt, zum Servieren (optional)

1. Das Waffeleisen auf hoher Stufe vorheizen. Rohe Eier, hart gekochte Eier, Süßungsmittel, Eiklarpulver, Zimt, Backpulver und Salz in einen Mixer oder eine Küchenmaschine geben und mixen, bis eine glatte und dickflüssige Masse entsteht. Die 2 EL Kokosöl und den Vanille- oder Mandelextrakt dazugeben und mit der Pulse-Funktion untermixen.

2. Das heiße Waffeleisen mit geschmolzenem Kokosöl einfetten. 3 EL Teig in die Mitte des Eisens geben und den Deckel schließen. 3–4 Minuten backen, bis die Waffel goldbraun und knusprig ist.

3. Die Waffel aus dem Eisen nehmen und den restlichen Teig genauso backen.

4. Falls gewünscht, die Waffeln mit jeweils 2 EL Englischer Creme servieren.

Hinweis: *Wenn Ihnen das Lernen durch Anschauen und Nachmachen leichter fällt, schauen Sie sich mein Video für dieses Rezept auf meiner Website an (nur auf Englisch verfügbar): www.MariaMindBodyHealth.com/videos/*

NAHRWERTANGABEN (pro Portion, mit Englischer Creme, ca.)

kcal	Ft.	EW	KH	BS
275	23 g	14 g	3 g	2 g
	76 %	20 %	4 %	

Schokowaffeln

   Zubereitungszeit: 5 Minuten (Zubereitungszeit für die hart gekochten Eier und die Hot-Fudge-Soße nicht eingerechnet) • Garzeit: 8 Minuten • Ergibt: 2 Waffeln (1 pro Portion)

2 große Eier

2 hartgekochte Eier (siehe S. 174)

2 EL Swerve (Konditorzucker-ersatz) oder die entsprechende Menge eines flüssigen oder pulvrigen Süßungsmittels (siehe S. 79)

1 EL Eiklarpulver mit Vanillegeschmack

2 EL ungesüßtes Kakaopulver

½ TL Backpulver

⅛ TL feines Meersalz

2 EL Kokosöl

1–2 TL Vanilleextrakt oder 1 TL Mandelextrakt

geschmolzenes Kokosöl oder Kokosölspray für das Waffeleisen

60 ml Hot-Fudge-Soße (S. 403), aufgeteilt, zum Servieren (optional)

1. Das Waffeleisen auf hoher Stufe vorheizen. Rohe Eier, hartgekochte Eier, Süßungsmittel, Eiklarpulver, Kakaopulver, Backpulver und Salz in einen Mixer oder eine Küchenmaschine geben und mixen, bis eine glatte und dickflüssige Masse entsteht. Die 2 EL Kokosöl und den Vanille- oder Mandelextrakt dazugeben und mit der Pulse-Funktion untermixen.

2. Das heiße Waffeleisen mit geschmolzenem Kokosöl einfetten. 3 EL Teig in die Mitte des Eisens geben und den Deckel schließen. 3–4 Minuten backen, bis die Waffel goldbraun und knusprig ist.

3. Die Waffel aus dem Eisen nehmen und den restlichen Teig genauso backen.

4. Falls gewünscht, die Waffeln mit jeweils 2 EL Hot-Fudge-Soße servieren.

Hinweis: *Mit Eiklarpulver mit Schokoladengeschmack und/oder Schokoladenextrakt anstelle von Vanille- oder Mandelextrakt können Sie die Waffeln noch schokoladiger machen.*

NAHRWERTANGABEN (pro Portion, mit Hot-Fudge-Soße, ca.)

kcal	Ft.	EW	KH	BS
305	24 g	19 g	3 g	1 g
	71 %	25 %	4 %	

Dutch Baby Pancake mit Lemon Curd

   Zubereitungszeit: 10 Minuten (Zubereitungszeit für den Lemon Curd nicht eingerechnet) • Garzeit: 20 Minuten • Ergibt: 2 Portionen

2 EL Kokosöl

3 große Eier

180 ml ungesüßter Cashew-drink (ohne Aroma oder mit Vanillegeschmack), selbst gemacht (S. 106) oder gekauft, oder Mandeldrink (oder Hanfdrink als nussfreie Alternative)

3 EL Eiklarpulver mit Vanillegeschmack

1 TL Backpulver

55 g Swerve (Konditorzuckerersatz) oder die entsprechende Menge eines flüssigen oder pulvrigen Süßungsmittels (siehe S. 79)

3 Tropfen Zitronenöl oder 2 TL Zitronenextrakt

¼ TL feines Meersalz

60 g Lemon Curd (S. 402), aufgeteilt, zum Servieren

geriebene Zitronenschale, zum Garnieren (optional)

1. Den Backofen auf 220 °C vorheizen.

2. Das Öl in einer mittelgroßen gusseisernen Pfanne bei mittlerer Hitze schmel-zen und die Pfanne beiseitestellen. Eier, Cashewdrink, Eiklarpulver, Backpul-ver, Süßungsmittel, Zitronenöl und Salz in einem Mixer etwa 1 Minute mixen, bis die Masse schaumig wird.

3. Den Teig in die Pfanne geben. Im Backofen 18–20 Minuten backen, bis der Pfannkuchen gut aufgegangen und goldbraun ist.

4. In der Zwischenzeit den Lemon Curd herstellen.

5. Den Pfannkuchen aus dem Backofen nehmen, halbieren und jede Portion mit 2 EL Lemon Curd servieren. Falls gewünscht, mit Zitronenschale garnieren. Schmeckt frisch zubereitet am besten.

Familientipp: *Ich bereite den Teig am Abend vor und stelle ihn über Nacht in den Kühlschrank. So ist das Frühstück am nächsten Morgen schnell gemacht.*

NÄHRWERTANGABEN (pro Portion, mit Lemon Curd, ca.)

kcal	Ft.	EW	KH	BS
347	27 g	23 g	4 g	0 g
	70 %	26 %	4 %	

Schokoladenpudding

  Zubereitungszeit: 5 Minuten (Zubereitungszeit für die hart gekochten Eier nicht eingerechnet) • Ergibt: ca. 550 g (ca. 110 g pro Portion)

Dieses Rezept hört sich zwar merkwürdig an, aber Sie müssen es einfach ausprobieren. Als Kleinkind mochte mein Sohn Kai keine Eier, weshalb ich ihm mit diesem Rezept welche ins Frühstück schummelte. Er liebt den Pudding!

10 hart gekochte Eier (siehe S. 174), gepellt (siehe Hinweis)

1 Dose (ca. 400 ml) Vollfett-Kokosmilch

115 g Swerve (Konditorzuckerersatz) oder die entsprechende Menge eines flüssigen oder pulvrigen Süßungsmittels (siehe S. 79)

1–2 TL Stevia-Sirup (oder Menge der gewünschten Süße anpassen)

30 g ungesüßtes Kakaopulver

Mark von 2 Vanilleschoten oder 2 TL Vanilleextrakt

1 TL Zimtpulver

⅛ TL feines Meersalz

1. Alle Zutaten in einen Mixer geben, aber nur mit 1 TL Stevia-Sirup beginnen, und die Masse so lange mixen, bis sie *sehr* weich ist. Nach Geschmack mehr Süßungsmittel und/oder Kakaopulver dazugeben.

2. Hält sich in einem luftdicht verschlossenen Behältnis im Kühlschrank maximal vier Tage.

NÄHRWERTANGABEN (pro Portion ca.)

kcal	Ft.	EW	KH	BS
268	22 g	14 g	4 g	1 g
	74 %	20 %	6 %	

Keto-freundliche English Muffins

 Zubereitungszeit: 2 Minuten • Garzeit: 1 oder 12 Minuten, abhängig von der Garmethode • Ergibt: 1 Portion

Dieses Gericht ist ein einfacher Ersatz für Toast oder Bagels. Aufgeschnitten ist ein keto-freundlicher English Muffin die perfekte Grundlage für Ihren Lieblingsaufstrich oder für Dips. Probieren Sie ihn unbedingt mit meiner Speckmarmelade (S. 122) oder zu den Eggs Florentine zum Frühstück (S. 166).

Die Muffins können Sie in der Mikrowelle oder einem Mini-Backofen zubereiten. Ich nehme für kleine Portionen wie diese gern meinen Mini-Backofen, weil er weniger Zeit zum Vorheizen benötigt und die Küche an heißen Sommertagen nicht zusätzlich aufwärmt.

1 TL Kokosöl, zum Einfetten der Backform

1 großes Ei

2 TL Kokosmehl

1 Prise Natron

1 Prise feines Meersalz

1. Ein Back- oder Auflaufförmchen mit ca. 8 cm Durchmesser mit dem Kokosöl einfetten. Wenn Sie einen Mini-Backofen verwenden, heizen Sie ihn auf 200 °C vor.

2. Eier und Kokosmehl mit einer Gabel in einer kleinen Schüssel gut vermischen, dann die restlichen Zutaten dazugeben und gut verrühren.

3. Den Teig in die gefettete Form geben. *Zubereitung in der Mikrowelle*: Eine Minute bei voller Leistung backen und eine Stäbchenprobe in der Mitte des Muffins durchführen. Am Stäbchen sollten keine Teigreste mehr kleben bleiben. *Zubereitung im Mini-Backofen*: 12 Minuten backen und eine Stäbchenprobe in der Mitte des Muffins durchführen. Am Stäbchen sollten keine Teigreste mehr kleben bleiben.

4. Förmchen aus dem Backofen oder der Mikrowelle nehmen und den Muffin 5 Minuten in der Form auskühlen lassen, dann erst aus der Form lösen und vollständig abkühlen lassen. Aufschneiden und servieren.

Hinweis: Wenn Sie Ihren Muffin lieber knusprig haben möchten, schmelzen Sie 2 TL Kokosöl bei mittlerer bis starker Hitze in einer Pfanne. Die Muffinhälften mit der aufgeschnittenen Seite nach unten in das heiße Öl legen und so lange anbraten, bis der Rand knusprig ist.

NAHRWERTANGABEN (pro Portion ca.)

kcal	Ft.	EW	KH	BS
202	18 g	7 g	3 g	2 g
	80 %	14 %	6 %	

Vorspeisen und Zwischenmahlzeiten

Knochenbrühe-Fettbomben

 Zubereitungszeit: 5 Minuten, plus 2 Stunden Kühlzeit • Ergibt: 12 Fettbomben (1 pro Portion)

Diese köstlichen Fettbomben liefern tolle Energie für zwischendurch. Sie erinnern mich irgendwie an Wackelpudding, nur dass sie nicht süß, sondern herzhaft sind. Die Rezeptmenge können Sie einfach nach oben oder unten anpassen – wichtig ist nur, für jeweils 480 ml Brühe 1 EL Gelatine zu verwenden.

Die Fettbomben eignen sich nicht nur als Zwischenmahlzeit, sondern auch zur Intensivierung des Geschmacks von Eintöpfen oder Suppen, in denen Knochenbrühe verwendet wird. Zudem steigern sie deren heilende Wirkung. Geben Sie einfach ein bis zwei Fettbomben in die Suppe und reduzieren Sie die im Rezept angegebene Menge Brühe entsprechend. Das Gericht erhält so auch eine angenehm dickere Konsistenz.

1 EL Gelatine in Pulverform, aus Weidehaltung

480 ml selbst gemachte Knochenbrühe (Rind, Huhn oder Fisch, S. 108), aufgewärmt

Besondere Küchenhelfer:

Silikonform mit 12 Vertiefungen (sollten jeweils ca. 30 ml fassen) (siehe S. 85)

1. Das Gelatinepulver auf die Brühe streuen und gut mit einem Schneebesen unterrühren.

2. Zum besseren Transport die Silikonform auf ein entsprechend großes Schneidebrett oder ein Backblech stellen, anschließend die Brühe in die Vertiefungen gießen. Die Form mit dem Schneidebrett in den Kühl- oder Gefrierschrank stellen, bis die Gelatine fest geworden ist (dauert etwa 2 Stunden). Die Fettbomben vorsichtig aus der Form drücken.

3. In einem luftdicht verschlossenen Behältnis halten sich die Fettbomben im Kühlschrank maximal fünf Tage, im Gefrierschrank mehrere Monate.

NÄHRWERTANGABEN (pro Portion ca.)

kcal	Ft.	EW	KH	BS
27	5,3 g	2 g	2,3 g	0 g
	60 %	19 %	21 %	

Paläo-Frühlingsrollen

 Zubereitungszeit: 20 Minuten • Garzeit: 10 Minuten • Ergibt: 10 Frühlingsrollen (1 pro Portion)

240–480 ml Kokosöl, Entenfett oder Avocadoöl, zum Braten (siehe Hinweis)

20 Scheiben Prosciutto

Radieschen, in Scheiben zum Servieren (optional)

Füllung:

450 g Schweinehack

200 g Weißkohl, gerieben

1 Frühlingszwiebel, gehackt

3 EL Coconut Aminos

1 Knoblauchzehe, gehackt

1 TL frisch geriebener Ingwer

½ TL Fünf-Gewürze-Pulver

½ TL feines Meersalz

Süßsaure Soße:

115 g Swerve (Konditorzuckerersatz) oder die entsprechende Menge eines flüssigen oder pulvrigen Süßungsmittels (siehe S. 79)

120 ml Kokosessig

2 EL Coconut Aminos

1 EL Tomatenmark

½ TL Knoblauch, gehackt

1 TL frisch geriebener Ingwer

¼ TL Guarkernmehl (optional)

1. Das Öl in einer Fritteuse oder in einer gusseisernen Pfanne (oder einem Topf) mit mindestens 10 cm hohem Rand bei mittlerer Hitze auf 175 °C erhitzen. Das Öl sollte den Topf oder Pfannenboden mindestens 7,5 cm hoch bedecken, bei Bedarf also mehr Öl hinzufügen.

2. Während sich das Öl erwärmt, die Füllung zubereiten: Schweinehack, Weißkohl, Frühlingszwiebel, Coconut Aminos, Knoblauch, Ingwer, Fünf-Gewürze-Mischung und Salz in eine große Pfanne geben und bei mittlerer Hitze anbraten, dabei das Fleisch mit dem Pfannenwender zerteilen. Die Hackmischung etwa 5 Minuten garen, bis das Fleisch durchgegart und der Kohl zart ist. Die Füllung aus der Pfanne nehmen und beiseitestellen, bis sie für die weitere Verwendung genug abgekühlt ist.

3. Für die Soße: Die Soßenzutaten (bis auf das Guarkernmehl) in einem kleinen Topf zum Köcheln bringen, dabei gut umrühren. Für eine dickere Konsistenz das Guarkernmehl in den Topf sieben und unterrühren. Nach wenigen Minuten dickt die Soße ein.

4. Die Frühlingsrollen rollen: Legen Sie eine Scheibe Prosciutto längs vor sich auf eine Sushi-Matte oder ein Stück Pergamentpapier. Eine weitere Scheibe Prosciutto quer über die Mitte legen, sodass beide Scheiben ein Kreuz bilden. 3–4 EL Füllung in die Mitte geben.

5. Die Enden der oben liegenden Schinkenscheibe über die Füllung legen, dann die untere Scheibe fest wie eine Frühlingsrolle aufrollen. Die Enden sollten etwa 2 cm überlappen. Hinweis: Es ist nicht dramatisch, wenn der Schinken reißt, da er beim Frittieren fest wird. Die Schritte mit dem restlichen Prosciutto und der Füllung wiederholen.

6. Die Frühlingsrollen in mehreren Portionen frittieren. Dafür die Rollen mit der Nahtseite nach unten etwa 2 Minuten in das heiße Öl legen, bis sie auf der Außenseite knusprig werden. Aus dem Öl nehmen und servieren. Falls gewünscht, mit Radieschenscheiben garnieren.

7. Reste halten sich in einem luftdicht verschlossenen Behältnis im Kühlschrank maximal drei Tage. Zum Aufwärmen in eine Pfanne geben und bei mittlerer Hitze ca. 3 Minuten von allen Seiten anbraten, bis die Frühlingsrollen warm sind.

Hinweis: *Das abgekühlte Öl durch ein Mulltuch gießen und in einem Einmachglas im Kühlschrank bis zur nächsten Verwendung aufbewahren.*

NAHRWERTANGABEN (pro Portion ca.)

kcal	Ft.	EW	KH	BS
190	13 g	15 g	3 g	2 g
	62 %	32 %	6 %	

Schottische Eier

  Zubereitungszeit: 10 Minuten • Garzeit: 20 Minuten • Ergibt: 3 Portionen

Das Geheimnis der Zubereitung perfekter Schottischer Eier sind die perfekten weich gekochten Eier (nicht zu hart gekocht oder gummiartig) und die richtige Temperatur des Frittierfetts. Ist die Temperatur des Öls zu niedrig, wird das Ergebnis weich und ölig, ist das Öl zu heiß, verbrennt das Frittiergut von außen, bevor das Innere (in diesem Fall das Schweinehack) gar werden kann. Bei meinem ersten Versuch mit Schottischen Eiern war das Öl zu heiß. Als ich das erste Ei in den Topf gab, kochte das Öl über und fing Feuer, außerdem garte die Prosciutto-Hülle so schnell, dass das Hack innen noch roh war. Lernen Sie aus meinem Fehler und verwenden Sie ein Thermometer, um die Öltemperatur zu messen. Die klassische Garmethode für Schottische Eier ist das Frittieren, aber ich habe auch eine Backofenvariante angegeben, wenn Sie sie lieber so garen möchten.

3 große Eier

240–480 ml Kokosöl oder ein anderes Paläo-Fett, beispielsweise Schmalz, Talg oder Entenfett, zum Frittieren

150 g Schweinehack

¼ TL feines Meersalz

6 Scheiben Prosciutto

6 EL körniger Senf*, zum Garnieren

1 EL fein gehackter Koriander oder ein anderes Gewürzkraut nach Wahl, zum Garnieren

Variante: Gebackene Schottische Eier

Wenn Sie die Eier lieber im Backofen garen möchten, heizen Sie den Ofen auf 220 °C vor, legen die Eier auf ein Backblech und backen sie 20 Minuten, bis der Prosciutto knusprig und das Hack durchgegart ist.

1. Für die perfekten weich gekochten Eier einen mittelgroßen Topf zur Hälfte mit Wasser füllen und es zum Köcheln, nicht völlig zum Kochen bringen. Die Eier vorsichtig in das köchelnde Wasser geben und 5 Minuten garen, wobei das Wasser weiter köcheln (nicht kochen) sollte. Anschließend die Eier aus dem Wasser nehmen und unter kaltem Wasser abschrecken. Die Eier pellen, wenn sie abgekühlt sind, und beiseitelegen.

2. Das Öl in einer Fritteuse oder in einer gusseisernen Pfanne (oder einem Topf) mit mindestens 10 cm hohem Rand bei mittlerer Hitze auf 175 °C erhitzen. Das Öl sollte den Topf- oder Pfannenboden mindestens 7,5 cm hoch bedecken, bei Bedarf also mehr Öl hinzufügen. Während das Öl sich erwärmt, können Sie die Eier verarbeiten.

3. Schweinehack in einer mittelgroßen Schüssel mit dem Salz vermischen. Ein Drittel des Hacks auf ein Stück Pergamentpapier geben und mit den Händen daraus einen möglichst dünnen Fladen drücken. Ein weich gekochtes Ei in die Mitte des Hackfladens legen und den Fladen wie einen Mantel um das Ei schließen. Die Enden des Fleischmantels leicht überlappend zusammendrücken – gehen Sie dabei vorsichtig vor, damit das Ei nicht zerplatzt.

4. Zwei Scheiben Prosciutto kreuzweise auf einer Sushi-Matte oder einem Stück Pergamentpapier übereinanderlegen. Das mit Hack ummantelte Ei in die Mitte geben und mit Prosciutto umwickeln.

5. Wenn das Öl eine Temperatur von 175 °C erreicht hat (mit einem Thermometer überprüfen), können die Eier frittiert werden. Dafür jeweils nur ein Ei in das heiße Öl geben und 5–6 Minuten frittieren, bis der Prosciutto knusprig und das Hack durchgegart ist. Das Ei aus dem Öl nehmen und auf einem Küchenpapier abtropfen lassen. Die Schritte mit den anderen beiden Eiern wiederholen.

6. Zum Servieren sechs Mal 1 EL körnigen Senf auf einem Servierteller verteilen. Die frittierten Eier der Länge nach mit einem sehr scharfen Messer mit Wellenschliff halbieren. Die Hälften mit der aufgeschnittenen Seite nach oben auf dem Senf anrichten (dadurch rutschen sie nicht auf dem Teller umher). Mit Koriander garnieren.

7. Reste können auf einem Backblech im Backofen bei 200 °C etwa 7 Minuten oder länger erwärmt werden.

NÄHRWERTANGABEN (pro Portion ca.)				
kcal	Ft.	EW	KH	BS
430	33 g	33 g	1 g	0,2 g
	69 %	30 %	1 %	

Das perfekte weich gekochte Ei

Ich habe von meiner Mutter gelernt, weiche Eier so zu kochen: Die Eier kommen in einen Kochtopf, der mit Wasser aufgefüllt wird, bis die Eier damit bedeckt sind. Anschließend den Deckel auf den Topf geben, das Wasser zum Kochen bringen und den Topf dann von der Herdplatte nehmen (der Deckel bleibt geschlossen) und 3,5 Minuten warten. Zum Unmut meiner Mutter habe ich später eine bessere Methode entdeckt, um das perfekte weich gekochte Ei zu bekommen: Die Eier werden direkt in köchelndes (nicht kochendes) Wasser gegeben. Wenn die Eier tatsächlich gekocht werden, gerinnt das Eiweiß und wird gummiartig. Für den sofortigen Verzehr gedachte perfekte weich gekochte Eier bleiben 6 Minuten im köchelnden Wasser. Im obigen Rezept werden sie nur 5 Minuten gegart, weil sie anschließend beim Frittieren noch weiter gegart werden.

Speck-Cannoli

  Zubereitungszeit: 10 Minuten • Garzeit: 20 Minuten • Ergibt: 1 Dutzend Cannoli (2 pro Portion)

Dieses Rezept ist sehr flexibel: Sobald Sie die Zubereitung beherrschen, können Sie die pikante Füllung ganz nach Ihrem Geschmack gestalten. Im folgenden Rezept ist die Füllung Eiersalat, aber Sie können auch die Hähnchensalat-Wraps Doro Watt (S. 272), pürierte oder gehackte Braunschweiger Leberwurst (S. 214) oder den einfachen Krebssalat (S. 236) ausprobieren.

12 Scheiben Frühstücksspeck

Eiersalat:

8 große Eier

115 ml Mayonnaise, selbst gemacht (S. 124) oder gekauft*

2 EL Dijonsenf*

1 EL gehackter frischer Dill oder andere Kräuter nach Wahl

1 TL Paprikapulver

feines Meersalz und frisch gemahlener schwarzer Pfeffer nach Geschmack

Zum Garnieren:

frischer gehackter Dill, Estragon oder ein anderes Gewürzkraut nach Wahl

Cremiges mexikanisches Dressing (S. 116) (optional)

Besondere Küchenhelfer:

12 Cannoli-Formen (Röhrchen), ca. 2,5 cm Durchmesser und 10 cm Länge

1. Den Backofen auf 190 °C vorheizen. Ein Backblech mit Backpapier auslegen.

2. Um jedes Cannoli-Röhrchen eine Scheibe Frühstücksspeck wickeln. Die Enden sollten sich überlappen, damit der Speck das Röhrchen völlig bedeckt.

3. Die Speck-Röhrchen auf das vorbereitete Backblech legen und im Ofen etwa 20 Minuten garen, bis der Frühstücksspeck knusprig ist. Das Blech aus dem Ofen nehmen und den Speck vollständig abkühlen lassen.

4. In der Zwischenzeit den Eiersalat zubereiten: Die Eier in einen Topf legen und mit kaltem Wasser bedecken. Das Wasser zum Kochen bringen, den Topf mit dem Deckel schließen, anschließend von der Herdplatte nehmen und die Eier im heißen Wasser 10–12 Minuten ziehen lassen. Eier aus dem heißen Wasser nehmen und zum Auskühlen in eine Schüssel mit Eiswasser geben, dann pellen und hacken.

5. Die gehackten Eier in einer großen Schüssel mit Mayonnaise, Senf, Dill, Paprikapulver, Salz und Pfeffer vermengen. Mit einer Gabel oder einem Holzlöffel gut zerdrücken.

6. Den Frühstücksspeck mit den Händen vorsichtig von den Cannoli-Röllchen lösen, damit er seine Form behält.

7. Die Speck-Röllchen füllen: Die Füllung in einen Spritzbeutel mit Tülle oder einen Plastikbeutel füllen, bei dem Sie unten einfach eine Ecke abschneiden. Jede Speck-Cannoli füllen, wobei etwas Füllung am Ende herausschauen darf. Falls gewünscht, mit frischen Kräutern und einem Klecks des cremigen mexikanischen Dressings garnieren.

8. Die Cannoli schmecken frisch zubereitet am besten. Übrig gebliebene Röllchen und Füllung halten sich separat in luftdicht verschlossenen Behältnissen verpackt maximal drei Tage im Kühlschrank. Zum Aufwärmen die ungefüllten Speck-Röllchen auf ein Backblech legen und im auf 200 °C vorgeheizten Backofen etwa 4 Minuten backen, bis der Speck warm und knusprig ist. Mit dem Eiersalat oder einer anderen pikanten Füllung nach Wahl füllen.

NÄHRWERTANGABEN
(pro Portion, ohne Dressing, ca.)

kcal	Ft.	EW	KH	BS
199	18 g	9 g	1 g	0,2 g
	81 %	18 %	1 %	

Chicken Tinga Wings

  Zubereitungszeit: 10 Minuten • Garzeit: 30 Minuten • Ergibt: 6 Portionen (2 Flügel pro Portion)

240–480 ml Kokosöl, zum Frittieren

450 g Hähnchenflügel (ca. 12 Stück)

feines Meersalz und frisch gemahlener schwarzer Pfeffer

Tinga-Soße:

450 g Chorizo nach mexikanischer Art (roh) (falls nicht erhältlich, durch spanische Chorizo ersetzen)

½ große Zwiebel, gehackt

1 Knoblauchzehe, gehackt

600 g Tomaten, in kleinen Stücken

200 g Tomatillos, geschält und gehackt (aus der Dose)

2 EL pürierte Chipotles in Adobo-Soße

1½ TL feines Meersalz

1 TL frisch gemahlener schwarzer Pfeffer

½ TL getrockneter Oregano

1 Zweig frischer Thymian

120 ml Hühnerknochenbrühe, selbst gemacht (S. 108) oder gekauft

1. Das Öl in einer Fritteuse oder in einer gusseisernen Pfanne (oder einem Topf) mit mindestens 10 cm hohem Rand bei mittlerer Hitze auf 175 °C erhitzen. Das Öl sollte den Topf- oder Pfannenboden mindestens 7,5 cm hoch bedecken, bei Bedarf also mehr Öl hinzufügen.

2. Während das Öl sich erwärmt, können Sie die Soße zubereiten. Dafür Chorizo, Zwiebeln und Knoblauch in einer großen gusseisernen Pfanne bei mittlerer Hitze etwa 5 Minuten garen, bis das Fleisch zerkrümelt und gar ist. Tomaten, Tomatillos, Chipotles, Salz, Pfeffer und Kräuter dazugeben und gut umrühren. 5 Minuten köcheln lassen. Die Hühnerbrühe dazugeben und weitere 5 Minuten köcheln lassen. Den Thymianzweig aus der Soße nehmen und die Soße beiseitestellen.

3. Etwa sechs Hähnchenflügel gleichzeitig von allen Seiten etwa 8 Minuten im Öl frittieren, bis sie gebräunt und durchgegart sind. Die Flügel aus dem Öl nehmen und mit Salz und Pfeffer würzen. Mit den restlichen Flügeln wiederholen.

4. Die Hähnchenflügel auf einem Servierteller anrichten und mit der Soße servieren oder die Flügel vor dem Servieren in die Soße legen. Am besten schmecken sie frisch zubereitet. Übrig gebliebene Flügel und Soße getrennt in luftdicht geschlossenen Behältern im Kühlschrank aufbewahren. Dort halten sie sich maximal drei Tage. Zum Aufwärmen die Hähnchenflügel auf ein Backblech legen und etwa 4 Minuten im auf 200 °C vorgeheizten Backofen aufwärmen. Die Soße bei mittlerer Hitze in einem Topf erwärmen.

NÄHRWERTANGABEN (pro Portion ca.)

kcal	Ft.	EW	KH	BS
247	17 g	19 g	5 g	2 g
	62 %	31 %	7 %	

Zitronig-pfeffrige Hähnchenflügel

   Zubereitungszeit: 5 Minuten • Garzeit: 16 Minuten • Ergibt: 6 Portionen (2 Flügel pro Portion)

240–480 ml Kokosöl oder ein anderes Paläo-Fett, zum Frittieren

450 g Hähnchenflügel (ca. 12 Stück)

½ TL feines Meersalz, in zwei Portionen

1 TL frisch gemahlener schwarzer Pfeffer, in zwei Portionen

Soße:

60 ml MCT-Öl oder natives Olivenöl extra

abgeriebene Schale einer Zitrone

Saft einer Zitrone

1. Das Öl in einer Fritteuse oder einer gusseisernen Pfanne (oder einem Topf) mit mindestens 10 cm hohem Rand bei mittlerer Hitze auf 175 °C erhitzen. Das Öl sollte den Topf- oder Pfannenboden mindestens 7,5 cm hoch bedecken, bei Bedarf also mehr Öl hinzufügen.

2. Während das Öl sich erwärmt, können Sie die Soße zubereiten. Dafür das MCT-Öl in eine kleine Schüssel geben, Zitronenschale und Zitronensaft hinzufügen und mit einem Schneebesen gut verrühren.

3. Ungefähr sechs Hähnchenflügel gleichzeitig von allen Seiten im heißen Öl etwa 8 Minuten frittieren, bis sie gebräunt und durchgegart sind. Die Flügel aus dem Öl nehmen und mit der Hälfte des Salzes und des Pfeffers würzen. Mit den restlichen Flügeln wiederholen und sie mit dem restlichen Salz und Pfeffer würzen.

4. Die Flügel auf einem Servierteller anrichten und mit der Soße servieren. Am besten schmecken sie frisch zubereitet. Übrig gebliebene Flügel und Soße getrennt in luftdicht geschlossenen Behältern im Kühlschrank aufbewahren. Dort halten sie sich maximal drei Tage. Zum Aufwärmen die Hähnchenflügel auf ein Backblech legen und etwa 4 Minuten im auf 200 °C vorgeheizten Backofen aufwärmen.

NÄHRWERTANGABEN (pro Portion ca.)

kcal	Ft.	EW	KH	BS
286	24 g	16 g	1 g	0,5 g
	76 %	23 %	1 %	

Russische Eier im Prosciutto-Mantel

 Zubereitungszeit: 10 Minuten • Garzeit: 10 Minuten (Zubereitungszeit für die hart gekochten Eier nicht eingerechnet) • Ergibt: 12 Russische Eier (2 pro Portion)

Wenn Sie die Zubereitung dieser Russischen Eier vereinfachen wollen, lassen Sie den Prosciutto-Mantel und das Frittieren einfach weg.

240–480 ml Kokosöl

6 Scheiben Prosciutto

6 hartgekochte Eier (siehe S. 174), gepellt

1 kleine rote Zwiebel oder 2 Schalotten, in dünnen Scheiben (optional)

120 ml Mayonnaise, selbst gemacht (S. 124) oder gekauft*

1 TL Senf*

½ TL feines Meersalz, in zwei Portionen

¾ TL geräuchertes Paprikapulver, zum Garnieren

1. Das Öl in einer Fritteuse oder einer gusseisernen Pfanne (oder einem Topf) mit mindestens 10 cm hohem Rand bei mittlerer Hitze auf 175 °C erhitzen. Das Öl sollte den Topf- oder Pfannenboden mindestens 7,5 cm hoch bedecken, bei Bedarf also mehr Öl hinzufügen.

2. Während das Öl sich erwärmt, wickeln Sie die hart gekochten Eier jeweils in eine Scheibe Prosciutto ein.

3. Jeweils 3–4 ummantelte Eier im heißen Fett etwa 2 Minuten frittieren, bis der Prosciutto-Mantel knusprig wird. Mit einem Schaumlöffel aus dem Öl nehmen und auf einem Stück Küchenpapier abtropfen lassen.

4. Falls gewünscht, die Zwiebel im heißen Öl etwa 1 Minute goldbraun frittieren. Mit einem Schaumlöffel aus dem Öl nehmen, auf ein Stück Küchenpapier legen und leicht mit Salz und Pfeffer würzen. Mit dem Salz vorsichtig sein, da der Prosciutto bereits salzig genug sein kann.

5. Die Eier halbieren und das Eigelb in eine Schüssel geben. Die Eihälften auf einen Servierteller geben.

6. Das Eigelb mit einer Gabel krümelig zerdrücken, dann Mayonnaise, Senf und Salz dazugeben und gut umrühren, bis die Masse glatt und cremig ist.

7. Etwa einen gehäuften Teelöffel Füllung in jede Eihälfte geben (oder mit dem Spritzbeutel einfüllen). Falls gewünscht, jedes Ei mit frittierter Zwiebel garnieren und anschließend mit Paprikapulver bestäuben.

8. Am besten schmecken die Eier frisch zubereitet, da sie dann am knusprigsten sind. In einem luftdicht verschlossenen Behältnis halten sich Reste maximal drei Tage. Ein Wiederaufwärmen ist nicht empfehlenswert.

Hinweis: *Wenn Sie die Eier nicht in den Prosciutto-Mantel wickeln und nicht frittieren, können Sie sie gern in ein Behältnis geben und bis zum Servieren im Kühlschrank aufbewahren. Dann einfach kurz vor dem Servieren mit den frittierten Zwiebeln garnieren, falls gewünscht.*

NAHRWERTANGABEN (pro Portion ca.)

kcal	Ft.	EW	KH	BS
232	21 g	10 g	1 g	0,1 g
	81 %	17 %	2 %	

Chicharrón

 Zubereitungszeit: 5 Minuten plus 1–24 Stunden zum Pökeln • Garzeit: mindestens 2 Stunden • Ergibt: 4 Portionen

2 TL Natron

1 TL feines Meersalz

450 g frischer Schweinebauch, mit Haut

feines Meersalz und frisch gemahlener schwarzer Pfeffer

Cajun-Gewürzmischung (S. 112) oder andere Gewürze nach Wahl, beispielsweise gemahlener Kreuzkümmel

1. Schweinebauch von allen Seiten gleichmäßig mit Natron und Salz einreiben. Den Schweinebauch auf einen Gitterrost legen und, ohne ihn abzudecken, mindestens eine Stunde, besser aber über Nacht und bis zu einem ganzen Tag, in den Kühlschrank stellen.

2. Den Schweinebauch aus dem Kühlschrank nehmen. Unter fließendem Wasser gut abspülen und mit Küchenpapier trocken tupfen.

3. Den Schweinebauch in etwa 5 cm große und 5 mm dicke Scheiben schneiden.

4. Die Schweinebauchchips in einen Topf geben und so viel Wasser hinzufügen, dass alle Stücke mit Wasser bedeckt sind.

5. 2 Stunden lang bei geringer Hitze garen, die Chips dabei alle 30 Minuten umdrehen, bis das Wasser verdampft und das Fett ausgetreten ist. Abhängig von der Feuchtigkeit im Schweinebauch kann das bis zu 3 Stunden dauern.

6. Ist sämtliches Wasser verdampft und im Topf nur noch flüssiges Schmalz vorhanden, drehen Sie die Hitze hoch, um mit dem Frittieren zu beginnen. Das geht sehr schnell, also lassen Sie den Topf nicht aus den Augen.

7. Die Chips 4–5 Minuten im ausgelassenen Fett frittieren, bis sie goldbraun sind. Die Chicharrónes mit einem Schaumlöffel aus dem Topf nehmen und auf Küchenpapier abtropfen lassen. Nach Geschmack mit Salz und anderen Gewürzen würzen. (Mein Lieblingsgewürz ist hier die Cajun-Gewürzmischung, S. 112.)

8. Reste halten sich in einem luftdicht verschlossenen Behältnis im Kühlschrank maximal eine Woche.

NÄHRWERTANGABEN (pro Portion ca.)

kcal	Ft.	EW	KH	BS
320	28 g	17 g	0 g	0 g
	79 %	21 %	0 %	

Marinierte Champignons nach italienischer Art

 Zubereitungszeit: 10 Minuten, plus mindestens 24 Stunden zum Marinieren • Garzeit: 3 Minuten • Ergibt: 8 Portionen

120 ml MCT-Öl oder ein anderes flüssiges Öl, beispielsweise natives Olivenöl extra

900 g Champignons, geputzt, halbiert oder geviertelt (sehr kleine Pilze können auch ganz bleiben)

40 g Zwiebeln, gehackt

60 ml Kokosessig oder Apfelessig

2 Knoblauchzehen, in dünnen Scheiben oder die Zehen einer Knolle Knoblauch-Confit (S. 142)

1 Bund frischer Basilikum

1 TL Gewürzmischung Florence (S. 113)

1 TL feines Meersalz

½ TL frisch gemahlener schwarzer Pfeffer

1. Das Öl bei mittlerer Hitze in einer Pfanne erwärmen. Champignons und Zwiebeln in die Pfanne geben und 3 Minuten anbraten.

2. Die Pilzmischung in eine Schüssel geben. Essig, Knoblauch, Basilikumblätter, Gewürzmischung, Salz und Pfeffer dazugeben und gut umrühren. Die Mischung in ein etwa 1 l fassendes Einmachglas geben, den Deckel schließen und vor dem Servieren mindestens 24 Stunden im Kühlschrank marinieren (je länger mariniert wird, desto intensiver der Geschmack). Hält sich in einem luftdicht verschlossenen Behältnis im Kühlschrank maximal fünf Tage.

Hinweis: *Die Pilze schmecken bereits solo köstlich, aber ich serviere sie gern zu den Pizza-Hackbällchen in roter Soße (S. 330).*

NAHRWERTANGABEN (pro Portion ca.)

kcal	Ft.	EW	KH	BS
153	14 g	3 g	4 g	2 g
	82 %	6 %	10 %	

Hühnerleberpastete

 Zubereitungszeit: 8 Minuten (Zubereitungszeit für die Brötchen nicht eingerechnet) •
Garzeit: 15 Minuten • Ergibt: 4 Portionen

55 g gewürfelter Frühstücksspeck (ca. 2 Scheiben)

40 g gewürfelte Zwiebeln

1 TL Knoblauch, gehackt

3 EL Paläo-Fett, beispielsweise
Enten- oder Speckfett, plus
zusätzliches geschmolzenes
Fett zum Beträufeln

225 g Hühnerleber, die weißen
sehnigen Streifen entfernen

1 TL frischer gehackter Thymian
oder ein anderes Gewürzkraut
nach Wahl

¼ TL feines Meersalz

⅛ TL frisch gemahlener
schwarzer Pfeffer

4 Keto-Brötchen (S. 256),
aufgeschnitten und in Fett
angeröstet, zum Servieren

1. Den Frühstücksspeck in einer gusseisernen Pfanne bei mittlerer Hitze etwa 4 Minuten knusprig braten. Zwiebeln, Knoblauch und Paläo-Fett dazugeben und weitere 2 Minuten braten. Die Hühnerleber dazugeben und 8 Minuten garen, bis sie durch ist (die genaue Garzeit hängt von der Dicke der Hühner-leber ab). Den Thymian hinzufügen.

2. Die Lebermischung in eine Küchenmaschine geben und mit der Pulse-Funk-tion mixen, bis sie die Konsistenz einer glatten Paste hat. Salz und Pfeffer dazugeben und mit der Pulse-Funktion untermixen.

3. Die Pastete gleichmäßig auf vier Auflaufförmchen oder Schüsseln mit ca. 8 cm Durchmesser verteilen. Geschmolzenes Fett auf die Pasteten geben, damit sie sich länger halten.

4. Mit gerösteten Keto-Brötchen servieren. Reste halten sich in einem luftdicht verschlossenen Behältnis im Kühlschrank maximal fünf Tage.

NÄHRWERTANGABEN (pro Portion ca.)

kcal	Ft.	EW	KH	BS
258	21 g	15 g	2 g	0,3 g
	74 %	23 %	3 %	

Eingelegter Hering

  Zubereitungszeit: 4 Minuten, plus 24 Stunden zum Durchziehen und 5 Tage zum Einlegen •
Garzeit: 5 Minuten • Ergibt: 12 Portionen

Ohne den eingelegten Fisch meines Vaters wäre Weihnachten nicht Weihnachten. Er geht gern und häufig zum Eisfischen und legt den gefangenen Hecht ein, weil es so umständlich ist, die Gräten aus diesem Fisch zu entfernen. Durch das Einlegen werden die Gräten weich und werden teilweise zersetzt, sodass man den Hecht genießen kann, ohne Gräten herauszupulen oder auf ihnen herumkauen zu müssen. Und trotzdem liefern die Gräten noch jede Menge gesundes Kalzium.

1,8 kg Heringsfilets oder Hechtfilets ohne Haut, in 5 cm große Stücke geschnitten (siehe Hinweis)

Salzwasserlake:

2,4 l Wasser

125 g feines Meersalz

Essiglake:

75 g dünn geschnittene rote Zwiebeln

1 Handvoll frischer Dill

480 ml Wasser

600 ml Kokosessig

115 g Swerve (Konditorzuckerersatz) oder die entsprechende Menge eines flüssigen oder pulvrigen Süßungsmittels (siehe S. 79)

2 TL Piment, gemahlen

1 TL Senfmehl oder Senfkörner

½ TL frisch geriebener Ingwer

½ TL fertiger Meerrettich

½ TL schwarze Pfefferkörner

Zum Servieren:

hart gekochte Eier (siehe S. 174), halbiert oder geviertelt

eingelegter Ingwer

Kapern

saure Gurken

rote Zwiebeln, in Scheiben

frische Dillzweige

1. Den Fisch und die 2,4 l Wasser in eine große Schüssel geben, dann das Salz hinzufügen und umrühren. Die Schüssel abdecken und für 24 Stunden in den Kühlschrank stellen, anschließend die Lake abgießen und den Fisch gut abspülen.

2. Den abgespülten Fisch mit den Zwiebelscheiben und dem Dill in ein sauberes Glas mit 2 l Fassungsvermögen schichten.

3. Die 480 ml Wasser, Kokosessig, Süßungsmittel, Piment, Senf, Ingwer, Meerrettich und Pfefferkörner in einem großen Topf bei mittlerer Hitze erwärmen. Sobald sich das Süßungsmittel nach etwa 5 Minuten aufgelöst hat, lassen Sie die Lake ein wenig abkühlen und gießen sie dann über den im Glas aufgeschichteten Fisch. Das Glas verschließen und über Nacht in den Kühlschrank stellen, damit sich die Aromen vermischen können. Je länger der Fisch eingelegt wird, desto stärker werden die Aromen. Wird er mindestens 5 Tage eingelegt, lösen sich die Gräten langsam auf. In einem luftdicht verschlossenen Behältnis hält sich der eingelegte Fisch im Kühlschrank maximal einen Monat.

4. Zum Servieren den eingelegten Fisch mit hart gekochten Eiern, eingelegtem Ingwer, Kapern, sauren Gurken, roten Zwiebelscheiben und frischem Dill auf einem Teller anrichten.

Hinweis: *Wenn Sie Hechtfilets verwenden, bitten Sie Ihren Fischhändler, die Haut zu entfernen. Bleibt die Haut beim Einlegen dran, wird der eingelegte Fisch schleimig.*

Familientipp: *Wenn Sie den Fisch nicht selbst fangen oder ihn lieber nicht selbst schneiden möchten, bitten Sie Ihren Fischhändler darum, ihn in 5 cm große Stücke zu schneiden.*

NÄHRWERTANGABEN (pro Portion ca.)

kcal	Ft.	EW	KH	BS
240	14 g	27 g	2 g	0,3 g
	52 %	45 %	3 %	

Braunschweiger Leberwurst

 Zubereitungszeit: 10 Minuten, plus 1 Tag zum Abkühlen • Garzeit: 2 Stunden • Ergibt: 16 Portionen

Solange ich mich erinnern kann, stand bei uns zu Hause immer eine Braunschweiger auf dem Tisch, wenn wir Besuch hatten. Mein Vater liebt diese Leberwurst abgöttisch, aber wenn man sich die Zutaten auf der Verpackung ansieht, sind die meisten davon unaussprechlich, und es ist immer irgendeine Zuckerart enthalten. Das Süßungsmittel können Sie im folgenden Rezept weglassen, wenn Sie möchten. Soll Ihre Braunschweiger allerdings so wie die aus meiner Kindheit schmecken, dann sollten Sie es verwenden.

560 g Schweine- oder Rinderleber

225 g Schweineschulter oder Rinderzunge

340 g Rückenspeck vom Schwein

75 g Zwiebeln, gewürfelt

1 EL Schweineschmalz

1 EL feines Meersalz

½ TL Ingwer, gemahlen

¼ TL Kardamom, gemahlen

1½ TL Swerve (Konditorzucker-ersatz) oder die entsprechende Menge eines flüssigen oder pulvrigen Süßungsmittels (siehe S. 79) (optional)

Serviervorschläge:

rohes Gemüse, beispielsweise Stangensellerie, Gurkensticks, Paprikastreifen

Keto-Brot in Dreiecke geschnitten und in Fett geröstet (S. 256)

Chicharrón (S. 206)

1. Schweineleber, Schweineschulter und Rückenspeck in Würfel schneiden und für ca. 1 Stunde in den Gefrierschrank legen, damit alles püriert werden kann, ohne breiig zu werden.

2. In der Zwischenzeit die Zwiebeln im Schweineschmalz glasig dünsten, dann mit Salz, Gewürzen und wenn gewünscht Süßungsmittel würzen. Die Zwiebelmischung in eine Küchenmaschine oder einen Hochleistungsmixer geben.

3. Den Backofen auf 150 °C vorheizen und eine ca. 22 x 12 cm große Kastenform bereitstellen.

4. Die gefrorenen Leber-, Schulter- und Rückenspeckstücke in die Küchenmaschine geben und mit der Pulse-Funktion zu einer glatten Paste verarbeiten. Die Paste in die Kastenform geben und gut mit Alufolie abdecken. Die Form anschließend in eine Fettpfanne oder einen Bräter stellen, der ca. 2,5 cm hoch mit kochendem Wasser gefüllt wird. Bräter oder Fettpfanne in den Backofen stellen und die Masse etwa 2 Stunden backen, bis das Fleisch durchgegart, aber nicht braun ist. Die Kerntemperatur sollte 71 °C betragen, dann ist die Masse durchgegart.

5. Die Kastenform aus der Fettpfanne oder dem Bräter nehmen und das Fleisch in der Form vollständig abkühlen lassen. Vor dem Verzehr für 1–2 Tage in den Kühlschrank stellen. Mit kleinen Beilagen zum Dippen oder Bestreichen servieren (siehe Serviervorschläge). Hält sich in einem luftdicht verschlossenen Behältnis im Kühlschrank maximal eine Woche.

NÄHRWERTANGABEN (pro Portion ca.)

kcal	Ft.	EW	KH	BS
272	22 g	17 g	2 g	0,1 g
	73 %	25 %	2 %	

Russische Eier à la Oscar

 Zubereitungszeit: 15 Minuten • Garzeit: 11 Minuten • Ergibt: 24 Russische Eier (4 pro Portion)

12 große Eier

4 Stangen grüner Spargel

120 ml Mayonnaise, selbst gemacht (S. 124) oder gekauft*

1 TL Senf*

½ TL feines Meersalz

60 g Krebsfleisch aus der Dose

frische Basilikumblätter, in feinen Streifen, zum Garnieren (optional)

180 ml einfache milchfreie Hollandaise (S. 136), zum Garnieren (optional)

Cayennepfeffer, zum Garnieren

1. Die Eier in einen großen Topf geben und mit kaltem Wasser bedecken. Das Wasser zum Kochen bringen, dann sofort den Deckel auf den Topf legen und den Topf von der Herdplatte nehmen. Die Eier im heißen Wasser 11 Minuten ziehen lassen.

2. In der Zwischenzeit den Spargel zubereiten: Die holzigen Enden abschneiden und entsorgen. Die obersten 7 cm jeder Stange abschneiden und den Rest diagonal in ca. 2 cm dicke Stücke schneiden. Den Spargel 2 Minuten in kochendes Wasser legen, dann schnell aus dem Topf nehmen und unter kaltem Wasser abspülen, damit er seine grüne Farbe behält. (Hinweis: Nehmen Sie einen kleinen Topf, in den die Spargelstücke gut hineinpassen, damit das Wasser schneller zu kochen beginnt.)

3. Nach 11 Minuten die Eier aus dem Topf nehmen und 1–2 Minuten unter kaltem Wasser abschrecken, um das Weitergaren zu verhindern. Die Eier pellen und der Länge nach halbieren. Das Eigelb entfernen und in eine Schüssel (oder eine Küchenmaschine) geben, die Eihälften beiseitestellen.

4. Die Eigelbe mit einer Gabel zerdrücken (oder in der Küchenmaschine mixen), bis sie eine feinkrümelige Konsistenz haben. Mayonnaise, Senf und Salz dazugeben und gut unterrühren. Die Eihälften mit der Eigelbmischung füllen.

5. Auf jedem Teller nun vier Russische Eier und eine Spargelspitze anrichten. Jedes Ei mit ein wenig Krebsfleisch, ein paar Spargelstücken und, falls gewünscht, etwas Basilikum garnieren. Für einen höheren Keto-Grad jedes Ei mit 1½ TL Hollandaise beträufeln, falls gewünscht. Mit einer Prise Cayennepfeffer würzen.

6. Übrig gebliebene Eier halten sich in einem luftdicht verschlossenen Behältnis im Kühlschrank maximal fünf Tage.

Familientipp: *Ich habe immer etwa ein Dutzend hart gekochte Eier im Kühlschrank. Meine Jungs (fünf und sechs Jahre alt) lieben es, mir in der Küche zu helfen, und Eierpellen ist eine Aufgabe, die sie auch ohne permanente Aufsicht meinerseits erledigen können, sodass ich mich dem Rest der Zubereitung widmen kann.*

NÄHRWERTANGABEN
(pro Portion, mit Hollandaise, ca.)

kcal	Ft.	EW	KH	BS
380	35 g	15 g	1 g	0,4 g
	83 %	16 %	1 %	

Salate, Suppen und Beilagen

Kräutersalat

  Zubereitungszeit: 10 Minuten • Ergibt: 8 Portionen

Dressing:

60 ml Kokosessig oder Weißweinessig

2 TL Swerve (Konditorzucker-ersatz) oder die entsprechende Menge eines flüssigen oder pulvrigen Süßungsmittels (siehe S. 79)

2 TL Dijonsenf*

½ TL feines Meersalz

½ TL frisch gemahlener schwarzer Pfeffer

120 ml MCT-Öl oder natives Olivenöl extra

Salat:

75 g frische Basilikumblätter (vorzugsweise roter Basilikum)

75 g frische glatte Petersilienblätter

65 g Rucola

30 g frische Estragonblätter

30 g frischer Schnittlauch, gehackt

1. Für das Dressing: Essig, Süßungsmittel, Senf, Salz und Pfeffer in eine kleine Küchenmaschine oder einen Mixer geben und mit der Pulse-Funktion gut vermischen. Dann bei laufender Maschine langsam das Öl hinzufügen, bis alles gut vermischt ist und eine samtartige Konsistenz hat. Beiseitestellen.

2. Basilikum, Petersilie, Rucola, Estragon und Schnittlauch in einer großen Schüssel vermischen. Das Dressing dazugeben und unterheben. Schmeckt frisch zubereitet am besten.

NÄHRWERTANGABEN (pro Portion ca.)

kcal	Ft.	EW	KH	BS
147	14 g	2 g	3 g	1 g
	86 %	6 %	8 %	

Asiatischer Hähnchensalat

  Zubereitungszeit: 5 Minuten (Garzeit für das Hähnchen nicht eingerechnet) • Ergibt: 2 Portionen

Als ich meinen Mann kennenlernte, gingen wir gern ins Medford Café. Dort servierten sie einen riesigen asiatischen Hähnchensalat, den ich einfach liebte. Er war mit Mandarinen und knusprigen Reisnudeln angerichtet und schwamm nur so in einem süßen asiatischen Dressing. Und dieses Rezept ist meine ketogene Version!

Dressing:

80 ml Kokosessig oder ungewürzter Reisessig

60 ml Coconut Aminos oder Tamari (ohne Weizen)

3 EL Swerve (Konditorzucker-ersatz) oder die entsprechende Menge eines flüssigen oder pulvrigen Süßungsmittels (siehe S. 79)

3 EL MCT-Öl

1 EL frisch geriebener Ingwer

1 TL ungeröstetes, kalt gepresstes Sesamöl

2–4 Tropfen Orangenöl oder 1 TL Orangenextrakt

Salat:

75 g Römersalat, in Streifen geschnitten

50 g Chinakohl, in Streifen geschnitten

65 g gekochtes Hähnchen, grob gehackt (siehe Hinweis S. 290)

Zum Garnieren:

1 EL dünn geschnittene Frühlingszwiebeln

1 EL fein gehackter Rotkohl

40 g Gurke, gewürfelt

2 EL Mandelblättchen (für die nussfreie Variante weglassen)

1. Für das Dressing: Alle Dressingzutaten in ein Glas mit Deckel geben. Das Glas verschließen und gut schütteln. Nach Geschmack mehr Salz, Süßungsmittel oder Orangenöl hinzugeben.

2. Salat und Chinakohl auf einem Teller anrichten und mit dem Hähnchen belegen. Den Salat mit Frühlingszwiebeln, Rotkohl, Gurken und eventuell Mandelblättchen garnieren. Mit dem Dressing servieren.

Familientipp: Das Dressing kann maximal fünf Tage im Voraus zubereitet und in einem luftdicht verschlossenen Behältnis im Kühlschrank aufbewahrt werden.

NAHRWERTANGABEN (pro Portion ca.)

kcal	Ft.	EW	KH	BS
402	35 g	12 g	10 g	7 g
	78 %	12 %	10 %	

Keto-Obstsalat

 Zubereitungszeit: 7 Minuten • Ergibt: 4 Portionen

Ich werde häufig gefragt, ob ich überhaupt Obst esse – dann lache ich und sage: »Natürlich! Ich esse Gurken, Oliven, Avocados, Auberginen ... Das ist alles Obst!«

2 Gurken

Dressing:

60 ml MCT-Öl oder natives Olivenöl extra

1 TL abgeriebene Schale einer Limette

3 EL Limettensaft

1 EL frische Minze, gehackt

½ TL frischer Schnittlauch, gehackt

½ TL feines Meersalz

½ TL frisch gemahlener schwarzer Pfeffer

1. Die Gurken mit einem Julienneschneider oder Gemüseschäler der Länge nach in dünne Streifen schneiden. Die Streifen in eine große Schüssel geben.

2. Die Zutaten für das Dressing in ein Glas mit Deckel geben. Das Glas verschließen und das Glas gut schütteln. Das Dressing zu den »Obststreifen« in die Schüssel geben und gut durchmischen.

Hinweis: Wenn Sie den Salat nicht sofort essen, bewahren Sie Gurken und Dressing separat in luftdicht verschließbaren Behältnissen auf. Im Kühlschrank hält sich der Salat so maximal drei Tage. Den Salat erst kurz vor dem Servieren mit dem Dressing vermengen.

Familientipp: Das Dressing kann maximal eine Woche im Voraus zubereitet und in einem luftdicht verschließbaren Behältnis im Kühlschrank gelagert werden.

NAHRWERTANGABEN (pro Portion ca.)

kcal	Ft.	EW	KH	BS
146	14 g	1 g	4 g	1 g
	86 %	3 %	11 %	

Warmer Frühlingssalat mit Basilikum-Chimichurri und weich gekochten Eiern

   Zubereitungszeit: 10 Minuten • Garzeit: 10 Minuten • Ergibt: 4 Portionen

Ich liebe alles mit weich gekochten Eiern. Mit diesem Salat können Sie Ihre Gäste beeindrucken – er sieht fantastisch aus und schmeckt unglaublich!

60 ml Paläo-Fett, beispielsweise Schweineschmalz, Rindertalg oder Kokosöl

450 g Portobello-Pilze, geviertelt

230 g frischer grüner Spargel, die holzigen Enden entfernt und in 5 cm große Stücke geschnitten

1 TL feines Meersalz

¼ TL frisch gemahlener schwarzer Pfeffer

4 große Eier (bei der Ei-freien Variante weglassen)

Basilikum-Chimichurri:

15 g frische Basilikumblätter, plus mehr zum Garnieren (optional)

60 ml MCT-Öl oder natives Olivenöl extra

2 EL frischer Schnittlauch, gehackt

2 EL Kokosessig oder Apfelessig

½ TL feines Meersalz

¼ TL frisch gemahlener schwarzer Pfeffer

1. Das Paläo-Fett in einer großen Bratpfanne erhitzen. Pilze und Spargelstücke dazugeben und 10 Minuten anbraten, bis die Pilze goldbraun und durchgegart sind. Mit 1 TL Salz und ¼ TL Pfeffer würzen.

2. In der Zwischenzeit die Eier kochen: Einen mittelgroßen Topf zur Hälfte mit Wasser füllen und das Wasser zum Köcheln (nicht ganz zum Kochen) bringen. Die Eier vorsichtig in das köchelnde Wasser legen und 6 Minuten garen, wobei das Wasser weiterhin nicht kochen, sondern nur köcheln sollte. Anschließend die Eier aus dem Wasser nehmen und unter kaltem Wasser abschrecken. Die abgekühlten Eier pellen und beiseitestellen.

3. Die Zutaten für das Chimichurri in eine Küchenmaschine geben und pürieren, bis eine glatte Konsistenz erreicht ist.

4. Die Pilz- und Spargelmischung auf einem Servierteller anrichten. Die Eier der Länge nach halbieren und mit dem Eigelb nach oben auf die Pilzmischung legen. Das Chimichurri über den Salat träufeln und ihn mit Basilikumblättern garnieren, falls gewünscht.

5. Übrig gebliebene Reste des Chimichurri halten sich in einem luftdicht verschlossenen Behältnis im Kühlschrank maximal vier Tage. Am besten schmeckt der Salat frisch zubereitet, aber ohne Dressing hält er sich im Kühlschrank etwa einen Tag. Den übrig gebliebenen Salat erst kurz vor dem Servieren mit dem Chimichurri anrichten.

NÄHRWERTANGABEN (pro Portion ca.)

kcal	Ft.	EW	KH	BS
380	34 g	12 g	7 g	3 g
	80 %	13 %	7 %	

Sieben-Schichten-Salat

  Zubereitungszeit: 12 Minuten, plus Abkühlen über Nacht (Zubereitungszeit für die hart gekochten Eier nicht eingerechnet) • Ergibt: 12 Portionen

450 g Römersalat, in Streifen geschnitten und in zwei Portionen

½ TL feines Meersalz, aufgeteilt

½ TL frisch gemahlener schwarzer Pfeffer, aufgeteilt

6 hart gekochte Eier (siehe S. 174), in Scheiben oder grob gehackt, in zwei Portionen (für die Ei-freie Variante weglassen)

200 g Rotkohl, gehackt, in zwei Portionen

300 g schwarze Oliven, in Scheiben geschnitten, in zwei Portionen

450 g Kochschinken, gewürfelt, oder Frühstücksspeck, gewürfelt, angebraten und in zwei Portionen

40 g rote Zwiebeln, gehackt, in zwei Portionen

Dressing:

240 ml Speck-Mayo oder Mayonnaise, selbst gemacht (S. 124) oder gekauft* (oder Keto-Mayo ohne Ei, S. 125, für die Ei-freie Variante)

60 ml Hühner- oder Rinderknochenbrühe, selbst gemacht (S. 108) oder gekauft

2 EL Swerve (Konditorzuckerersatz) oder die entsprechende Menge eines flüssigen oder pulvrigen Süßungsmittels (siehe S. 79)

Zum Garnieren:

40 g Frühlingszwiebeln, in dünnen Scheiben

Avocado, gewürfelt

Paprikapulver, geräuchert

1. Die Hälfte des Römersalats in eine große Salatschüssel geben und mit der Hälfte des Salzes und des Pfeffers würzen. Die Hälfte der hart gekochten Eier (in Scheiben oder gehackt) über den Salat geben und mit Salz und Pfeffer würzen. Auf die Eier kommen die Hälfte des gehackten Rotkohls, die Hälfte der Olivenscheiben, die Hälfte des Schinkens und die Hälfte der roten Zwiebeln. Die Schichtung mit den restlichen Zutaten wiederholen und mit roten Zwiebeln abschließen.

2. Für das Dressing Mayonnaise, Brühe und Süßungsmittel in einer kleinen Schüssel gut verrühren. Das Dressing gleichmäßig über dem Salat verteilen. Die Schüssel abdecken und über Nacht oder bis zu 24 Stunden in den Kühlschrank stellen. Vor dem Servieren mit Frühlingszwiebeln, gewürfelter Avocado und geräuchertem Paprikapulver garnieren.

NÄHRWERTANGABEN (pro Portion ca.)

kcal	Ft.	EW	KH	BS
312	27 g	12 g	5 g	1 g
	78 %	16 %	6 %	

Rohkostsalat

 Zubereitungszeit: 10 Minuten (Zubereitungszeit für das Dressing nicht eingerechnet) •
Ergibt: 4 Portionen • 300 g Römersalat, zerrupft oder in Streifen geschnitten

1 Avocado, in Würfeln

150 g Gurke, in Würfeln

150 g Kochschinken, in Würfeln

150 g schwarze Oliven ohne Kern, in Scheiben

50 g Rotkohl, gehackt

120 ml milchfreies Ranch Dressing (S. 115) (oder Keto-Mayo ohne Ei, S. 125, für die Ei-freie Variante)

Den Römersalat auf vier Salatschalen aufteilen, anschließend Avocado, Gurke, Kochschinken, Oliven und Rotkohl darauf verteilen. Jeden Salat mit 2 EL Ranch Dressing beträufeln.

NÄHRWERTANGABEN (pro Portion ca.)

kcal	Ft.	EW	KH	BS
388	33 g	15 g	8 g	4 g
	77 %	15 %	8 %	

Gemischter grüner Salat mit Russischen Eiern und Speck-Vinaigrette

  Zubereitungszeit: 15 Minuten • Garzeit: 15 Minuten • Ergibt: 6 Portionen

12 große Eier

4 Scheiben Frühstücksspeck, in etwa 0,5 cm große Würfel geschnitten

2 EL Zwiebeln, in Würfeln

3 EL plus 2 TL Kokosessig oder Rotweinessig

1 TL Dijonsenf*

3 EL MCT-Öl oder natives Olivenöl extra

120 ml Mayonnaise, selbst gemacht (S. 124) oder gekauft*

2 TL Senf*

½ TL feines Meersalz

6 Kirschtomaten, geviertelt

450 g gemischte Blattsalate, plus ein paar TL fein gehackte Blattsalate zum Garnieren

frischer Schnittlauch, in feinen Streifen, zum Garnieren

1. Die Eier in einen großen Topf geben und mit kaltem Wasser bedecken. Das Wasser zum Kochen bringen, dann den Deckel auf den Topf geben und ihn von der Herdplatte nehmen. Die Eier im heißen Wasser 11 Minuten ziehen lassen.

2. In der Zwischenzeit die Speck-Vinaigrette zubereiten: Den gewürfelten Frühstücksspeck bei mittlerer Hitze in einem Stieltopf etwa 5 Minuten knusprig braten. Den Speck aus dem Stieltopf nehmen, dabei das ausgelassene Fett im Topf lassen. Zwiebeln, 3 TL Essig und den Dijonsenf in den Topf geben und bei mittlerer Hitze etwa 2 Minuten dünsten, bis die Zwiebeln weich werden. Anschließend langsam das Öl in den Topf geben, dabei mit einem Schneebesen zügig umrühren. Alles gut verrühren und den Topf beiseitestellen.

3. Für die Russischen Eier: Nach 11 Minuten das heiße Wasser abgießen und die Eier 1–2 Minuten unter kaltem Wasser abschrecken, um den Garprozess zu unterbrechen. Die Eier pellen und der Länge nach halbieren. Das Eigelb aus den Eiern nehmen und in eine Schüssel (oder eine Küchenmaschine) geben. Das Eigelb mit einer Gabel zerdrücken (oder in der Küchenmaschine zerhacken), bis sich eine feinkrümelige Konsistenz ergibt. Mayonnaise, die restlichen 2 TL Essig, Senf und Salz unterheben. Die Eiweißhälften mit der Eigelbmischung füllen. Jedes Russische Ei mit einer viertel Kirschtomate belegen und mit Speck, Salatstreifen und Schnittlauch garnieren.

4. Den restlichen Salat mit der Speck-Vinaigrette anmachen, auf sechs Teller aufteilen und jeweils vier Russische Eier auf jeden Teller geben.

5. Wird der Salat nicht sofort serviert, machen Sie ihn erst kurz vor dem Servieren mit der Vinaigrette an. In einem luftdicht verschlossenen Behältnis hält sich die Vinaigrette im Kühlschrank maximal fünf Tage. Übrig gebliebene Russische Eier halten sich in einem luftdicht verschlossenen Behältnis im Kühlschrank maximal drei Tage.

Familientipp: Ich habe immer etwa ein Dutzend hart gekochte Eier im Kühlschrank. Meine Jungs (fünf und sechs Jahre als) lieben es, mir in der Küche zu helfen, und Eierpellen ist eine Aufgabe, die sie auch ohne permanente Aufsicht meinerseits erledigen können, sodass ich mich dem Rest der Zubereitung widmen kann.

NÄHRWERTANGABEN (pro Portion ca.)

kcal	Ft.	EW	KH	BS
418	37 g	17 g	4 g	1 g
	80 %	16 %	4 %	

Panzanella-Salat

 Zubereitungszeit: 10 Minuten (Zubereitungszeit für die Croûtons nicht eingerechnet) •
Ergibt: 5 Portionen

Sobald die Croûtons fertig sind, ist der Rest dieses wunderbaren und köstlichen Salats schnell zubereitet. Im Buch finden Sie mehrere Croûtons-Alternativen, aus denen Sie einfach auswählen können. Zudem können Sie auch eine andere Salatsoße als die hier angegebene verwenden, beispielsweise das Fatburner-Dressing Florence (S. 121). Die Fischsauce ist optional, verleiht dem Dressing aber einen angenehmen Umami-Geschmack, und die Sardinen liefern eine gesunde Dosis Omega-3-Fettsäuren und Kalzium.

Dressing:

120 ml MCT-Öl

60 ml Kokosessig oder Apfelessig

1 TL feines Meersalz

½ TL frisch gemahlener schwarzer Pfeffer

½ TL Fischsauce (optional, für Vegetarier weglassen)

1 Dose Sardinen (ca. 100 g), fein gehackt (optional, für Vegetarier weglassen)

300 g gemischte Blattsalate

150 g Kirschtomaten und/oder bunte Cocktailtomaten, halbiert

1 Rezeptmenge knusprige Croûtons aus Keto-Brot (S. 256) oder knusprige Schweinebauch-Croûtons (S. 260) oder ½ Rezeptmenge knusprige Croûtons aus Hähnchenhaut (S. 258)

1. Für das Dressing sämtliche Zutaten in ein Glas mit Deckel geben. Den Deckel schließen und das Glas kräftig schütteln.

2. Die Blattsalate und Tomaten auf einem Teller anrichten und mit den Croûtons garnieren. Das Dressing darübergeben und servieren.

Hinweis: Dieser Salat schmeckt frisch zubereitet am besten, aber die Salatzutaten halten sich (ohne Dressing) im Kühlschrank maximal drei Tage. Croûtons und Salatzutaten separat in luftdicht verschließbaren Behältnissen lagern und den Salat erst kurz vor dem Servieren zusammenstellen und mit dem Dressing anmachen.

Familientipp: *Das Dressing kann bis zu zwei Wochen im Voraus zubereitet und in einem luftdicht verschließbaren Behältnis im Kühlschrank gelagert werden.*

NAHRWERTANGABEN (pro Portion ca.)

kcal	Ft.	EW	KH	BS
480	43 g	20 g	4 g	1 g
	80 %	17 %	3 %	

Einfacher Krebssalat

 Zubereitungszeit: 5 Minuten • Ergibt: 2 Portionen

80 ml Mayonnaise, selbst
gemacht (S. 124) oder gekauft*
(oder die Keto-Mayo ohne Ei,
S. 125, für die Ei-freie Variante)

1 TL Zitronensaft

½ TL Dijonsenf*

1 TL frischer Estragon, gehackt

½ TL feines Meersalz

2 Dosen Krebsfleisch (à 170 g),
abgetropft

50 g Stangensellerie, gewürfelt

40 g rote Zwiebeln, gewürfelt

Zum Servieren:

75 g grob zerpflückter Römersalat

frisch gemahlener schwarzer
Pfeffer (optional)

1. Mayonnaise, Zitronensaft, Senf, Estragon und Salz in eine Schüssel geben und gut umrühren. Krebsfleisch, Sellerie und Zwiebeln dazugeben und vorsichtig unterrühren, bis alles gut vermengt ist.

2. Den Krebssalat kurz vor dem Servieren auf dem Römersalat anrichten und, falls gewünscht, mit schwarzem Pfeffer würzen.

Hinweis: *Wird der Krebssalat nicht sofort verzehrt, hält er sich abgedeckt im Kühlschrank maximal vier Tage. Den Römersalat dann erst kurz vor dem Servieren mit dem Krebssalat anmachen.*

NÄHRWERTANGABEN (pro Portion ca.)

kcal	Ft.	EW	KH	BS
382	27 g	31 g	4 g	1 g
	64 %	32 %	4 %	

Salat im Glas

 Zubereitungszeit: 8 Minuten (Zubereitungszeit für Eier, Frühstücksspeck und Dressing nicht eingerechnet) • Ergibt: 4 Portionen

Ein Salat im Glas ist toll, um ihn für unterwegs mitzunehmen, zum Beispiel als Mittagessen auf der Arbeit. Und man kann ihn so leicht abwandeln – zu den hier angegebenen Zutaten gebe ich manchmal noch gewürfelte Paprika oder Zucchini hinzu.

120 ml milchfreies Ranch-Dressing (S. 115) (oder Keto-Mayo ohne Ei, S. 125, für die Ei-freie Variante)

200 g Tomaten, gewürfelt

150 g Gurke, gewürfelt

75 g grob zerpflückter Radicchio oder Römersalat

100 g Stangensellerie, gewürfelt

4 hart gekochte Eier (siehe S. 174), gehackt (für die Ei-freie Variante weglassen)

4 Scheiben Frühstücksspeck, gewürfelt und knusprig gebraten

4 etwa 0,5 l fassende Einmach- oder Marmeladengläser bereitstellen. In jedes Glas jeweils 2 EL Ranch-Dressing geben. Darauf jeweils ein Viertel der Tomatenwürfel geben und anschließend die restlichen Zutaten gleichmäßig in der angegebenen Reihenfolge auf alle Gläser aufteilen.

NÄHRWERTANGABEN (pro Portion ca.)

kcal	Ft.	EW	KH	BS
382	31 g	18 g	8 g	3 g
	73 %	19 %	8 %	

Reinigende Ingwersuppe

 Zubereitungszeit: 8 Minuten • Garzeit: 35 Minuten • Ergibt: 4 Portionen

1 EL Kokosöl

40 g Zwiebeln, gewürfelt

1 Stück frischer Ingwer (2,5 cm groß), geputzt und in ca. 1 cm große Stücke geschnitten (Schale nicht entfernen)

2 Knoblauchzehen, zerdrückt

4 obere Hähnchenkeulen mit Knochen und Haut

960 ml gefiltertes Wasser

feines Meersalz und frisch gemahlener schwarzer Pfeffer

frischer Thymian oder ein anderes Gewürzkraut, z. B. Petersilie oder Koriander, zum Garnieren

1. Das Kokosöl bei mittlerer Hitze in einem großen Topf erwärmen. Zwiebeln, Ingwer und Knoblauch dazugeben und etwa 5 Minuten dünsten, bis die Zwiebeln glasig werden. Hähnchenkeulen und Wasser in den Topf geben und 30 Minuten kochen lassen, bis das Hähnchen gar und innen nicht mehr rosa ist.

2. Die Ingwerscheiben entfernen und entsorgen. Die Hähnchenkeulen herausnehmen, etwas abkühlen lassen und die Haut entfernen (die Haut entweder entsorgen oder aufbewahren und daraus die knusprigen Croûtons aus Hähnchenhaut (S. 258) oder die knusprige Hähnchenhaut (S. 286) zubereiten). Das Fleisch mithilfe zweier Gabeln zerzupfen und die Knochen entsorgen. Das Hähnchenfleisch wieder in die Suppe geben und die Suppe nach Geschmack mit Salz und Pfeffer würzen.

3. Die Suppe auf vier Suppenteller verteilen und mit den frischen Kräutern garnieren.

4. Übrig gebliebene Reste halten sich in einem luftdicht verschlossenen Behältnis im Kühlschrank maximal vier Tage oder im Gefrierschrank maximal einen Monat.

NAHRWERTANGABEN (pro Portion ca.)

kcal	Ft.	EW	KH	BS
161	10 g	16 g	2 g	0,2 g
	56 %	40 %	4 %	

Knochenmark-Chili con Keto

 Zubereitungszeit: 12 Minuten • Garzeit: 2 Stunden • Ergibt: 12 Portionen

Für die keto-adaptierte Lebensweise ist Knochenmark ein wunderbares fettreiches Nahrungsmittel mit mäßig Eiweiß. Es ist unglaublich nährstoffreich (siehe S. 296) und köstlich, aber ich verstehe, dass nicht jeder es so gern isst wie ich. Deshalb habe ich mir ein paar raffinierte Möglichkeiten ausgedacht, um es in Gerichten zu verstecken – wie in diesem Chili. Für zusätzliche Saftigkeit können Sie Knochenmark auch zu Hackfleisch dazugeben oder zu Rührei, um dem Tag einen extra Keto-Kick zu geben (siehe S. 154).

4 Scheiben Frühstücksspeck, gewürfelt

450 g zu 80 % mageres Rinderhack

450 g frische Chorizo nach mexikanischer Art (roh) (falls nicht erhältlich, durch spanische Chorizo ersetzen), ohne Pelle

750 g Tomatenstücke aus der Dose, mit Flüssigkeit

240 ml passierte Tomaten

40 g Zwiebeln, gewürfelt

1 rote Paprika, gewürfelt

2 grüne Chilis, gewürfelt

120 ml Rinderknochenbrühe, selbst gemacht (S. 108) oder gekauft

2 EL Chilipulver

2 TL Knoblauch, gehackt

2 TL getrockneter Oregano

1 TL gemahlener Kreuzkümmel

½ TL Cayennepfeffer

½ TL Paprikapulver

½ TL feines Meersalz

½ TL frisch gemahlener schwarzer Pfeffer

2 Salbeiblätter

Knochenmark:

8 Markknochen vom Rind oder Kalb (5 cm lang), der Länge nach halbiert

1 TL feines Meersalz

½ TL frisch gemahlener schwarzer Pfeffer

Zum Garnieren:

frischer Koriander, gehackt

1. Den Frühstücksspeck in einem großen Suppentopf knusprig braten, dann aus dem Topf nehmen und beiseitestellen, das Fett im Topf lassen. Hackfleisch und Chorizo in das heiße Fett krümeln und bei mittlerer bis starker Hitze etwa 5 Minuten gleichmäßig anbraten.

2. Tomatenstücke und passierte Tomaten hinzugeben. Anschließend Zwiebeln, Paprika, Chilis, Knochenbrühe und die Hälfte des Frühstücksspecks dazugeben. Mit Chilipulver, Knoblauch, Oregano, Kreuzkümmel, Cayennepfeffer, Paprika, Salz und Pfeffer würzen. Die Salbeiblätter hinzugeben und unterrühren. Den Deckel auf den Topf legen, und das Ganze mindestens 2 Stunden bei geringer Hitze köcheln lassen, dabei gelegentlich umrühren.

3. Das Chili nach 2 Stunden abschmecken und, falls gewünscht, mehr Salz, Pfeffer oder Chilipulver hinzufügen. Je länger das Chili köchelt, desto besser wird sein Geschmack. Vor dem Servieren die Salbeiblätter entfernen.

4. Während das Chili köchelt, kann das Knochenmark zubereitet werden. Dafür den Backofen auf 230 °C vorheizen. Die Knochen mit Wasser abspülen, abtropfen lassen und trocken tupfen, dann mit Salz und Pfeffer würzen.

5. Die Knochen mit der Schnittfläche nach oben in eine Pfanne oder einen Bräter legen. 15–25 Minuten im Ofen backen, bis das Mark in den Knochen leicht aufgegangen und warm ist. (Die genaue Garzeit hängt vom Durchmesser der Knochen ab. Bei einem Durchmesser von 5 cm dauert es nur 15 Minuten.)

6. Einen Metallspieß in die Mitte des Marks stecken, um den Garpunkt zu überprüfen. Der Spieß sollte ohne Widerstand eindringen, und etwas Mark sollte bereits aus den Knochen austreten. Das Mark anschließend mit einem kleinen Löffel aus den Knochen kratzen und auf die Chiliportionen verteilen. Vor dem Servieren mit gehacktem Koriander garnieren.

NÄHRWERTANGABEN (pro Portion ca.)

kcal	Ft.	EW	KH	BS
366	32 g	13 g	6 g	2 g
	79 %	14 %	7 %	

Hinweis:

Dieses Rezept kommt in der 4. Woche des 30-Tage-Plans vor. Wenn Sie für zwei Personen kochen, werden Sie vier Portionen mehr haben, als Sie benötigen, aber bei diesem Gericht lohnt es sich, eine große Portion zuzubereiten. Daher empfehle ich Ihnen, die volle Rezeptmenge zu kochen und die Reste in Einzelportionen einzufrieren. So haben Sie für die Zeit nach dem Plan schnelle Mahlzeiten parat.

Cremige kalte Gurkensuppe

   Zubereitungszeit: 8 Minuten • Ergibt: 6 Portionen

Früher habe ich im Supermarkt immer gefrorene Avocados gekauft und sie zu Hause im Gefrierschrank gelagert. Eines Tages gab es im Supermarkt keine gefrorenen Avocados mehr, und in meiner Panik fragte ich einen Mitarbeiter danach. Er antwortete: »Warum kaufen Sie nicht einfach frische Avocados und frieren sie selbst ein?« Da kam ich mir ziemlich dumm vor, aber seitdem mache ich es genau so. Es ist eine tolle Möglichkeit, um immer Avocados für einfache Suppenrezepte wie dieses hier im Haus zu haben. (Einen Tipp zum Einfrieren von Avocados finden Sie auf S. 176.) Es gibt dazu auch ein Video auf meiner Website, http://mariamindbodyhealth.com/videos/ (nur auf Englisch verfügbar). Die Avocado in meinem Video kommt direkt aus dem Gefrierschrank, und wie Sie sehen können, ist sie perfekt, cremig und grün.

1 große Gurke, geschält, entkernt und grob gehackt

1 Avocado, ohne Schale, halbiert und entkernt

2 EL Limetten- oder Zitronensaft

15 g frischer Koriander

2 EL Lauch oder Frühlingszwiebeln, gehackt

240 ml Sour Cream oder milchfreier Joghurt (S. 178)

240 ml Hühnerknochenbrühe, selbst gemacht (S. 108) oder gekauft (oder Gemüsebrühe für Vegetarier)

1 TL feines Meersalz

Zum Garnieren:

natives Olivenöl extra, zum Beträufeln

Gurkenwürfel

frisch gemahlener schwarzer Pfeffer

Alle Zutaten in einen Hochleistungsmixer geben und pürieren, bis eine glatte Konsistenz erreicht ist. Die Suppe auf sechs Teller verteilen und mit etwas Olivenöl, Gurkenwürfeln und frisch gemahlenem schwarzen Pfeffer garnieren. Übrig gebliebene Suppe hält sich in einem luftdicht verschlossenen Behältnis im Kühlschrank maximal drei Tage.

NÄHRWERTANGABEN (pro Portion ca.)

kcal	Ft.	EW	KH	BS
157	14 g	3 g	5 g	2 g
	80 %	8 %	12 %	

Champignoncremesuppe

  Zubereitungszeit: 10 Minuten • Garzeit: 30 Minuten • Ergibt: 4 Portionen

Eigelb statt Sahne eignet sich hervorragend, um Suppen eine cremige Konsistenz zu verleihen. Der Trick liegt darin, das Eigelb richtig zu temperieren. Aber es ist einfach, Sie müssen es nur langsam angehen lassen.

2 Scheiben Frühstücksspeck, in 0,5 cm große Würfel geschnitten

2 EL Schalotten oder Zwiebeln, gehackt

1 TL gehackter Knoblauch oder die Zehen einer Knolle Knoblauch-Confit (S. 142)

450 g kleine Champignons, geputzt und geviertelt oder in Scheiben

1 TL getrockneter Thymian

480 ml Hühnerknochenbrühe, selbst gemacht (S. 108) oder gekauft (siehe Hinweis)

1 TL feines Meersalz

½ TL frisch gemahlener schwarzer Pfeffer

2 große Eier

2 EL Zitronensaft

Zum Garnieren:

frischer Thymian

MCT-Öl oder natives Olivenöl extra, zum Beträufeln

1. Speckwürfel in einen Suppentopf geben und bei mittlerer Hitze etwa 3 Minuten knusprig braten. Den Speck aus dem Topf nehmen, aber das Fett im Topf lassen. Schalotten und Knoblauch in den Topf geben und bei mittlerer Hitze etwa 3 Minuten anbraten, bis die Schalotten weich werden und der Knoblauch zu duften beginnt.

2. Pilze und getrockneten Thymian dazugeben und bei mittlerer Hitze etwa 10 Minuten braten, bis die Pilze goldbraun sind. Brühe, Salz und Pfeffer dazugeben und aufkochen lassen.

3. Eier und Zitronensaft in einer mittelgroßen Schüssel mit dem Schneebesen verrühren. Weiter rühren und dabei langsam 120 ml heiße Suppe dazugeben (wenn Sie die Suppe zu schnell dazugeben, gerinnt das Ei). Anschließend langsam weitere 120 ml Suppe unter die Ei-Mischung rühren.

4. Die heiße Ei-Mischung unter Rühren in den Suppentopf geben. Den gebratenen Frühstücksspeck dazugeben, dann die Hitze reduzieren und die Suppe 10 Minuten köcheln lassen, dabei häufig umrühren. Während des Kochens wird die Suppe leicht andicken. Den Topf von der Herdplatte nehmen und die Suppe vor dem Servieren mit frischem Thymian garnieren und mit MCT-Öl beträufeln.

5. Frisch zubereitet schmeckt die Suppe am besten, aber in einem luftdicht verschlossenen Behältnis hält sie sich im Kühlschrank maximal drei Tage. Zum Aufwärmen die Suppe in einen Topf geben und bei geringer bis mittlerer Hitze erwärmen – dabei ständig umrühren, damit das Ei nicht gerinnt.

Hinweis: *Mit selbst gemachter Brühe wird die Suppe dicker, aber sie schmeckt auch mit gekaufter Brühe.*

NÄHRWERTANGABEN (pro Portion ca.)

kcal	Ft.	EW	KH	BS
185	13 g	11 g	6 g	2 g
	63 %	24 %	13 %	

Sauer-scharf-Suppe mit Schweinehackbällchen

  Zubereitungszeit: 10 Minuten • Garzeit: 15 Minuten • Ergibt: 4 Portionen

Die Sauer-scharf-Suppe wird traditionell mit Speisestärke angedickt. Ich verwende stattdessen ein Eigelb, das mit dem Schneebesen mit etwas abgekühlter Brühe verrührt und anschließend langsam in die heiße Suppe gerührt wird. Die Vorgehensweise erinnert ein wenig an die Zubereitung einer Hollandaise, nur umgekehrt.

Schweinehackbällchen:

225 g Schweinehack

1 EL Coconut Aminos oder Tamari (ohne Weizen)

¼ TL gehackter Knoblauch

¼ TL frisch geriebener Ingwer

¼ TL feines Meersalz

1 Prise frisch gemahlener schwarzer Pfeffer

Suppe:

2 EL Kokosöl

450 g Shiitakepilze oder Champignons, in Scheiben

1 EL rote Chilipaste

1 TL frisch geriebener Ingwer

60 ml Coconut Aminos oder Tamari (ohne Weizen)

60 ml ungewürzter Reisessig

½ TL feines Meersalz

½ TL frisch gemahlener schwarzer Pfeffer

1,2 l Hühnerknochenbrühe, kalt oder zimmerwarm, selbst gemacht (S. 108) oder gekauft, in zwei Teilen

1 großes Eigelb

1 großes Ei (ganz)

75 g Frühlingszwiebeln, in Scheiben zum Garnieren

15 g frischer Koriander, zum Garnieren

1. Für die Hackbällchen: Sämtliche Zutaten gut miteinander vermengen und zu ca. 2 cm großen Bällchen formen.

2. Für die Suppe: Das Öl bei mittlerer Hitze in einem großen Suppentopf erwärmen. Die Hackbällchen in das heiße Öl geben und 5–7 Minuten von allen Seiten anbraten, bis sie gar sind. Die Hackbällchen aus dem Topf nehmen und beiseitestellen. Die Pilze in den Topf geben und ca. 4 Minuten anbraten, bis sie goldbraun sind. Anschließend die Chilipaste und den Ingwer hinzufügen und eine weitere Minute anbraten. Mit Coconut Aminos, Reisessig, Salz und Pfeffer würzen.

3. 240 ml Hühnerbrühe in eine kleine Schüssel geben und das Eigelb mit einem Schneebesen unterrühren (damit die Suppe eindickt). Die restliche Brühe in den Suppentopf geben und bei mittlerer Hitze aufkochen. Anschließend langsam die Brühe mit dem Eigelb einrühren.

4. Das zweite (ganze) Ei in einer kleinen Schüssel aufschlagen und es vorsichtig in die heiße Suppe rühren, damit gestockte Eifäden entstehen. Die Hackbällchen in die Suppe geben und ein paar Minuten leicht köcheln lassen, damit sie heiß werden. Jeden Suppenteller mit Frühlingszwiebeln und Koriander garnieren.

NAHRWERTANGABEN (pro Portion ca.)

kcal	Ft.	EW	KH	BS
388	30 g	21 g	9 g	4 g
	70 %	21 %	9 %	

Pak Choi und Pilze mit Ingwerdressing

   Zubereitungszeit: 5 Minuten • Garzeit: 10 Minuten • Ergibt: 4 Portionen

Ingwerdressing:

60 ml Coconut Aminos oder Tamari (ohne Weizen)

2 EL Rinderknochenbrühe, selbst gemacht (S. 108) oder gekauft (oder Gemüsebrühe für Vegetarier)

2 EL MCT-Öl oder ungeröstetes, kaltgepresstes Sesamöl

1 EL Kokosessig oder ungewürzter Reisessig

1 EL Limettensaft

½ EL frisch geriebener Ingwer

1 Frühlingszwiebel, in dünnen Scheiben

2 EL geröstetes Sesamöl

450 g Champignons, in dünnen Scheiben

4 Köpfe Baby-Pak-Choi (etwa 450 g), in Streifen geschnitten

schwarzes Meersalz oder feines Meersalz und frisch gemahlener schwarzer Pfeffer

1. Die Dressingzutaten in ein Glas mit Deckel geben. Den Deckel schließen und das Glas gut schütteln. Beiseitestellen.

2. Eine gusseiserne Pfanne bei mittlerer Hitze vorheizen und dann das geröstete Sesamöl in die Pfanne geben. Ist das Öl heiß, die Pilze dazugeben und etwa 4 Minuten anbraten, bis sie von allen Seiten goldbraun sind. Den Pak Choi dazugeben und weitere 5 Minuten anbraten, bis er einfällt. Nach Geschmack mit Salz und Pfeffer würzen.

3. Pak Choi und Pilze auf einem Servierteller anrichten und mit dem Ingwerdressing beträufeln. Reste halten sich in einem luftdicht verschlossenen Behältnis im Kühlschrank maximal vier Tage.

Familientipp: *Das Dressing kann im Voraus zubereitet werden und hält sich in einem luftdicht verschlossenen Behältnis im Kühlschrank maximal fünf Tage.*

NAHRWERTANGABEN (pro Portion ca.)

kcal	Ft.	EW	KH	BS
173	15 g	4 g	8 g	4 g
	74 %	12 %	14 %	

Grüner-Curry-Pannacotta

   Zubereitungszeit: 10 Minuten plus 2 Stunden Kühlzeit • Garzeit: 5 Minuten • Ergibt: 6 Portionen

Kollagen ist ein tolles Präbiotikum und die perfekte Nahrung für die vorteilhaften Darmbakterien. Durch Gelatine aus Weidehaltung mit ihrem hohen Kollagengehalt in Gerichten wie dieser Pannacotta erhält Ihr Verdauungssystem also eine gesunde Dosis Präbiotika ohne jegliche Kohlenhydrate.

2 TL Gelatine aus Weidehaltung, in Pulverform

60 ml Limettensaft

240 ml ungesüßter Cashewdrink (ohne Aroma), selbst gemacht (S. 106) oder gekauft oder Mandeldrink (oder Hanfdrink als nussfreie Alternative)

240 ml Vollfett-Kokosmilch

2 TL grüne Currypaste

1 Stängel Zitronengras, die harten äußeren Schichten entfernt und die untere Hälfte in Scheiben geschnitten (optional)

¼ TL Fischsauce (optional)

½ TL feines Meersalz (falls keine Fischsauce verwendet wird, einen ¾ TL Salz nehmen)

Zum Garnieren (optional):

frischer Koriander

Frühlingszwiebeln, in Scheiben

1. Den Limettensaft in eine kleine Schüssel geben, die Gelatine darüberstreuen und 3 Minuten aufweichen lassen.

2. In der Zwischenzeit Cashewdrink, Kokosmilch, Currypaste, Zitronengras (falls verwendet), Fischsauce (falls verwendet) und Salz in einen Topf geben und bei mittlerer Hitze langsam erwärmen, dabei häufig umrühren. Das Zitronengras aus dem Topf nehmen.

3. Die aufgeweichte Gelatine in die heiße Milchmischung geben und gut umrühren, damit sie sich auflöst.

4. Die Mischung in sechs kleine Auflaufförmchen oder Schüsseln geben und mindestens 2 Stunden (besser bis zu 4 Stunden) in den Kühlschrank stellen. Falls gewünscht, vor dem Servieren mit Koriander und Frühlingszwiebeln garnieren.

Hinweis: *In thailändischen Restaurants enthalten die Currys normalerweise Süßungsmittel. Wenn Sie möchten, dass dieses Rezept mehr wie die traditionellen Currys schmeckt, die Sie aus dem Restaurant kennen, fügen Sie 2 EL Swerve (Konditorzuckerersatz) oder die entsprechende Menge eines flüssigen oder pulvrigen Süßungsmittels hinzu (siehe S. 79). Wenn Sie schon eine Weile keto-adaptiert sind und sich der Heißhunger auf Süßes gelegt hat, werden Sie die Süße vermutlich nicht vermissen.*

Gelatinetipp: *Mit Gelatine lassen sich Leckereien einfach herstellen, aber bei Lagerung im Kühlschrank über Nacht können Gerichte mit Gelatine leicht eine gummiartige Konsistenz entwickeln. Wenn Sie dieses Rezept im Voraus zubereiten möchten, verwenden Sie ¼ TL weniger Gelatine, als im Rezept angegeben. So erhalten Sie eine perfekte cremige Konsistenz, auch wenn das Gericht ein oder zwei Tage im Kühlschrank steht.*

Familientipp: *Kann maximal drei Tage im Voraus zubereitet werden (siehe unbedingt Gelatinetipp).*

NÄHRWERTANGABEN (pro Portion ca.)

kcal	Ft.	EW	KH	BS
79	7 g	2 g	2 g	0,5 g
	80 %	10 %	10 %	

Wraps

 Zubereitungszeit: 4 Minuten (Zubereitungszeit für die hart gekochten Eier nicht eingerechnet) •
Garzeit: 8 Minuten • Ergibt: 2 Wraps (1 pro Portion)

Die besten Ergebnisse bei den Wraps erzielen Sie mit einer antihaftbeschichteten Pfanne, aber ich rate dringend von Teflon-Pfannen ab. Empfehlungen zu antihaftbeschichteten Pfannen finden Sie auf S. 84.

2 große Eier

2 hart gekochte Eier (siehe S. 174), gepellt

2 EL frischer Koriander, gehackt, oder andere Gewürzkräuter nach Wahl oder Frühlingszwiebeln

½ TL feines Meersalz

1½ TL Kokosöl

1. Rohe Eier, gepellte hart gekochte Eier, Gewürzkräuter und Salz in einen Hochleistungsmixer geben und so lange mixen, bis eine glatte Konsistenz ohne Klumpen erreicht ist.

2. Eine Crêpespfanne oder antihaftbeschichtete Pfanne mit 20 cm Durchmesser bei geringer bis mittlerer Hitze erwärmen, dann das Öl in die Pfanne geben. Ist das Öl heiß, die Hälfte der Ei-Mischung in die Pfanne geben und die Pfanne in alle Richtungen kippen, damit sich der Teig zu einem großen, dünnen Wrap ausbreiten kann. Die Masse 3–4 Minuten garen, bis sie durch ist. (Den Wrap nicht umdrehen!) Den Wrap zum Abkühlen auf einen Teller geben. Mit dem Rest der Ei-Mischung wiederholen.

3. Sobald sie abgekühlt sind, können die Wraps mit einem Keto-Dressing nach Wahl beträufelt und mit Salat und anderen Füllungen nach Wahl gefüllt werden. (Beträufeln ist einfacher als bestreichen, da der Wrap dabei häufig kaputtgeht.) Den Wrap aufrollen und genießen! Übrig gebliebene Reste halten sich in einem luftdicht verschlossenen Behältnis im Kühlschrank maximal drei Tage.

NAHRWERTANGABEN (pro Portion ca.)

kcal	Ft.	EW	KH	BS
172	13 g	13 g	1 g	0,5 g
	68 %	30 %	2 %	

Keto-Brot

  Zubereitungszeit: 10 Minuten • Garzeit: 45 Minuten • Ergibt: ein ca. 22 x 12 cm großes Brot (14 Scheiben, 2 Scheiben pro Portion)

Dieses Rezept ergibt ein weiches, lockeres Brot mit einer Konsistenz, die mit weißem Toastbrot vergleichbar ist. Auch wenn Sie das Eiweiß sehr steif schlagen, wird das Brot nicht Soufflé-artig, sondern bleibt locker und luftig. Allerdings verträgt das Eiweiß nicht zu viel Feuchtigkeit, weshalb das Brot eventuell nicht sehr fluffig wird, wenn Ihre Küche zu feucht ist.

6 Eiweiß von großen Eiern

3 EL Eiklarpulver (ohne Geschmack)

½ TL Zwiebelpulver oder andere Gewürze/Kräuter nach Wahl (optional)

3 Eigelb von großen Eiern

Abwandlungen:

Keto-Knoblauchbrot – Den Backofen auf 200 °C vorheizen. Einen Laib Keto-Brot in Scheiben schneiden. Die Keto-Brotscheiben mit MCT-Öl bestreichen und dann die Scheiben mit geröstetem Knoblauch oder Knoblauch-Confit (S. 142) einreiben. 3–6 Minuten im Backofen rösten, bis die Brotscheiben goldbraun sind.

Keto-Brötchen – Um anstelle eines Brotes Brötchen zu backen, legen Sie zwei Backbleche mit Backpapier aus und fetten das Papier ein.

Nun mit einem Esslöffel etwas Teig auf das Backpapier geben (den Teig in etwa 14 Portionen aufteilen, 7 Portionen pro Backblech) und jede Teigportion mithilfe des Löffels zu einem flacheren Brötchen mit etwa 8 cm Durchmesser formen.

1. Den Backofen auf 160 °C vorheizen. Eine Kastenform (ca. 22 x 12 cm groß) einfetten.

2. Das Eiweiß mit dem Handrührgerät etwa 10 Minuten lang sehr steif schlagen, bis sich an den Enden der Rührbesen kleine Eiweißspitzen bilden, wenn man sie aus der Eiweißmasse herausnimmt. Das Eiweiß hat die richtige Konsistenz, wenn die Eiweißspitzen beim Umdrehen der Rührbesen auf den Kopf ihre Form behalten. Dann das Eiklarpulver und bei Bedarf die Gewürze vorsichtig mit einem Spatel unterheben.

3. Das Eigelb in einer kleinen Schüssel schaumig schlagen und vorsichtig unter den Eischnee heben (passen Sie auf, dass der Eischnee nicht zusammenfällt).

4. Den »Teig« in die vorbereitete Kastenform geben und 40–45 Minuten im Ofen backen, bis das Brot goldbraun ist. Das Brot vor dem Schneiden vollständig abkühlen lassen, da es sonst zusammenfällt. In 14 Scheiben schneiden. In einem luftdicht verschlossenen Behältnis hält sich das Brot im Kühlschrank maximal sechs Tage, im Gefrierschrank maximal einen Monat.

Die Brötchen 15–20 Minuten im Backofen backen, bis sie goldbraun sind. Auf den Backblechen vollständig abkühlen lassen, bevor sie vom Backblech genommen oder aufgeschnitten werden. In einem luftdicht verschlossenen Behältnis halten sich die Brötchen im Kühlschrank maximal fünf Tage, im Gefrierschrank maximal zwei Monate. Ergibt etwa 14 Brötchen.

Für Hotdog-Brötchen den Teig mit einem Spatel in 14 Portionen auf zwei Backblechen mit eingefettetem Backpapier verteilen und die Teigportionen mit dem Spatel in eine längliche Form bringen (ca. 15 cm lang und 5 cm breit). Anschließend wie die Keto-Brötchen backen.

Knusprige Croûtons aus Keto-Brot –

Den Backofen auf 175 °C vorheizen. Einen Laib Keto-Brot in Würfel schneiden. 60 ml Speckfett oder MCT-Öl in einer großen Bratpfanne bei mittlerer Hitze erwärmen, dann 1–2 TL gehackten Knoblauch und die Brotwürfel dazugeben und alles gut vermengen. Die Croûtons auf ein Backblech geben und ca. 15 Minuten im Backofen rösten, bis sie knusprig sind. Vor der weiteren Verwendung abkühlen lassen. Übrig gebliebene Reste halten sich in einem luftdicht verschlossenen Behältnis im Kühlschrank maximal zwei Tage. Ergibt etwa 150 g Croûtons.

Familientipp: *Ich habe häufig Keto-Brot im Kühl- oder Gefrierschrank vorrätig, um Mahlzeiten schnell und einfach damit ergänzen zu können.*

NAHRWERTANGABEN (pro Portion ca.)

kcal	Ft.	EW	KH	BS
70	4,3 g	7,5 g	0,4 g	0 g
	55 %	43 %	2 %	

Knusprige Croûtons aus Hähnchenhaut

 Zubereitungszeit: 5 Minuten • Garzeit: 45 Minuten • Ergibt: 12 Portionen

450 g Hähnchenhaut und -fett

40 g Zwiebeln, gewürfelt

gehackter Knoblauch (optional)

frischer Basilikum, gehackt, oder andere Gewürzkräuter nach Wahl (optional)

feines Meersalz und frisch gemahlener schwarzer Pfeffer

1. Hähnchenhaut und Fett mit Wasser abspülen und trocken tupfen, dann in ca. 0,5 cm große Stücke schneiden. Die Haut- und Fettstücke bei mittlerer Hitze in einen großen gefetteten Stieltopf geben. Den Deckel auf den Topf geben und alles ca. 15 Minuten garen lassen. Am Topfboden wird sich langsam Fett absetzen. Nach 15 Minuten den Deckel abnehmen und die Hitze auf mittlere bis geringe Hitze reduzieren. Weitere 15–20 Minuten garen, dabei die Stücke mit einem Pfannenwender voneinander lösen und umrühren, bis die Haut braun wird und sich an den Rändern einrollt. Den Topf von der Herdplatte nehmen.

2. Das ausgelassene Fett durch ein feinmaschiges Sieb in ein Behältnis gießen und für eine spätere Verwendung aufbewahren.

3. Nach dem Abgießen des Fetts die aufgefangene Haut und die Fettstücke wieder in den Topf geben. Zwiebeln, Knoblauch (falls verwendet) und Kräuter (falls verwendet) dazugeben. Nach Geschmack mit Salz und Pfeffer würzen.

4. Die Hitze wieder auf mittlere Hitze erhöhen und die Mischung 15–20 Minuten anbraten, bis die Stücke dunkelbraun und knusprig sind, dabei ständig umrühren. Achtung: Die Stücke sollten nicht schwarz werden und verbrennen. Die Haut- und Fettstücke aus dem Topf nehmen und auf einem Stück Küchenpapier abtropfen lassen. Erneut nach Geschmack mit Salz und Pfeffer würzen. In einem luftdicht verschlossenen Behältnis halten sich die Croûtons im Kühlschrank maximal drei Tage. Im auf 200 °C vorgeheizten Backofen oder einem Minibackofen ca. 3 Minuten aufwärmen.

NÄHRWERTANGABEN (pro Portion ca.)

kcal	Ft.	EW	KH	BS
169	15 g	8 g	0,4 g	0,1 g
	80 %	19 %	1 %	

Knusprige Schweinebauch-Croûtons

 Zubereitungszeit: 5 Minuten • Garzeit: 8 Minuten • Ergibt: 6 Portionen

340 g gekochter Schweinebauch
1 EL Paläo-Fett, z. B. Kokosöl

1. Schweinebauch in ca. 0,5 cm große Würfel schneiden. Das Öl bei mittlerer Hitze in einer gusseisernen Pfanne erhitzen und die Schweinebauchwürfel dazugeben. Etwa 8 Minuten von allen Seiten kross anbraten, dabei häufig umrühren. Die Croûtons aus der Pfanne nehmen und auf Blattsalat mit Keto-Dressing servieren.

2. Die Croûtons schmecken frisch zubereitet am besten, halten sich jedoch in einem luftdicht verschlossenen Behältnis im Kühlschrank maximal drei Tage. Zum Aufwärmen 3 Minuten in den auf 200 °C vorgeheizten Backofen oder Minibackofen geben.

NAHRWERTANGABEN (pro Portion ca.)

kcal	Ft.	EW	KH	BS
236	21 g	12 g	0 g	0 g
	80 %	20 %	0 %	

Zucchini-Spaghetti

 Zubereitungszeit: 5 Minuten • Garzeit: 20 Minuten • Ergibt: 600 g (150 g pro Portion)

Zucchini-Spaghetti sind ein fantastischer Ersatz für normale Spaghetti (siehe Fotovergleich auf S. 83). Zucchinis sind ein wunderbar vielseitiges und neutrales Gemüse, das andere Geschmacksnuancen leicht annimmt und so den perfekten Spaghetti-Ersatz ergibt.

Hier meine Tipps für die besten Zucchini-Spaghetti:

Verwenden Sie keine zu großen Zucchini, denn sie enthalten häufig zu viele Kerne. Wählen Sie 25–30 cm lange Zucchini mit einem Durchmesser von ca. 5 cm. Zu große Kerne können den Spiralschneider kaputt machen.

Entziehen Sie den Zucchini-Spaghetti etwas Feuchtigkeit, damit Sie nicht eine Zucchini-Nudelsuppe haben, wenn Sie sie mit der Soße vermischen. Ich entziehe ihnen die Feuchtigkeit am liebsten im Backofen (siehe unten). Nicht ganz so wirkungsvoll, aber einfach ist die folgende Methode: Die Zucchinis in einem Seiher in die Spüle stellen, mit 1 TL Salz bestreuen und etwa 5 Minuten abtropfen lassen, dann mit den Händen leicht zusammendrücken, um das restliche Wasser zu entfernen.

Den Keto-Grad dieser Mahlzeit können Sie mit einer Keto-Soße wie dem cremigen mexikanischen Dressing (S. 116), dem Orangendressing (S. 119) oder der Keto-Zitronen-Mostarda (S. 138) von mittel auf stark bringen.

2 mittelgroße Zucchini, nicht mehr als 30 cm lang

Besondere Küchenhelfer:

Spiralschneider

Familientipp: Damit Sie die ganze Woche lang Zucchini-Spaghetti genießen können, bereiten Sie die doppelte oder dreifache Menge vor und führen Sie dabei nur Schritt 2 und 3 aus. Anschließend können die rohen Spaghetti in einem luftdicht verschlossenen Behältnis maximal fünf Tage im Kühlschrank aufbewahrt werden. Backen Sie dann vor dem Servieren jeweils nur die benötigte Menge und halten Sie sich an Schritt 1 und 4.

1. Den Backofen auf 120 °C vorheizen. Ein Backblech mit einem Geschirrtuch auslegen.

2. Die Enden der Zucchinis abschneiden, damit sie gerade Enden haben. Für weiße »Nudeln« die Zucchinis schälen.

3. Die Zucchinis nacheinander mit dem Spiralschneider zu langen, dünnen Spaghettistreifen verarbeiten.

4. Die Zucchini-Spaghetti auf dem vorbereiteten Backblech ausbreiten und 20 Minuten im Ofen backen. Aus dem Ofen nehmen und sofort servieren.

5. Die Zucchini-Spaghetti sollten direkt nach dem Backen verzehrt werden, weshalb Sie nur die erforderliche Menge zubereiten sollten. (Um Zeit zu sparen, können die Zucchinis aber schon vorher zu Spaghettis verarbeitet werden, siehe Familientipp.) Übrig gebliebene Reste halten sich ohne Soße in einem luftdicht verschlossenen Behältnis im Kühlschrank maximal fünf Tage. Einfrieren kann ich nicht empfehlen, da die Zucchini-Spaghetti zu matschig werden.

NAHRWERTANGABEN (pro Portion ca.)				
kcal	Ft.	EW	KH	BS
81	1 g	5 g	13 g	4 g
	11 %	25 %	64 %	

Hauptgerichte mit Hühnchen

Chiles Rellenos (gefüllte Paprika)

 Zubereitungszeit: 16 Minuten • Garzeit: 30 Minuten (Garzeit für das Hähnchen nicht eingerechnet) • Ergibt: 2 Portionen (1 Paprika pro Portion)

Für dieses Rezept sind ein paar zusätzliche Schritte erforderlich, beispielsweise das Rösten der Paprikas, um die Haut zu entfernen und ihnen ein schönes Röstaroma zu verleihen. Ich persönlich finde, dass es einfacher ist, die Paprikas vor dem Rösten zu entkernen. So gehen sie auch nicht kaputt, wenn man sie mit dem Hähnchen füllt. Wenn Sie Geflügel nicht so gern mögen, können Sie die Paprikas auch mit zerkleinertem Schweine- oder Rindfleisch füllen.

2 mittelgroße Poblanos (ca. 450 g, falls nicht erhältlich durch grüne Paprika oder türkische Dolmalik ersetzen)

feines Meersalz und frisch gemahlener schwarzer Pfeffer

Füllung:

125 g zerkleinerte Reste der einfachen Hähnchenkeulen aus dem Schongarer (S. 290)

»Panade« zum Braten:

2 große Eier, Eiweiß und Eigelb getrennt, Zimmertemperatur

¼ TL feines Meersalz plus mehr nach Bedarf

60 ml Kokosöl, für die Pfanne

Zum Servieren:

120 ml Salsa, püriert

2 EL frischer Koriander, gehackt

1. Eine Poblano (oder Paprika) auf ein Küchenbrett legen. Mit einem Küchenmesser nun zwei Schnitte in Form eines »T« vornehmen: Zunächst die Paprika der Länge nach vom Stiel bis zur Spitze mittig einschneiden, dann den zweiten Schnitt etwa 1–1,5 cm unterhalb des Stiels quer durchführen, wobei nur eine Seite der Paprika eingeschnitten werden sollte (das Stielende nicht komplett abschneiden).

2. Die Paprika vorsichtig öffnen und mit einem Messer Kerne und Trennhäutchen lösen. Anschließend die Kerne und Trennhäute vorsichtig mit einem kleinen Löffel auskratzen. Bei der zweiten Paprika ebenso vorgehen und die Paprika danach so gut wie möglich wieder verschließen.

3. Nun werden die Paprikas geröstet. Am besten geht dies über einer offenen Gasflamme, weil sie dank der nur kurzen Zeit über der Hitzequelle beim anschließenden Braten ihre Form und Konsistenz behalten. Wenn Sie keinen Gasherd haben, nutzen Sie die Grillfunktion Ihres Backofens.
Über der Gasflamme rösten: Eine Gaskochstelle auf mittlere Flamme stellen und die Paprika direkt in die Flamme legen. 5–7 Minuten rösten, dabei gelegentlich mit einer Zange umdrehen, bis die Paprika von allen Seiten schwarz ist und die Haut Blasen wirft. Paprika auf einen großen hitzebeständigen Teller legen.
Mit der Grillfunktion rösten: Einen Grillrost ins obere Drittel des Backofens einschieben und den Grill auf die höchste Stufe stellen. Die Paprikas direkt auf den Grillrost legen und 8–10 Minuten rösten, bis sie von allen Seiten schwarz sind und die Haut Blasen wirft, dabei gelegentlich mit einer Zange umdrehen. Paprikas auf einen großen hitzebeständigen Teller legen.
Den Teller mit Klarsichtfolie oder Backpapier gut abdecken und die Paprikas etwa 15 Minuten im eigenen Dampf auskühlen lassen, bis sie mit den Händen angefasst werden können. Die Haut kann nun mit einem normalen Messer abgekratzt werden. Dabei vorsichtig vorgehen, damit die Paprikas nicht zerreißen. Paprikas beiseitestellen.

4. Die Paprikas von innen und außen mit Salz und Pfeffer würzen.

5. Die Paprikas mit den Hähnchenstücken füllen. Wenn Sie sie im Backofen geröstet haben, gehen Sie beim Füllen besonders vorsichtig vor, damit sie nicht zerreißen.

6. Das Eiweiß in einer Schüssel leicht steif schlagen, bis sich an den Rührbesen beim Herausheben weiche Spitzen bilden. Das Eigelb mit dem Salz aufschlagen, dann das Eigelb vorsichtig unter den Eischnee heben.

NAHRWERTANGABEN (pro Portion ca.)

Kcal	Ft.	EW	KH	BS
585	48 g	31 g	8 g	2 g
	74 %	21 %	5 %	

7. Die pürierte Salsa auf einen Servierteller geben und beiseitestellen.

8. Das Kokosöl in einem gusseisernen Stieltopf oder einer Pfanne bei mittlerer bis starker Hitze erwärmen. Ist das Öl heiß, die Paprikas in die Ei-Mischung tunken, sodass sie vollständig damit bedeckt sind. Die Paprikas etwa 2–3 Minuten pro Seite anbraten, bis sie auf allen Seiten goldbraun sind. *Hinweis*: Bleibt die Ei-Mischung nicht an den Paprikas haften, geben Sie ca. 3 EL der Mischung in das heiße Öl und formen dabei die Paprikas nach. Die Ei-Mischung frittieren, bis sie leicht goldbraun ist, dann die Paprika auf die Ei-Mischung legen und weitere 3 EL der Mischung auf die Paprika drauflöffeln und mit dem Löffel über die gesamte Paprika verteilen. Anschließend die Paprika umdrehen und von der anderen Seite leicht goldbraun braten.

9. Die gebratenen Paprikas aus der Pfanne nehmen und in die Salsa auf dem Servierteller legen. Mit Koriander garnieren.

Scharfer Hähnchensalat

  Zubereitungszeit: 5 Minuten (Zubereitungszeit für die Guacamole und das Garen des Hähnchens nicht eingerechnet) • Ergibt: 4 Portionen

Scharfe Mayo:

2 EL Mayonnaise, selbst gemacht (S. 124) oder gekauft*

1 TL mittelscharfe bis scharfe Hot Sauce, selbst gemacht (S. 134) oder gekauft (siehe Hinweis)

Salat:

2 hart gekochte Eier (siehe S. 174), gewürfelt

60 ml Mayonnaise, selbst gemacht (S. 124) oder gekauft

feines Meersalz und frisch gemahlener schwarzer Pfeffer

250 g Guacamole (S. 140)

125 g gekochtes Hähnchen, gewürfelt (siehe Hinweis)

75 g Römersalat, in Streifen geschnitten

frischer Schnittlauch, gehackt, zum Garnieren

1. Für die scharfe Mayo die Mayonnaise und die Hot Sauce gut miteinander verrühren und beiseitestellen.

2. Die gewürfelten hart gekochten Eier und die Mayonnaise in einer mittelgroßen Schüssel miteinander vermengen und nach Geschmack mit Salz und Pfeffer würzen.

3. Zum Servieren je ein Viertel der Guacamole auf einen kleinen Teller geben und sie zu einem dicken Fladen mit 7–10 cm Durchmesser verstreichen. Darauf ein Viertel des gewürfelten Hähnchens geben, anschließend ein Viertel der Salatstreifen und ein Viertel der Eiersalatmischung. Für die restlichen drei Portionen wiederholen. Mit einem Klecks scharfer Mayo und etwas gehacktem Schnittlauch servieren. Übrig gebliebene Reste halten sich in einem luftdicht verschlossenen Behältnis im Kühlschrank maximal zwei Tage.

Hinweise:

Wenn Sie gekaufte Hot Sauce verwenden, achten Sie auf dem Etikett darauf, dass sie keinen Zucker enthält.

Wenn Sie gerade kein übrig gebliebenes gekochtes Hähnchen haben, können Sie mit meinem Rezept für die einfachen Hähnchenkeulen aus dem Schongarer (S. 290) ganz einfach gekochtes Hähnchen selbst machen. Oder Sie kaufen ein Bio-Brathähnchen.

NAHRWERTANGABEN (pro Portion ca.)

kcal	Ft.	EW	KH	BS
444	38 g	20 g	6 g	4 g
	77 %	18 %	55 %	

Einfaches Omelett nach chinesischer Art (Foo Young)

  Zubereitungszeit: 10 Minuten • Garzeit: 25 Minuten (4–6 Minuten pro Omelett) • Ergibt: 4 Portionen

Ich liebe frischen Ingwer, verwende ihn aber nicht sehr häufig. Damit ich ihn nicht wegwerfen muss, schneide ich die Ingwerknollen in ca. 2,5 cm große Stücke und friere sie ein. So habe ich Ingwer immer zur Hand, wenn er mit seinem unglaublichen Geschmack Gerichte bereichern soll.

1 EL MCT-Öl oder Kokosöl plus mehr nach Bedarf

6 große Eier

60 g kalte Hähnchenbrust, Putenbrust, Kochschinken oder Roastbeef, fein gehackt

60 g Champignons, ohne Stiel und in dünnen Scheiben

100 g Weißkohl oder Chinakohl, in dünnen Streifen

75 g Frühlingszwiebeln, in dünnen Scheiben

1 EL frisch geriebener Ingwer, in zwei Portionen

1 große Knoblauchzehe, zerdrückt

1 TL feines Meersalz

½ TL frisch gemahlener schwarzer Pfeffer

Soße:

180 ml Hühnerknochenbrühe, selbst gemacht (S. 108) oder gekauft

60 ml Kokosöl

60 ml Coconut Aminos oder Tamari (ohne Weizen)

½ TL Hot Sauce, selbst gemacht (S. 134) oder gekauft (Menge je nach gewünschtem Schärfegrad anpassen)

geriebener Ingwer (übrige Reste von oben)

¼–½ TL Guarkernmehl

45 g geröstete rote Paprika, gewürfelt, zum Garnieren

1. Das MCT-Öl in einer großen Bratpfanne bei mittlerer Hitze erwärmen.

2. Währenddessen die Eier in einer großen Schüssel aufschlagen. Fleisch, Pilze, Kohl, Frühlingszwiebeln, ¾ des geriebenen Ingwers und den Knoblauch dazugeben. Mit Salz und Pfeffer würzen.

3. 120 ml der Ei-Mischung (mit einem Messbecher abmessen) in die Pfanne geben. Das Omelett 2–3 Minuten goldbraun braten, dann umdrehen und von der anderen Seite ebenfalls 2–3 Minuten braten. Aus der Pfanne nehmen und beiseitestellen. Mit der restlichen Ei-Mischung wiederholen und bei Bedarf zwischendurch mehr Öl in die Pfanne geben.

4. In der Zwischenzeit die Soße herstellen: Hühnerbrühe, Kokosöl, Coconut Aminos, Hot Sauce und den restlichen geriebenen Ingwer in einem kleinen Stieltopf verrühren. ¼ TL Guarkernmehl unterrühren. Die Soße aufkochen und ca. 5 Minuten reduzieren lassen. Wenn Sie die Soße lieber dickflüssiger haben möchten, geben Sie einen weiteren ¼ TL Guarkernmehl hinzu, rühren Sie ihn gut unter und lassen Sie die Soße weitere 5 Minuten köcheln, bis sie eingedickt ist.

5. Zum Servieren je zwei Omeletts auf einen Teller geben und mit 3 EL Soße beträufeln. Mit gerösteter Paprika garnieren. Die Omeletts schmecken frisch zubereitet am besten, aber Reste halten sich in einem luftdicht verschlossenen Behältnis im Kühlschrank maximal zwei Tage. Zum Aufwärmen eine Pfanne mit Avocado- oder Kokosöl einfetten und bei mittlerer Hitze erwärmen. Das Omelett in die Pfanne geben und von jeder Seite ca. 2 Minuten garen, bis es warm ist.

NAHRWERTANGABEN (pro Portion ca.)

kcal	Ft.	EW	KH	BS
452	38 g	18 g	9 g	6 g
	76 %	17 %	7 %	

Hähnchensalat-Wraps Doro Watt

 Zubereitungszeit: 8 Minuten (Garzeit des Hähnchens und der hart gekochten Eier sowie Zubereitungszeit für die Mayo nicht eingerechnet) • Ergibt: 12 Portionen

Doro Watt ist ein traditionelles Gericht, das mein Mann und ich während unserer Besuche in Äthiopien gern gegessen haben, als wir unsere zwei kleinen Jungs kennenlernten und später adoptierten. Ich habe es leicht abgewandelt, indem ich es zu einem Hähnchensalat gemacht habe und meine Berbere-Mayo verwende, die ihm einen Hauch Exotik verleiht. Die Zubereitung können Sie sich leichter machen, indem Sie ein Bio-Brathähnchen kaufen und es für den Salat verwenden.

1 Rezeptmenge der einfachen Hähnchenkeulen aus dem Schongarer (S. 290)

240 ml Berbere-Mayo (S. 126) (siehe Hinweis)

1 EL Zitronensaft

1 Kopfsalat, für die Wraps

Zum Garnieren (optional):

frischer Koriander oder ein anderes Gewürzkraut nach Wahl, gehackt

Tomaten oder geröstete rote Paprika, gewürfelt

hart gekochte Eier, in Scheiben (siehe S. 174) (für die Ei-freie Variante weglassen)

1. Das Fleisch von den einfachen Hähnchenkeulen aus dem Schongarer ablösen und die Knochen entsorgen. Das Fleisch zerpflücken oder zerschneiden und in eine große Schüssel geben. Berbere-Mayo und Zitronensaft dazugeben und gut miteinander vermengen.

2. Zum Servieren auf jedes Salatblatt einen großen Esslöffel Hähnchensalat geben. Falls gewünscht, mit Koriander, Tomatenwürfeln und/oder hart gekochten Eiern garnieren. Das Salatblatt aufrollen und einen Wrap formen. Mit dem restlichen Hähnchensalat wiederholen. Übrig gebliebene Reste halten sich in einem luftdicht verschlossenen Behältnis im Kühlschrank maximal vier Tage.

Hinweis: Für die Ei-freie Variante verwenden Sie einfach die Keto-Mayo ohne Ei (S. 125) als Grundlage für die Berbere-Mayo.

NÄHRWERTANGABEN (pro Portion ca.)

kcal	Ft.	EW	KH	BS
334	28 g	20 g	1 g	0,3 g
	75 %	24 %	1 %	

Scharfer Hähncheneintopf nach äthiopischer Art aus dem Schongarer

 Zubereitungszeit: 10 Minuten • Garzeit: 7 Stunden • Ergibt: 8 Portionen

Als wir für die Adoption unserer Jungs nach Äthiopien reisten, lernte meine Zunge spannende neue und exotische Aromen kennen. Sollten Sie schon mal in Äthiopien gewesen sein, kennen Sie vermutlich *Berbere* – die in Äthiopien am häufigsten beim Kochen verwendete Gewürzmischung. Sie ist ziemlich scharf, weshalb Sie sie ganz nach Geschmack dosieren können. Ein Rezept für die Herstellung von Berbere finden Sie auf S. 110, aber wenn Sie sie nicht selbst zusammenstellen möchten, können Sie Berbere auch in Gewürzläden oder online kaufen.

Die oberen Hähnchenkeulen sind stärker ketogen und schmecken besser als langweilige Hühnerbrüste ohne Haut – bei diesem Gericht hilft die Haut durch ihren erhöhten Fettgehalt zudem dabei, es stärker ketogen zu machen. Allerdings muss ich zugeben, dass ich kein Fan von labberiger, gummiartiger Haut bin. In diesem Rezept wird die Haut zu knusprigen Croûtons verarbeitet, um dem unglaublichen Eintopf mehr Biss und Geschmack zu verleihen.

1,1 kg obere Hähnchenkeulen, mit Knochen und Haut

600 g Zwiebeln, gewürfelt

480 ml Hühnerknochenbrühe, selbst gemacht (S. 108) oder gekauft

300 g Tomaten, gewürfelt, mit Saft (ca. 2 Tomaten)

3 EL Berbere-Gewürzmischung (S. 110)

2 EL geschmolzenes Kokosöl

5 Knoblauchzehen, gehackt

1 EL frisch geriebener Ingwer

1 TL feines Meersalz

8 hart gekochte Eier (siehe S. 174), gepellt, zum Servieren (optional)

1. Die Haut von den Hähnchenkeulen entfernen und beiseitestellen.

2. Zwiebeln, Hühnerbrühe, Tomaten, Gewürzmischung, Kokosöl, Knoblauch, Ingwer und Salz in einen ca. 4 l (oder mehr) fassenden Schongarer geben. Gut umrühren und anschließend das Hähnchenfleisch obendrauf legen.

3. Den Deckel schließen und 7 Stunden bei geringer Hitze garen, bis das Hähnchen gabelzart ist. In der Zwischenzeit die Hähnchenhaut gemäß der Anweisungen in Schritt 2 auf S. 286 (Rezept für griechische Keto-Avgolemono) knusprig braten.

4. Wenn das Hähnchen gar ist, die Hähnchenkeulen aus dem Schongarer nehmen und in eine Schüssel oder Auflaufform geben, damit die bei der weiteren Verarbeitung austretenden Säfte aufgefangen werden. Das Fleisch von den Knochen lösen, die Knochen entsorgen und das Fleisch mit zwei Gabeln zerzupfen. Das zerrupfte Fleisch gemeinsam mit dem Fleischsaft in den Schongarer geben und gut umrühren.

5. Mit der knusprigen Hähnchenhaut garnieren und, falls gewünscht, mit hart gekochten Eiern servieren. Übrig gebliebene Reste halten sich in einem luftdicht verschlossenen Behältnis im Kühlschrank maximal vier Tage.

Tipp: Schongaren für die Gesundheit

Sollte Sie der Gedanke daran, selbst kochen zu müssen, überfordern oder wissen Sie im Voraus, dass ein Tag besonders hektisch wird, probieren Sie folgenden Tipp einmal aus: Lassen Sie Ihren Partner oder eine andere Person nach dem Abendessen die Küche aufräumen, während Sie das Essen für den nächsten Tag zubereiten und es in den Schongarer geben. Anschließend wandert der Schongarer in den Kühlschrank, und am nächsten Morgen müssen Sie ihn nur noch aus dem Kühlschrank nehmen, einschalten und lassen ihn den Tag über für Sie das Essen kochen. So macht sich das Abendessen quasi von selbst, und eventuell bleiben noch Reste für ein schnelles Mittagessen übrig. Dieser Trick ist mein persönlicher Rettungsanker, denn er erspart mir jede Menge Stress. (Hinweis: In diesem Buch sind 10 Rezepte für den Schongarer enthalten. Im Rezeptverzeichnis ab S. 417 können Sie ganz leicht die entsprechenden Seiten finden.)

NAHRWERTANGABEN (pro Portion ca.)

kcal	Ft.	EW	KH	BS
324	18 g	33 g	9 g	2 g
	50 %	40 %	10 %	

California Club Wraps

 Zubereitungszeit: 10 Minuten • Garzeit: 3 Minuten (Zubereitungszeit für das Hähnchen, die Tortillas und die hart gekochten Eier nicht eingerechnet) • Ergibt: 4 Wraps (1 pro Portion)

Eine tolle Alternative zum Sandwich für unterwegs. Sie können die Wraps für zwei Mittagessen im Voraus fertig zubereiten oder alle Zutaten vorbereiten und sie maximal fünf Tage im Kühlschrank lagern, um die Wraps dann bei Bedarf zu einem schnellen Mittagessen zusammenzubauen – so haben Sie fast eine Woche lang ein einfaches Mittagessen parat oder jeweils Einzelportionen für andere Mahlzeiten.

4 Scheiben Frühstücksspeck

250 g zerrupftes gegartes Hähnchenfleisch (siehe Hinweise)

120 ml Mayonnaise, selbst gemacht (S. 124) oder gekauft*

½ TL feines Meersalz plus mehr zum Würzen der Avocado

½ TL frisch gemahlener schwarzer Pfeffer plus mehr zum Würzen der Avocado

1 kleine Avocado

4 Wraps (S. 254) oder große Salatblätter

2 hart gekochte Eier (siehe S. 174), in Scheiben

150 g Römersalat, zerrupft oder in Streifen geschnitten

1 kleine Tomate, gewürfelt

1. Eine gusseiserne Pfanne bei mittlerer bis starker Hitze erwärmen und den Frühstücksspeck darin ca. 3 Minuten kross braten. Die Pfanne von der Herdplatte nehmen und beiseitestellen.

2. Während der Speck anbrät, das zerrupfte Hähnchenfleisch in eine mittelgroße Schüssel geben und mit der Mayonnaise, Salz und Pfeffer vermengen.

3. Die Avocado halbieren und den Kern entfernen. Die Avocadohälften in ca. 0,5 cm dicke Scheiben schneiden und mit einem Löffel die Scheiben aus der Schale löffeln. Mit Salz und Pfeffer würzen.

4. Die Wraps zusammenbauen: Dafür einen Wrap auf eine saubere Arbeitsfläche oder ein Küchenbrett legen und ein Viertel der Hähnchenmischung auf den Rand des Wraps geben, der Ihnen zugewandt ist, dabei einen 2,5 cm breiten Rand zum Aufrollen freilassen. Jeweils ein Viertel der restlichen Füllungszutaten auf dem Hähnchen verteilen. Die Seiten des Wraps über die Füllung falten und den Wrap aufrollen. Mit den restlichen drei Wraps und der Füllung wiederholen.

5. Die Wraps vor dem Servieren halbieren. Reste halten sich in einem luftdicht verschlossenen Behältnis im Kühlschrank maximal zwei Tage.

Hinweise:
Wenn Sie gerade kein übrig gebliebenes Hähnchenfleisch zur Hand haben, bereiten Sie es mit meinem Rezept für die einfachen Hähnchenkeulen aus dem Schongarer zu (S. 290). Oder Sie kaufen ein fertiges Bio-Brathähnchen.

Wenn Sie nicht alle Wraps sofort servieren, schneiden Sie nur so viel Avocado auf, wie Sie gerade benötigen. Die restliche Avocado schneiden Sie erst dann auf, wenn Sie die anderen Wraps essen möchten.

Familientipp: *Für mehrere schnelle Mittagessen für unterwegs bereiten Sie die Zutaten für die Wraps bis auf die Avocado vor und lagern sie separat im Kühlschrank, wo sie maximal fünf Tage haltbar sind. Einzelportionen lassen sich dann schnell zusammenstellen, denn Sie müssen nur noch die Avocadoscheiben schneiden und sie den Wraps vor dem Servieren hinzufügen.*

NÄHRWERTANGABEN (pro Portion ca.)

kcal	Ft.	EW	KH	BS
750	63 g	30 g	7 g	4 g
	78 %	18 %	4 %	

Hähnchen à la Oscar

  Zubereitungszeit: 5 Minuten • Garzeit: 20 Minuten (Zubereitungszeit für die Hollandaise nicht eingerechnet) • Ergibt: 4 Portionen

450 g mitteldicker grüner Spargel

1 EL MCT-Öl oder natives Olivenöl extra

1 TL feines Meersalz, in zwei Portionen

1 TL frisch gemahlener schwarzer Pfeffer, in zwei Portionen

2 EL Paläo-Fett, z. B. Schmalz, Talg oder Kokosöl

4 obere Hähnchenkeulen, ohne Knochen und Haut (à 85–115 g)

120 ml einfache milchfreie Hollandaise (S. 136), warm

226 g Krebsfleisch aus der Dose

rosafarbenes Meersalz, zum Garnieren

frische glatte Petersilie, gehackt, zum Garnieren

1. Den Backofen auf 230 °C vorheizen. Die holzigen Enden der Spargelstangen abschneiden und die Stangen in einer Lage auf ein Backblech geben. Mit dem MCT-Öl beträufeln und die Stangen im Öl wenden, damit sie überall eingeölt sind. Mit ¼ TL Salz und ¼ TL Pfeffer würzen. 10 Minuten im Backofen garen, bis der Spargel leicht braun wird.

2. Das Hähnchen zubereiten: Das Paläo-Fett bei mittlerer bis starker Hitze in einer gusseisernen Pfanne erwärmen. Die Hähnchenkeulen in einen großen verschließbaren Plastikbeutel geben und mit einer Teigrolle oder einem Nudelholz auf das Fleisch schlagen, bis es nur noch etwa 0,5 cm dick ist. Das Fleisch aus dem Plastikbeutel nehmen und von beiden Seiten mit dem restlichen Salz und Pfeffer würzen. Das Hähnchenfleisch in die Pfanne geben, sobald das Öl heiß ist, und von beiden Seiten etwa 4 Minuten goldbraun anbraten und durchgaren. Das Fleisch auf ein Küchenbrett legen und ein bis zwei Minuten ruhen lassen, dann in Streifen schneiden.

3. Zum Servieren den gerösteten Spargel auf vier Teller aufteilen. Darauf jeweils eine Hähnchenkeule in Streifen, ein Viertel der Hollandaise und ein Viertel des Krebsfleisches geben. Mit rosa Meersalz und gehackter Petersilie garnieren. Frisch zubereitet schmeckt dieses Gericht am besten, aber übrig gebliebene Reste halten sich in einem luftdicht verschlossenen Behältnis im Kühlschrank maximal zwei Tage.

NAHRWERTANGABEN (pro Portion ca.)

kcal	Ft.	EW	KH	BS
397	29 g	29 g	5 g	2 g
	66 %	29 %	5 %	

Hähnchen nach neapolitanischer Art

 Zubereitungszeit: 5 Minuten (Zubereitungszeit für das Knoblauchbrot nicht eingerechnet) • Garzeit: 20 Minuten • Ergibt: 8 Portionen

8 obere Hähnchenkeulen, mit Knochen und Haut

2 TL feines Meersalz

1 TL frisch gemahlener schwarzer Pfeffer

3 EL MCT-Öl

450 g Champignons, geviertelt

150 g Zwiebeln, gehackt

4 Knoblauchzehen, gehackt

400 g Tomaten, gewürfelt, mit Saft

150 g schwarze Oliven ohne Kern, abgetropft

25 g frische Basilikumblätter

8 Scheiben Keto-Knoblauchbrot (S. 256), zum Servieren

1. Das Hähnchen mit Salz und Pfeffer würzen. Öl in einer großen Bratpfanne bei mittlerer bis starker Hitze erwärmen. Sobald das Öl heiß ist, die Hähnchenkeulen in die Pfanne geben und 8–9 Minuten anbraten, bis die Haut goldbraun ist. Die Keulen umdrehen und Pilze, Zwiebeln und Knoblauch in die Pfanne geben. Weitere 8 Minuten anbraten oder bis ein Fleischthermometer im Hähnchen eine Kerntemperatur von 77 °C anzeigt.

2. Die Hitze auf mittlere bis geringe Hitze reduzieren und Tomaten, Oliven und Basilikum dazugeben und erwärmen, bis die Mischung gerade heiß wird. Mit Keto-Knoblauchbrot servieren. Übrig gebliebene Reste halten sich in einem luftdicht verschlossenen Behältnis im Kühlschrank maximal zwei Tage. In einer Bratpfanne bei mittlerer Hitze aufwärmen.

NÄHRWERTANGABEN (pro Portion ca.)

kcal	Ft.	EW	KH	BS
378	23 g	33 g	12 g	2 g
	60 %	29 %	11 %	

Zitronen-Pfeffer-Hähnchen

 Zubereitungszeit: 5 Minuten • Garzeit: 10 Minuten • Ergibt: 4 Portionen

4 obere Hähnchenkeulen,
ohne Knochen und Haut

½ TL feines Meersalz

1 TL frisch gemahlener schwarzer
Pfeffer

2 EL Kokosöl

Saft einer Zitrone

2 EL Kapern

frische glatte Petersilie, gehackt,
zum Garnieren

Zitronenscheiben, zum Garnieren

1. Die Hähnchenkeulen mit einem Stück Küchenpapier abtupfen, um überschüssige Feuchtigkeit zu entfernen. Die Fleischstücke mit dem Boden einer schweren Pfanne zu einer gleichmäßigen Dicke von ca. 1 cm platt schlagen, dann von beiden Seiten mit Salz und Pfeffer würzen.

2. Das Öl bei mittlerer bis starker Hitze in einer gusseisernen Pfanne erhitzen. Die Hähnchenkeulen etwa 5 Minuten pro Seite anbraten, bis sie gar und innen nicht mehr rosa sind. Die Pfanne von der Herdplatte nehmen. Das Hähnchen aus der Pfanne nehmen und auf einen Teller geben, den Fleischsaft in der Pfanne lassen.

3. Zitronensaft und Kapern in die Pfanne geben und mit einem Schneebesen verrühren, dabei die leicht angebrannten Fleischreste vom Pfannenboden kratzen. Die Soße über das Hähnchen geben und mit gehackter Petersilie und Zitronenscheiben garnieren.

4. Übrig gebliebene Reste halten sich in einem luftdicht verschlossenen Behältnis im Kühlschrank maximal zwei Tage. Reste können bei mittlerer Hitze in einer Pfanne wieder aufgewärmt werden.

NAHRWERTANGABEN (pro Portion ca.)

kcal	Ft.	EW	KH	BS
220	17 g	16 g	1 g	1 g
	69 %	29 %	2 %	

Tom Ka Gai (Kokoshähnchen nach thailändischer Art)

 Zubereitungszeit: 10 Minuten • Garzeit: 30–50 Minuten • Ergibt: 4 Portionen

Bei »Tom Ka Gai« denken Sie vielleicht an eine Suppe, und das ist sie eigentlich auch, aber für dieses Buch habe ich sie zu einer dickflüssigeren und herzhafteren Variante umgewandelt, die eher einem Hauptgericht entspricht.

2 EL MCT-Öl oder natives Olivenöl extra, in zwei Portionen

200 g Chinakohl, in dünnen Streifen

¼ TL feines Meersalz, plus mehr für das Hähnchen

450 g Hühnerbrüste, ohne Knochen und Haut, in 5 cm große Stücke geschnitten

3 Schalotten, gewürfelt

1½–3 EL rote Currypaste

360 ml Hühnerknochenbrühe, selbst gemacht (S. 108) oder gekauft

1 Dose (400 ml) Vollfett-Kokosmilch

15 g frischer Koriander, gehackt, plus mehr zum Garnieren

2 Frühlingszwiebeln, in 1 cm dicken Scheiben, plus mehr zum Garnieren

Saft einer Limette

1. 1 EL Öl bei mittlerer Hitze in einer gusseisernen Pfanne erwärmen. Den dünn geschnittenen Chinakohl dazugeben und etwa 3 Minuten dünsten, bis er zusammenfällt. Mit Salz würzen und in einer Schüssel beiseitestellen.

2. Die Pfanne wieder bei mittlerer Hitze auf die Herdplatte stellen und das restliche Öl in die Pfanne geben. Die Hähnchenstücke mit Salz würzen und 4–5 Minuten in der Pfanne anbraten, bis alle Seiten Hitze bekommen haben. Die Stücke müssen nicht durch sein, da sie in der Brühe zu Ende garen können.

3. Die Schalotten in die Pfanne geben und etwa 2 Minuten anbraten, dann die Hitze reduzieren. Currypaste, Brühe und Kokosmilch unterrühren. Ohne Deckel 20–40 Minuten köcheln lassen, bis die Brühe ein wenig einreduziert ist. Je länger Sie das Gericht köcheln lassen, desto dickflüssiger wird die Soße.

4. Sobald das Hähnchen gar ist, den gedünsteten Chinakohl dazugeben und etwa 1 Minute erwärmen. Koriander, Frühlingszwiebeln und Limettensaft unterrühren. Dann sofort von der Herdplatte nehmen und auf Schüsseln oder Suppenteller verteilen. Jeden Teller mit Frühlingszwiebeln und Korianderblättern garnieren.

5. Übrig gebliebene Reste halten sich in einem luftdicht verschlossenen Behältnis im Kühlschrank maximal vier Tage, im Gefrierschrank maximal einen Monat. In einer Pfanne bei mittlerer Hitze wieder aufwärmen.

NÄHRWERTANGABEN (pro Portion ca.)

kcal	Ft.	EW	KH	BS
478	33 g	38 g	8 g	2 g
	62 %	32 %	6 %	

Griechische Keto-Avgolemono

  Zubereitungszeit: 10 Minuten • Garzeit: 30 Minuten • Ergibt: 4 Portionen

Avgolemono ist eigentlich eine traditionelle griechische Suppe, aber in meiner Version bleibt das Hähnchenfleisch am Knochen. Betrachten Sie es als Hauptgericht mit jeder Menge Soße. Das ist genau mein Ding – ich liebe würzige Soßen (insbesondere cremige) zu Hähnchen und anderem Fleisch. Sollten Sie die Cremigkeit vermissen, für die sonst Milchprodukte sorgen, werden Sie hier überrascht sein, denn diese cremige Soße mit Hähnchen lässt keine Wünsche offen.

4 obere Hähnchenkeulen, mit Knochen und Haut

40 g Zwiebeln, gewürfelt

1 Zweig frischer Thymian

960 ml Hühnerknochenbrühe, selbst gemacht (S. 108) oder gekauft, plus mehr nach Bedarf (siehe Hinweis)

feines Meersalz und frisch gemahlener schwarzer Pfeffer

2 große Eier

2 EL Zitronensaft

4 EL natives Olivenöl extra oder MCT-Öl, zum Beträufeln (optional)

Knusprige Hähnchenhaut:

Hähnchenhaut (von oben)

½ TL feines Meersalz

½ TL frisch gemahlener schwarzer Pfeffer

1½ TL Paläo-Fett, z. B. Schmalz, Talg oder Avocadoöl

1. Die Haut von den Hähnchenkeulen abziehen und beiseitestellen (sie wird für die knusprige Hähnchenhaut gebraucht). Die Hähnchenkeulen, Zwiebelwürfel und den Thymian in einen großen Topf geben und mit der Brühe auffüllen, sodass das Fleisch etwa 2,5 cm hoch von der Brühe bedeckt ist. Ein paar Prisen Salz und Pfeffer dazugeben. Zum Kochen bringen und 20 Minuten köcheln lassen, bis das Hähnchenfleisch zart ist und sich leicht vom Knochen lösen lässt.

2. Während das Hähnchen gart, die knusprige Hähnchenhaut zubereiten: Die Haut in ca. 0,5 cm große Stücke schneiden und mit ½ TL Salz und Pfeffer würzen. Das Paläo-Fett bei mittlerer bis starker Hitze in einer Pfanne erwärmen, die Hähnchenhaut in die Pfanne geben und ca. 8 Minuten anbraten, bis sie goldbraun und knusprig ist. Die Hautstücke aus der Pfanne nehmen und auf einem Stück Küchenpapier abtropfen lassen.

3. Sind die Hähnchenkeulen gar, auf einzelne Schüsseln oder Suppenteller aufteilen und beiseitestellen.

4. Eier und Zitronensaft in einer mittelgroßen Schüssel miteinander aufschlagen, dabei ganz langsam 120 ml heiße Brühe dazugeben. Achtung: Wird die heiße Brühe zu schnell dazugegeben, stockt das Ei. Anschließend langsam weitere 240 ml Brühe unter die Ei-Mischung rühren.

5. Die heiße Ei-Mischung in den Topf einrühren, damit eine cremige Suppe entsteht. Die Hitze verringern und das Ganze 10 Minuten köcheln lassen, dabei ständig umrühren. Während des Köchelns dickt die Suppe leicht ein.

6. Etwa 240 ml der cremigen Suppe über jede Hähnchenkeule geben und mit knuspriger Hähnchenhaut garnieren. Falls gewünscht, mit jeweils 1 EL Olivenöl beträufeln.

7. Dieses Gericht sollte am besten frisch zubereitet serviert werden, damit das Ei beim Wiederaufwärmen nicht in der Soße stockt, aber übrig gebliebene Reste halten sich in einem luftdicht verschlossenen Behältnis im Kühlschrank maximal zwei Tage. In einem Stieltopf bei mittlerer bis geringer Hitze langsam aufwärmen, dabei ständig umrühren, damit das Ei nicht stockt.

NAHRWERTANGABEN (pro Portion ca.)

kcal	Ft.	EW	KH	BS
275	20 g	22 g	2 g	1 g
	65 %	32 %	3 %	

Hinweis: Eine dickflüssigere Suppe erhalten Sie, wenn Sie selbst gemachte Brühe verwenden, aber natürlich ist auch gekaufte Brühe in Ordnung.

Hähncheneintopf mit Chorizo

 Zubereitungszeit: 10 Minuten • Garzeit: 1 Stunde 10 Minuten • Ergibt: 8 Portionen

Dieses herzhafte Gericht ist ein Traum. Die drei verschiedenen Konsistenzen durch das Hähnchen, die Chorizo-Scheiben und die zerkrümelte Chorizo machen das Essen wirklich zu einem Erlebnis!

900 g frische mexikanische Chorizo (roh) (falls nicht erhältlich, durch spanische Chorizo ersetzen)

1 EL Kokosöl

2 obere Hähnchenkeulen, ohne Knochen und Haut, in ca. 1 cm großen Stücken

150 g Zwiebeln, gehackt

2 Dosen ganze geschälte Tomaten, mit Saft (ca. 800 g)

3 Chipotle-Chilis in Adobo-Soße

3 EL Knoblauch, gehackt

2 EL Paprikapulver, geräuchert

1 EL Kreuzkümmel, gemahlen

1 EL getrockneter Oregano

2 TL feines Meersalz

1 TL Cayennepfeffer

480 ml Hühnerknochenbrühe, selbst gemacht (S. 108) oder gekauft

60 ml Limettensaft

5 g frischer Koriander, gehackt

1. Die Hälfte der Chorizo in Scheiben schneiden, die andere Hälfte zerkrümeln.

2. Das Öl bei mittlerer bis starker Hitze in einem großen Suppentopf erwärmen. Die Chorizo-Scheiben und die zerkrümelte Chorizo, Hähnchen und Zwiebeln dazugeben und etwa 5 Minuten anbraten, bis die Zwiebeln weich werden und das Hähnchen gar ist; dabei häufig umrühren, um die zerkrümelte Chorizo zu zerteilen.

3. In der Zwischenzeit die Tomaten mit ihrem Saft sowie die Chilis in eine Küchenmaschine geben. Pürieren, bis eine glatte Konsistenz erreicht ist. Tomatensoße beiseitestellen.

4. Knoblauch, Paprika, Kreuzkümmel, Oregano, Salz und Cayennepfeffer in den Topf geben und eine Minute anbraten, dabei umrühren.

5. Die Tomatensoße und die Brühe in den Topf geben. Kurz aufkochen lassen, dann die Hitze reduzieren und auf niedriger Stufe 1 Stunde köcheln lassen, damit sich die Aromen entfalten können. Kurz vor dem Servieren den Limettensaft und den Koriander unterrühren.

6. Übrig gebliebene Reste halten sich in einem luftdicht verschlossenen Behältnis im Kühlschrank maximal zwei Tage. Bei mittlerer Hitze in einem Topf aufwärmen.

NAHRWERTANGABEN (pro Portion ca.)

kcal	Ft.	EW	KH	BS
415	33 g	20 g	10 g	2 g
	72 %	19 %	9 %	

Einfache Hähnchenkeulen aus dem Schongarer

 Zubereitungszeit: 10 Minuten • Garzeit: 6 Stunden • Ergibt: 375 g zerrupftes Hähnchenfleisch (6 Portionen)

Auf diese Weise lässt sich einfach zerrupftes Hähnchenfleisch für schnelle Abendessen wie die California Club Wraps (S. 276) herstellen.

900 g obere Hähnchenkeulen, mit Knochen und Haut

480 ml Hühnerknochenbrühe, selbst gemacht (S. 108) oder gekauft

40 g Zwiebeln, gewürfelt

2 TL Knoblauch, gehackt

1 TL feines Meersalz

½ TL frisch gemahlener schwarzer Pfeffer

1. Alle Zutaten in einen 5,5 l (oder mehr) fassenden Schongarer geben. Den Deckel schließen und auf niedriger Stufe ca. 6 Stunden garen, bis das Hähnchenfleisch gabelzart ist. Das Hähnchen aus dem Schongarer nehmen, die Haut entfernen (aufbewahren und daraus die knusprigen Croûtons aus Hähnchenhaut (S. 258) oder die knusprige Hähnchenhaut (S. 286) machen). Das Fleisch von den Knochen lösen, die Knochen entsorgen und das Fleisch mit zwei Gabeln zerzupfen. In einem luftdicht verschlossenen Behältnis hält sich das Hähnchenfleisch im Kühlschrank maximal fünf Tage, im Gefrierschrank maximal einen Monat.

Tipp: *Wenn Sie das Hähnchenfleisch nicht gleich weiterverwenden, bewahren Sie es zusammen mit etwas Fleischsaft aus dem Schongarer auf. So bleibt das Fleisch bis zur weiteren Verwendung saftig.*

NÄHRWERTANGABEN (pro Portion ca.)

kcal	Ft.	EW	KH	BS
389	25 g	39 g	2 g	0,3 g
	58 %	40 %	2 %	

Hauptgerichte mit Rind

Burger mit Frühstücksspeck und Champignons

 Zubereitungszeit: 10 Minuten • Garzeit: 15 Minuten • Ergibt: 4 Portionen

5 Scheiben Frühstücksspeck, gewürfelt

1 EL plus 1 TL Paläo-Fett, z. B. Schmalz, Talg oder Kokosöl

750 g Champignons, in Scheiben

100 g Zwiebeln, in dünnen Scheiben

2 TL feines Meersalz, in zwei Portionen

2 TL frisch gemahlener schwarzer Pfeffer, in zwei Portionen

600 g zu 80 % mageres Rinderhack

8 große Salatblätter als »Burger-Brötchen«

Kirschtomaten, halbiert, zum Garnieren

Spezialsoße:

60 ml plus 2 EL Mayonnaise, selbst gemacht (S. 124) oder gekauft* (oder Keto-Mayo ohne Ei für die Ei-freie Variante, S. 125)

60 ml passierte Tomaten

2 EL plus 2 TL Swerve (Konditorzuckerersatz) oder die entsprechende Menge eines flüssigen oder pulvrigen Süßungsmittels (siehe S. 79)

1½ TL Kokosessig oder Apfelessig

½ TL feines Meersalz (eventuell etwas mehr)

½ TL frisch gemahlener schwarzer Pfeffer (eventuell etwas mehr)

1. Eine große gusseiserne Pfanne bei mittlerer bis starker Hitze erwärmen und den Frühstücksspeck in der heißen Pfanne ca. 3 Minuten anbraten, bis er knusprig ist. Das Paläo-Fett sowie Champignons und Zwiebeln in die Pfanne geben und ca. 4 Minuten braten, bis die Pilze gar sind. Mit einem ¾ TL Salz und ½ TL Pfeffer würzen. Speck, Pilze und Zwiebeln mit einem Schaumlöffel aus der Pfanne nehmen und beiseitestellen. Das Fett in der Pfanne lassen.

2. Das Hackfleisch mit den Händen zu vier ca. 1,5 cm dicken Burger-Patties formen. Die Außenseiten der Patties mit dem restlichen Salz und Pfeffer würzen. Die Burger in der Pfanne von beiden Seiten bei mittlerer bis starker Hitze braten, bis sie den gewünschten Gargrad erreicht haben. Hierfür können Sie ein Fleischthermometer verwenden (siehe Grafik unten).

3. In der Zwischenzeit die Soße zubereiten: Alle Zutaten in ein ca. 250 ml fassendes Glas mit Deckel geben. Den Deckel schließen und alles gut durchschütteln.

4. Zum Servieren die Burger jeweils auf ein Salatblatt legen, darauf ein Viertel der Pilzmischung und anschließend 2 EL Soße geben. Mit einem weiteren Salatblatt als »Brötchen« bedecken. Jeden Teller mit Kirschtomaten garnieren.

Hinweis: Dieses Rezept kommt in der 3. Woche des 30-Tage-Plans vor. Um den Heißhunger auf Süßes während der Stoffwechselkur zu bekämpfen, empfehle ich, die Menge an Süßungsmittel in der Spezialsoße auf 2 TL zu reduzieren.

Tipp: Damit die Burger innen und außen saftig bleiben, sollten sie nur von außen gesalzen werden. Salz entzieht dem Fleisch Wasser und zersetzt das im Fleisch enthaltene Eiweiß teilweise, wodurch sich die unlöslichen Eiweiße miteinander verbinden. Das ist zwar toll, wenn man Wurst herstellen möchte (und eine etwas elastische Konsistenz gewünscht ist), aber nicht für zarte, saftige Burger.

BURGER-GARGRAD

NAHRWERTANGABEN (pro Portion ca.)				
kcal	Ft.	EW	KH	BS
570	45 g	25 g	6 g	2 g
	71 %	25 %	4 %	

Umami-Burger

 Zubereitungszeit: 5 Minuten (Zubereitungszeit für die Brötchen nicht eingerechnet) •
Garzeit: ca. 25 Minuten • Ergibt: 4 Portionen

Ich nenne diese Burger »Umami-Burger«, weil sie mit einem Hauch Fischsauce gewürzt und mit Pilzen serviert werden. Beides liefert den tollen Umami-Geschmack, den fünften Geschmack neben sauer, salzig, bitter und süß. Häufig wird dieser Geschmack auch einfach nur als »lecker« beschrieben. Dieser fantastische Geschmack von Umami wird durch Ribonukleotide hervorgerufen, also Moleküle, die den natürlichen Geschmack vieler Nahrungsmittel verstärken und beispielsweise in Rinderbrühe und gereiftem Käse vorkommen. Die Burger werden außerdem mit Knochenmark belegt, was für das cremige Mundgefühl sorgt, das wir ohne Milchprodukte häufig vermissen. Das Knochenmark enthält zudem noch eine Extraportion Nährstoffe.

Knochenmark:

5 Markknochen (5 cm lang) vom Rind oder Kalb, der Länge nach halbiert

½ TL feines Meersalz

¼ TL frisch gemahlener schwarzer Pfeffer

1 EL plus 1 TL Paläo-Fett, z. B. Schmalz, Talg oder Kokosöl

300 g Champignons, in Scheiben

120 g Zwiebeln, in Scheiben

2 TL feines Meersalz, in zwei Portionen

1¾ TL frisch gemahlener schwarzer Pfeffer, in zwei Portionen

600 g zu 80 % mageres Rinderhack

1½ TL Fischsauce

4 Keto-Brötchen (S. 256), zum Servieren

Salat, zum Servieren (optional)

Cornichons oder andere eingelegte Gurken, zum Garnieren

1. Den Backofen auf 230 °C vorheizen.

2. Die Markknochen abspülen, abtropfen lassen und trocken tupfen. Mit ½ TL Salz und ¼ TL Pfeffer würzen und mit der Schnittfläche nach oben in einen Bräter legen.

3. Die Markknochen 15–25 Minuten im Ofen garen (die genaue Zeit hängt vom Durchmesser der Knochen ab, bei 5 cm Durchmesser dauert es nur 15 Minuten), bis das Mark leicht aufgegangen und warm ist. Einen Metallspieß in die Mitte des Marks stecken, um den Garpunkt zu überprüfen. Der Spieß sollte ohne Widerstand eindringen, und etwas Mark sollte bereits aus den Knochen austreten.

4. In der Zwischenzeit das Paläo-Fett bei mittlerer bis starker Hitze in einer großen gusseisernen Pfanne erhitzen. Champignons und Zwiebeln darin anbraten, bis die Pilze weich sind. Mit der Hälfte der angegebenen Salz- und Pfeffermenge würzen, dann aus der Pfanne nehmen.

5. Das Hackfleisch in eine Schüssel geben und mit der Fischsauce beträufeln. Hackfleisch und Fischsauce mit den Händen gut vermengen, dann vier ca. 1,5 cm dicke Burger-Patties formen. Die Patties von außen mit Salz und Pfeffer würzen.

6. Wenn das Knochenmark so gut wie fertig ist, werden die Burger von beiden Seiten bei mittlerer bis starker Hitze in der Pfanne bis zum gewünschten Gargrad gebraten. Hierfür können Sie ein Fleischthermometer verwenden (siehe Grafik unten). Anschließend die Burger aus der Pfanne nehmen und beiseitestellen.

7. Die Brötchen aufschneiden und im restlichen Fett in der Pfanne goldbraun rösten. Das Knochenmark mit einem kleinen Löffel aus den Knochen kratzen.

8. Die Burger auf den gerösteten Brötchenhälften mit Salatblättern (falls gewünscht), Knochenmark und der Pilzmischung servieren. Den Teller mit Cornichons garnieren. Die Burger schmecken frisch zubereitet am besten.

BURGER-GARGRAD

```
77
74 ---------------------------
71    DURCH
68 ---------------------------
66    MEDIUM
63
°C
```

NAHRWERTANGABEN (pro Portion ca.)

kcal	Ft.	EW	KH	BS
761	65 g	37 g	6 g	2 g
	74 %	22 %	4 %	

Tipp:

Damit die Burger innen und außen saftig bleiben, sollten sie nur von außen gesalzen werden. Das Salz nicht mit dem Hackfleisch vermischen, denn es entzieht ihm Wasser und zersetzt das im Fleisch enthaltene Eiweiß teilweise, wodurch sich die unlöslichen Eiweiße miteinander verbinden. Das ist zwar toll, wenn man Wurst herstellen möchte (und eine etwas elastische Konsistenz gewünscht ist), aber nicht für zarte, saftige Burger.

Sloppy Joes

 Zubereitungszeit: 5 Minuten (Zubereitungszeit für die Brötchen nicht eingerechnet) •
Garzeit: 28 Minuten • Ergibt: 4 Portionen

450 g zu 80 % mageres Rinderhack

30 g Zwiebeln, gehackt

1 Stange Sellerie, gehackt

1 Knoblauchzehe, fein gehackt

180 ml Wasser oder Rinder-knochenbrühe, selbst gemacht (S. 108) oder gekauft

60 g Tomatenmark

2 EL Swerve (Konditorzuckerersatz) oder die entsprechende Menge eines flüssigen oder pulvrigen Süßungsmittels (siehe S. 79)

1½ TL Kokosessig

½ TL Senf*

½ TL feines Meersalz

⅛ TL frisch gemahlener schwarzer Pfeffer

4 Keto-Brötchen (S. 256), aufgeschnitten und in Fett goldbraun geröstet, oder Salatblätter, zum Servieren

1. Rinderhack, Zwiebeln, Sellerie und Knoblauch in einer großen Bratpfanne ca. 8 Minuten anbraten, dann das Fett abgießen. Die restlichen Zutaten unterrühren und bei geringer Hitze ca. 20 Minuten köcheln lassen, damit sich die Aromen entfalten können und die Soße eindickt.

2. Die Hackmasse auf Keto-Brötchen oder in Salat-Wraps servieren. Übrig gebliebene Reste halten sich in einem luftdicht verschlossenen Behältnis im Kühlschrank maximal fünf Tage, im Gefrierschrank maximal einen Monat.

Familientipp: *Ich koche normalerweise die doppelte Rezeptmenge und friere die Reste mit ein paar Keto-Brötchen ein. So ist unter der Woche schnell eine Mahlzeit zubereitet.*

NAHRWERTANGABEN (pro Portion ca.)

kcal	Ft.	EW	KH	BS
299	23 g	20 g	3 g	1 g
	69 %	27 %	4 %	

Reuben-Hackbällchen

  Zubereitungszeit: 10 Minuten (Zubereitungszeit für das Dressing nicht eingerechnet) •
Garzeit: 35 Minuten • Ergibt: 8 Portionen

Wenn der Backofen richtig heiß ist, erhalten Sie außen knusprige und innen zarte Hackbällchen. Etwas zusätzliches Wasser oder andere Flüssigkeit in der Hackfleischmischung hilft dabei, dass das Fett während des Garens in den Hackbällchen gebunden wird und saftige Hackbällchen entstehen. In diesem Rezept nehme ich ein paar Esslöffel Sauerkrautsaft, um Feuchtigkeit und Geschmack zu bekommen.

1 EL Kokosöl

40 g Zwiebeln, gehackt

1 Knoblauchzehe, fein gehackt

1 TL feines Meersalz

450 g Corned Beef, fein gewürfelt

450 g Schweinehack

190 g Sauerkraut, fein gehackt, die Restflüssigkeit auspressen

2 EL Sauerkrautsaft

1 TL Kümmel, ganz

1 großes Ei

Sauerkraut, aufgewärmt, zum Servieren

milchfreies Thousand-Island-Dressing (S. 118), zum Servieren

Rotkohl, fein gehackt, zum Servieren

1. Den Backofen auf 220 °C vorheizen.

2. Das Öl bei mittlerer Hitze in einer kleinen Pfanne erhitzen. Zwiebeln und Knoblauch in die Pfanne geben, mit Salz würzen und ca. 5 Minuten garen, bis die Zwiebeln glasig sind. Die Zwiebelmischung in eine kleine Schüssel geben und abkühlen lassen.

3. Corned Beef, Schweinehack, Sauerkraut, Sauerkrautsaft, Kümmel und das Ei in einer großen Schüssel vermischen. Wenn die Zwiebelmischung genug abgekühlt ist, kann sie zum Fleisch in die Schüssel gegeben werden. Anschließend beides gut mit den Händen vermengen.

4. Die Fleischmasse zu ca. 5 cm großen Hackbällchen formen und auf ein Backblech legen. 30 Minuten im Backofen garen, bis sie durch sind.

5. Die Hackbällchen auf einem Sauerkrautbett mit Thousand-Island-Dressing beträufelt und Rotkohl garniert servieren. Frisch zubereitet schmecken sie am besten, aber übrig gebliebene Reste halten sich in einem luftdicht verschlossenen Behältnis im Kühlschrank maximal fünf Tage, im Gefrierschrank maximal einen Monat.

NAHRWERTANGABEN (pro Portion ca.)

kcal	Ft.	EW	KH	BS
303	22 g	26 g	2 g	0,3 g
	64 %	33 %	3 %	

Scharfe Hackbällchen nach mexikanischer Art

  Zubereitungszeit: 10 Minuten (Zubereitungszeit für das Dressing nicht eingerechnet) •
Garzeit: 35 Minuten • Ergibt: 8 Portionen

1 EL Kokosöl

40 g Zwiebeln, gehackt

2 Knoblauchzehen, fein gehackt

1 Jalapeño, entkernt und fein gehackt

1 TL feines Meersalz

900 g zu 80 % mageres Rinderhack oder jeweils 450 g Rinder- und Schweinehack (siehe Hinweis)

75 g Champignons, fein gehackt

½ TL Kreuzkümmel, gemahlen

1 großes Ei

Salatblätter, zum Servieren

cremiges mexikanisches Dressing (S. 116), zum Servieren

Limettenschnitze, zum Servieren

1. Den Backofen auf 175 °C vorheizen.

2. Das Öl bei mittlerer Hitze in einer kleinen Pfanne oder einem Stieltopf erwärmen. Zwiebeln, Knoblauch und die Jalapeño in die Pfanne geben, mit Salz würzen und ca. 5 Minuten anbraten, bis die Zwiebeln glasig werden. Die Zwiebelmischung in eine kleine Schüssel geben und abkühlen lassen.

3. Hackfleisch, Champignons, Kreuzkümmel und das Ei in eine Schüssel geben. Wenn die Zwiebelmischung so weit abgekühlt ist, dass sie mit der Hand angefasst werden kann, wird sie zum Hackfleisch dazugegeben. Nun alles mit den Händen gut durchmischen.

4. Aus der Hackmischung ca. 5 cm große Bällchen formen und auf ein Backblech legen. 30 Minuten im Ofen garen, bis sie durch sind.

5. Die Hackbällchen auf Salatblättern anrichten und mit dem Dressing beträufeln. Mit Limettenschnitzen servieren.

6. Frisch zubereitet schmecken die Hackbällchen am besten, Reste sind jedoch in einem luftdicht verschlossenen Behältnis im Kühlschrank maximal fünf Tage haltbar, im Gefrierschrank maximal einen Monat.

Hinweis: *Da Schweinehack mehr Fett enthält als Rinderhack, sorgt die Mischung aus beidem für ein stärker ketogenes Rezept als bei der Verwendung von nur Rinderhack.*

NÄHRWERTANGABEN (pro Portion ca.)

kcal	Ft.	EW	KH	BS
318	25 g	21 g	2 g	1 g
	71 %	26 %	3 %	

Hackbällchen nach italienischer Art

 Zubereitungszeit: 10 Minuten (Zubereitungszeit für die Soße nicht eingerechnet) •
Garzeit: 30 Minuten • Ergibt: 8 Portionen

Der Trick für saftige Hackbällchen ist, der Hackmischung entweder ein wenig Flüssigkeit hinzuzufügen oder eine Zutat unterzumischen, die Feuchtigkeit abgibt – beispielsweise Pilze. Die Champignons in diesem Rezept sorgen nicht nur für saftige Hackbällchen, sondern auch für ein Umami-Aroma, das die Hackbällchen noch leckerer macht. Das Geheimnis für außen knusprige, innen zarte und saftige Hackbällchen ist, für starke Hitze im Backofen zu sorgen. Ich serviere diese Hackbällchen gern mit Zucchini-Spaghetti (S. 262) oder einem Beilagensalat.

1 EL Kokos- oder Avocadoöl

40 g Zwiebeln, gehackt

1 TL feines Meersalz

900 g zu 80 % mageres Rinderhack oder je 450 g Rinder- und Schweinehack (siehe Hinweis)

75 g Champignons, fein gehackt

1 großes Ei

2 TL Gewürzmischung Florence (S. 113) oder andere italienische Kräuter

Rote Soße Florence (S. 130), zum Servieren

frische Basilikumblätter, zum Garnieren

1. Den Backofen auf 220 °C vorheizen.

2. Das Öl bei mittlerer Hitze in einer kleinen Pfanne oder einem Stieltopf erhitzen. Zwiebeln hinzufügen, mit Salz würzen und die Zwiebeln ca. 5 Minuten anbraten, bis sie glasig sind. Die Zwiebeln in eine kleine Schüssel geben und abkühlen lassen.

3. Rinderhack, Pilze, Ei und die Kräutermischung in eine Schüssel geben. Wenn die Zwiebeln so weit abgekühlt sind, dass sie mit der Hand angefasst werden können, werden sie zum Hackfleisch dazugegeben. Anschließend alles mit den Händen gut vermengen.

4. Aus der Hackmischung ca. 5 cm große Bällchen formen und sie auf ein Backblech legen. 22–25 Minuten im Ofen garen, bis sie durch sind.

5. In der Zwischenzeit die rote Soße bei mittlerer bis geringer Hitze in einem Stieltopf erwärmen.

6. Sind die Hackbällchen gar, die rote Soße in eine Schüssel geben. Die Hackbällchen aus dem Ofen nehmen und in die Soße geben. Mit frischem Basilikum garnieren. Frisch zubereitet schmecken die Hackbällchen am besten, Reste halten sich jedoch in einem luftdicht verschlossenen Behältnis im Kühlschrank maximal fünf Tage, im Gefrierschrank maximal einen Monat.

Hinweis: Da Schweinehack mehr Fett enthält als Rinderhack, sorgt die Mischung aus beidem für ein stärker ketogenes Rezept als bei der Verwendung von nur Rinderhack.

NAHRWERTANGABEN (pro Portion ca.)

kcal	Ft.	EW	KH	BS
355	28 g	22 g	4 g	1 g
	71 %	25 %	4 %	

Chorizo-Eintopf mit Querrippe aus dem Schongarer

  Zubereitungszeit: 10 Minuten • Garzeit: 4½ Stunden • Ergibt: 12 Portionen

450 g Querrippe (mit Knochen)

740 g Tomatenstücke aus der Dose, mit Saft, oder 3 Tomaten, gehackt, mit Saft

240 ml passierte Tomaten

40 g Zwiebeln, gehackt

1 rote Paprika, in kleinen Würfeln

2 grüne Chilis, in kleinen Würfeln

120 ml Rinderknochenbrühe, selbst gemacht (S. 108) oder gekauft

2 TL Knoblauch, fein gehackt

2 EL Chilipulver

2 TL getrockneter Oregano

1 TL Kreuzkümmel, gemahlen

½ TL Cayennepfeffer

½ TL Paprikapulver

½ TL feines Meersalz

½ TL frisch gemahlener schwarzer Pfeffer

4 Scheiben Frühstücksspeck, gewürfelt

450 g zu 80 % mageres Rinderhack

450 g mexikanische Chorizo (roh), ohne Pelle (falls nicht erhältlich, durch spanische Chorizo ersetzen)

Zum Garnieren:

Frühlingszwiebeln, in Scheiben

frischer Koriander, gehackt

Limettenschnitze

1. Die Querrippen in einen ca. 4 l (oder mehr) fassenden Schongarer geben, dazu die Tomatenstücke und die passierten Tomaten. Zwiebeln, Paprika, Chili und Rinderbrühe hinzufügen. Mit Knoblauch, Chilipulver, Oregano, Kreuz-kümmel, Cayennepfeffer, Paprikapulver, Salz und schwarzem Pfeffer würzen. Gut umrühren und den Deckel schließen. Auf niedriger Stufe ca. 4 Stunden garen, bis das Fleisch sich von den Knochen löst.

2. Sind die Rippen fast gar, wird das restliche Fleisch zubereitet. Dafür eine große Bratpfanne bei mittlerer bis starker Hitze erwärmen. Den gewürfel-ten Frühstücksspeck in der Pfanne braten, bis er knusprig ist, dann aus der Pfanne nehmen und beiseitestellen. Das Fett in der Pfanne lassen. Rinderhack und Chorizo in die heiße Pfanne krümeln und anbraten, bis alles gleichmäßig braun ist. Die Pfanne von der Herdplatte nehmen.

3. Die Rippen aus dem Schongarer nehmen, wenn sie gar sind, und in eine große Schüssel oder Auflaufform geben (damit der Fleischsaft beim Verarbeiten auf-gefangen wird). Das Fleisch von den Knochen ablösen, die Knochen entsorgen und das Fleisch mit zwei Gabeln zerpflücken. Das zerpflückte Fleisch und den Fleischsaft zurück in den Schongarer geben. Rinderhack, Chorizo und Früh-stücksspeck dazugeben. Den Deckel schließen und mindestens 20 Minuten bei geringer Hitze garen, dann abschmecken und eventuell mit Salz, Pfeffer oder Chilipulver nachwürzen. Je länger der Eintopf köchelt, desto besser schmeckt er.

4. Mit in Scheiben geschnittenen Frühlingszwiebeln, gehacktem Koriander und den Limettenschnitzen servieren. Übrig gebliebene Reste sind in einem luft-dicht verschlossenen Behältnis im Kühlschrank maximal vier Tage haltbar.

Tipp: *Wenn Sie einen Schongarer verwenden, rühren Sie zwischendurch nicht um. Jedes Mal, wenn der Deckel abgenommen wird, verlängert sich die Garzeit um etwa 20 Minuten, weil jede Menge Hitze und Feuchtigkeit verloren gehen.*

NAHRWERTANGABEN (pro Portion ca.)

kcal	Ft.	EW	KH	BS
411	31 g	25 g	7 g	2 g
	68 %	25 %	7 %	

Ropa Vieja aus dem Schongarer

 Zubereitungszeit: 15 Minuten • Garzeit: 6 Stunden • Ergibt: 6 Portionen

Dieses Gericht mit zerpflücktem Fleisch kommt aus Kuba. Meiner Erfahrung nach funktioniert das Rezept mit Fleisch aus der Rinderbrust anstatt aus dem Bauchlappen besser, da in der Rinderbrust mehr Kollagen enthalten ist und das Fleisch saftiger bleibt und weniger zäh ist. Die Sardellen sorgen für einen zusätzlichen Umami-Geschmack. Keine Angst, Sie werden nicht bemerken, dass sie im Gericht stecken.

1 rote Paprika, in ca. 1 cm dicken Streifen

1 grüne Paprika, in ca. 1 cm dicken Streifen

40 g Zwiebeln, in dünnen Scheiben

1 Jalapeño, in dünnen Scheiben (mit Kernen)

60 g Sardellen aus der Dose, gehackt

1 große Tomate, gewürfelt

120 ml Rinderknochenbrühe, selbst gemacht (S. 108) oder gekauft

60 ml passierte Tomaten

1 EL Kokos- oder Apfelessig

2 TL Knoblauch, fein gehackt

2 TL getrockneter Oregano

2 TL Kreuzkümmel, gemahlen

900 g Rinderbrust, quer zur Maserung in 5 cm lange Streifen geschnitten

1 TL feines Meersalz

3 EL grüne Oliven, gehackt

Zum Garnieren:

frischer Koriander, gehackt

ganze grüne Oliven, ohne Kern

Limettenschnitze oder -scheiben

Salsa

1. Paprika, Zwiebeln und Jalapeño in einen 5,5 l fassenden Schongarer geben. Darauf kommen die Sardellen, die gewürfelte Tomate, Brühe, passierte Tomaten, Essig, Knoblauch, Oregano und Kreuzkümmel. Die Rinderbruststreifen dazugeben und mit Salz würzen.

2. Den Deckel schließen und 6 Stunden auf niedriger Stufe garen, bis das Fleisch von alleine zerfällt oder sich leicht zerrupfen lässt. Das Fleisch mit zwei Gabeln zerrupfen, dann die Oliven unterrühren.

3. Das Fleisch auf einen Servierteller geben und mit Koriander, grünen Oliven, Limettenschnitzen und einem großen Löffel Salsa garniert servieren.

NÄHRWERTANGABEN (pro Portion ca.)

kcal	Ft.	EW	KH	BS
397	29 g	29 g	5 g	1 g
	66 %	29 %	5 %	

Paprika gefüllt mit Chili

Zubereitungszeit: 10 Minuten (Zubereitungszeit für den Frühstücksspeck nicht eingerechnet) • Garzeit: 2 Stunden 10 Minuten • Ergibt: 12 Portionen (½ gefüllte Paprika pro Portion)

900 g zu 80 % mageres Rinderhack

450 g italienische Wurst (Salsiccia), scharf oder süßlich, ohne Pelle

740 g Tomatenstücke aus der Dose, mit Saft

170 g Tomatenmark

1 große Zwiebel, gehackt

3 Stangen Sellerie, gehackt

1 rote Paprika, gehackt

1 grüne Paprika, gehackt

2 grüne Chilis, gehackt

4 Scheiben Frühstücksspeck, knusprig gebraten und zerkrümelt

240 ml Rinderknochenbrühe, selbst gemacht (S. 108) oder gekauft

30 g Chilipulver

1 EL Knoblauch, gehackt

1 EL getrockneter Oregano

2 TL Kreuzkümmel, gemahlen

2 TL Hot Sauce, selbst gemacht (S. 134) oder gekauft

1 TL getrockneter Basilikum

1 TL Cayennepfeffer

1 TL Paprikapulver

1 TL feines Meersalz

1 TL frisch gemahlener schwarzer Pfeffer

3 EL Swerve (Konditorzucker-ersatz) oder die entsprechende Menge eines flüssigen oder pulvrigen Süßungsmittels (siehe S. 79) (optional)

6 Paprikas, Farbe nach Wahl

1. Einen Suppentopf bei mittlerer bis starker Hitze erwärmen. Das Rinderhack und die Salsiccia in den heißen Topf krümeln und ca. 8 Minuten anbraten, bis alles gleichmäßig gebräunt ist, dabei häufig umrühren und das Fleisch zerteilen.

2. Tomatenstücke und Tomatenmark dazugeben, anschließend Zwiebel, Sellerie, gehackte Paprika, Chili, den zerkrümelten Frühstücksspeck und die Rinder-brühe. Mit Chilipulver, Knoblauch, Oregano, Kreuzkümmel, Hot Sauce, Basi-likum, Cayennepfeffer, Paprikapulver, Salz, schwarzem Pfeffer und bei Bedarf Süßungsmittel würzen. Gut umrühren, den Deckel schließen und bei geringer Hitze mindestens 2 Stunden köcheln lassen, dabei gelegentlich umrühren. Nach 2 Stunden abschmecken und gegebenenfalls mit Salz, Pfeffer oder Chili-pulver nachwürzen. Je länger das Chili köchelt, desto besser schmeckt es.

3. Ist das Chili gar, die 6 Paprikas der Länge nach halbieren und die weißen Häutchen und Kerne entfernen. Die Paprikas können roh serviert, blanchiert oder im Backofen gegart werden.
   Blanchieren: Wasser in einem großen Topf zum Kochen bringen. Die Paprika-hälften 3 Minuten im kochenden Wasser blanchieren, dann in ein Sieb abgießen und mit eiskaltem Wasser abschrecken (dadurch bleibt ihre Farbe erhalten).
   Im Backofen garen: Wenn die Paprikas weicher werden sollen, können sie im auf 175 °C vorgeheizten Backofen ca. 20 Minuten gegart werden.

4. Das Chili in den Paprikahälften servieren oder in einem verschlossenen Be-hältnis maximal vier Tage im Kühlschrank oder maximal einen Monat im Gefrierschrank aufbewahren.

Hinweis: *Das Auge isst mit und deshalb gestalte ich die Gerichte für meine Söhne gern anders. Die Paprikas mit Gesicht (siehe Bild) werden so gemacht: Nach dem 2. Schritt, wenn das Chili gar ist, schneiden Sie von jeder Paprika den Deckel ab, wie bei einem Kürbis. Kerne und Trennhäute entfernen und anschließend mit einem kleinen scharfen Messer Augen, eine Nase und einen Mund in die Paprika schnitzen. Die Paprikas wie im 3. Schritt beschrieben blanchieren oder im Backofen garen oder einfach roh servieren. Jede Paprika mit dem Chili füllen und servieren oder wie im 4. Schritt beschrieben im Kühl- oder Gefrierschrank aufbewahren.*

NÄHRWERTANGABEN (pro Portion ca.)

kcal	Ft.	EW	KH	BS
385	27 g	23 g	10 g	4 g
	63 %	24 %	13 %	

Querrippe mit Mole aus dem Schongarer

   Zubereitungszeit: 5 Minuten • Garzeit: 6–8 Stunden • Ergibt: 8 Portionen

Bei diesem Rezept wird die im Kapitel »Soßen« beschriebene Mole verwendet. Der einzige Unterschied besteht darin, dass die Mole im Soßenkapitel auf dem Herd gekocht wird, während in diesem Rezept der Schongarer für Sie die Arbeit erledigt – das ganze Gericht ist in nur einem Arbeitsschritt getan. Sollten Sie bereits eine große Menge Mole auf Vorrat gemacht haben, können Sie auch die verwenden. Dafür geben Sie einfach die vorbereitete Soße in den Schongarer, fügen die Querrippen hinzu und beginnen mit dem Kochen.

Mole-Soße:

2 EL MCT-Öl

40 g Zwiebeln, fein gehackt

1 Knoblauchzehe, fein gehackt

1 EL frischer Koriander, gehackt

1 EL ungesüßtes Kakaopulver

1 TL Kreuzkümmel, gemahlen

240 ml passierte Tomaten

115 g eingelegte grüne Chilis, gewürfelt (falls nicht erhältlich, durch frische Chilis ersetzen)

8 Querrippen vom Rind, mit Knochen (1,8 kg)

1. Die Mole-Zutaten in einen 3,5–4 l (oder mehr) fassenden Schongarer geben und gut umrühren.

2. Die Querrippenstücke hinzufügen und darauf achten, dass sie in einer Lage liegen. Den Deckel schließen und 6–8 Stunden auf niedriger Stufe garen, bis das Fleisch zart ist und sich leicht vom Knochen lösen lässt.

3. Die Querrippen auf Tellern anrichten und mit der Soße servieren. Übrig gebliebene Reste sind in einem luftdicht verschlossenen Behältnis im Kühlschrank maximal vier Tage haltbar.

NAHRWERTANGABEN (pro Portion ca.)

kcal	Ft.	EW	KH	BS
612	54 g	27 g	4 g	1 g
	80 %	17 %	3 %	

Texas Beef Sausage

 Zubereitungszeit: 20 Minuten, plus 3–4 Stunden zum Abkühlen des Fleisches, Einweichen der Wurstdärme und Ruhezeit für die Würste • Garzeit: 10 Minuten • Ergibt: 12 Würste (1 pro Portion)

225 g Rückenspeck vom Schwein

120 ml Kokosessig

180 cm Schweinedarm

1,2 kg zu 80 % mageres Rinderhack

80 ml eiskalte Rinderknochenbrühe, selbst gemacht (S. 108) oder gekauft

3 Knoblauchzehen, zerdrückt

2 EL Paprikapulver, geräuchert

1 EL ganze Senfkörner

1 EL fein gemahlenes Meersalz

1 EL frisch gemahlener schwarzer Pfeffer

1½ TL Cayennepfeffer

1½ TL rote Pfefferflocken

½ TL Salbei, gemahlen

¼ TL Anissamen, ganz

¼ TL Koriander, gemahlen

¼ TL getrockneter Thymian, gemahlen

Schweineschmalz oder Kokosöl, zum Braten

Keto-Dipsoße(n) nach Wahl, z. B. Knoblauch-Kräuter-Aioli (S. 128) oder milchfreies Ranch Dressing (S. 115), zum Servieren

Besondere Küchenhelfer:

Fleischwolf (oder Aufsatz für Küchenmaschine)

Wurstfüllmaschine (optional)

1. Ein Backblech mit Backpapier auslegen. Den Rückenspeck in ca. 2,5 cm große Würfel schneiden und auf dem Backblech verteilen. 1 Stunde in den Gefrierschrank stellen.

2. Kokosessig und 1,8 l Wasser in eine große Schüssel geben. Die Schweinedärme darin 30 Minuten einweichen.

3. Den Rückenspeck aus dem Gefrierschrank nehmen und durch den groben Aufsatz des Fleischwolfes drehen (ich verwende dafür meine Küchenmaschine mit passendem Fleischwolfaufsatz).

4. Den gewolften Rückenspeck, Rinderhack, Brühe, Knoblauch, Paprikapulver, Senfkörner, Salz, schwarzen Pfeffer, Cayennepfeffer, rote Pfefferflocken, gemahlenen Salbei, Anissamen, gemahlenen Koriander und Thymian in eine große Schüssel geben und alles gut vermengen. Eine kleine Portion der Masse in einer kleinen Pfanne bei mittlerer Hitze anbraten, um die Wurstmasse abschmecken zu können. Anschließend eventuell nachwürzen, bevor die Därme gefüllt werden.

5. Den eingeweichten Darm auf einen Wurstfüller aufziehen (ich verwende den Wurstfüll-Aufsatz für meine Küchenmaschine) und die Würste füllen, indem Sie die Fleischmischung durch den Aufsatz drücken. Nach jeweils ca. 12,5 cm die einzelnen Würste durch Drehen des Darmes trennen. Hinweis: Sollten Sie keinen Wurstfüller verwenden, können Sie die Fleischmasse auch zu 12 großen Burger-Patties formen.

6. Die Würste ein paar Stunden in den Kühlschrank legen, damit sich die Aromen verbinden können. Innerhalb von drei Tagen weiterverarbeiten.

7. Zum Garen der Würste 1 EL Schweineschmalz oder Kokosöl bei mittlerer Hitze in einer großen Pfanne erhitzen. In jede Wurst ein paar kleine Löcher stechen, damit möglicherweise vorhandene Luft beim Braten entweichen kann. Die Würstchen ca. 10 Minuten braten, bis die Kerntemperatur von 71 °C erreicht ist. Mit einer oder mehreren Keto-Dipsoßen nach Wahl servieren. Die gebratenen Würste halten sich in einem luftdicht verschlossenen Behältnis im Kühlschrank maximal fünf Tage, im Gefrierschrank maximal einen Monat.

Tipps zur Wurstherstellung:

Damit das Eiweiß an das Fett gebunden wird, ist Flüssigkeit erforderlich. Je mehr Flüssigkeit Sie hinzufügen, desto mehr Fett können Sie hinzufügen.

Für einen großartigen Geschmack und zusätzlichen Nährstoffgehalt ist die selbst gemachte Knochenbrühe die beste Flüssigkeit, aber das Rezept funktioniert auch mit hochwertiger gekaufter Brühe.

Platzt die Wurstfüllung beim Reinbeißen aus dem Darm, wurde die Wurst zu schnell und bei zu großer Hitze gebraten.

Bei der Wurstherstellung kaltes Fleisch und kaltes Fett verwenden, damit die Wurst nicht breiig wird. (In der industriellen Produktion werden dem Fleisch häufig Eiswürfel hinzugefügt, damit es kalt bleibt.) Nachdem das Fleisch gewürfelt wurde, kommt es vor dem Wolfen entweder 1 Stunde in den Gefrierschrank oder 4 Stunden oder über Nacht in den Kühlschrank. Nach dem Wolfen die Fleischmasse für 30 Minuten in den Gefrierschrank stellen, damit sie während des Füllens kalt bleibt.

Familientipp: *Die doppelte Menge zubereiten und für schnelle Mahlzeiten einfrieren.*

NÄHRWERTANGABEN
(pro ca. 127 g Wurst)

kcal	Ft.	EW	KH	BS
377	32 g	18 g	4 g	1 g
	77 %	19 %	4 %	

Keto-Filet-mignon

 Zubereitungszeit: 5 Minuten (Zubereitungszeit für das Dressing nicht eingerechnet) • Garzeit: 10 Minuten • Ergibt: 2 Portionen

1 EL Paläo-Fett, z. B. Schweine-schmalz, Kokosöl oder Avocadoöl

2 Filets mignon (je 115 g)

1½ TL feines Meersalz

½ TL frisch gemahlener schwarzer Pfeffer

2 Scheiben Frühstücksspeck

2 EL Schalotten, fein gehackt

55 g Speckmarmelade (S. 122), zum Servieren

Salat:

150 g gemischte Blattsalate

4 Kirschtomaten, halbiert

60 ml Zwiebeldressing (S. 120)

1. Eine gusseiserne Pfanne bei mittlerer bis starker Hitze erwärmen und das Fett in die heiße Pfanne geben. Die Filets vorbereiten, während die Pfanne und dann das Fett heiß werden: Die Filets trocken tupfen und gut mit Salz und Pfeffer würzen. Um jedes Filet eine Scheibe Frühstücksspeck wickeln und mit einem Zahnstocher fixieren.

2. Ist das Fett in der Pfanne heiß, die ummantelten Filets und die Schalotten in die Pfanne geben und 3 Minuten anbraten, dann umdrehen und von der anderen Seite ebenfalls 3 Minuten lang anbraten. Wird ein fast rohes Filet gewünscht, die Filets nun aus der Pfanne nehmen, oder es weiter bis zum gewünschten Gargrad braten. Hierfür können Sie ein Fleischthermometer verwenden (siehe Grafik unten). Dickere Filets benötigen etwas länger. Die Filets mit der Zange auf die Seiten stellen und langsam drehen, um den Speck rundherum anzubraten.

3. Die Filets aus der Pfanne nehmen und auf ein Küchenbrett legen, damit sie während der Salatzubereitung ruhen können.

4. Blattsalate und Tomaten in eine Schüssel geben und das Dressing unterheben.

5. Die Filets auf Teller geben und jeweils mit 2 EL Speckmarmelade garnieren. Mit dem Salat servieren.

Familientipp: Um Gerichte schnell pfiffiger zu machen, habe ich immer selbst gemachte Dressings und Soßen im Kühlschrank, darunter die hier verwendete Speckmarmelade (S. 122) und das Zwiebeldressing (S. 120).

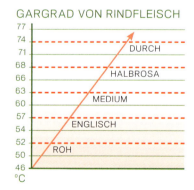

GARGRAD VON RINDFLEISCH

°C	
77	
74	DURCH
71	
68	
66	HALBROSA
63	
60	MEDIUM
57	
54	ENGLISCH
52	
50	ROH
46	

NÄHRWERTANGABEN (pro Portion ca.)

kcal	Ft.	EW	KH	BS
557	50 g	22 g	6 g	1 g
	80 %	16 %	4 %	

Pfeffersteak für zwei

 Zubereitungszeit: 5 Minuten • Garzeit: 15 Minuten • Ergibt: 2 Portionen

60 ml plus 1 EL Paläo-Fett, z. B. Schweineschmalz, Kokos- oder Avocadoöl, aufgeteilt

1 Rib Eye-Steak (Entrecôte), 230 g

1 EL grob zerstoßene schwarze Pfefferkörner, plus mehr zum Garnieren (optional)

1½ TL feines Meersalz

2 EL Frühlingszwiebeln oder Schalotten, gehackt

60 ml Rinderknochenbrühe, selbst gemacht (S. 108) oder gekauft

60 ml Vollfett-Kokosmilch

1. Eine gusseiserne Pfanne bei mittlerer bis starker Hitze erwärmen und 1 EL Fett in die Pfanne geben, sobald sie heiß ist. Das Steak vorbereiten, während die Pfanne heiß wird: Das Fleisch trocken tupfen und gut mit Salz und Pfeffer würzen.

2. Sobald das Fett heiß ist, das Steak in die heiße Pfanne geben und von jeder Seite 3 Minuten anbraten. Wird ein fast rohes Steak gewünscht, das Fleisch nun aus der Pfanne nehmen, oder es weiter bis zum gewünschten Gargrad braten. Hierfür können Sie ein Fleischthermometer verwenden (siehe Grafik unten). Dickere Steaks benötigen etwas länger.

3. Das Steak aus der Pfanne nehmen und auf ein Küchenbrett legen, damit es während der Salatzubereitung ruhen kann. Das Fett und den Fleischsaft in der Pfanne lassen.

4. Frühlingszwiebeln in die Pfanne geben und bei mittlerer Hitze 2 Minuten anbraten. Die restlichen 60 ml Fett dazugeben und mit einem Schneebesen die angebrannten Fleischstücke vom Pfannenboden kratzen. Brühe und Kokosmilch hinzufügen und 5 Minuten köcheln lassen, dabei häufig umrühren. Die Pfanne von der Herdplatte nehmen, sobald die Soße etwas eingedickt ist.

5. Das Steak in ca. 1,25 cm dicke Streifen schneiden. Auf einem Servierteller anrichten und die Soße darübergeben. Falls gewünscht, mit grob zerstoßenen Pfefferkörnern garnieren.

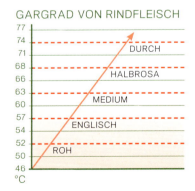

GARGRAD VON RINDFLEISCH

NÄHRWERTANGABEN (pro Portion ca.)

kcal	Ft.	EW	KH	BS
630	55 g	21 g	2 g	1 g
	79 %	20 %	1 %	

Steak Diane

 Zubereitungszeit: 10 Minuten • Garzeit: 15 Minuten • Ergibt: 4 Portionen

4 EL Paläo-Fett, z. B. Schweine-schmalz, Kokos- oder Avocadoöl, auf geteilt

4 Rinder- oder Kalbsfiletsteaks (je 115 g)

1¼ TL feines Meersalz, plus mehr für die Soße

½ TL frisch gemahlener schwarzer Pfeffer, plus mehr für die Soße

40 g fein gehackte Schalotten oder Zwiebeln

1 TL fein gehackter Knoblauch

225 g Champignons, in ca. 0,5 cm dicken Scheiben (kleine Pilze können ganz bleiben)

60 ml Rinderknochenbrühe, selbst gemacht (S. 108) oder gekauft

60 ml Vollfett-Kokosmilch

2 TL Dijonsenf*

1. Eine gusseiserne Pfanne bei mittlerer bis starker Hitze erwärmen und 1 EL Fett in die heiße Pfanne geben. Die Filetsteaks zubereiten, während die Pfanne heiß wird: Die Steaks trocken tupfen und gut mit Salz und Pfeffer würzen.

2. Die Filetsteaks in das heiße Fett geben und von jeder Seite 3 Minuten anbraten. Wird ein fast rohes Steak gewünscht, das Fleisch nun aus der Pfanne nehmen, oder es weiter bis zum gewünschten Gargrad braten. Hierfür können Sie ein Fleischthermometer verwenden (siehe Grafik unten). Vor dem Schneiden oder Servieren 10 Minuten ruhen lassen.

3. Die Soße zubereiten, während das Fleisch ruht: Die restlichen 3 EL Fett sowie Schalotten, Knoblauch und Zwiebeln in die Pfanne geben und mit ein paar Prisen Salz und Pfeffer würzen. Ca. 6 Minuten anbraten, bis die Pilze goldbraun sind. (Falls erforderlich, die Pilze in mehreren Portionen braten, damit die Pfanne nicht zu voll wird.) Die Brühe in die Pfanne geben und mit einem Schneebesen die angebrannten Fleischreste vom Pfannenboden kratzen, damit sie sich mit der Soße verbinden. Kokosmilch und Senf hinzufügen, gut umrühren und zum Köcheln bringen. Bei geringer Hitze ca. 3 Minuten köcheln lassen, bis die Soße eingedickt ist. Nach Geschmack mit Salz und Pfeffer würzen.

4. Die Steaks mit der Soße servieren.

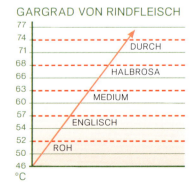

GARGRAD VON RINDFLEISCH

°C	
77	
74	DURCH
71	
68	HALBROSA
66	
63	MEDIUM
60	
57	ENGLISCH
54	
52	ROH
50	
46	

NAHRWERTANGABEN (pro Portion ca.)

kcal	Ft.	EW	KH	BS
332	20 g	36 g	2 g	1 g
	54 %	44 %	2 %	

Gefüllte Paprika nach Hunan-Art

Zubereitungszeit: 7 Minuten plus 2 Stunden zum Marinieren des Rindfleisches •
Garzeit: 15 Minuten • Ergibt: 4 Portionen

Marinade:

120 ml Rinderknochenbrühe, selbst gemacht (S. 108) oder gekauft (siehe Hinweis)

60 ml Coconut Aminos oder Tamari (ohne Weizen)

3 EL MCT-Öl

1 EL Knoblauch, fein gehackt

1 EL frisch geriebener Ingwer

1 EL frisch gemahlener schwarzer Pfeffer

1 TL Fischsauce (optional, für Umami)

4 getrocknete Thai-Chilis (oder Pfefferonen)

¼ TL Guarkernmehl (optional, siehe Hinweis)

450 g Flanksteak, quer zur Maserung sehr dünn geschnitten

2 Paprika, Farbe egal, entkernt und der Länge nach halbiert, zum Servieren (siehe Hinweis)

60 ml Kokosöl

80 g Zwiebeln, in dünnen Scheiben

1 rote Paprika, in dünnen Streifen

1 grüne Paprika, in dünnen Streifen

feines Meersalz nach Bedarf

1. Die Marinadezutaten (bis auf das Guarkernmehl) in eine flache Schüssel geben. Umrühren, das Steak in die Marinade geben und mit einem Löffel auch Marinade auf das Fleisch träufeln. Abdecken und mindestens zwei Stunden oder über Nacht in den Kühlschrank stellen.

2. Das Fleisch aus dem Kühlschrank nehmen, die Marinade abgießen und dabei auffangen. Wurde gekaufte Rinderbrühe für die Marinade verwendet, das Guarkernmehl in die Marinade einrühren (es lässt die Soße beim Kochen eindicken).

3. Wasser in einem großen Topf zum Kochen bringen, um die Paprika zu blanchieren. Die Paprikastreifen in das kochende Wasser legen und 3 Minuten blanchieren, dann in ein Sieb abgießen und mit eiskaltem Wasser abspülen (dadurch bleibt ihre Farbe erhalten).

4. Einen Wok oder eine große Pfanne bei starker Hitze erwärmen und das Kokosöl hineingeben. Die Rindfleischstreifen im heißen Öl 10 Sekunden scharf anbraten, dann aus der Pfanne nehmen und beiseitestellen.

5. Zwiebeln und Paprika in das heiße Öl geben und 5 Minuten unter ständigem Rühren anbraten. Rindfleisch und Marinade hinzufügen, aufkochen lassen und 5–7 Minuten köcheln, bis die Marinade eingedickt ist. Abschmecken und gegebenenfalls nachsalzen.

6. Die Fleischmischung in den blanchierten Paprikahälften servieren. Übrig gebliebene Reste halten sich in einem luftdicht verschlossenen Behältnis im Kühlschrank maximal fünf Tage, im Gefrierschrank maximal einem Monat.

Hinweis: *Für dieses Rezept eignet sich selbst gemachte Rinderknochenbrühe besonders gut, da sie auf natürliche Weise für eine dickflüssigere Soße sorgt. Sollten Sie gekaufte Brühe verwenden, benötigen Sie ein wenig Guarkernmehl, um die Soße einzudicken.*

Für das Foto habe ich die Paprikas besonders weihnachtlich geschnitzt, aber meist mache ich es mir einfach und serviere das Rindfleisch wie oben beschrieben in den Paprikahälften. Sie können sich auch einen Schritt sparen und die blanchierten Paprikas weglassen – dann essen Sie das Rindfleisch einfach so.

NÄHRWERTANGABEN (pro Portion ca.)

kcal	Ft.	EW	KH	BS
480	34 g	27 g	17 g	7 g
	64 %	22 %	14 %	

Querrippen-Tacos aus dem Schongarer

 Zubereitungszeit: 5 Minuten (Zubereitungszeit für die Guacamole nicht eingerechnet) • Garzeit: 6–8 Stunden • Ergibt: 12 Portionen

Querrippen:

40 g Zwiebeln, gewürfelt

1,8 kg Querrippen vom Rind, ohne Knochen

240 ml grüne oder rote Salsa

240 ml Rinder- oder Hühner-knochenbrühe, selbst gemacht (S. 108) oder gekauft

2 Knoblauchzehen, fein gehackt

2 TL feines Meersalz

1 TL frisch gemahlener schwarzer Pfeffer

Zum Servieren:

Rotkohl-, Radicchio- oder Salatblätter, als Taco-Shells

Guacamole (S. 140)

grüne Salsa

Limettenschnitze

frischer Koriander, gehackt

1. Zwiebeln in einen 5,5 l (oder mehr) fassenden Schongarer geben. Die Querrippen auf die Zwiebeln legen, anschließend die restlichen Zutaten dazugeben und umrühren, damit sich die Gewürze verbinden. Den Deckel schließen und auf geringer Stufe 6–8 Stunden garen, bis das Fleisch gabelzart ist und sich leicht zerteilen lässt.

2. Die Querrippen aus dem Schongarer nehmen und das Fleisch von den Knochen lösen. Die Knochen entsorgen und das Fleisch mit zwei Gabeln zerrupfen. Das zerrupfte Fleisch in eine Servierschüssel geben.

3. Mit Rotkohl-, Radicchio- oder Salatblättern als Taco-Shells servieren, dazu Guacamole, grüne Salsa, Limettenschnitze und Koriander reichen. Übrig gebliebene Reste halten sich in einem luftdicht verschlossenen Behältnis im Kühlschrank maximal vier Tage.

NÄHRWERTANGABEN (pro Portion ca.)

kcal	Ft.	EW	KH	BS
296	16 g	32 g	6 g	2 g
	49 %	43 %	8 %	

Hauptgerichte mit Schweinefleisch

Frühlingsrollen mal anders

   Zubereitungszeit: 10 Minuten • Garzeit: 15 Minuten • Ergibt: 6 Portionen

450 g Schweinehack

1 EL ungeröstetes, kalt gepresstes Sesamöl

600 g Weißkohl, fein gehackt

2 TL Knoblauch, fein gehackt

1 EL frisch geriebener Ingwer

1 EL Coconut Aminos oder Tamari (ohne Weizen)

1 TL Fischsauce (optional)

40 g Frühlingszwiebeln, zum Garnieren

1. Schweinehack und Öl in eine große gusseiserne Pfanne geben und bei mittlerer bis starker Hitze etwa 10 Minuten garen, bis das Fleisch durchgegart ist, dabei das Schweinehack mit einem Holzlöffel zerteilen. (Die Flüssigkeit in der Pfanne lassen.)

2. Weißkohl, Knoblauch, Ingwer, Coconut Aminos und bei Bedarf Fischsauce dazugeben. 3–5 Minuten garen, bis der Weißkohl weich wird.

3. Die Fleischmischung auf sechs Teller oder Schüsseln verteilen und mit den Frühlingszwiebeln garniert servieren.

NÄHRWERTANGABEN (pro Portion ca.)

kcal	Ft.	EW	KH	BS
250	19 g	14 g	6 g	3 g
	68 %	22 %	10 %	

Pizza-Hackbällchen in roter Soße

  Zubereitungszeit: 10 Minuten • Garzeit: 40 Minuten • Ergibt: 36 Hackbällchen (4 pro Portion)

An regnerischen Tagen schaue ich mir mit meinen beiden Jungs gern Kochsendungen im Fernsehen an. In einer dieser Sendungen kam eine »rote Soße« vor, und wir fragten uns, was das wohl sein würde. Die Lösung war, dass Tomatensoße in Philadelphia rote Soße genannt wird. Statt Pizza-Hackbällchen in Tomatensoße nennen meine Jungs und ich sie nun Pizza-Hackbällchen in roter Soße!

1 EL Kokosöl

40 g Zwiebeln, gehackt

1 TL feines Meersalz

75 g Champignons, fein gehackt

40 g rote Paprika, fein gewürfelt

900 g Schweinehack

160 g schwarze Oliven, fein gehackt (optional)

1 großes Ei

1 TL getrockneter Basilikum

1 TL getrockneter Oregano

1 TL Knoblauchpulver

1 TL rote Pfefferflocken

Zum Servieren:

480 ml gekaufte Tomatensoße, aufgewärmt (siehe Hinweis)

1 Rezeptmenge marinierte Champignons nach italienischer Art (S. 208) (optional)

1. Den Backofen auf 175 °C vorheizen.

2. Das Öl bei mittlerer Hitze in einer Pfanne erwärmen. Zwiebeln in die Pfanne geben, mit Salz würzen und ca. 3 Minuten anbraten. Pilze und Paprika dazugeben und weitere 5 Minuten garen, bis die Zwiebeln glasig werden. Alles in eine Schüssel geben und abkühlen lassen.

3. Schweinehack, Oliven (falls verwendet), Ei, Kräuter und Gewürze in eine Schüssel geben. Ist die Zwiebelmischung so weit abgekühlt, dass sie mit den Händen angefasst werden kann, kommt sie zum Hack in die Schüssel und alles wird mit den Händen gut vermengt.

4. Aus der Hackmasse ca. 3,5 cm große Bällchen formen (etwa Golfballgröße) und auf ein Backbleck legen. 30 Minuten im Ofen backen oder bis sie durchgegart sind.

5. Die Hackbällchen aus dem Ofen nehmen und auf Tellern anrichten. Die aufgewärmte rote Soße darübergeben und, falls gewünscht, mit den marinierten Pilzen servieren.

6. Übrig gebliebene Reste halten sich in einem luftdicht verschlossenen Behältnis im Kühlschrank maximal drei Tage. Die Hackbällchen zum Aufwärmen gemeinsam mit der Soße in einen Topf geben und bei mittlerer Hitze erwärmen.

Hinweis: *Beim Kauf von Tomatensoße die Zutatenliste auf zusätzlichen Zucker, Soja- oder Rapsöl kontrollieren.*

NAHRWERTANGABEN (pro Portion ca.)

kcal	Ft.	EW	KH	BS
369	29 g	20 g	7 g	1 g
	71 %	22 %	7 %	

Sloppy Ottos

 Zubereitungszeit: 8 Minuten (Zubereitungszeit für die Brötchen oder das Dressing nicht eingerechnet) •
Garzeit: 10 Minuten • Ergibt: 6 Portionen

Ein Sloppy Otto ist eine deutsche Abwandlung des Sloppy Joe, was mir mit meinen deutschen Wurzeln gerade recht kommt. Dieses Rezept ist nun die ketogene Variante des weniger bekannten Verwandten des Sloppy Joe. Achten Sie darauf, dass Sie ungesüßtes Sauerkraut kaufen.

450 g Schweinehack

1 TL feines Meersalz

½ TL frisch gemahlener schwarzer Pfeffer

40 g Zwiebeln, gewürfelt

6 Keto-Brötchen (S. 256) (oder Salatblätter für die Ei-freie Variante)

Paläo-Fett, z. B. Speckfett, für die Brötchen

240 g Sauerkraut (ungesüßt), aufgewärmt

180 ml milchfreies Thousand-Island-Dressing (S. 118)

eingelegte Gürkchen, zum Servieren

1. Das Schweinehack in eine bei mittlerer Hitze erwärmte Pfanne krümeln. Mit Salz und Pfeffer würzen und die Zwiebeln dazugeben. Das Ganze ca. 6 Minuten braten, bis das Hackfleisch durchgegart ist, dabei gelegentlich umrühren, um das Hack zu zerteilen.

2. In der Zwischenzeit die Keto-Brötchen aufschneiden. In einer großen Pfanne mit der Schnittseite nach unten im Paläo-Fett goldbraun braten. (Hinweis: Nur die Brötchen rösten, die sofort verzehrt werden.)

3. Zum Servieren jeweils etwa ⅙ der Hackmischung auf eine untere Brötchenhälfte geben, dann einen großen Löffel Sauerkraut und 2 EL Thousand-Island-Dressing daraufgeben. Mit eingelegten Gürkchen servieren.

4. Übrig gebliebene Brötchen und Füllung separat in luftdicht verschlossenen Behältnissen im Kühlschrank aufbewahren. Dort halten sie sich maximal drei Tage. Hack und Sauerkraut zum Aufwärmen in einen Topf geben und bei mittlerer Hitze erwärmen. Die aufgeschnittenen Keto-Brötchen in der Pfanne wie in Schritt 2 beschrieben rösten.

NÄHRWERTANGABEN (pro Portion ca.)

kcal	Ft.	EW	KH	BS
418	37 g	19 g	3 g	0,4 g
	80 %	18 %	2 %	

Reuben-Schweinekoteletts

 KETO · option

Zubereitungszeit: 10 Minuten (Zubereitungszeit für das Dressing nicht eingerechnet) • Garzeit: 15 Minuten • Ergibt: 4 Portionen

2 EL Kokosöl oder ein anderes Paläo-Fett

4 Schweinekoteletts (je 140 g), ca. 1,8 cm dick

feines Meersalz und frisch gemahlener schwarzer Pfeffer

Zum Servieren:

240 g Sauerkraut, aufgewärmt

1 Rezeptmenge milchfreies Thousand-Island-Dressing (S. 118), am besten mit Speck-Mayo (S. 124) zubereitet (oder mit Keto-Mayo ohne Ei, S. 125, für die Ei-freie Version)

340 g Rotkohl, gehackt (optional)

1. Eine große gusseiserne Pfanne bei mittlerer bis starker Hitze erwärmen und das Öl in die Pfanne geben, sobald sie heiß ist. Während die Pfanne erhitzt wird, können die Koteletts vorbereitet werden: Die Koteletts trocken tupfen und von beiden Seiten großzügig mit Salz und Pfeffer würzen.

2. Ist das Öl heiß, kommen die Koteletts in die Pfanne und werden ca. 3,5 Minuten angebraten, dann gewendet und weitere ca. 3,5 Minuten angebraten, bis sie durchgegart sind (die Garzeit hängt von der Dicke der Koteletts ab). Die Koteletts sollten nicht dichtgedrängt in der Pfanne liegen, falls notwendig nacheinander braten.

3. Jedes Kotelett mit 60 g Sauerkraut und 3 EL Dressing servieren. Falls gewünscht, mit gehacktem Rotkohl servieren.

4. Übrig gebliebene Reste halten sich in einem luftdicht verschlossenen Behältnis im Kühlschrank maximal drei Tage. Die Koteletts und das Sauerkraut zum Aufwärmen bei mittlerer Hitze in eine Pfanne geben und 3 Minuten pro Seite anbraten, bis die Koteletts warm sind.

Familientipp: Das Dressing kann bis zu einer Woche im Voraus zubereitet und in einem luftdicht verschlossenen Behältnis im Kühlschrank gelagert werden. Vor dem Verzehr gut schütteln.

NAHRWERTANGABEN (pro Portion ca.)

kcal	Ft.	EW	KH	BS
670	55 g	40 g	4 g	0,5 g
	74 %	24 %	2 %	

Hot'n'Spicy Country-Style Ribs aus dem Schongarer

 Zubereitungszeit: 10 Minuten (Zubereitungszeit für die Hot Sauce nicht eingerechnet) •
Garzeit: 6–8 Stunden • Ergibt: 8 Portionen

40 g Zwiebeln, gewürfelt

1,8 kg dicke Rippe vom Schwein (ohne Knochen)

240 ml passierte Tomaten

240 ml Rinder- oder Hühner-knochenbrühe, selbst gemacht (S. 108) oder gekauft

1–2 EL Hot Sauce, selbst gemacht (S. 134) oder gekauft

2 Knoblauchzehen, fein gehackt

2 TL Liquid Smoke (flüssiges Raucharoma)

2 TL feines Meersalz

1 TL frisch gemahlener schwarzer Pfeffer

rote Pfefferflocken, zum Garnieren

1. Die Zwiebeln in einen 5,5 l fassenden Schongarer geben. Die dicke Rippe auf die Zwiebeln legen, die restlichen Zutaten hinzufügen (mit Ausnahme der roten Pfefferflocken) und umrühren. Den Deckel schließen, und das Ganze 6–8 Stunden auf niedriger Stufe garen, bis das Fleisch gabelzart ist und leicht zerfällt.

2. Das Fleisch mit der Soße aus dem Schongarer und mit roten Pfefferflocken garniert servieren.

NAHRWERTANGABEN (pro Portion ca.)

kcal	Ft.	EW	KH	BS
370	19 g	47 g	3 g	1 g
	47 %	50 %	3 %	

Schnittlauch-Pannacotta mit Speckmarmelade

 Zubereitungszeit: 10 Minuten, plus 2 Stunden zum Abkühlen (Zubereitungszeit für die Marmelade nicht eingerechnet) • Garzeit: 3 Minuten • Ergibt: 6 Portionen

2 TL Gelatinepulver aus Gras-fütterung (siehe Gelatinetipp)

240 ml ungesüßter Cashewdrink (ohne Aroma, selbst gemacht, S. 106, oder gekauft) oder Mandeldrink (oder Hanfdrink für die nussfreie Variante)

240 ml Vollfett-Kokosmilch

1 TL Knoblauch, fein gehackt

1 EL frischer Schnittlauch, gehackt

½ TL feines Meersalz

240 g Speckmarmelade (S. 122)

1. 60 ml Wasser in eine kleine Schüssel geben. Die Gelatine auf das Wasser streuen und 3 Minuten weich werden lassen.

2. In der Zwischenzeit Cashewdrink, Kokosmilch, Knoblauch, Schnittlauch und Salz in einen Stieltopf geben. Den Topf bei mittlerer Hitze erwärmen und gerade eben zum Köcheln bringen.

3. Die aufgeweichte Gelatine in den heißen Topf geben und gut umrühren, bis sie sich aufgelöst hat.

4. Die Mischung in sechs Auflaufförmchen mit ca. 8 cm Durchmesser geben und mindestens 2 Stunden (besser bis zu 4 Stunden) zum Abkühlen in den Kühl-schrank stellen.

5. Jede Pannacotta mit ca. 2½ EL Speckmarmelade servieren. Übrig gebliebene Reste halten sich in einem luftdicht verschlossenen Behältnis im Kühlschrank maximal drei Tage.

Gelatinetipp: *Mit Gelatine lassen sich Leckereien einfach herstellen, aber bei Lagerung im Kühlschrank über Nacht können Gerichte mit Gelatine leicht eine gummiartige Konsistenz entwickeln. Wenn Sie dieses Rezept im Voraus zubereiten möchten, verwenden Sie ¼ TL weniger Gelatine als im Rezept angegeben. So erhalten Sie eine perfekte cremige Konsistenz, auch wenn das Gericht ein oder zwei Tage im Kühlschrank steht.*

Familientipp: *Kann maximal 3 Tage im Voraus zubereitet werden (siehe unbedingt Gelatinetipp).*

NAHRWERTANGABEN (pro Portion ca.)

kcal	Ft.	EW	KH	BS
210	18 g	10 g	2 g	0,2 g
	77 %	19 %	4 %	

Dicke Rippe nach Pastrami-Art aus dem Schongarer

  Zubereitungszeit: 5 Minuten • Garzeit: 7–8 Stunden • Ergibt: 8 Portionen

Bei Pastrami denken Sie vermutlich eher an Rindfleisch. Ich liebe es aber, kreativ zu kochen und verwende in diesem Rezept die traditionellen Pastrami-Gewürze, um aus der dicken Rippe ein einfaches und leckeres Abendessen zu zaubern.

Pastrami-Gewürz:

60 g frisch gemahlener schwarzer Pfeffer

1 EL gemahlener Koriander

1 EL Senfmehl

1 EL geräuchertes Paprikapulver

2 TL feines Meersalz

½ TL Cayennepfeffer

1,8 kg dicke Rippe vom Schwein, ausgelöst

120 ml Wasser oder Rinder-knochenbrühe, selbst gemacht (S. 108) oder gekauft

Soße:

170 g Dijonsenf*

60 ml Kokosessig oder Apfelessig

55 g Swerve (Konditorzucker-ersatz) oder die entsprechende Menge eines flüssigen oder pulvrigen Süßungsmittels (siehe S. 79)

2 EL Coconut Aminos oder Tamari (ohne Weizen)

Zum Servieren (optional):

Sauerkraut, aufgewärmt

Cornichons

1. Die Zutaten für die Gewürzmischung mischen und das Fleisch damit einreiben.

2. Das Fleisch in einen 3,7 l (oder mehr) fassenden Schongarer geben.

3. Wasser oder Brühe hinzugeben. Den Deckel schließen, und das Ganze auf geringer Stufe 7–8 Stunden garen, bis das Fleisch zerfällt und sehr zart ist.

4. In der Zwischenzeit die Soße zubereiten: Sämtliche Zutaten in eine kleine Schüssel geben und gut verrühren.

5. Ist das Fleisch fertig, den Backofen auf der Grillstufe vorheizen. Die dicke Rippe auf ein Backblech legen und die Soße darübergeben. Nach Geschmack 3–5 Minuten grillen.

6. Mit Sauerkraut und (falls gewünscht) mit Cornichons servieren. Übrig geblie-bene Reste halten sich in einem luftdicht verschlossenen Behältnis im Kühl-schrank maximal vier Tage.

NÄHRWERTANGABEN (pro Portion ca.)

kcal	Ft.	EW	KH	BS
353	18 g	47 g	1 g	1 g
	46 %	53 %	1 %	

Chorizo nach mexikanischer Art

  Zubereitungszeit: 20 Minuten, plus 3–4 Stunden zum Abkühlen des Fleisches, Einweichen der Wurstdärme und Ruhezeit für die Wurst • Garzeit: 10 Minuten • Ergibt: 12 Würste (1 pro Portion)

Bei der Wurstherstellung ist selbst gemachte Knochenbrühe gekaufter Brühe vorzuziehen, aber die Wurst kann auch mit gekaufter Brühe gemacht werden. Mit Keto-Dipsoßen nach Wahl servieren.

1,2 kg Schweineschulter

250 g Rückenspeck vom Schwein

120 ml Kokosessig

1,8 m Schweinedarm

80 ml eiskalte Schweine-, Hühner- oder Rinderknochenbrühe, selbst gemacht (S. 108) oder gekauft

3 rohe Knoblauchzehen, mit dem Messer zerdrückt oder 1 Knolle Knoblauch-Confit (S. 142)

6 EL Ancho-Chilipulver

1½ TL feines Meersalz

1 TL getrockneter mexikanischer Oregano

½ TL gemahlener Zimt

½ Kreuzkümmel, gemahlen

½ TL frisch gemahlener schwarzer Pfeffer

⅛ TL Nelken, gemahlen

Schweineschmalz oder Kokosöl, zum Braten

Besondere Küchenhelfer:

Fleischwolf (oder Aufsatz für Küchenmaschine)

Wurstfüllmaschine (oder Aufsatz für Küchenmaschine, optional)

Familientipp: Die doppelte Menge zubereiten und für schnelle Mahlzeiten einfrieren.

1. Schweinefleisch und Rückenspeck in ca. 2,5 cm große Würfel schneiden und auf einem mit Backpapier ausgelegten Backblech verteilen. Das Blech für 1 Stunde in den Gefrierschrank stellen.

2. Kokosessig und 1,9 l Wasser in eine große Schüssel füllen. Die Schweinedärme in die Schüssel geben und 30 Minuten lang einweichen lassen.

3. Schweinefleisch und Speck aus dem Gefrierschrank nehmen und durch den groben Aufsatz des Fleischwolfs drehen (ich verwende dafür meine Küchenmaschine mit passendem Fleischwolfaufsatz). Das gewolfte Fleisch, Brühe, Knoblauch, Ancho-Chilipulver, Salz, mexikanischen Oregano, Zimt, Kreuzkümmel, Pfeffer und Nelken in eine Schüssel geben und gut vermengen.

4. Eine kleine Portion der Wurstmasse in einer kleinen Pfanne bei mittlerer Hitze anbraten, um sie abschmecken zu können. Anschließend eventuell nachwürzen.

5. Den eingeweichten Darm auf einen Wurstfüller aufziehen (ich verwende den Wurstfüll-Aufsatz für meine Küchenmaschine) und die Würste füllen, indem Sie die Fleischmischung durch den Aufsatz drücken. Nach jeweils ca. 12,5 cm die einzelnen Würste durch Drehen des Darmes trennen.

6. Die Würste in ein luftdicht verschließbares Behältnis geben und ein paar Stunden in den Kühlschrank stellen, damit sich die Aromen verbinden können. Innerhalb von drei Tagen braten oder einfrieren (eingefroren sind die rohen Würste maximal 2 Monate haltbar). Zum Braten 1 EL Schweinefett oder Kokosöl in eine große Pfanne geben und bei mittlerer Hitze schmelzen. Die Würste 10 Minuten braten, bis die Kerntemperatur von 61 °C erreicht ist.

Hinweis: Sollten Sie keinen Wurstfüller besitzen, können Sie die Fleischmasse zu 12 großen Burger-Patties formen.

Tipps zur Wurstherstellung:
- *Damit das Eiweiß an das Fett gebunden wird, ist Flüssigkeit erforderlich. Je mehr Flüssigkeit Sie zugeben, desto mehr Fett können Sie hinzufügen (bis zu einem gewissen Grad).*
- *Für einen großartigen Geschmack und zusätzlichen Nährstoffgehalt ist selbst gemachte Knochenbrühe die beste Flüssigkeit.*
- *Platzt die Wurstfüllung beim Reinbeißen aus dem Darm, wurde die Wurst zu schnell und bei zu großer Hitze gebraten.*
- *Bei der Wurstherstellung kaltes Fleisch und kaltes Fett verwenden, damit die Masse nicht breiig wird. (In der industriellen Produktion werden dem Fleisch häufig Eiswürfel hinzugefügt, damit es kalt bleibt.) Nachdem das Fleisch gewürfelt wurde, kommt es vor dem Wolfen entweder 1 Stunde in den Gefrierschrank oder 4 Stunden oder länger in den Kühlschrank. Nach dem Wolfen die Fleischmasse für 30 Minuten in den Gefrierschrank stellen, damit sie während des Füllens kalt bleibt.*

NÄHRWERTANGABEN (pro Portion ca.)

kcal	Ft.	EW	KH	BS
345	30 g	18 g	1 g	0,2 g
	78 %	21 %	1 %	

Einfache geräucherte Schweinshaxe mit körnigem Senf

 Zubereitungszeit: 5 Minuten, plus Ruhezeit für den Senf • Garzeit: 10 Minuten • Ergibt: 4 Portionen

Die Zubereitung dieses Rezepts ist extrem einfach, da Scheiben von der geräucherten Schweinshaxe verwendet werden. Und weil diese bereits gegart sind, müssen Sie sie nur aufwärmen, bis die Haut knusprig wird (aber auch kalt schmecken sie lecker). Denken Sie aber daran, den Senf einen Tag vor dem Fleisch zuzubereiten, damit er Zeit im Kühlschrank verbringen kann und seine Aromen sich entfalten können.

Körniger Senf mit Rauchnote:

60 g Senf*

25 g Senfsaat, braun

2 EL Swerve (Konditorzuckerersatz) oder die entsprechende Menge eines flüssigen oder pulvrigen Süßungsmittels (S. 79)

60 ml Kokosessig oder Apfelessig

2 TL Chilipulver

½ TL frisch gemahlener schwarzer Pfeffer

2 EL Kokosöl, geschmolzen

½ TL Liquid Smoke (flüssiges Raucharoma)

4 Scheiben von der geräucherten Schweinshaxe (je 85 g, vom Schlachter zuschneiden lassen)

480 g Sauerkraut, aufgewärmt, zum Servieren

Cornichons oder anderes eingelegtes Gemüse nach Wahl, zum Servieren

1. Für den körnigen Senf den Senf, Senfsaat, Süßungsmittel, Essig, Chilipulver und Pfeffer in einer kleinen Schüssel verrühren. Das geschmolzene Kokosöl und das flüssige Raucharoma unterrühren. Über Nacht in den Kühlschrank stellen, damit sich die Aromen verbinden können.

2. Den Backofen auf 220 °C vorheizen. Die Scheiben von der geräucherten Schweinshaxe auf ein Backbleck legen und ca. 10 Minuten im Ofen garen, bis die Haut knusprig wird.

3. Die Fleischscheiben jeweils auf einem Teller mit 120 g Sauerkraut und 2–4 EL Senf anrichten.

4. Übrig gebliebene Reste halten sich in einem luftdicht verschlossenen Behältnis im Kühlschrank maximal drei Tage. Zum Aufwärmen das Fleisch in einen kleinen Topf geben und bei mittlerer Hitze ca. 3 Minuten pro Seite garen, bis es warm genug ist.

Tipp: *Um Geld zu sparen und auch um weniger Zeit damit zu verbringen, ständig einkaufen gehen zu müssen, kaufe ich bei einem Bauern in der Nähe ein ganzes Schwein aus Weidehaltung und lagere es in der Gefriertruhe. Das Beste ist, dass ich die Fleischstücke auswählen kann, die meine Familie am liebsten isst, sodass ich sie jederzeit in meiner Gefriertruhe vorrätig habe. Sie müssen aber kein ganzes Schwein kaufen, um dieses Gericht nachkochen zu können – fragen Sie einfach beim Schlachter in Ihrer Nähe nach Scheiben von der geräucherten Schweinshaxe und lagern Sie sie in Ihrem Gefrierschrank. So haben Sie immer ein schnelles Frühstück oder Abendessen parat.*

NÄHRWERTANGABEN (pro Portion ca.)

kcal	Ft.	EW	KH	BS
228	17 g	10 g	9 g	3 g
	67 %	18 %	15 %	

Porchetta

Zubereitungszeit: 10 Minuten, plus Kühlzeit über Nacht für den Schweinebauch und 10 Minuten Ruhezeit • Garzeit: 4 Stunden • Ergibt: 40 Portionen

Es war ein bisschen schwierig, meinem Schlachter beizubringen, dass ich wirklich 4,5 kg Schweinebauch haben wollte, um Porchetta zu machen. Er meinte: »Das möchten Sie nicht wirklich, das ist zu fett. Ich mache Ihnen eine schöne Schweinelende mit etwas Haut fertig.« Ich lächelte und antwortete: »Nein danke, Schweinebauch ist genau das, was ich haben will – ein schönes großes Stück Schweinebauch mit Haut und Fett.« Servieren Sie ihn mit einem gemischten grünen Salat oder auf einem Keto-Brötchen (S. 256) als leckeres Sandwich.

1 frischer Schweinebauch
(4,5 kg, mit Haut)

55 g feines Meersalz, in zwei Portionen

3½ EL Natron, in zwei Portionen

4 Knoblauchzehen, gehackt, in zwei Portionen

2 Zweige frischer Rosmarin, die Nadeln abgelöst und fein gehackt, in zwei Portionen

Familientipp: *Dieses Rezept ergibt eine große Menge Essen. Daher können Sie es gut in Abendessen-Portionen aufteilen und einfrieren. Dann müssen Sie das Behältnis nur noch rechtzeitig aus dem Gefrierschrank nehmen und haben eine schnelle Mahlzeit für die Familie parat.*

1. Einen Grillrost auf ein großes Backblech oder eine Fettpfanne legen.

2. Den Schweinebauch der Länge nach mittig halbieren, sodass Sie zwei Streifen Schweinebauch haben. Die Fleischseite des ersten Streifens großzügig mit der Hälfte des Salzes würzen, dann das Stück umdrehen und die Hälfte des Natrons gleichmäßig auf die Haut reiben. Beim zweiten Schweinebauchstreifen mit dem Rest Salz und Natron wiederholen.

3. Die Schweinebauchstreifen auf den Grillrost legen und über Nacht in den Kühlschrank stellen (nicht abdecken).

4. Backofen auf 200 °C vorheizen.

5. Den Schweinebauch aus dem Kühlschrank nehmen und die Haut mit einem sehr scharfen Messer schräg einritzen, um das Fett freizulegen, ohne es dabei einzuschneiden. Dann quer zu den ersten Schnitten einschneiden, um ein Gittermuster zu erzeugen.

6. Die Stücke mit der Hautseite nach unten drehen und den Knoblauch und den gehackten Rosmarin gleichmäßig auf den Fleischseiten beider Stücke verteilen.

7. Den ersten Schweinebauchstreifen von der Längsseite her fest aufrollen und alle 5 cm mit Küchengarn zubinden. Mit dem zweiten Streifen wiederholen, sodass Sie zwei Braten haben. Die Braten auf den Grillrost legen und auf dem Backblech in den Backofen schieben.

8. Das Fleisch 40 Minuten im Ofen garen. Dann die Temperatur auf 160 °C reduzieren und 3 Stunden garen lassen, bis das Innere zart ist und beim Anfassen fast zerfällt.

9. Jetzt wird die Temperatur des Backofens auf 260 °C erhöht, damit die Haut knusprig wird. Das Fleisch nun 20 Minuten grillen.

10. Dann die Braten aus dem Backofen nehmen und 10 Minuten ruhen lassen. Zum Servieren in ca. 3,5 cm dicke Stücke schneiden.

11. Übrig gebliebene Reste halten sich in einem luftdicht verschließbaren Behältnis im Kühlschrank maximal drei Tage, im Gefrierschrank maximal einen Monat. Zum Aufwärmen die Stücke in einen leicht eingefetteten Topf geben und bei mittlerer Hitze erwärmen.

NÄHRWERTANGABEN (pro Portion ca.)

kcal	Ft.	EW	KH	BS
321	28 g	17 g	0,1 g	0 g
	79 %	21 %	0 %	

Chorizo-Pilz-Auflauf

  Zubereitungszeit: 10 Minuten • Garzeit: 10 Minuten • Ergibt: 4 Portionen

55 g Paläo-Fett, z. B. Kokosöl oder Schweineschmalz

450 g frische mexikanische Chorizo (roh) (falls nicht erhältlich, durch spanische Chorizo ersetzen), Pelle entfernt

450 g kleine Champignons, geviertelt

40 g Zwiebeln, gewürfelt

1½ TL feines Meersalz

½ TL frisch gemahlener schwarzer Pfeffer

Wurst-Vinaigrette:

1 Knoblauchzehe

900 g luftgetrocknete spanische Chorizo, Pelle entfernt, gehackt

120 ml Kokosessig

2 TL Paprikapulver, geräuchert

1 TL Zitronensaft

¼ TL gemahlener Koriander

60 ml MCT-Öl oder natives Olivenöl extra

2 EL Rinderknochenbrühe, selbst gemacht (S. 108) oder gekauft

1 TL feines Meersalz

frische glatte Petersilie, gehackt, oder Koriander, zum Garnieren (optional)

1. Das Paläo-Fett bei mittlerer Hitze in einer großen Pfanne erwärmen. Die frische Chorizo, Pilze und Zwiebeln in die Pfanne geben und ca. 10 Minuten anbraten, bis die Wurst gar ist und die Pilze zart und gebräunt sind. Die Chorizo währenddessen mit einem Löffel zerteilen. Mit Salz und Pfeffer würzen.

2. In der Zwischenzeit die Vinaigrette herstellen: Knoblauch, luftgetrocknete Chorizo, Kokosessig, Paprikapulver, Zitronensaft und Koriander in einem Mixer pürieren, bis eine glatte Konsistenz erreicht ist. Den Mixer laufen lassen und langsam Öl und Brühe hineinlaufen lassen. Gut durchmixen und mit Salz würzen.

3. Die Vinaigrette zur Chorizo-Mischung in die Pfanne geben und gut umrühren. Auf vier Teller aufteilen und, falls gewünscht, mit Petersilie oder Koriander garnieren.

4. Übrig gebliebene Reste halten sich in einem luftdicht verschlossenen Behältnis im Kühlschrank maximal 4 Tage. Zum Aufwärmen die Reste bei mittlerer Hitze in einem Topf erwärmen.

NAHRWERTANGABEN (pro Portion ca.)

kcal	Ft.	EW	KH	BS
596	56 g	17 g	7 g	1 g
	85 %	11 %	4 %	

Asiatisches Pulled Pork aus dem Schongarer im Salatkörbchen

 Zubereitungszeit: 10 Minuten • Garzeit: 7–8 Stunden • Ergibt: 8 Portionen

Asiatisches Pulled Pork:

1 Schweineschulter ohne Knochen (1,8 kg)

180 ml Coconut Aminos oder Tamari (ohne Weizen)

120 ml Rinderknochenbrühe, selbst gemacht (S. 108) oder gekauft

75 g Swerve (Konditorzuckerersatz) oder die entsprechende Menge eines flüssigen oder pulvrigen Süßungsmittels (S. 79)

2 EL ungewürzter Reisessig

6 Knoblauchzehen, gehackt

2 TL frisch geriebener Ingwer

3 TL Fischsauce (optional)

3–5 Tropfen Orangenöl oder Orangenextrakt

Salatblätter vom Kopfsalat, zum Servieren

Frühlingszwiebeln in Scheiben, zum Garnieren

fein gehackter Rotkohl, zum Garnieren

1. Die Schweineschulter in einen 3,7 l (oder mehr) fassenden Schongarer geben und die restlichen Zutaten für das Pulled Pork hinzufügen. Den Deckel schließen und auf niedriger Stufe 7–8 Stunden garen, bis das Fleisch gabelzart ist und zu zerfallen beginnt. Das Fleisch kurz vor dem Servieren im Schongarer mit zwei Gabeln zerrupfen und gut umrühren, damit alles mit der Soße bedeckt ist.

2. In Salatblättern als Körbchen und garniert mit Frühlingszwiebeln und Rotkohl servieren.

3. Übrig gebliebene Reste halten sich in einem luftdicht verschlossenen Behältnis im Kühlschrank maximal vier Tage.

NAHRWERTANGABEN (pro Portion ca.)

kcal	Ft.	EW	KH	BS
548	41 g	40 g	5 g	5 g
	67 %	29 %	4 %	

Hackbällchen nach griechischer Art

  Zubereitungszeit: 10 Minuten • Garzeit: 30 Minuten • Ergibt: 8 Portionen

Diese Hackbällchen werden mit einer Mischung aus Schweine- und Lammhack gemacht – das Schwein macht sie ketogener, und das Lamm sorgt für die griechische Note. Für außen knusprige und innen zarte und saftige Hackbällchen heize ich den Backofen auf eine sehr hohe Temperatur. Ein bisschen zusätzliches Wasser oder eine andere Zutat in der Hackmasse, die Flüssigkeit abgibt, hilft dabei, das Fett in den Hackbällchen zu binden, und hält sie so saftig. Hierfür sind Champignons besonders gut geeignet, da sie nicht nur Flüssigkeit abgeben, sondern auch einen besonderen Umami-Geschmack haben, der für extra leckere Hackbällchen sorgt.

1 EL Kokosöl

40 g Zwiebeln, gehackt

2 Knoblauchzehen, fein gehackt

1¼ TL feines Meersalz

450 g Lammhack

450 g Schweinehack

75 g Champignons, fein gehackt

1 großes Ei

1 EL Zitronenschalenabrieb

1 EL frisch gehackter Koriander

Zum Servieren (optional):
milchfreier Joghurt (S. 178), ungesüßt

Gurkenscheiben

griechische Oliven

natives Olivenöl extra, zum Beträufeln

1. Den Backofen auf 220 °C vorheizen.

2. Das Kokosöl bei mittlerer Hitze in einer Pfanne erwärmen. Zwiebeln und Knoblauch in die Pfanne geben, mit Salz würzen und ca. 5 Minuten braten, bis die Zwiebeln glasig werden. Die Zwiebelmischung in eine kleine Schüssel geben und zum Abkühlen beiseitestellen.

3. Lamm- und Schweinehack, Champignons, Ei, Zitronenschale und Oregano in eine Schüssel geben. Die Zwiebelmischung dazugeben, wenn sie so weit abgekühlt ist, dass sie mit den Händen verarbeitet werden kann, und alles mit den Händen gut vermengen.

4. Aus der Hackmasse ca. 5 cm große Bällchen formen und auf ein Backblech legen. 20–25 Minuten im Backofen garen, bis sie durch sind.

5. Die Hackbällchen, falls gewünscht, mit Joghurt, Gurkenscheiben, griechischen Oliven und ein paar Tropfen Olivenöl servieren. Am besten schmecken sie frisch zubereitet, aber übrig gebliebene Reste halten sich in einem luftdicht verschlossenen Behältnis im Kühlschrank maximal fünf Tage oder im Gefrierschrank maximal einen Monat.

NAHRWERTANGABEN (pro Portion ca.)

kcal	Ft.	EW	KH	BS
320	26 g	20 g	2 g	0,2 g
	73 %	25 %	2 %	

Keto-Wraps mit weich gekochten Eiern

 Zubereitungszeit: 7 Minuten • Garzeit: 15 Minuten • Ergibt: 12 Wraps (2 pro Portion)

Mein Sohn besteht auf weich gekochten Eiern zu seinen Keto-Wraps. Der Junge hat Geschmack! Noch leckerer werden die Wraps, wenn Sie die Tomaten mit Meersalzflocken salzen.

12 Scheiben Frühstücksspeck

6 große Eier (für die Ei-freie Variante weglassen)

grobes Meersalz und frisch gemahlener schwarzer Pfeffer

12 dicke Scheiben Tomate (ca. 3 Tomaten)

12 große Salatblätter, z. B. Römer-, Kopf-, oder Eichblattsalat

180 ml Mayonnaise und/oder Speck-Mayo, selbst gemacht (S. 124) oder gekauft* (oder Keto-Mayo ohne Ei, S. 125, für die Ei-freie Variante)

1. Bei normalem Frühstücksspeck den Backofen auf 200 °C vorheizen, bei dickeren Scheiben Frühstücksspeck den Backofen auf 190 °C vorheizen. Den Speck auf einen Grillrost geben, der auf einem Backbleck liegt. 10–15 Minuten im Backofen garen, bis der Speck knusprig ist (die Dauer hängt von der Dicke der Scheiben ab).

2. In der Zwischenzeit die Eier kochen: Die Eier in einen Topf mit köchelndem (nicht kochendem) Wasser geben, den Deckel schließen und 6 Minuten köcheln lassen. Anschließend sofort unter kaltem Wasser abschrecken. Eier pellen, halbieren und auf einen Servierteller legen. Die Eihälften mit grobem Meersalz und Pfeffer würzen.

3. Die Tomatenscheiben zu den Eiern auf den Servierteller geben und mit grobem Meersalz bestreuen, dann den knusprigen Schinken dazugeben.

4. Die Salatblätter in eine Schüssel geben und Mayonnaise zum Servieren bereitstellen.

5. Nun kann jeder seinen Wrap selbst zusammenstellen!

NAHRWERTANGABEN (pro Portion ca.)

kcal	Ft.	EW	KH	BS
461	42 g	16 g	5 g	1 g
	82 %	14 %	4 %	

Hauptgerichte mit Fisch und Meeresfrüchten

Scharfer Thunfischsalat

   Zubereitungszeit: 10 Minuten • Ergibt: 2 Portionen

60 ml Mayonnaise, selbst gemacht (S. 124) oder gekauft* (oder Keto-Mayo ohne Ei, S. 125, für die Ei-freie Variante)

1 TL mittelscharfe Hot Sauce, selbst gemacht (S. 134) oder gekauft

1 Dose Thunfisch (170 g)

¼ TL feines Meersalz

1 Prise frisch gemahlener schwarzer Pfeffer

1 Avocado

1 TL Limetten- oder Zitronensaft

40 g Rotkohl, gehackt

40 g Gurke, gewürfelt

schwarze Sesamsamen, zum Garnieren (optional)

Variante:

Scharfer Lachssalat

Kein Thunfisch im Haus? Dann können Sie auch Lachs verwenden. Ersetzen Sie den Thunfisch einfach durch dieselbe Menge an Lachs aus der Dose.

1. Mayonnaise und Hot Sauce in einer mittelgroßen Schüssel verrühren. 2 EL der Mischung in einen kleinen wiederverschließbaren Plastikbeutel geben (zum Garnieren vor dem Servieren).

2. Thunfisch, Salz und Pfeffer unter die Mayonnaise in der Schüssel heben, abschmecken und bei Bedarf mit mehr Salz und Pfeffer würzen.

3. Die Avocado in ca. 1 cm große Würfel schneiden und mit dem Limettensaft beträufeln, damit sie sich nicht verfärben.

4. Die Avocadowürfel auf zwei Teller aufteilen, dabei mit den Händen einen 7,5–10 cm großen Kreis aus den Würfeln formen. Auf die Avocadowürfel jeweils die Hälfte des Rotkohls und dann die Hälfte des scharfen Thunfischsalats geben. Mit Gurkenwürfeln abschließen.

5. Eine Ecke des Plastikbeutels mit der Mayonnaise einschneiden und die Mayonnaise gleichmäßig über beide Haufen verteilen. Falls gewünscht, mit schwarzen Sesamsamen garnieren.

6. Übrig gebliebene Reste halten sich in einem luftdicht verschlossenen Behältnis im Kühlschrank maximal drei Tage.

Tipp: *Benutzen Sie einen Dessertring aus Edelstahl, um die Avocado, den Rotkohl und den Fisch in einem perfekten Kreis anzuordnen.*

NÄHRWERTANGABEN (pro Portion ca.)

kcal	Ft.	EW	KH	BS
466	37 g	27 g	7 g	4 g
	71 %	23 %	5 %	

Knoblauch-Garnelen

 Zubereitungszeit: 20 Minuten (Zubereitungszeit für das Brot und das Knoblauch-Confit nicht eingerechnet) • Garzeit: 5 Minuten • Ergibt: 8 Portionen

Ich bin mitten in Wisconsin aufgewachsen, was (wie Sie sich denken können) nicht gerade der optimale Ort für Fisch und Meeresfrüchte ist. Deshalb dachte ich auch, Garnelen, Krebse oder Hummer würden mir nicht schmecken. Aber dann bekam ich die Chance, mit Craig auf einer seiner Dienstreisen Monterey in Kalifornien zu besuchen, und er ermutigte mich, »richtig gute Garnelen« zu probieren. Vielleicht lag es an der schönen Aussicht, am Ambiente oder an seiner Gesellschaft, aber die Garnelen waren das leckerste Gericht, das ich je gegessen habe. Meinen ersten Bissen Knoblauch-Garnelen an der kalifornischen Küste werde ich nie vergessen!

Indem die Schale an den Garnelen bleibt, wird ihr Fleisch vor dem Austrocknen geschützt. Fragen Sie in Ihrem Fischgeschäft nach in Schmetterlingsform geschnittenen Riesengarnelen ohne Darm.

900 g Riesengarnelen (mit Schale), entdarmt und in Schmetterlingsform geschnitten (siehe Hinweis)

230 g kaltes Schweineschmalz

4 Zehen Knoblauch-Confit (S. 142) oder roher Knoblauch, geschält

Saft einer Zitrone

1 TL feines Meersalz

1 TL frische Thymianblätter oder ein anderes Gewürzkraut nach Wahl

8 Scheiben Keto-Brot (S. 256), in Paläo-Fett geröstet, zum Servieren

1. Einen Grillrost im Backofen auf oberster Schiene einschieben und den Grill auf hoher Stufe vorheizen.

2. Die Garnelen in einer Lage auf ein Backbleck legen.

3. Kaltes Schweineschmalz, Knoblauch, Zitronensaft, Salz und Thymian in eine Küchenmaschine geben und mit der Pulse-Funktion mixen, bis eine glatte Konsistenz erreicht ist. Das kalte Fett über den Garnelen zerkrümeln.

4. Die Garnelen 5 Minuten im Backofen grillen, bis sie außen rötlich gefärbt sind und das Fleisch weiß ist.

5. Das Backblech mit den Garnelen auf den Tisch stellen. Die Garnelen aus der Schale pulen und essen, mit dem Brot die Soße vom Backblech aufnehmen.

6. Übrig gebliebene Reste halten sich in einem luftdicht verschlossenen Behältnis im Kühlschrank maximal drei Tage. Zum Aufwärmen eine Pfanne leicht einfetten und bei mittlerer Hitze erwärmen. Die Garnelen darin anbraten, bis sie warm sind.

Hinweis: *Um eine Garnele in Schmetterlingsform zu schneiden, halten Sie sie mit dem Rücken nach oben und schneiden Sie sie leicht von Kopf bis Schwanz ein. Wird dabei ein schwarzer Faden sichtbar, sollten Sie ihn entfernen.*

NÄHRWERTANGABEN (pro Portion ca.)

kcal	Ft.	EW	KH	BS
369	28 g	28 g	1 g	0,3 g
	69 %	30 %	1 %	

Hawaiianischer Traum

 Zubereitungszeit: 15 Minuten (Zubereitungszeit für die Aioli nicht eingerechnet) • Ergibt: 4 Portionen

Ich nenne dieses Gericht mit Krebs den »Hawaiianischen Traum«, weil ich ein ähnliches in Maui gegessen habe. Wenn Sie bei Ihren Gästen Eindruck schinden möchten, sollten Sie ihnen unbedingt dieses Gericht servieren. Ihr Besuch wird glauben, dass Sie Stunden in der Küche verbracht haben – aber in Wirklichkeit haben Sie noch nicht einmal den Herd einschalten müssen.

Soße:

60 ml Coconut Aminos oder Tamari (ohne Weizen)

2 TL ungewürzter Reisessig

2 TL geröstetes Sesamöl

1 EL Swerve (Konditorzuckerersatz) oder die entsprechende Menge eines flüssigen oder pulvrigen Süßungsmittels (siehe S. 79)

¼ TL frisch geriebener Ingwer

¼ TL Knoblauchpaste

⅛ TL Guarkernmehl

Krebs:

230 g Krebsfleisch aus der Dose (vorzugsweise in großen Stücken)

1 EL Limettensaft

115 g Graved Lachs

1 Avocado, halbiert, entkernt und ohne Schale

120 ml Knoblauch-Kräuter-Aioli (S. 128), mit Schnittlauch anstelle von Thymian, zum Garnieren

1. Für die Soße Coconut Aminos, Essig, Öl, Süßungsmittel, Ingwer und Knoblauchpaste in einer kleinen Schüssel verrühren. Das Guarkernmehl unterrühren, beiseitestellen und ca. 5 Minuten eindicken lassen. Die Soße in einen Spritzbeutel oder einen Plastikbeutel geben (eine kleine Ecke abschneiden) und vier Teller mit einem Zickzackmuster aus Soße verzieren (oder die Soße mit einem Löffel aufträufeln).

2. Für das Krebsfleisch Limettensaft und Krebsfleisch in eine kleine Schüssel geben und vorsichtig umrühren, bis das Fleisch überall mit Saft bedeckt ist. Mit den Händen vier Bällchen aus der Mischung formen und den Graved Lachs um die Bällchen wickeln. Dabei sollten die Enden des Lachses unten überlappen. Die Bällchen in die Mitte der mit Soße verzierten Teller geben.

3. Die Aioli in einen Plastikbeutel geben und eine kleine Ecke abschneiden. Vorsichtig kleine Aioli-Häufchen auf die Tellerränder setzen.

4. Die Avocado der Länge nach vierteln. Jedes Viertel der Länge nach mehrmals einschneiden, dabei aber 2,5 cm am oberen Ende ganz lassen, damit die Avocadoviertel aufgefächert werden können. Je ein eingeschnittenes Avocadoviertel auf jedes Lachsbällchen legen und auffächern. (Einfache Variante: Die Avocado insgesamt in dünne Scheiben schneiden und jeweils vier Scheiben auf jedes Bällchen legen.)

5. Frisch zubereitet schmeckt dieses Gericht am besten, aber Reste halten sich in einem luftdicht verschlossenen Behältnis im Kühlschrank maximal drei Tage (die Avocado wird sich allerdings verfärben).

Hinweis: *Für die Ei-freie Variante dieses Gerichts die Keto-Mayo ohne Ei (S. 125) zur Zubereitung der Aioli verwenden.*

Familientipp: *Die Soße und die Aioli können bis zu einer Woche im Voraus zubereitet und im Kühlschrank gelagert werden.*

NAHRWERTANGABEN (pro Portion ca.)

kcal	Ft.	EW	KH	BS
398	33 g	17 g	9 g	6 g
	75 %	17 %	9 %	

Scharfe gegrillte Garnelen mit Mojo Verde

 Zubereitungszeit: 20 Minuten • Garzeit: 8 Minuten • Ergibt: 4 Portionen

Bleibt die Schale an den Garnelen, schützt das ihr Fleisch vor dem Austrocknen. Fragen Sie in Ihrem Fischgeschäft nach in Schmetterlingsform geschnittenen Riesengarnelen ohne Darm.

120 ml Limetten- oder Zitronen-saft

3 TL Knoblauch, fein gehackt

¼ rote Zwiebel, in dünnen Scheiben

12 Riesengarnelen (mit Schale), entdarmt und in Schmetter-lingsform geschnitten (siehe Hinweis S. 360)

2 TL Cayennepfeffer

1 TL Kreuzkümmel, gemahlen

1 TL feines Meersalz

Dipsoße:

90 g frische Korianderblätter

120 ml MCT-Öl oder natives Olivenöl extra

2 EL Knoblauch, fein gehackt

2 TL Kokosessig

1 TL feines Meersalz

½ TL Kreuzkümmel, gemahlen

1. Einen Grill bei mittlerer bis starker Hitze vorheizen. 4 Holzspieße in Wasser legen und einweichen lassen, während die restlichen Vorbereitungen getroffen werden.

2. Den Limettensaft in eine flache Auflaufform geben. Knoblauch, Zwiebel und Garnelen hinzufügen und 15 Minuten marinieren lassen.

3. Cayennepfeffer, Kreuzkümmel und Salz in eine kleine Schüssel geben und gut verrühren. Beiseitestellen.

4. Während die Garnelen marinieren, die Dipsoße zubereiten. Hierfür alle Zuta-ten in eine Küchenmaschine oder einen Mixer geben und mit der Pulse-Funk-tion mixen, bis eine glatte Konsistenz erreicht ist. Bei Bedarf nachsalzen.

5. Die Garnelen aus der Marinade nehmen und großzügig mit der Gewürzmi-schung bestreuen. Jeweils 3 Garnelen pro Spieß aufspießen und 3–4 Minuten pro Seite grillen, bis die Garnelen sich rosa färben und gar sind. Vom Grill nehmen und jeden Spieß mit 60 ml Soße servieren.

6. Dieses Gericht schmeckt frisch zubereitet am besten, aber Reste halten sich in einem luftdicht verschlossenen Behältnis im Kühlschrank maximal drei Tage. Die Garnelen können kalt gegessen werden, oder Sie braten sie bei mittlerer Hitze in einer Pfanne an, bis sie warm sind.

NAHRWERTANGABEN (pro Portion ca.)

kcal	Ft.	EW	KH	BS
365	29 g	21 g	5 g	1 g
	72 %	23 %	5 %	

Meeresfrüchte-Wurst mit Lauch-Confit

 Zubereitungszeit: 30 Minuten (Zubereitungszeit für die Mostarda nicht eingerechnet) • Garzeit: 45 Minuten • Ergibt: 6 Würstchen (1 pro Portion)

60 ml Kokosessig

1 m Schweinedarm

Lauch-Confit:

60 ml Paläo-Fett, z. B. Schweineschmalz

2 große Stangen Lauch (nur der weiße und hellgrüne Teil), der Länge nach halbiert und gut gewaschen, dann quer in ca. 0,5 cm dicke Stücke geschnitten (ca. 450 g)

2 EL Fisch- oder Hühnerknochenbrühe, selbst gemacht (S. 108) oder gekauft, oder Wasser verwenden

½ TL feines Meersalz

340 g mittelgroße Garnelen (ca. 14 Stück), ohne Schale und Darm

115 g frische Jakobsmuscheln

115 g Räucherlachs

115 g Romatomaten, gehäutet, entkernt und gewürfelt, in zwei Portionen

30 g frischer Basilikum, in Streifen geschnitten, in zwei Portionen

2 TL Zitronensaft

1 TL feines Meersalz

½ TL frisch gemahlener weißer Pfeffer

2 EL MCT-Öl

1 Rezeptmenge Keto-Zitronen-Mostarda (S. 138), zum Servieren

Besondere Küchenhelfer:

Wurstfüllmaschine (oder Aufsatz für die Küchenmaschine, optional)

1. Kokosessig und 950 ml Wasser in eine große Schüssel füllen. Die Schweinedärme in die Schüssel legen und 30 Minuten lang einweichen lassen.

2. Für das Confit die 60 ml Fett bei mittlerer bis geringer Hitze in einem großen Topf schmelzen lassen. Den Lauch dazugeben und gut umrühren. Die Brühe und ½ TL Salz unterrühren. Den Deckel schließen und die Hitze reduzieren. Ca. 25 Minuten garen, bis der Lauch zart ist, dabei häufig umrühren. Den Deckel entfernen und 2–3 Minuten offen köcheln lassen, damit überschüssige Flüssigkeit verdampfen kann.

3. Garnelen, Jacobsmuscheln und Lachs in ca. 0,5 cm große Stücke schneiden. Fisch und Meeresfrüchte sowie Tomaten, Basilikum, Zitronensaft, Salz und Pfeffer in eine Schüssel geben und gut durchmixen.

4. Den eingeweichten Darm auf einen Wurstfüller aufziehen (ich verwende den Wurstfüll-Aufsatz für meine Küchenmaschine) und die Würste füllen, indem Sie die Fischmischung durch den Aufsatz drücken. Nach jeweils ca. 12,5 cm die einzelnen Würste durch Drehen des Darmes trennen.

5. Die Würste ca. 10 Minuten in einem großen Topf mit köchelndem Wasser pochieren, bis sie fest sind. Nicht zu lange garen.

6. Damit die Würste Farbe bekommen, das MCT-Öl bei mittlerer Hitze in einer Pfanne erwärmen und die Würste ca. 3 Minuten von allen Seiten anbraten, bis sie braun werden. Auf Tellern anrichten (1 Wurst pro Person) und mit Lauch-Confit und Keto-Zitronen-Mostarda servieren.

7. Übrig gebliebene Reste sind in einem luftdicht verschlossenen Behältnis im Kühlschrank maximal drei Tage haltbar. Zum Aufwärmen die Würste bei mittlerer Hitze in einer Pfanne anbraten.

Hinweis: *Sollten Sie keinen Wurstfüller verwenden, können Sie die Fleischmasse auch zu 6 großen Burger-Patties formen. In dem Fall lassen Sie Schritt 5 einfach weg.*

Familientipp: *Das Lauch-Confit kann bis zu einer Woche im Voraus zubereitet werden. Vor dem Servieren aufwärmen. Die Keto-Zitronen-Mostarda kann maximal fünf Tage im Voraus zubereitet werden.*

NÄHRWERTANGABEN (pro Portion ca.)

kcal	Ft.	EW	KH	BS
469	36 g	30 g	6 g	1 g
	69 %	26 %	5 %	

Pochierter Heilbutt mit Zitrone und Thymian

 Zubereitungszeit: 5 Minuten • Garzeit: 15 Minuten • Ergibt: 4 Portionen

1 Zitrone, in dünnen Scheiben

120 ml natives Olivenöl extra oder MCT-Öl, plus mehr zum Beträufeln

4 Heilbuttsteaks (à 170 g)

1 TL feines Meersalz

½ TL frisch gemahlener schwarzer Pfeffer

1 Zweig frischer Thymian oder ein anderes Gewürzkraut nach Wahl

grobes Meersalz, zum Garnieren (vorzugsweise hawaiianisches Alaea-Salz (rotes Meersalz), für die Farbe)

1 EL Kapern, zum Garnieren (optional)

1. Die Zitronenscheiben auf den Boden einer großen emaillierten gusseisernen Pfanne legen, dann das Öl darüberträufeln. Die Heilbuttsteaks in die Pfanne geben und so viel Wasser hinzufügen, dass die Steaks mit Wasser bedeckt sind. Die Flüssigkeit mit Salz und Pfeffer würzen und den Thymianzweig dazugeben.

2. Die Pfanne bei mittlerer bis geringer Hitze erwärmen, bis die Flüssigkeit dampft, aber noch nicht kocht (ca. 75 °C). Sobald die Flüssigkeit dampft, werden die Heilbuttsteaks 10–12 Minuten pochiert, bis sie durchgegart und weißlich sind (hängt von der Dicke der Steaks ab). Die Steaks aus der Flüssigkeit nehmen.

3. Mit einem Spritzer Olivenöl, grobem Meersalz und, falls gewünscht, mit Kapern garniert servieren.

4. Übrig gebliebene Reste halten sich in einem luftdicht verschlossenen Behältnis im Kühlschrank maximal drei Tage. Den Heilbutt zum Aufwärmen mit ein paar EL Wasser in eine hitzebeständige Schüssel geben, abdecken und in den auf 175 °C vorgeheizten Backofen stellen, bis er warm ist.

NÄHRWERTANGABEN (pro Portion ca.)

kcal	Ft.	EW	KH	BS
305	29 g	9 g	2 g	1 g
	86 %	12 %	2 %	

Gebratener Wels mit Cajun-Keto-Senf

 Zubereitungszeit: 7 Minuten • Garzeit: 6 Minuten • Ergibt: 4 Portionen

Ich war mir nicht sicher, ob meine Kinder dieses Gericht überhaupt essen würden, denn als Kind war ich selbst nicht von Fisch begeistert. Aber nachdem ich es zum ersten Mal gekocht hatte, wollten sie es auch noch die nächsten drei Tage essen!

Cajun-Keto-Senf:

60 g plus 2 EL Speck- oder Entenfett, Raumtemperatur

60 ml Senf*

2 EL Cajun-Gewürzmischung (S. 112)

4 Welsfilets (à 115 g)

3 EL Paläo-Fett, z. B. Kokosöl, in zwei Portionen

30 g Cajun-Gewürzmischung (S. 112)

1. Für den Keto-Senf das weiche Speckfett in eine kleine Schüssel geben, Senf und Cajun- Gewürzmischung unterrühren und beiseitestellen.

2. Die Welsfilets auf eine saubere Arbeitsfläche legen und trocken tupfen. 1 EL Paläo-Fett schmelzen und den Fisch von beiden Seiten damit einstreichen. Anschließend auf jedes Filet ca. 1 EL Cajun-Gewürzmischung geben und mit den Händen in die Filets einmassieren.

3. Die restlichen 2 EL Paläo-Fett bei mittlerer bis starker Hitze in einer großen gusseisernen Pfanne erhitzen und den Fisch im heißen Öl anbraten. Eine weitere schwere gusseiserne Pfanne auf die Filets legen und nach unten drücken (oder einen Pfannenwender verwenden), damit die Filets von außen knusprig werden. Ca. 3 Minuten pro Seite braten, bis der Fisch gar ist (die Gardauer hängt von der Dicke der Filets ab).

4. Jedes Filet auf einen Teller geben und mit 2 EL Cajun-Keto-Senf servieren.

5. Übrig gebliebene Reste halten sich in einem luftdicht verschlossenen Behältnis im Kühlschrank maximal drei Tage. Zum Aufwärmen die Filets in eine leicht eingefettete Pfanne geben und bei mittlerer Hitze erwärmen.

NÄHRWERTANGABEN (pro Portion ca.)

kcal	Ft.	EW	KH	BS
361	33 g	16 g	0 g	0 g
	82 %	18 %	0 %	

Gegrillte Forelle mit Hollandaise

  Zubereitungszeit: 8 Minuten (Zubereitungszeit für die Hollandaise nicht eingerechnet) • Garzeit: 15 Minuten • Ergibt: 4 Portionen

2 ganze Forellen mit Haut, entschuppt, ausgenommen (siehe Hinweis)

1 EL Avocado- oder MCT-Öl

1 TL feines Meersalz, in zwei Portionen

½ TL frisch gemahlener schwarzer Pfeffer, in zwei Portionen

4 Zweige frischer Thymian

4 Zweige frischer Rosmarin

2 Zitronenscheiben

2 TL Kapern

2 TL Schweineschmalz, Kokosöl oder Entenfett

240 ml einfache milchfreie Hollandaise (S. 136), zum Servieren

Oliven, zum Garnieren

Kapern, zum Garnieren

1. Einen Grill auf mittlerer Hitze vorheizen.

2. Die Fische von außen großzügig mit Öl beträufeln und mit der Hälfte Salz und Pfeffer würzen.

3. Die Fische öffnen und von innen mit dem restlichen Salz und Pfeffer würzen. Anschließend pro Forelle je die Hälfte der Kräuter, Zitronenscheiben, Kapern und Schmalz im Inneren verteilen.

4. Die Fische zuklappen und auf den Grill legen. Ca. 13–15 Minuten garen, bis der Fisch zart ist (hängt von der Dicke der Forellen ab), dabei nach der Hälfte der Garzeit umdrehen.

5. Die Fische vom Grill nehmen und mit Hollandaise, Oliven und Kapern servieren.

6. Übrig gebliebene Reste halten sich in einem luftdicht verschlossenen Behältnis im Kühlschrank maximal drei Tage (ohne Hollandaise). In einer Pfanne bei mittlerer Hitze aufwärmen.

Hinweis: *Ganze, ausgenommene Forellen sind am Bauch ganz oder teilweise aufgeschnitten und lassen sich so gut füllen. Ist Ihnen die Öffnung am Bauch zu klein, bitten Sie Ihren Fischhändler, den Fisch weiter aufzuschneiden oder schneiden ihn selbst weiter auf.*

NÄHRWERTANGABEN (pro Portion ca.)

kcal	Ft.	EW	KH	BS
515	48 g	19 g	2 g	1 g
	84 %	15 %	1 %	

Tom Ka Plaa (Kokosfisch nach thailändischer Art)

 Zubereitungszeit: 10 Minuten (Zubereitungszeit für die Zucchini-Spaghetti nicht eingerechnet) • Garzeit: 25–45 Minuten • Ergibt: 4 Portionen

Ich bin in einer kleinen Stadt im nördlicheren Teil Wisconsins aufgewachsen, wo es zwar herrlich ist, die exotische thailändische Küche aber eher selten anzutreffen ist. Zum ersten Mal aß ich Tom Ka Plaa dann in Hawaii und bin seitdem in dieses Gericht und die thailändische Küche verliebt. Traditionell wird Tom Ka Plaa zwar als Suppe gegessen, aber meine Keto-Version habe ich etwas nahrhafter gemacht – sie ist eher eine komplette Mahlzeit mit reichlich leckerer Soße.

1 EL Avocado- oder MCT-Öl oder natives Olivenöl extra

3 Schalotten, gehackt

1½ EL rote Currypaste

360 ml Hühnerknochenbrühe, selbst gemacht (S. 108) oder gekauft

1 Dose (ca. 380 ml) Vollfett-Kokosmilch

¼ TL feines Meersalz, plus mehr für den Fisch

450 g Heilbuttfilets, in 5 cm große Stücke geschnitten

15 g frischer Koriander, gehackt, plus mehr zum Garnieren

2 Frühlingszwiebeln, in ca. 1 cm großen Stücken, plus mehr zum Garnieren

Saft einer Limette

240 g Zucchini-Spaghetti (S. 262), zum Servieren (optional)

1. Das Öl bei mittlerer Hitze in einer gusseisernen Pfanne erhitzen. Die Schalotten dazugeben und ca. 2 Minuten anbraten, bis sie glasig werden, dann die Hitze reduzieren. Currypaste, Brühe, Kokosmilch und Salz unterrühren, anschließend ohne Deckel 20–40 Minuten köcheln lassen, bis das Ganze etwas eingedickt ist. Die Dauer hängt davon ab, wie dick Ihre Soße sein soll.

2. Die Fischstücke von allen Seiten mit Salz würzen und in die Soße geben. Einen Deckel auf die Pfanne geben und den Fisch 4–5 Minuten pochieren, bis er gar und weißlich ist und schon fast zerfällt (hängt von der Dicke der Stücke ab).

3. Ist der Fisch gar, Koriander, Frühlingszwiebeln und Limettensaft unterrühren. Die Pfanne von der Herdplatte nehmen, die Soße in Suppenteller geben und, falls gewünscht, über die bereitgestellten Zucchini-Spaghetti. Mit den restlichen Frühlingszwiebeln und dem Koriander garnieren.

4. Übrig gebliebene Reste halten sich in einem luftdicht verschlossenen Behältnis im Kühlschrank maximal drei Tage. Reste der Zucchini-Spaghetti separat aufbewahren, da sie sonst matschig werden. Die Soße ein paar Minuten bei mittlerer Hitze in einem Topf aufwärmen und dann über die aufgewärmten Zucchini-Spaghetti geben.

NAHRWERTANGABEN (pro Portion ca.)

kcal	Ft.	EW	KH	BS
360	22,4 g	32 g	7 g	1 g
	56 %	37 %	7 %	

Spaghetti al tonno

 Zubereitungszeit: 10 Minuten (Zubereitungszeit für die Zucchini-Spaghetti nicht eingerechnet) • Garzeit: 17 Minuten • Ergibt: 4 Portionen

2 EL MCT-Öl oder Kokosöl

1 Sardellenfilet

2 EL Kapern

4 Knoblauchzehen, fein gehackt

120 ml Hühnerknochen- oder Fischbrühe, selbst gemacht (S. 108) oder gekauft

260 g frische Tomaten, gewürfelt (ca. 2 mittelgroße Tomaten)

1 EL frischer Oregano, gehackt oder ¼ TL getrockneter Oregano

⅛ TL Cayennepfeffer

½ TL feines Meersalz

½ TL frisch gemahlener schwarzer Pfeffer

1 EL natives Olivenöl extra (optional)

½ TL rote Pfefferflocken (optional)

1 Rezeptmenge Zucchini-Spaghetti (S. 262)

1 Dose (200 g) Thunfisch in Öl, abgetropft

2 EL frische gehackte glatte Petersilie

gemischte Oliven, zum Garnieren

1. Das MCT-Öl bei mittlerer Hitze in einer großen Pfanne erhitzen. Sardellenfilet, Kapern und Knoblauch in die Pfanne geben und 2 Minuten anbraten, dabei häufig mit einem Holzlöffel umrühren, um die Sardelle zu zerteilen und mit dem Öl zu vermengen.

2. Brühe, Tomaten, Oregano, Cayennepfeffer, Salz und schwarzen Pfeffer dazugeben und ca. 15 Minuten köcheln, bis die Soße zur Hälfte reduziert ist.

3. Wird eine scharfe Soße gewünscht, Olivenöl und rote Pfefferflocken in einer kleinen Schüssel verrühren und beiseitestellen.

4. Die Zucchini-Spaghetti auf vier tiefe Teller verteilen und Thunfisch, Soße und Petersilie in vier gleichen Portionen darübergeben. Falls gewünscht, die Nudeln mit dem Pfeffer-Öl beträufeln. Mit Oliven garnieren.

5. Übrig gebliebene Soße und Zucchini-Spaghetti halten sich in separaten luftdicht verschlossenen Behältnissen im Kühlschrank maximal drei Tage. In einer Pfanne bei mittlerer Hitze aufwärmen.

NÄHRWERTANGABEN (pro Portion ca.)

kcal	Ft.	EW	KH	BS
275	17 g	20 g	11 g	3 g
	56 %	29 %	16 %	

Zucchini-Spaghetti in Muschelsoße

  Zubereitungszeit: 5 Minuten (Zubereitungszeit für die Zucchini-Spaghetti nicht eingerechnet) • Garzeit: 7 Minuten • Ergibt: 2 Portionen

60 ml MCT-Öl, Enten- oder Speckfett

2 EL Zwiebeln, fein gehackt

2 Knoblauchzehen, fein gehackt

1 Dose (185 g) Muscheln (z. B. Venusmuscheln), abgetropft und gehackt

¼ TL feines Meersalz

⅛ TL frisch gemahlener schwarzer Pfeffer

450 g Zucchini-Spaghetti (S. 262)

frischer Basilikum, zum Garnieren (optional)

1. Das Öl bei mittlerer Hitze in einer gusseisernen Pfanne erhitzen. Zwiebeln und Knoblauch dazugeben und ca. 4 Minuten anbraten, bis die Zwiebeln glasig werden. Die gehackten Muscheln hinzufügen und 3 Minuten erhitzen. Mit Salz und Pfeffer würzen.

2. Die Muschelmischung über die Zucchini-Spaghetti geben und, falls gewünscht, mit Basilikum garniert servieren.

3. Übrig gebliebene Soße und Zucchini-Spaghetti halten sich separat in luftdicht verschließbaren Behältnissen im Kühlschrank maximal drei Tage. Bei mittlerer Hitze in einer Pfanne wieder aufwärmen.

NAHRWERTANGABEN (pro Portion ca.)

kcal	Ft.	EW	KH	BS
355	29 g	16 g	8 g	1 g
	73 %	18 %	9 %	

Pasta puttanesca

 Zubereitungszeit: 10 Minuten (Zubereitungszeit für die Zucchini-Spaghetti nicht eingerechnet) • Garzeit: 25 Minuten • Ergibt: 4 Portionen

60 ml MCT-Öl

150 g Zwiebeln, fein gehackt

6 Knoblauchzehen, fein gehackt

4 mittelgroße Eiertomaten, gehackt, mit Saft

120 g Kalamata-Oliven, entkernt und halbiert

2 EL Tomatenmark

2 EL Kapern

2 EL Sardellenfilets, gehackt (ca. 8 Filets)

½ TL getrockneter Basilikum

½ TL rote Pfefferflocken

½ TL feines Meersalz

960 g Zucchini-Spaghetti (S. 262)

frische Basilikumblätter, zum Garnieren (optional)

1. Das Öl bei mittlerer Hitze in einem großen Topf erhitzen. Zwiebeln in den Topf geben und ca. 6 Minuten anbraten, bis sie weich werden und leicht karamellisieren. Knoblauch dazugeben und weitere 2 Minuten anbraten. Anschließend die restlichen Zutaten (bis auf die Zucchini-Spaghetti) hinzufügen und ca. 15 Minuten köcheln, bis die Soße eingedickt und leicht reduziert ist.

2. Nach Geschmack würzen, dann die vorbereiteten Zucchini-Spaghetti in den Topf geben, unterheben und 1 Minute garen. Die Nudeln auf vier Teller aufteilen und, falls gewünscht, mit frischem Basilikum garnieren.

3. Übrig gebliebene Zucchini-Spaghetti und Soße halten sich in separaten luftdicht verschließbaren Behältnissen im Kühlschrank maximal drei Tage. In einer Pfanne bei mittlerer Hitze wieder aufwärmen.

NAHRWERTANGABEN (pro Portion ca.)

kcal	Ft.	EW	KH	BS
275	20 g	5 g	19 g	5 g
	66 %	7 %	27 %	

Pochierter Lachs mit cremiger Dillsoße

 Zubereitungszeit: 15 Minuten (Zubereitungszeit für die Mayo nicht eingerechnet) •
Garzeit: 12 Minuten • Ergibt: 4 Portionen

Cremige Dillsoße:

60 g Mayonnaise, selbst gemacht (S. 124) oder gekauft* (oder Keto-Mayo ohne Ei, S. 125, für die Ei-freie Variante)

abgeriebene Schale ½ Limette

Saft ½ Limette

3 EL Gurke, gewürfelt

1 EL frischer Schnittlauch, gehackt

1 EL frischer Dill, gehackt

1 Knoblauchzehe, fein gehackt

¼ TL feines Meersalz

1 Prise frisch gemahlener schwarzer Pfeffer

1 Limette, in dünnen Scheiben

120 ml natives Olivenöl extra oder MCT-Öl

4 Lachsfilets (à 170 g)

1 TL feines Meersalz

½ TL frisch gemahlener schwarzer Pfeffer

1 Zweig frischer Dill

Radieschen, in dünnen Scheiben, zum Garnieren

Gurke, in dünnen Scheiben, zum Garnieren

1. Für die Soße sämtliche Zutaten in eine kleine Schüssel geben und gut verrühren. Bis zum Gebrauch in einem luftdicht verschließbaren Behältnis im Kühlschrank lagern.

2. Für den Lachs den Boden einer emaillierten gusseisernen Pfanne mit den Limettenscheiben auslegen. Das Öl über die Limettenscheiben träufeln, dann die Lachsfilets auf die Limettenscheiben legen und so viel Wasser in die Pfanne geben, dass die Filets gerade mit Wasser bedeckt sind. Die Flüssigkeit mit Salz und Pfeffer würzen und den Dillzweig dazugeben.

3. Das Ganze bei mittlerer bis geringer Hitze erwärmen, bis die Flüssigkeit dampft, aber noch nicht kocht (ca. 75 °C). Die Filets 10–12 Minuten pochieren, bis der Fisch durchgegart und nicht mehr glasig ist (abhängig von der Dicke der Filets). Den Lachs aus der Flüssigkeit nehmen.

4. Jedes Stück Fisch mit 2 EL Dillsoße servieren. Die Teller mit Radieschen- und Gurkenscheiben garnieren.

5. Übrig gebliebener Lachs und Dillsoße halten sich in separaten luftdicht verschließbaren Behältnissen im Kühlschrank maximal drei Tage. Zum Aufwärmen den Lachs mit ein paar EL Wasser in eine hitzebeständige Form geben, einen Deckel auflegen und im auf 175 °C vorgeheizten Backofen nach Wunsch aufwärmen. Mit der Dillsoße servieren.

Familientipp: *Die Dillsoße kann maximal drei Tage im Voraus zubereitet werden.*

NAHRWERTANGABEN (pro Portion ca.)

kcal	Ft.	EW	KH	BS
439	32 g	34 g	4 g	1 g
	66 %	31 %	3 %	

Ich liebe Essen jeglicher Art, ob deftig oder süß – und wenn ich Keto-Leckereien wie die in diesem Kapitel vorrätig habe, hält es mich davon ab, bei nicht ketogenen Nahrungsmitteln zuzugreifen. Wenn Sie ein keto-freundliches natürliches Süßungsmittel wie Stevia (ohne Zusatzstoffe wie Maltodextrin) verwenden, bringen die Desserts Sie auch nicht aus der Ketose. Während der 30-Tage-Stoffwechselkur sollten Sie für das beste Ergebnis jedoch den Heißhunger auf Süßes bekämpfen und Desserts, auch Keto-Süßigkeiten, vollständig weglassen – wenn Sie es können.

Wird der Heißhunger auf etwas Süßes allerdings zu stark, empfehle ich Ihnen, eines der Rezepte aus diesem Kapitel auszuprobieren, damit Sie nicht etwas Zuckerhaltiges oder etwas mit nicht ketogenen Süßungsmitteln essen, das Ihre Ketose beenden wird. Die Leckereien in diesem Kapitel sind völlig ketogen und dämpfen nicht nur den Heißhunger auf Süßes, sondern auch den Hunger an sich. Zu viel zu essen kann natürlich zu einer Gewichtszunahme führen. Daher sollten Sie sich die Leckereien für besondere Anlässe reservieren, wenn sie für Sie so lecker sind, dass Sie einfach immer mehr davon essen wollen. Und denken Sie daran, dass Zucker jeglicher Art (auch keto-freundliche Süßungsmittel) tabu sind, wenn Sie sich an den Whole30-Essensplan halten (siehe Hinweis S. 88).

Ein Hinweis zu Nüssen und Nussmehlen: In vielen ketogenen Dessertrezepten werden Nüsse und Nussmehle verwendet, insbesondere Mandelmehl aus blanchierten Mandeln. Nussmehle sind nicht nur teuer, sie sind auch für den Darm schwerer verträglich und enthalten recht viel Kohlenhydrate. Nach vielen Jahren der Arbeit mit Klienten mit Stoffwechselschäden sowie vielen Typ-1-Diabetikern bin ich davon überzeugt, dass es meinen Klienten bei der Heilung hilft, Nüsse wegzulassen. In diesem Kochbuch wird allerdings gelegentlich Kokosmehl verwendet, das ich Mandelmehl vorziehe, weil es sehr aufnahmefähig ist und daher bei den Rezepten nur ein paar Esslöffel Kokosmehl anstelle von ein paar Hundert Gramm Mandelmehl erforderlich sind. So bleibt auch die Kohlenhydratmenge gering.

Desserts und Keto-Leckereien

Keto-Mokka-Latte-Pannacotta

 Zubereitungszeit: 10 Minuten, plus 2 Stunden zum Abkühlen • Garzeit: 5 Minuten • Ergibt: 4 Portionen

Der Bulletproof Coffee ist ein beliebtes Getränk, das viele Menschen trinken, wenn sie eine keto-gene Lebensweise annehmen. Vielleicht schockiert es Sie, aber ich bin kein Fan des Bulletproof Coffee, wenn es den Menschen ums Abnehmen geht. Ich schreibe häufig über flüssige Kalorien und dass sie nicht die richtigen Hormone aktivieren und kein Gefühl des Sattseins signalisieren. Wenn wir unsere Kalorien hingegen kauend aufnehmen, unterstützt das die Signale ans Gehirn, dass wir etwas gegessen haben, und sorgt so für Sättigung. Zudem unterbricht der Bulletproof Coffee das Fasten, das die Gewichtsabnahme beschleunigen soll. Das folgende Rezept ist meine »kaubare« Version des Bulletproof Coffee, die speziell für diejenigen unter Ihnen geeignet ist, die abnehmen möchten. Diejenigen, die *nicht* abnehmen möchten, können natürlich gern ihren Bulletproof Coffee trinken.

1. Schicht:

480 ml Vollfett-Kokosmilch, in zwei Portionen

1 EL Gelatinepulver aus Gras-fütterung

55 g Swerve (Konditorzuckerersatz) oder die entsprechende Menge eines flüssigen oder pulvrigen Süßungsmittels (siehe S. 79)

Mark einer Vanilleschote (ca. 15 cm lang) oder 1 TL Vanilleextrakt

2. Schicht:

1½ TL Gelatinepulver aus Gras-fütterung (siehe Gelatinetipp)

120 ml ungesüßter Cashewdrink (ohne Aroma), selbst gemacht (S. 106) oder gekauft oder Wasser

240 ml entkoffeinierter Espresso (oder starker Kaffee, wenn Koffein vertragen wird)

55 g Swerve (Konditorzuckerersatz) oder die entsprechende Menge eines flüssigen oder pulvrigen Süßungsmittels (siehe S. 79)

2 TL ungesüßtes Kakaopulver

⅛ TL feines Meersalz

1. Für die erste Schicht 120 ml Kokosmilch in eine mittelgroße Schüssel geben. 1 EL Gelatinepulver in die Kokosmilch einstreuen und aufweichen lassen, während Sie die restlichen Zutaten vorbereiten.

2. Die restlichen 360 ml Kokosmilch bei mittlerer Hitze in einem Topf erhitzen. Die Kokosmilch kann auch in einem mikrowellenbeständigen Behältnis eine Minute in der Mikrowelle erhitzt werden.

3. Das Süßungsmittel unter die kalte Kokosmilch-Gelatine-Mischung rühren, bis alles gut vermengt ist. Die heiße Kokosmilch zur Gelatinemischung geben, dabei ständig umrühren. Anschließend das Vanillemark unterrühren.

4. Die Vanillesoße in vier kleine Dessertschalen geben und ca. 1 Stunde in den Kühlschrank stellen, bis die Soße fest und nicht mehr flüssig ist. (Hinweis: Damit die Pannacotta-Schichten wie auf dem Bild schräg verlaufen, legen Sie ein gefaltetes Geschirrtuch unter eine Seite der Schälchen, damit diese schräg stehen.)

5. Die zweite Schicht wird zubereitet, wenn die erste Schicht fest ist. Dafür die 1½ TL Gelatinepulver in den Cashewdrink einstreuen.

6. Den Espresso bei mittlerer Hitze in einem Topf erhitzen und die Cashew-drink-Mischung unterrühren. Süßungsmittel, Kakaopulver und Salz dazuge-ben und gut unterrühren.

7. Die Mokkamischung gleichmäßig auf der Vanilleschicht in den vier Schälchen verteilen (dafür muss die untere Schicht ausreichend fest geworden sein). Die Schälchen eine Stunde in den Kühlschrank stellen oder so lange, bis die Flüs-sigkeit fest geworden ist. Schmeckt bei Zimmertemperatur am besten, kann aber auch kalt serviert werden. Übrig gebliebene Reste halten sich im Kühl-schrank gut abgedeckt maximal vier Tage.

Tipp: *Mit Gelatine lassen sich Leckereien einfach herstellen, aber bei Lagerung im Kühlschrank über Nacht können Gerichte mit Gelatine leicht eine gummiartige Konsistenz entwickeln. Wenn Sie dieses Rezept im Voraus zubereiten möchten, verwenden Sie pro Schicht ¼ TL weniger Gelatine als im Rezept angegeben. So erhalten Sie eine perfekte cremige Konsistenz, auch wenn die Pannacotta ein oder zwei Tage im Kühlschrank steht.*

NAHRWERTANGABEN (pro Portion ca.)				
kcal	Ft.	EW	KH	BS
210	19 g	7 g	3 g	0,5 g
	81 %	13 %	6 %	

Hinweis: *Ich habe mal den Fehler gemacht, die Mokkaschicht zuzubereiten, bevor die untere Vanilleschicht fest geworden war. Sollten Sie diesen Fehler ebenfalls machen, stellen Sie die Mokkaschicht beiseite, warten ab, bis die Vanilleschicht fest ist, und erhitzen dann die Mokkamischung vorsichtig wieder, bis sie heiß ist und die Gelatine wieder schmilzt.*

Chai-Eis am Stiel

   Zubereitungszeit: 5 Minuten, plus 3 Stunden zum Einfrieren • Ergibt: 4 Eis am Stiel (1 pro Portion)

Sollten Sie Ihren Tee normalerweise nicht süßen, brauchen Sie in diesem Rezept auch kein Süßungsmittel. Wenn ein wenig Süße jedoch sein muss, können Sie 2–4 EL Swerve (Konditorzuckerersatz) oder ein paar Tropfen Stevia hinzufügen. Passen Sie die Süße vor dem Einfrieren nach Geschmack an. Während des Einfrierens kann es vorkommen, dass sich die Gewürze vom Tee absetzen, was zu einer Geschmackskonzentration an der Spitze des Eis am Stiel führt (was ich sehr liebe!).

Vanilleschoten sind toll, um bei einer ketogenen Ernährung Phytonährstoffe zu sich zu nehmen, und das Mark der Schoten sorgt für einen unglaublichen Geschmack. In meinem Kühlschrank habe ich immer ein gut verschlossenes Behältnis mit reichlich Vanilleschoten vorrätig, um meine Desserts aufzupeppen.

Für die Zubereitung des Eis am Stiel können Sie auch den selbst gemachten Keto-Chai (S. 146) verwenden.

2–3 Teebeutel Chai-Tee

480 ml kochendes Wasser

120 ml ungesüßter Cashewdrink (ohne Aroma), selbst gemacht (S. 106) oder gekauft (oder Vollfett-Kokosmilch für die nussfreie Variante)

2–4 EL Swerve (Konditorzuckerersatz) oder die entsprechende Menge eines flüssigen oder pulvrigen Süßungsmittels (siehe S. 79) (optional)

¼ TL Zimtpulver

Mark 1 Vanilleschote (optional)

Besondere Küchenhelfer:
4 Formen für Eis am Stiel

1. Die Teebeutel in das kochende Wasser geben und 3 Minuten ziehen lassen, dann entfernen. Cashewdrink, Süßungsmittel (falls verwendet), Zimt und Vanillemark (falls verwendet) in den Tee einrühren. Auf Zimmertemperatur abkühlen lassen.

2. Die abgekühlte Flüssigkeit in die Eisformen geben und die Formen ca. 3 Stunden in den Gefrierschrank legen, bis das Eis fest ist. Hält sich im Gefrierschrank maximal einen Monat.

NÄHRWERTANGABEN (pro Portion ca.)

kcal	Ft.	EW	KH	BS
42	4 g	0,4 g	1 g	0,2 g
	86 %	4 %	10 %	

Knochenbrühe-Eis am Stiel

 Zubereitungszeit: 6 Minuten, plus 4 Stunden zum Einfrieren • Ergibt: 16 Eis am Stiel (1 pro Portion)

Wenn Sie Ihren Heißhunger auf Süßes loswerden möchten, aber bei der ketogenen Ernährung dennoch nicht auf eine leckere Belohnung verzichten möchten, probieren Sie dieses Eis am Stiel aus Knochenbrühe aus. Die Kräuter und Gewürze können Sie ganz nach Geschmack kombinieren und anpassen.

1 EL Gelatinepulver aus Grasfütterung

480 ml selbst gemachte Knochenbrühe jeglicher Art (S. 108), aufgewärmt

Besondere Küchenhelfer:

16 Formen für Eis am Stiel

1. Das Gelatinepulver auf die Brühe streuen und unterrühren.

2. Die Flüssigkeit auf Zimmertemperatur abkühlen lassen, dann in die Eisformen geben und mindestens 4 Stunden in den Gefrierschrank legen, bis das Eis fest ist. Hält sich im Gefrierschrank maximal einen Monat.

NÄHRWERTANGABEN (pro Portion ca.)

kcal	Ft.	EW	KH	BS
20	4 g	1,5 g	1,7 g	0 g
	60 %	19 %	21 %	

Grasshoppers im Glas (ohne Backen)

 Zubereitungszeit: 8 Minuten, plus 1 Stunde zum Abkühlen • Garzeit: 7 Minuten • Ergibt: 8 Portionen

Als ich noch ein Kind war, gingen meine Eltern häufig mit uns in das Restaurant High View in der kleinen Stadt Medford in Wisconsin, wo es Freitagabend immer gebackenen Fisch gab. Vor dem Restaurant gibt es einen schönen kleinen See, in dem mein Bruder und ich angelten, bis das Essen serviert wurde. Nach dem Abendessen durften wir häufig einen alkoholfreien Grasshopper trinken. Der erste Bissen dieses cremigen Desserts hier erinnert mich wieder an das Angeln mit meinem Bruder vor dem Backfischessen am Freitagabend.

Bei den meisten Rezepten mit Minzgeschmack soll die Minze nur ihren Geschmack abgeben, aber damit ihre heilenden Eigenschaften optimal genutzt werden können, wird sie bei diesem Nachtisch mitpüriert. Dadurch erhält er auch eine tolle grüne Farbe, ohne dass künstlicher Farbstoff verwendet werden muss, der beispielsweise Crème de Menthe so grün macht.

Schokoladenboden:

240 ml Vollfett-Kokosmilch

75 g Swerve (Konditorzucker-ersatz) oder die entsprechende Menge eines flüssigen oder pulvrigen Süßungsmittels (siehe S. 79)

Mark 1 Vanilleschote oder 1 TL Vanilleextrakt

55 g ungesüße Schokolade, fein gehackt

Cremige Minzfüllung:

600 ml Vollfett-Kokosmilch, in zwei Portionen

2 TL Gelatinepulver aus Gras-fütterung (siehe Gelatinetipp)

30 g frische Minzblätter, gehackt

115 g Swerve (Konditorzucker-ersatz) oder die entsprechende Menge eines flüssigen oder pulvrigen Süßungsmittels (siehe S. 79)

½ TL Stevia mit Minzgeschmack (optional)

1 Prise feines Meersalz

frische Minzblätter, zum Garnieren

1. Für den Schokoladenboden Kokosmilch, Süßungsmittel und Vanillemark bei mittlerer Hitze in einem Topf erwärmen. Sobald die Mischung zu köcheln beginnt, den Topf von der Herdplatte nehmen und die gehackte Schokolade unterrühren, bis sie vollständig geschmolzen ist. Je 2 EL (bzw. 30 ml) Scho-kosoße auf 8 Gläser oder kleine Weckgläser verteilen und diese ca. 30 Minu-ten in den Kühlschrank stellen, damit der Boden leicht fest wird.

2. In der Zwischenzeit die Füllung zubereiten: 240 ml Kokosmilch in einen klei-nen Topf geben. Das Gelatinepulver über die Kokosmilch streuen und unter-rühren, bis es aufgelöst ist. Minze und Süßungsmittel dazugeben und die Mischung einmal zum Köcheln bringen. Den Topf von der Herdplatte nehmen und die restlichen 360 ml Kokosmilch und das Salz dazugeben.

3. Die Mischung in eine Küchenmaschine oder einen Mixer geben und pürieren, bis sie eine sehr glatte Konsistenz hat und die Minzblätter vollständig püriert sind.

4. Die Minzfüllung auf den Schokoladenböden in den Gläsern verteilen. Mit Minzblättern garnieren und 1 Stunde oder länger in den Kühlschrank stellen, bis die Füllung fest geworden ist. Hält sich in einem luftdicht verschlossenen Behältnis im Kühlschrank maximal drei Tage.

Gelatinetipp: Mit Gelatine lassen sich Leckereien einfach herstellen, aber bei Lagerung im Kühlschrank über Nacht können Gerichte mit Gelatine leicht eine gummiartige Konsistenz entwickeln. Wenn Sie dieses Rezept im Voraus zubereiten möchten, verwenden Sie ¼ TL weniger Gelatine als im Rezept angegeben. So erhalten Sie eine perfekte cremige Konsistenz, auch wenn das Gericht ein oder zwei Tage im Kühlschrank steht.

Familientipp: Kann maximal drei Tage im Voraus zubereitet werden (siehe unbedingt Gelatinetipp).

NAHRWERTANGABEN (pro Portion ca.)				
kcal	Ft.	EW	KH	BS
195	19 g	3 g	3 g	2 g
	88 %	6 %	6 %	

Vanille-Petits-Fours ohne Backen

 Zubereitungszeit: 5 Minuten, plus 4 Stunden zum Kühlen • Garzeit: 5 Minuten •
Ergibt: 12 Petits Fours (1 pro Portion)

Ich liebe das französische Café Patisserie 46 in Minneapolis. Dort findet man meine Familie recht häufig, wenn wir mit den Fahrrädern an den Seen von Minneapolis unterwegs sind und dann den Berg hoch zu diesem süßen Café fahren, um uns entkoffeinierte Americanos zu gönnen. Sie haben eine unglaublich tolle Kuchenauslage, die voller kleiner Kunstwerke steckt. Ich hätte niemals geglaubt, dass ich so einen Nachtisch selbst zaubern könnte, aber es ist gar nicht so schwer. Das Geheimnis ist eine richtige Form.

2 EL kaltes Wasser

1 EL Gelatinepulver aus Gras-
fütterung (siehe Hinweis)

480 ml Vollfett-Kokosmilch

240 ml ungesüßter Mandeldrink (oder Hanfdrink für die nussfreie Variante)

75 g Swerve (Konditorzucker-ersatz) oder die entsprechende Menge eines flüssigen oder pulvrigen Süßungsmittels (siehe S. 79)

Mark 1 Vanilleschote oder 1 TL Vanilleextrakt

⅛ TL feines Meersalz

Hot-Fudge-Soße (S. 403), verdünnt und aufgewärmt (optional)

Besondere Küchenhelfer:

Silikonform mit 12 rechteckigen Mulden (siehe S. 85)

1. Das kalte Wasser in einen Topf geben, das Gelatinepulver darüberstreuen und 1 Minute einweichen lassen. Anschließend Kokosmilch, Mandelmilch, Süßungsmittel, Vanillemark und Salz unterrühren. Gut umrühren, damit sich alles gut mit der Gelatine verbindet. Die Mischung aufkochen, dann von der Herdplatte nehmen und auf Zimmertemperatur abkühlen lassen.

2. Die Silikonform auf ein Backblech oder ein großes Küchenbrett stellen, mit dem sie anschließend in den Kühlschrank gestellt werden kann. Jede Mulde bis kurz vor den Rand mit der Mischung füllen und die Form ca. 2 Stunden in den Kühlschrank stellen, bis sie fest geworden ist. Anschließend die Form 2 Stunden in den Gefrierschrank stellen, damit die Petits Fours leichter aus der Form gelöst werden können.

3. Die Petits Fours durch leichten Druck der Hände auf den Boden der Form lösen und auf einen Servierteller legen. Etwas auftauen lassen und gekühlt, aber nicht gefroren, servieren. Falls gewünscht, kurz vor dem Servieren mit der verdünnten, aufgewärmten Hot-Fudge-Soße beträufeln.

4. Die Petits Fours sind abgedeckt im Kühlschrank maximal fünf Tage haltbar, im Gefrierschrank maximal einen Monat.

Hinweis: *Im Laufe der Zeit wird Gelatine gummiartig. Sollten Sie die Petits Fours nicht am Tag ihrer Herstellung servieren wollen, verringern Sie die Gelatinemenge auf 2¼ TL.*

Alternative: Erdbeer-Petits-Fours ohne Backen

Im 1. Schritt zu Kokosmilch, Süßungsmit-tel und Salz 2 TL Erdbeerextrakt oder ein paar Tropfen Erdbeeröl dazuge-ben. Für mehr geschmackliche Tiefe und eine schicke Optik zusätzlich zum Erdbeerextrakt oder -öl noch das Mark 1 Vanilleschote hinzufügen.

NAHRWERTANGABEN (pro Portion, ohne Hot-Fudge-Soße, ca.)

kcal	Ft.	EW	KH	BS
62	6 g	1 g	1 g	0,1 g
	86 %	7 %	7 %	

Deftige Eiscreme »Tom Ka Gai«

 Zubereitungszeit: 6 Minuten, plus 2 Stunden zum Abkühlen • Ergibt: 8 Portionen

Ein deftiger Nachtisch mag Ihnen vielleicht verrückt erscheinen, aber denken Sie mal an die Tradition in einigen Kulturen, das Essen mit einem Salat oder einer Käseplatte abzuschließen. Den letzten Gang in Form von Salat oder Käse habe ich einfach in einen Nachtisch verwandelt, der wirklich wie ein Teller gefrorener Tom-Ka-Gai-Suppe schmeckt. Darüber hinaus möchten viele meiner Klienten ihren Heißhunger auf Süßes loswerden und sich trotzdem ein Dessert gönnen, weshalb ich für sie auch einen Nachtisch ins Buch aufgenommen habe.

1 Stange Zitronengras, die harten Außenblätter entfernt

180 ml plus 2 EL Kokosöl, weich

60 ml MCT-Öl

60 ml Hühnerknochenbrühe, selbst gemacht (S. 108) oder gekauft

60 ml Vollfett-Kokosmilch

4 große ganze Eier

4 große Eigelb

½ TL Fischsauce

1 TL frisch geriebener Ingwer

1 TL frischer Koriander, gehackt

abgeriebene Schale 1 Limette

Saft 1 Limette

½ TL Salz

2 EL Swerve (Konditorzucker-ersatz) oder die entsprechende Menge eines flüssigen oder pulvrigen Süßungsmittels (siehe S. 79) (optional)

Besondere Küchenhelfer:

Eismaschine

1. Wenn Sie einen Hochleistungsmixer besitzen, schneiden Sie die untere Hälfte der Zitronengrasstange in zwei oder drei Stücke und geben Sie sie in den Mixbehälter. Sollten Sie nur einen normalen Mixer haben, reiben Sie das untere Drittel der Zitronengrasstange und geben den Abrieb in den Mixbehälter.

2. Kokosöl, MCT-Öl, Brühe, Kokosmilch, Eier, Eigelbe, Fischsauce, Ingwer, Koriander, Limettenschale und -saft, Salz und Süßungsmittel in den Mixer geben und alles gut pürieren, bis eine glatte Konsistenz erreicht ist.

3. Die Mischung in die Eismaschine geben und nach der Gebrauchsanweisung vorgehen, bis die Masse fest wird. Hält sich in einem luftdicht verschlossenen Behältnis im Kühlschrank maximal einen Monat.

Hinweis: *Es mag ungewöhnlich klingen, ein Eis mit Öl und Salz herzustellen, aber es sind wichtige Zutaten: Das Öl sorgt für eine glatte Konsistenz und das Salz bewirkt, dass das Eis weich bleibt.*

NAHRWERTANGABEN (pro Portion ca.)

kcal	Ft.	EW	KH	BS
350	36 g	5 g	2 g	0,3 g
	92 %	6 %	2 %	

Vanille-Brotpudding mit Englischer Creme

  Zubereitungszeit: 12 Minuten, plus Abkühlzeit für das Brot (Zubereitungszeit für die Englische Creme nicht eingerechnet) • Garzeit: 1 Stunde 45 Minuten • Ergibt: 12 Portionen

Brot:

60 g Eiklarpulver, ohne Geschmack

115 g Swerve (Konditorzuckerersatz) oder die entsprechende Menge eines flüssigen oder pulvrigen Süßungsmittels (siehe S. 79) (optional)

12 große Eiweiß

2 TL Cream of Tartar bzw. Weinsteinpulver (Kaliumbitartrat, in der Apotheke erhältlich)

1 TL Vanilleextrakt

Pudding:

240 ml ungesüßter Mandeldrink ohne Aroma (oder Vollfett-Kokosmilch für die nussfreie Variante)

120 ml Vollfett-Kokosmilch

3 große Eier

150 g Swerve (Konditorzuckerersatz) oder die entsprechende Menge eines flüssigen oder pulvrigen Süßungsmittels (siehe S. 79) (optional)

1 TL Zimtpulver

½ TL feines Meersalz

Mark 1 Vanilleschote oder 1 TL Vanilleextrakt

1½ Rezeptmenge Englische Creme mit Vanillegeschmack (S. 404), warm oder kalt

1. Für das Brot den Backofen auf 175 °C vorheizen und eine ca. 32 x 22 cm große Auflaufform einfetten. Eiklarpulver und Süßungsmittel zusammen in eine kleine Schüssel sieben und beiseitestellen. Das Eiweiß in einer großen, absolut sauberen Metallschüssel schaumig schlagen (die Eigelbe für die Englische Creme aufbewahren). Das Weinsteinpulver dazugeben und das Eiweiß sehr steif schlagen (zur Probe die Schüssel auf den Kopf drehen – das Eiweiß sollte nicht herausfallen). Den Vanilleextrakt hinzugeben und unterrühren, dann schnell die Mischung aus Eiklarpulver und Süßungsmittel unterheben. Die Masse in die vorbereitete Form geben und 45 Minuten im Ofen backen, bis sie leicht goldbraun wird. Die Form aus dem Ofen nehmen, und das Brot in der Form vollständig abkühlen lassen. Ist es vollständig abgekühlt, in 2,5 cm große Würfel schneiden und die Würfel in eine Rührschüssel geben (siehe Tipp).

2. Für den Pudding den Backofen auf 175 °C vorheizen. Eine ca. 27 x 17 cm große Auflaufform einfetten. Mandeldrink und Kokosmilch über die Brotwürfel geben und beiseitestellen. Eier, Süßungsmittel, Zimt, Salz und Vanillemark in einer anderen Schüssel gut verrühren. Die Ei-Mischung über das eingeweichte Brot geben und gut unterrühren. Die Brot-Ei-Mischung in die vorbereitete Auflaufform geben.

3. Die Auflaufform in den Backofen stellen und 45–60 Minuten backen, bis die Mischung gestockt ist. Die Form aus dem Ofen nehmen, auf Zimmertemperatur abkühlen lassen und den Pudding in 12 Stücke schneiden.

4. Zum Servieren ca. 2 EL Englische Creme über jedes Stück Brotpudding geben (nur die Stücke mit Soße bedecken, die sofort verzehrt werden). Übrig gebliebener Brotpudding und Englische Creme halten sich separat in luftdicht verschließbaren Behältnissen im Kühlschrank maximal drei Tage.

Familientipp: *Das Brot kann einen Tag im Voraus zubereitet werden. Auf Zimmertemperatur abkühlen lassen und dann über Nacht in den Kühlschrank stellen. Am nächsten Tag wird das Brot gewürfelt und mit der Zubereitung wie im Rezept beschrieben fortgefahren. Auch die Englische Creme kann im Voraus zubereitet werden.*

NÄHRWERTANGABEN (pro Portion ca.)

kcal	Ft.	EW	KH	BS
340	25 g	26 g	3 g	1 g
	66 %	31 %	3 %	

Chai-Fettbomben

 Zubereitungszeit: 3 Minuten, plus 20 Minuten oder 1 Stunde zum Abkühlen (Zubereitungszeit für den Tee nicht eingerechnet) • Ergibt: 6 Fettbomben (1 pro Portion)

240 ml Kokosöl, weich aber nicht flüssig

180 ml starker Chai-Tee, Zimmertemperatur

170 g Swerve (Konditorzucker-ersatz) oder die entsprechende Menge eines flüssigen oder pulvrigen Süßungsmittels (siehe S. 79) (optional)

1 TL Zimtpulver

Besondere Küchenhelfer:

Silikonform mit 12 rechteckigen Mulden (siehe S. 85)

1. Die Silikonform auf ein Backblech legen (damit beim Transportieren nichts verschüttet wird).

2. Sämtliche Zutaten in einen Mixer oder eine Küchenmaschine geben und pürieren, bis eine glatte Konsistenz erreicht ist.

3. Die pürierte Mischung auf sechs Mulden der Form verteilen. (Die Bestandteile der Mischung trennen sich voneinander, wenn sie zu lange steht und zu heiß wird. Wenn das passiert, muss die Mischung vor dem Abfüllen in die Form erneut püriert werden.) Die Silikonform mit der Teemischung zum Festwerden ca. 1 Stunde in den Kühlschrank oder 20 Minuten in den Gefrierschrank stellen.

4. Die fest gewordenen Fettbomben mit den Händen aus der Form lösen. In einem luftdicht verschlossenen Behältnis halten sie sich im Kühlschrank maximal sechs Tage oder maximal einen Monat im Gefrierschrank.

NAHRWERTANGABEN (pro Portion ca.)

kcal	Ft.	EW	KH	BS
335	37 g	0 g	1 g	0,4 g
	99 %	0 %	1 %	

Lava Cakes mit Mokkaeis

 Zubereitungszeit: 20 Minuten, plus Zeit zum Kühlen des Eises • Garzeit: 15 Minuten • Ergibt: 8 kleine Kuchen (1 pro Portion)

Dieser Nachtisch ist fantastisch für besondere Anlässe wie z. B. ein festliches Abendessen. Wegen seiner zwei Bestandteile – Kuchen und Eis – nimmt die Zubereitung etwas Zeit in Anspruch, aber da beides im Voraus zubereitet werden kann, ist es eigentlich ganz einfach. Die Eiscreme kann maximal einen Monat im Voraus zubereitet werden, und der Teig für die Kuchen kann ein paar Tage vor dem festlichen Abendessen vorbereitet werden. Der Teig kommt einfach dann in den Backofen, wenn Sie die perfekten Lava Cakes haben möchten: warm mit leicht flüssigem Kern.

Mokkaeis:

180 ml plus 2 EL Kokosöl

120 ml starker entkoffeinierter Espresso, kalt

60 ml MCT-Öl

4 große Eier

4 große Eigelb

Mark 1 Vanilleschote oder 1 TL Vanilleextrakt

55 g Swerve (Konditorzuckerersatz) oder die entsprechende Menge eines flüssigen oder pulvrigen Süßungsmittels (siehe S. 79) (optional)

2 EL Kakaopulver, ungesüßt

½ TL feines Meersalz

Lava Cakes:

8 TL plus 115 g Swerve (Konditorzuckerersatz) oder die entsprechende Menge Erythrit in Pulverform oder Luo Han Guo (siehe S. 79), in zwei Portionen

115 g ungesüßte Schokolade, gehackt

180 ml Kokosöl, plus mehr zum Einfetten

3 große Eier

3 große Eigelb

60 ml ungesüßter Mandeldrink (oder ungesüßter Hanfdrink für die nussfreie Variante)

Besondere Küchenhelfer:

Eismaschine

1. Für die Eiscreme sämtliche Zutaten in einen Mixer geben und mixen, bis eine sehr glatte Konsistenz erreicht ist. Abschmecken, falls gewünscht, mehr Süßungsmittel hinzufügen und noch einmal gut aufmixen.

2. Die Mischung in eine Eismaschine geben und nach der Gebrauchsanweisung vorgehen, bis die Masse fest wird. Hält sich in einem luftdicht verschlossenen Behältnis im Gefrierschrank maximal einen Monat.

3. Für die Lava Cakes acht kleine Auflaufförmchen (8–9 cm Durchmesser) oder eine Muffinform mit entsprechend großen Mulden mit Kokosöl einfetten. Jedes Förmchen mit 1 TL Süßungsmittel einstreuen. Schokolade und Kokosöl bei geringer Hitze in einem mittelgroßen Topf erwärmen und glatt rühren. Den Topf von der Herdplatte nehmen und beiseitestellen.

4. Eier, Eigelbe, Mandeldrink und die restlichen 115 g Süßungsmittel in einer großen Schüssel mit dem Rührgerät ca. 8 Minuten verrühren, bis eine dickere blassgelbe Masse entsteht. Die warme Schokoladenmischung unter die Eimasse heben. Den Teig gleichmäßig auf die vorbereiteten Förmchen verteilen. Hinweis: Die Kuchen können nun gebacken werden oder abgedeckt und ungebacken maximal 3 Tage im Kühlschrank aufbewahrt werden. Vor dem Backen auf Zimmertemperatur erwärmen und die Folie entfernen.

5. Den Backofen auf 200 °C vorheizen. Die Auflaufförmchen oder die Muffinform auf ein Backblech stellen. Das Blech in den Backofen geben und ca. 9 Minuten backen, bis die Ränder der Kuchen aufgegangen und leicht eingerissen sind, aber die inneren 2,5 cm jedes Kuchens sich noch leicht bewegen, wenn vorsichtig an der Form gerüttelt wird. (Die Kuchen sollen nicht ganz durchgebacken sein.)

6. Zum Servieren die Kuchen aus der Form auf die Teller stürzen (sie sollten sich ganz leicht von selbst aus der Form lösen). Auf jeden Kuchen eine Kugel Mokka-Eis geben und sofort servieren.

NAHRWERTANGABEN (pro Portion ca.)

kcal	Ft.	EW	KH	BS
670	68 g	10 g	5 g	3 g
	91 %	6 %	3 %	

Lemon Curd

  Zubereitungszeit: 5 Minuten, plus 15 Minuten zum Abkühlen • Garzeit: 15 Minuten • Ergibt: ca. 620 g (55 g pro Portion)

Ohne diesen Lemon Curd läuft gar nichts! Ich serviere ihn einfach so in Schälchen als dekadente cremige Leckerei und verwende ihn bei meinem Dutch Baby Pancake mit Lemon Curd (S. 184).

225 g Swerve (Konditorzuckerersatz) oder die entsprechende Menge eines flüssigen oder pulvrigen Süßungsmittels (siehe S. 79)

120 ml Zitronensaft

4 große Eier

120 ml Kokosöl

1 EL abgeriebene Zitronenschale, zum Garnieren (optional)

Familientipp: *Kann maximal vier Tage im Voraus zubereitet werden.*

1. Süßungsmittel, Zitronensaft und Eier in einem mittelgroßen Topf mit dickem Boden miteinander verquirlen. Das Kokosöl dazugeben und bei mittlerer Hitze erwärmen. Sobald das Öl geschmolzen ist, die Mischung ca. 10 Minuten lang ständig rühren, bis sie eindickt und in einer dicken Schicht am Löffel hängen bleibt. Die Mischung darf dabei nicht aufkochen.

2. Die Mischung durch ein feinmaschiges Sieb in eine mittelgroße Schüssel geben. Die Schüssel in eine größere, mit Eiswasser gefüllte Schüssel stellen und ca. 15 Minuten abkühlen lassen, dabei gelegentlich umrühren. Der Lemon Curd sollte anschließend völlig abgekühlt sein.

3. In Einzelportionen, falls gewünscht, mit Zitronenschale garniert, servieren oder maximal vier Tage im Kühlschrank aufbewahren.

NÄHRWERTANGABEN (pro Portion ca.)

kcal	Ft.	EW	KH	BS
100	10 g	2 g	0,3 g	0 g
	90 %	8 %	2 %	

Hot-Fudge-Soße

   Zubereitungszeit: 5 Minuten • Garzeit: 5 Minuten • Ergibt: 240 ml (2 EL pro Portion)

Diese Soße serviere ich nicht nur gern zu Eis, sondern liebe sie auch auf den Schokowaffeln (S. 182).

180 ml Vollfett-Kokosmilch

75 g Swerve (Konditorzucker-ersatz) oder die entsprechende Menge eines flüssigen oder pulvrigen Süßungsmittels (siehe S. 79)

56 g ungesüßte Schokolade, fein gehackt

Mark 1 Vanilleschote oder 1 TL Vanilleextrakt

1. Kokosmilch, Süßungsmittel und gehackte Schokolade in eine Bain-Marie oder ein Wasserbad geben (z. B. in eine hitzebeständige Schale, die in einen Topf mit etwas heißem Wasser gestellt wird). Bei geringer Hitze erwärmen, bis die Schokolade schmilzt, dann herausnehmen. Das ausgekratzte Mark der Vanilleschote dazugeben und unterrühren.

2. Die Soße sofort verwenden oder abkühlen lassen, dann abdecken und bis zum Servieren in den Kühlschrank stellen. In einem luftdicht verschlossenen Behältnis im Kühlschrank hält sie sich maximal vier Tage, im Gefrierschrank maximal zwei Monate. Die Soße kann kalt oder warm serviert werden. Zum Aufwärmen die Soße in eine Bain-Marie oder ein Wasserbad geben und unter Rühren erwärmen.

Tipp: *Die Soße kann auch verwendet werden, um andere Nachtische, z. B. die Petits Fours (S. 392) damit zu beträufeln. Dafür die Soße mit 1–2 EL Kokosmilch verdünnen, damit sie die entsprechende Konsistenz erreicht, und warm verwenden.*

NAHRWERTANGABEN (pro Portion ca.)

kcal	Ft.	EW	KH	BS
79	7 g	1 g	3 g	2 g
	80 %	5 %	15 %	

Englische Creme mit Vanillegeschmack

 Zubereitungszeit: 5 Minuten • Garzeit: 5 Minuten • Ergibt: 240 ml (60 ml pro Portion wenn als alleiniger Nachtisch serviert, 2 EL pro Portion als Soße zu anderen Nachtischen)

Diese Keto-Abwandlung der klassischen Dessertsoße serviere ich gern zu den Snickerdoodle-Zimtwaffeln (S. 180) und dem Vanille-Brotpudding (S. 396). Natürlich schmeckt sie auch pur lecker und erinnert mich dann an selbst gemachten Pudding.

6 große Eigelb

120 ml ungesüßter Mandeldrink (ohne Aroma) (oder Hanfdrink für die nussfreie Variante)

55 g Swerve (Konditorzucker-ersatz) oder die entsprechende Menge eines flüssigen oder pulvrigen Süßungsmittels (siehe S. 79)

60 ml Kokosöl, geschmolzen

Mark 1 Vanilleschote oder 1 TL Vanilleextrakt

1. Eigelb, Mandelmilch und Süßungsmittel in eine mittelgroße hitzebeständige Schüssel geben und mit dem Schneebesen verrühren. Weiterrühren und dabei langsam das geschmolzene Kokosöl dazugeben, damit das Ei nicht gerinnt.

2. Die Schüssel auf einen kleinen Topf mit köchelndem Wasser stellen. Die Mischung ca. 3 Minuten lang ständig und kräftig umrühren, bis sie so eingedickt ist, dass sie auf der Rückseite eines Löffels kleben bleibt und das Lebensmittelthermometer eine Temperatur von 60 °C anzeigt.

3. Die Soße von der Herdplatte nehmen und das Vanillemark mit einem Schneebesen unterrühren. Kann warm oder kalt serviert werden. Zum Abkühlen kann die Schüssel in eine größere mit Eiswasser gefüllte Schüssel gestellt werden.

4. Die Englische Creme hält sich in einem luftdicht verschlossenen Behältnis im Kühlschrank maximal drei Tage. Vor dem Servieren gut umrühren. Zum Aufwärmen die Soße in eine Bain-Marie stellen oder vorsichtig im Wasserbad erwärmen, dabei häufig umrühren. Wird die Soße zu stark erhitzt, gerinnt das Eigelb.

NAHRWERTANGABEN
(pro 60-ml-Portion ca.)

kcal	Ft.	EW	KH	BS
202	21 g	4 g	1 g	0,1 g
	92 %	7 %	2 %	

TEIL 5:
Auf einen Blick

Anhang: Körperpflegeprodukte – Was lassen Sie an Ihre Haut?

Beim gemütlichen Teetrinken erzählte mir meine Freundin Kristen einmal, wie ihre Tochter als Dreijährige plötzlich den Eindruck machte, als wäre sie betrunken. Sie war zu Tode erschrocken. Als sie nach der Ursache suchte, fand sie heraus, dass ihre Tochter eine Flasche Händedesinfektionsmittel in die Finger bekommen hatte und der enthaltene Alkohol über die Haut in den Blutkreislauf gelangt war. Das liegt daran, dass unsere Haut als unser größtes Organ all das aufnimmt, was wir auf sie draufschmieren, und es in den Blutkreislauf weitertransportiert – so, als würden wir es essen. Die Pharmaunternehmen wissen das natürlich, weshalb es Hautpflaster und Lotionen gibt, deren Wirkstoffe über die Haut aufgenommen werden. Tatsächlich sind Medikamente in vielen Fällen als Cremes wirksamer als in Form von Tabletten, weil sie von der Haut sofort aufgenommen werden. Und das gilt ebenso für die Zutaten *jedes anderen* Produkts, das Sie auf Ihre Haut auftragen. Auch die Giftstoffe, die in Kosmetikprodukten, Feuchtigkeitscremes, Selbstbräunern und Insektenschutzmitteln vorkommen, werden von Ihrer Haut aufgenommen. Diese Giftstoffe gibt die Haut dann weiter in den Blutkreislauf, und bei einer hohen Giftbelastung kann die Leber ermüden und die Giftstoffe nicht mehr abbauen. Da die Leber auch unsere Stimmung beeinflusst und steuert, wie schnell wir abnehmen, kann eine gestresste Leber sich auf viele gesundheitliche Bereiche ungünstig auswirken. Schränken wir jedoch den Kontakt der Leber mit Schadstoffen ein, ermöglichen wir ihr eine Heilung von vorherigen Misshandlungen. Ich hatte sogar eine Klientin, die allein durch einen Wechsel ihres Make-ups und ihrer Hautcremes ihre gefährlich hohen Leberenzymwerte senken konnte.

Die Chemikalien in Ihren Körperpflegeprodukten können auch Ihre Hormone beeinflussen. Phthalate (in Parfüms und Düften), Parabene (in Kosmetika), Triclosan (in antibakteriellen Seifen) und Oxybenzone (in Sonnenschutzmitteln) sind alles Chemikalien, die Störungen des Hormonsystems verursachen. Das Ergebnis einer Studie zeigte, dass eine nur drei Tage lange Nutzung von Produkten, die geringere Mengen dieser Chemikalien enthielten als gewöhnlich, bei Mädchen im Teenageralter zu einem signifikanten Rückgang des Gehalts dieser Chemikalien im Körper führte, und zwar um bis zu 45 Prozent. Was Sie an Ihre Haut lassen, macht also wirklich etwas aus.

Dihydroxyaceton oder DHA (nicht zu verwechseln mit Docosahexaensäure, der nützlichen DHA-Fettsäure aus Fischöl) ist ein starker chemischer Wirkstoff, der häufig in Selbstbräunern enthalten ist. Er wird zwar nicht über die Haut aufgenommen, sorgt aber dafür, dass die oberen Hautschichten anfälliger für freie Radikale werden – die Zellkiller, die verheerende Schäden verursachen, indem sie die DNA beschädigen und Zellmembranen verändern. Mittlerweile ist wissenschaftlich erwiesen, dass freie Radikale im Alterungsprozess eine wichtige Rolle spielen und zudem mit Herzerkrankungen, Schlaganfall, Krebs, Arthritis, möglichen Allergien und vielen anderen gesundheitlichen Problemen in Verbindung stehen. Vereinfacht dargestellt können Sie sich Ihren Körper als Apfel vorstellen: Sobald ein Apfel angeschnitten wird und mit Luft in Kontakt kommt, wird er braun. Ihr Körper hingegen rostet quasi von innen nach außen, wenn er mit freien Radikalen in Kontakt kommt.

Es war mir nicht schon immer bewusst, was ich mir da auf die Haut schmierte, und ich dachte auch nicht immer darüber nach. Aber als ich schrittweise meinen Küchenschrank ausmistete, wurde mir klar, dass ich auch meinen Badezimmerschrank ausmisten und sicherere Alternativen zu den Produkten finden sollte, die meine Familie und ich an unsere Haut ließen.

Ich begann mit Haarshampoo und Pflegespülung, wechselte dann zu einer anderen Sonnencreme, und im Laufe der Zeit war ich auf meinen Badezimmerschrank genauso stolz wie auf meinen Vorratsschrank in der Küche.

Ihnen möchte ich ans Herz legen, das Gleiche zu tun. Denken Sie dabei an sämtliche Produkte, die mit Ihrer Haut und Ihrem Zahnfleisch in Berührung kommen:

- Deo
- Insektenschutzmittel
- Lotionen
- Make-up
- Parfüm
- Shampoo und Pflegespülung
- Seife
- Zahnpasta und Mundspülung

Schauen Sie sich die Marken an, die Sie benutzen, und überlegen Sie, ob es nicht lohnenswert wäre, andere Marken mit weniger schädlichen Chemikalien zu verwenden. Oder besser noch: Stellen Sie Ihre Pflegeprodukte selbst her. Auf den folgenden Seiten finden Sie einige meiner Lieblingsrezepte zum Selbermachen.

Beim Parfüm gibt es eine einfache Lösung: Sprühen Sie es auf Ihre Kleidung und nicht auf die Haut. Mein Lieblingsparfüm ist Green Tea von Elizabeth Arden.

Selbst gemachtes Parfüm

Zubereitungszeit: unter 5 Minuten • Ergibt: ca. 250 ml

12 Tropfen Nelkenöl

12 Tropfen Geranienöl

12 Tropfen Lavandinöl

12 Tropfen Palmarosaöl

12 Tropfen Patchouliöl

12 Tropfen Rosenholzöl

12 Tropfen Sandelholzöl

240 ml Wasser

Sämtliche Öle in einen Sprühflakon geben, das Wasser zum Verdünnen hinzufügen und nach Belieben aufsprühen.

Lippenpeeling

Zubereitungszeit: unter 5 Minuten • Ergibt: ca. 78 g

3 EL Swerve als Granulat (oder einen anderen Zuckerersatz in Granulatform)

2 EL Kokosöl

2 TL Vitamin-E-Öl

5–8 Tropfen Aromaöl nach Wahl

1. Sämtliche Zutaten in einer kleinen Schüssel verrühren. Das Aromaöl können Sie ganz nach Ihrem Geschmack auswählen

2. Das Peeling in kleine Gläschen abfüllen. Es eignet sich perfekt als Geschenk für Freunde.

Natürliches Insektenschutzmittel

Zubereitungszeit: unter 5 Minuten • Ergibt: ca. 250 ml

24 Tropfen Citronella-Öl

24 Tropfen Lavendelöl

24 Tropfen Pfefferminzöl

24 Tropfen Teebaumöl

240 ml Wasser

Die Öle in eine getönte Sprühflasche oder eine Sprühflasche aus Milchglas geben. Das Wasser zum Verdünnen hinzugeben und nach Bedarf auf die Haut sprühen.

Hinweis: *Die Rezeptmenge lässt sich leicht nach unten oder oben anpassen. Verwenden Sie einfach ein Verhältnis von 2–5 Tropfen jedes Öls pro 30 ml Wasser.*

Körperpeeling

Zubereitungszeit: 5 Minuten • Ergibt: ca. 1,1 kg

Eine wunderbare Freundin schenkte mir einmal natürliche Badesalze, da sie wusste, dass ich nur bestimmte Produkte an meine Haut lasse. Ihr Geschenk fand ich unglaublich toll, und es inspirierte mich dazu, selbst ein Körperpeeling auszutüfteln.

900 g grobkörniges Meersalz

240 ml Jojobaöl

2 TL ätherisches Öl nach Wahl (ich mag Lavendel)

1 TL Magnesiumöl (optional)

1. Salz und Jojobaöl in einer großen Schüssel vermengen, dann das ätherische Öl dazugeben. Je nachdem, wie stark der Duft sein soll, können Sie mehr oder weniger ätherisches Öl verwenden. Falls gewünscht, das Magnesiumöl hinzufügen.

2. Auf kleine verschließbare Gläser aufteilen, und schon haben Sie wohltuende Geschenke für Ihre Freunde.

Zahnpasta

Zubereitungszeit: unter 5 Minuten • Ergibt: ca. 340 g

240 ml Kokosöl

30 g Natron

30–55 g Swerve (Konditorzuckerersatz) oder die entsprechende Menge Erythrit in Pulverform oder Luo Han Guo (siehe S. 79), abhängig von der gewünschten Süße

16 Tropfen ätherisches Öl nach Wahl, z. B. Pfefferminze, grüne Minze oder Zimt oder eine Mischung

1. Das Kokosöl bei geringer Hitze in einem kleinen Topf erwärmen, bis es weich ist und sich verrühren lässt. Natron, Süßungsmittel und ätherisches Öl hinzugeben und gut unterrühren.

2. In kleine verschließbare Gläser geben und ins Badezimmer stellen, um die gekaufte Zahnpasta zu ersetzen.

Deo

Zubereitungszeit: 5 Minuten • Ergibt: ca. 450 g

120 ml Kokosöl

120 ml Sheabutter

60 g Pfeilwurzelmehl

60 g Natron

10 Tropfen ätherisches Lavendelöl (optional)

1. Kokosöl und Sheabutter bei geringer Hitze in einem Topf ca. 4 Minuten erwärmen, bis beides vollständig geschmolzen ist. Den Topf von der Herdplatte nehmen und Pfeilwurzelmehl, Natron und, falls gewünscht, Lavendelöl unterrühren.

2. In ein verschließbares Glas geben und im Badezimmerschrank aufbewahren. Zum Auftragen mit sauberen Fingern aufnehmen und auf den Achselhöhlen verteilen.

Erfahrungsberichte

»Ich habe die letzten drei Jahre unter chronischer Migräne mit Aura gelitten und war an einem Punkt angekommen, an dem ich das Gefühl hatte, alles ausprobiert zu haben: Tabletten, die mir Ärzte verschrieben hatten, um die Schmerzen zu unterdrücken, Akupunktur, Botox, Steroidinjektionen, Besuche beim Chiropraktor. Dann habe ich von Maria und ihren Angeboten gehört und die 7-Tage-Stoffwechselkur ausprobiert – warum nicht, alles andere hatte ich ja schon versucht. Ich war verblüfft. Jetzt kann ich wieder am echten Leben teilhaben, und zwar ohne Schmerzen. Danke!«

Kara

»Ich konnte jetzt offiziell meine Blutdruckmedikamente absetzen!!! Vor ein paar Jahren lag mein Blutdruck bei 160 (zu irgendwas) und ich bekam Medikamente. Heute, bei meinem ersten Arztbesuch seit einiger Zeit, lag er bei 112/72 – und ich habe bereits im August meine Blutdruckmedikamente abgesetzt, als ich mit dem Keto-Plan begann, weil ich einfach die Nase voll hatte von ihnen. Auf jeden Fall freue ich mich extrem über diese Werte, insbesondere weil mein Blutdruck beim Arzt immer ansteigt – vielleicht ist er ja eigentlich sogar niedriger! Und ich habe fast 23 kg abgenommen! Vielen Dank für deine Hilfe!!«

Kelly

»Heute ist es ein Jahr her, dass ich mit der ketogenen Lebensweise angefangen habe. Was für ein Erlebnis! Maria zu engagieren war vermutlich die lohnendste Geldausgabe meines Lebens. Sie hat meine Einstellung zu Nahrungsmitteln völlig verändert. Ich habe sämtliche verarbeiteten Lebensmittel und Junk Food aus meinem Haus entfernt und dafür *echte* Nahrungsmittel gekauft. Und wer glaubt, dass ich hungere, liegt völlig daneben. Ich esse so gut, dass ich beim Essen ständig sage: ›Du liebe Güte, ist das lecker.‹ Dabei koche ich nur ein oder zwei Mal pro Woche, wodurch ich immer fertige Mahlzeiten parat habe. Und mein Schongarer ist viel in Gebrauch! Vor einem Jahr hatte ich schlimme Knieschmerzen und musste alle 3–4 Monate Spritzen ins Knie bekommen. Meine Ärztin erklärte mir irgendwann, sie müsse die Zeitabstände zwischen den Spritzen verlängern oder ich würde eines Tages ein künstliches Knie benötigen. Das hat mir natürlich Angst gemacht. Als sie mir Fragen zu meinen Lebensgewohnheiten stellte, erzählte ich ihr von meinem Leben und von meinem hirngeschädigten Mann, den ich pflege. Sie fragte mich auch, was ich essen würde, und ich antwortete ihr wahrheitsgemäß, dass ich täglich Schokolade esse, manchmal 2–3 Mal am Tag. Ich hatte Heißhunger auf Nudeln, Reis, Pizza – alles, was viel Kohlenhydrate und Zucker enthielt. Meine Ärztin schrieb mir Marias Namen auf und riet mir, ihre Facebook-Seite zu besuchen und zu lesen, wie sie Menschen wie mir hilft. Als ich die Facebook-Posts las, veränderte sich etwas in mir, und ich bestellte mir einige ihrer Bücher. Ich fing damit an, ein paar Rezepte auszuprobieren. Das selbst gemachte Ranch Dressing gehört heute zu meinen Lieblingsrezepten. Ich beschloss, Maria zu engagieren, und unser erstes Gespräch fand am 7. März 2015 statt. Sie überreichte mir den Plan und erklärte mir, welche Nahrungsergänzungsmittel ich zur Heilung meines Körpers benötigen würde. Ein Jahr später bin ich 35 kg leichter. Meine Knieschmerzen sind verschwunden, und ich bin unglaublich glücklich. Ich habe jetzt eine völlig andere Einstellung zum Leben und habe zum ersten Mal in meinem Leben das Gefühl, dass *ich* die Kontrolle habe. Ich glaube fest daran, dass Maria mich gerettet hat, und danke Gott jeden Tag dafür, dass es sie gibt.«

Shirley

»Mir, einer Mutter von fünf Kindern, Geschäftsinhaberin mit Angestellten und Eltern, die von mir abhängig sind, hat deine Unterstützung folgendermaßen geholfen: Mein extrem hoher Blutdruck ist verschwunden, ebenso mein Prädiabetes, meine Hormonstörungen (seeehr schlimm), eine Vorstufe der Arthritis, Schlaflosigkeit und eine Menge anderer Probleme. Ich habe 68 kg Fett ab- und ca. 9 kg Muskelmasse zugenommen.«

Robyn

»Ein großes Dankeschön, Maria! Das erste Mal seit Jahren fühle ich mich aufgeräumt – geistig, energetisch und körperlich. Vielleicht trifft es ›rundumerncuert‹ besser. Meine Reizbarkeit ist verschwunden, und ich bin unglaublich dankbar für mein wundervolles Leben, meine tollen Kinder und meinen unglaublichen Ehemann, der mich stets unterstützt. Ich war schon immer damit gesegnet, aber erst jetzt bin ich mir meines Selbst und meines Lebens so richtig bewusst. Interessant ist, dass mir vorher nicht aufgefallen war, dass dieses Bewusstsein fehlte. Ich bin wirklich verblüfft, wie sich in nur etwas mehr als zwei Wochen das Leben, die Gesundheit und die Sichtweise ändern können. In 14 Tagen habe ich 5,8 kg abgenommen! Vielen Dank für deine Güte, Maria, und dein leidenschaftliches Engagement, anderen etwas beibringen zu wollen.«

Torri

»Zu meinen schwersten Zeiten wog ich knapp 129 kg. Ich fing mit einer Paläo-Ernährung an und nahm auch Gewicht ab, aber schaffte es nicht unter 108 kg. Dann entdeckte ich deine Website, kaufte deine Bücher und wechselte zur ketogenen Ernährung. Heute morgen wog ich 82 kg. Mein Zielgewicht habe ich noch nicht erreicht, aber ich weiß, dass ich es mit ketogenem Essen schaffen kann! Oh, und mit meiner Colitis ulcerosa habe ich keinerlei Probleme mehr!!!«

Sam

»Ich habe mich streng an deine Anweisungen gehalten und 12,7 kg abgenommen. Nach der Geburt meines ersten Kindes nahm ich fast 91 kg zu (die Schwangerschaft hatte bei mir Zöliakie ausgelöst). Egal, wie viel Sport ich trieb und wie viel ich hungerte, ich nahm immer mehr zu. Jetzt fühle ich mich zum ersten Mal seit neun Jahren tatsächlich gut und es ist die erste ›Diät‹, bei der ich das Gefühl habe, ich könnte mich für den Rest meines Lebens daran halten. Außerdem bin ich voller Zuversicht, dass ich damit all das zusätzliche Gewicht loswerden kann. Ich habe keinerlei Symptome des Prädiabetes mehr, der bei mir vor einem Jahr diagnostiziert wurde. Depressionen und Selbstmordgedanken gehören der Vergangenheit an. Kein Sodbrennen mehr (hatte ich sonst jeden Tag). Und meine Periode kommt nicht mehr so chaotisch und unregelmäßig. Ich kann wirklich sagen, dass du mir das Leben gerettet hast.«

Laura

»Ich muss sagen, dass ich tatsächlich ein wenig in Panik geriet, als du mir zum ersten Mal sagtest, ich solle Milchprodukte weglassen. Unglaublich, aber du hattest recht! Nachdem ich nicht nur Milchprodukte weggelassen, sondern auch die von dir vorgeschlagenen Nahrungsergänzungsmittel genommen habe, kann ich mittlerweile wieder laktosefreie Milchprodukte ohne irgendwelche Nebenwirkungen essen. Ich bin sehr glücklich darüber, dass du mir das vorgeschlagen hast. Mein Leben hat sich quasi um 180 Grad zum Positiven gewandelt!«

Kristen

Quickfinder Rezepte

hoch (H) · mittel (M) · leicht (L)

• ohne diese Zutat   V Variante

Rezept	SEITE	KETO-GRAD	OHNE MILCH	OHNE NÜSSE	OHNE EI	OHNE FLEISCH/FISCH
Selbst gemachter Cashewdrink	106	H	•		•	•
Knochenbrühe – Rind, Huhn oder Fisch	108	M	•	•	•	
Berbere-Gewürzmischung	110	L	•	•	•	•
Scharf-süße Gewürzmischung für Hamburger	111	L	•	•	•	•
Cajun-Gewürzmischung	112	L	•	•	•	•
Gewürzmischung Florence	113	L	•	•	•	•
Ranch-Gewürzmischung	114	L	•	•	•	•
Milchfreies Ranch-Dressing	115	H	•	•	V	
Cremiges mexikanisches Dressing	116	H	•	•	•	V
Milchfreies Thousand-Island-Dressing	118	H	•	•	V	V
Orangendressing	119	H	•	•	•	•
Zwiebeldressing	120	H	•	•	•	•
Fatburner-Dressing Florence	121	H	•	•	•	•
Speckmarmelade	122	H	•		•	
Mole-Soße	123	M	•	•	•	•
Einfache Mayo	124	H	•	V		•
Keto-Mayo ohne Ei	125	H	•	•	•	•
Berbere-Mayo	126	H	•	•	V	•
Basilikum-Mayonnaise	127	H	•	•	V	•
Knoblauch-Kräuter-Aioli	128	H	•	•	V	•
Rote Soße Florence	130	M	•	•	•	•
Worcestershire-Soße	132	M	•	•	•	
Hot Sauce	134	M	•	•	•	V
Einfache milchfreie Hollandaise	136	H	•	•		V
Keto-Zitronen-Mostarda	138	H	•	•	•	•
Guacamole	140	M	•	•	•	•
Knoblauch-Confit	142	H	•	•	•	•
Keto-Chai	146	M	•	V	•	•
Frühstücks-Chili	148	H	•	•	V	
Ramen mit Eiern und Frühstücksspeck	150	H	•	•	V	
Frühstücksburger Florentine	152	H	•	•	•	
Cremiges Keto-Rührei	154	H	•	•		
Steak mit Eiern	156	H	•	•		
Rösti mit Frühstücksspeck, Pilzen und Frühlingszwiebeln	158	M	•			
Kimchi-Eier	160	H	•	•		•
Spiegelei mit Schweinshaxe	162	H	•	•		
Speck und Pilze mit weich gekochten Eiern	164	H	•	•	V	
Eggs Florentine mit Basilikum-Hollandaise	166	H	•	•		•
Eier im Brötchen	168	H	•	•		V
Keto-Taschen	170	H	V	•		
Eier im Schinkenkörbchen	172	H	•	•		
Russische Eier mit Basilikum-Mayo	174	H	•	•		•
Frühstückssalat	176	H	•	•		
Milchfreier Joghurt	178	H	•		•	
Snickerdoodle-Zimtwaffeln	180	H	•	•		•
Schokowaffeln	182	H	•	•		•
Dutch Baby Pancake mit Lemon Curd	184	H	•	V		•

Rezept	SEITE	KETO-GRAD	OHNE MILCH	OHNE NÜSSE	OHNE EI	OHNE FLEISCH/FISCH
Schokoladenpudding	186	H	•	•		•
Keto-freundliche English Muffins	188	H	V			•
Knochenbrühe-Fettbomben	192	M	•	•	•	
Paläo-Frühlingsrollen	194	H	•	•	•	
Schottische Eier	196	H	•	•		
Speck-Cannoli	198	H	•	•		
Chicken Tinga Wings	200	H	•	•	•	
Zitronig-pfeffrige Hähnchenflügel	202	H	•	•	•	
Russische Eier im Prosciutto-Mantel	204	H	•	•		
Chicharrón	206	H	•	•	•	
Marinierte Champignons nach italienischer Art	208	H	•	•	•	•
Hühnerleberpastete	210	H	•	•	•	
Eingelegter Hering	212	M	•	•	•	
Braunschweiger Leberwurst	214	H	V	•	•	
Russische Eier à la Oscar	216	H	•	•		
Kräutersalat	220	H	•	•	•	•
Asiatischer Hähnchensalat	222	H	•	V	•	
Keto-Obstsalat	224	H	•	•	•	•
Warmer Frühlingssalat	226	H	•	•	V	
Sieben-Schichten-Salat	228	H	•	•	V	
Rohkostsalat	230	H	•	•	V	
Gemischter grüner Salat	232	H	•	•		
Panzanella-Salat	234	H	•	•	V	V
Einfacher Krebssalat	236	H	•	•	V	
Salat im Glas	238	H	•	•	V	
Reinigende Ingwersuppe	240	H	•	•	•	
Knochenmark-Chili con Keto	242	H	•	•	•	
Cremige kalte Gurkensuppe	244	M	V	•	•	V
Champignoncremesuppe	246	M	•	•		
Sauer-scharf Suppe mit Schweinehackbällchen	248	M	•	•		
Pak Choi und Pilze mit Ingwerdressing	250	M	•	•	•	V
Grüner-Curry-Pannacotta	252	H	•	V	•	
Wraps	254	H	•	•		•
Keto-Brot	256	H	•	•		•
Knusprige Croûtons aus Hähnchenhaut	258	H	•	•	•	
Knusprige Schweinebauch-Croûtons	260	H	•	•	•	
Zucchini-Spaghetti	262	L	•	•		•
Chiles Rellenos	266	H	•	•		
Scharfer Hähnchensalat	268	H	•	•		
Einfaches Omelett nach chinesischer Art (Foo Young)	270	H	•	•		
Hähnchensalat-Wraps Doro Watt	272	H	•	•	V	
Scharfer Hähncheneintopf nach äthiopischer Art aus dem Schongarer	274	H	•	•	V	
California Club Wraps	276	H	•	•		
Hähnchen à la Oscar	278	H	•	•		
Hähnchen nach neapolitanischer Art	280	H	•	•	•	
Zitronen-Pfeffer-Hähnchen	282	H	•	•	•	
Tom Ka Gai (Kokoshähnchen nach thailändischer Art)	284	H	•	•	•	
Griechische Keto-Avgolemono	286	H	•	•		
Hähncheneintopf mit Chorizo	288	H	•	•	•	
Einfache Hähnchenkeulen aus dem Schongarer	290	M	•	•	•	
Burger mit Frühstücksspeck und Champignons	294	H	•	•	V	
Umami-Burger	296	H	•	•	•	

Rezept	SEITE	KETO-GRAD	OHNE MILCH	OHNE NÜSSE	OHNE EI	OHNE FLEISCH/FISCH
Sloppy Joes	298	H	•	•	V	
Reuben-Hackbällchen	300	H	•	•		
Scharfe Hackbällchen nach mexikanischer Art	302	H	•	•		
Hackbällchen nach italienischer Art	304	H	•	•		
Chorizo-Eintopf mit Querrippe aus dem Schongarer	306	H	•	•	•	
Ropa Vieja aus dem Schongarer	308	H	•	•	•	
Paprika gefüllt mit Chili	310	M	•	•	•	
Querrippe mit Mole aus dem Schongarer	312	H	•	•	•	
Texas Beef Sausage	314	H	•	•	•	
Keto-Filet-mignon	316	H	•	•	•	
Pfeffersteak für zwei	318	H	•	•	•	
Steak Diane	320	H	•	•	•	
Gefüllte Paprika nach Hunan-Art	322	M	•	•	•	
Querrippen-Tacos aus dem Schongarer	324	H	•	•	•	
Frühlingsrollen mal anders	328	M	•	•	•	
Pizza-Hackbällchen in roter Soße	330	H	•	•		
Sloppy Ottos	332	H	•	•	V	
Reuben-Schweinekoteletts	334	H	•	•	V	
Hot'n'Spicy Country-Style Ribs aus dem Schongarer	336	M	•	•	•	
Schnittlauch-Pannacotta mit Speckmarmelade	338	H	•	V	•	
Dicke Rippe nach Pastrami-Art aus dem Schongarer	340	H	•	•	•	
Chorizo nach mexikanischer Art	342	H	•	•	•	
Einfache geräucherte Schweinshaxe	344	M	•	•	•	
Porchetta	346	H	•	•	•	
Chorizo-Pilz-Auflauf	348	H	•	•	•	
Asiatisches Pulled Pork aus dem Schongarer im Salatkörbchen	350	H	•	•	•	
Hackbällchen nach griechischer Art	352	H	•	•		
Keto-Wraps mit weich gekochten Eiern	354	H	•	•	V	
Scharfer Thunfischsalat	358	H	•	•	V	
Knoblauch-Garnelen	360	H	•	•	•	
Hawaiianischer Traum	362	H	•	•	V	
Scharfe gegrillte Garnelen mit Mojo Verde	364	H	•	•	•	
Meeresfrüchte-Wurst mit Lauch-Confit	366	H	•	•	•	
Pochierter Heilbutt mit Zitrone und Thymian	368	H	•	•	•	
Gebratener Wels mit Cajun-Keto-Senf	370	H	•	•	•	
Gegrillte Forelle mit Hollandaise	372	H	•	•		
Tom Ka Plaa (Kokosfisch nach thailändischer Art)	374	H	•	•	•	
Spaghetti al tonno	376	L	•	•	•	
Zucchini-Spaghetti in Muschelsoße	378	H	•	•	•	
Pasta puttanesca	379	L	•	•	•	
Pochierter Lachs mit cremiger Dillsoße	380	H	•	•	V	
Keto-Mocha-Latte-Pannacotta	384	H		V	•	
Chai-Eis am Stiel	386	H	•	V	•	•
Knochenbrühe-Eis am Stiel	388	M	•	•	•	
Grasshoppers im Glas (ohne Backen)	390	H	•	•	•	
Vanille-Petits-Fours (ohne Backen)	392	H	•	V	•	
Deftige Eiscreme »Tom Ka Gai«	394	H				
Vanille-Brotpudding	396	H	•	V		•
Chai-Fettbomben	398	H	•	•	•	•
Lava Cakes mit Mokka-Eis	400	H	•	V		•
Lemon Curd	402	H	•	•		•
Hot-Fudge-Soße	403	M	•	•	•	•
Englische Creme mit Vanillegeschmack	404	H	•	V		•

Rezepteverzeichnis

Soßen, Dressings und Gewürzmischungen

106	108	110	111	112	113	114
Selbst gemachter Cashewdrink	Knochenbrühe (Rind, Hühnchen oder Fisch)	Berbere-Gewürzmischung	Scharf-süße Gewürzmischung für Hamburger	Cajun-Gewürzmischung	Gewürzmischung Florence	Ranch-Gewürzmischung

115	116	118	119	120	121	122
Milchfreies Ranch-Dressing	Cremiges mexikanisches Dressing	Milchfreies Thousand-Island-Dressing	Orangendressing	Zwiebeldressing	Fatburner-Dressing Florence	Speckmarmelade

123	124	125	126	127	128	130
Mole-Soße	Einfache Mayo	Keto-Mayo ohne Ei	Berbere-Mayo	Basilikum-Mayonnaise	Knoblauch-Kräuter-Aioli	Rote Soße Florence

132	134	136	138	140	142
Worcestershire-Soße	Hot Sauce	Einfache milchfreie Hollandaise	Keto-Zitronen-Mostarda	Guacamole	Knoblauch-Confit

Fastenbrecher-Frühstück

146	148	150	152	154	156	158
Keto-Chai	Frühstücks-Chili	Ramen mit Eiern und Frühstücksspeck	Frühstücksburger Florentine	Cremiges Keto-Rührei	Steak mit Eiern	Rösti mit Frühstücksspeck, Pilzen und Frühlingszwiebeln

160	162	164	166	168	170	172
Kimchi-Eier	Spiegelei mit Schweinshaxe	Speck und Pilze mit weich gekochten Eiern	Eggs Florentine mit Basilikum-Hollandaise	Eier im Brötchen	Keto-Taschen	Eier im Schinkenkörbchen

Russische Eier mit
Basilikum-Mayo

Frühstückssalat

Milchfreier Joghurt

Snickerdoodle-
Zimtwaffeln

Schokowaffeln

Dutch Baby Pancake
mit Lemon Curd

Schokoladen-
pudding

Keto-freundliche
English Muffins

Vorspeisen und Zwischenmahlzeiten

Knochenbrühe-
Fettbomben

Paläo-
Frühlingsrollen

Schottische Eier

Speck-Cannoli

Chicken Tinga
Wings

Zitronig-pfeffrige
Hähnchenflügel

Russische Eier im
Prosciutto-Mantel

Chicharrón

Marinierte
Champignons nach
italienischer Art

Hühnerleberpastete

Eingelegter Hering

Braunschweiger
Leberwurst

Russische Eier
à la Oscar

Salate, Suppen und Beilagen

Kräutersalat

Asiatischer
Hähnchensalat

Keto-Obstsalat

Warmer
Frühlingssalat

Sieben-Schichten-
Salat

Rohkostsalat

Gemischter
grüner Salat

Panzanella-Salat

Einfacher
Krebssalat

Salat im Glas

Reinigende
Ingwersuppe

Knochenmark-
Chili con Keto

Cremige kalte
Gurkensuppe

Champignon-
cremesuppe

248 Sauer-scharf-Suppe mit Schweinehack-bällchen

250 Pak Choi und Pilze mit Ingwerdressing

252 Grüner-Curry-Pannacotta

254 Wraps

256 Keto-Brot

258 Knusprige Croûtons aus Hähnchenhaut

260 Knusprige Schweinebauch-Croûtons

262 Zucchini-Spaghetti

Hauptgerichte mit Hühnchen

266 Chiles Rellenos

268 Scharfer Hähnchensalat

270 Einfaches Omelett nach chinesischer Art (Foo Young)

272 Hähnchensalat-Wraps Doro Watt

274 Scharfer Hähncheneintopf nach äthiopischer Art aus dem Schongarer

276 California Club Wraps

278 Hähnchen à la Oscar

280 Hähnchen nach neapolitanischer Art

282 Zitronen-Pfeffer-Hähnchen

284 Tom Ka Gai (Kokoshähnchen nach thailändischer Art)

286 Griechische Keto-Avgolemono

288 Hähncheneintopf mit Chorizo

290 Einfache Hähnchenkeulen aus dem Schongarer

Hauptgerichte mit Rind

294 Burger mit Frühstücksspeck und Champignons

296 Umami-Burger

298 Sloppy Joes

300 Reuben-Hackbällchen

302 Scharfe Hackbällchen nach mexikanischer Art

304 Hackbällchen Florence

306 Chorizo-Eintopf mit Querrippe aus dem Schongarer

308 Ropa Vieja aus dem Schongarer

310 Paprika gefüllt mit Chili

312 Querrippe mit Mole aus dem Schongarer

314 Texas Beef Sausage

316 Keto-Filet-mignon

318 Pfeffersteak für zwei

320 Steak Diane

322 Gefüllte Paprika nach Hunan-Art

324 Querrippen-Tacos aus dem Schongarer

Hauptgerichte mit Schweinefleisch

328 Frühlingsrollen mal anders

330 Pizza-Hackbällchen in roter Soße

332 Sloppy Ottos

334 Reuben-Schweinekoteletts

336 Hot'n' Spicy Country-Style Ribs aus dem Schongarer

338 Schnittlauch-Pannacotta mit Speckmarmelade

340 Dicke Rippe nach Pastrami-Art aus dem Schongarer

342 Chorizo nach mexikanischer Art

344 Einfache geräucherte Schweinehaxe

346 Porchetta

348 Chorizo-Pilz-Auflauf

350 Asiatisches Pulled Pork aus dem Schongarer im Salatkörbchen

352 Hackbällchen nach griechischer Art

354 Keto-Wraps mit weich gekochten Eiern

Hauptgerichte mit Fisch und Meeresfrüchten

358 Scharfer Thunfischsalat

360 Knoblauch-Garnelen

362 Hawaiianischer Traum

364 Scharfe gegrillte Garnelen mit Mojo Verde

366 Meeresfrüchte-Wurst mit Lauch-Confit

368 Pochierter Heilbutt mit Zitrone und Thymian

370 Gebratener Wels mit Cajun-Keto-Senf

372 Gegrillte Forelle mit Hollandaise

374 Tom Ka Plaa (Kokosfisch nach thailändischer Art)

376 Spaghetti al tonno

378 Zucchini-Spaghetti in Muschelsoße

379 Pasta puttanesca

380 Pochierter Lachs mit cremiger Dillsoße

Desserts und Keto-Leckereien

384 Keto-Mocha-Latte-Pannacotta

386 Chai-Eis am Stiel

388 Knochenbrühe-Eis am Stiel

390 Grasshoppers im Glas (ohne Backen)

392 Vanille-Petits-Fours (ohne Backen)

394 Deftige Eiscreme »Tom Ka Gai«

396 Vanille-Brotpudding

398 Chai-Fettbomben

400 Lava Cakes mit Mokkaeis

402 Lemon Curd

403 Hot-Fudge-Soße

404 Englische Creme mit Vanillegeschmack

Stichwortverzeichnis

Dank

Als Metapher für das Leben ziehe ich gerne das Meer und seine Wellen heran, denn da gibt es mit Wellenbergen Höhen und mit Wellentälern Tiefen. Ich habe gelernt, die Tiefen zu akzeptieren und für die hohen Wellen dankbar zu sein. Die schwierigen Zeiten in meinem Leben haben mich zu dem Menschen gemacht, der ich heute bin. Ich habe mich von diesen schwierigen Zeiten nicht unterkriegen lassen, sondern mich aus dem mich umgebenden Kokon herausgewunden und mich in einen Schmetterling mit starken Flügeln verwandelt. Diese Anstrengungen haben dafür gesorgt, dass ich täglich für viele Menschen an meiner Seite dankbar bin.

Ich bin dankbar für Craig, meine Liebe und meinen besten Freund, der sich niemals beklagt, auch wenn ich die Küche häufig wieder ins Chaos stürze, wenn er sie gerade erst sauber gemacht hat. Er hatte einen großen Anteil an diesem Buch: Er hat den ausführlichen Mahlzeitenplan erstellt, die Nährwertangaben hinzugefügt und die Tabellen und Grafiken auf meiner Website www.MariaMindBodyHealth.com entworfen, die weiterführende Informationen zu diesem Buch bieten.

Ich bin dankbar für meine Jungs Micah und Kai, die mir unglaublich gern in der Küche helfen. Auch wenn es doppelt so lange dauert, das Abendessen zuzubereiten, wenn sie mir dabei helfen – das ist es wert. Als wir unsere geplante erste Adoption auf Eis legen mussten, war ich am Boden zerstört, aber meine Mutter meinte, dass meine Kinder wohl einfach noch nicht geboren wären. Während ich dies niederschreibe, kommen mir die Tränen, denn sie hatte völlig recht. Es sollten genau diese zwei Jungs sein!

Ich bin dankbar für Jimmy Moore. Jimmy, als du mich vor sieben Jahren das erste Mal kontaktiert hast, um einen Podcast mit dir aufzunehmen, war ich mehr als überrascht, denn für mich warst du ein Star. Ich habe deine Arbeit und dein Engagement schon immer bewundert. Als dann deine Bitte kam, ein Kochbuch mit dir gemeinsam zu schreiben, war ich völlig von den Socken, dass du dabei an mich dachtest. Du warst nicht nur für mich und meine Familie, sondern für alle Diätpatienten da draußen ein Segen, denn sie haben in dir einen vertrauenswürdigen und angesehenen Wegbereiter.

Auch dem gesamten Team des Verlags Victory Belt möchte ich meinen Dank aussprechen. Ich hätte nie gedacht, dass ich von jedem bei Victory Belt so viel Unterstützung und Freundlichkeit erfahren würde. Erich, dank deiner Loblieder und witzigen Ansichten wurde diese Reise unglaublich und war die harte Arbeit wirklich wert! Ich weiß deine fürsorglichen Telefonanrufe zu schätzen, bei denen du dich einfach nur nach mir erkundigt hast und sichergehen wolltest, dass alles glatt läuft. Holly, Erin und Pam, mit euren unglaublichen Ideen und dem Auge fürs Detail habt ihr wahnsinnig dazu beigetragen, dieses Buch zu einem Kunstwerk zu machen. Ich bin euch ewig dankbar! Susan, ich bin dankbar für deine Leidenschaft und dafür, wie großartig du meine Bücher unterstützt. Jede E-Mail, die ich von dir bekomme, zaubert mir ein Lächeln aufs Gesicht, denn deine Fröhlichkeit ist einfach ansteckend.

Bill und Haley, ich fühle mich geehrt, euer Foto auf dem Cover dieses Buches zu haben. Ich war schon immer ein großer Fan eurer Fotos und Kochbücher. Mein erstes Kochbuch von Victory Belt war euer Buch *Gather*, und ich war von Anfang an verliebt in eure Kunst. Danke, dass ihr euch die Zeit genommen habt, meine Rezepte abzulichten und das Coverbild zu machen.

Mein letzter Dank geht auch an Sie, liebe Leser. Für die Liebe und Unterstützung auf meiner Reise kann ich Ihnen nicht genug danken!

352 Seiten
19,99 € (D) | 20,60 € (A)
ISBN 978-3-86883-971-5

Jimmy Moore, Eric Westman

Ketogene Ernährung für Einsteiger

Vorteile und Umsetzung von Low-Carb/High-Fat verständlich erklärt

Haben Sie gewusst, dass ketogene Ernährung, die kohlenhydratarmes und fettreiches Essen kombiniert, eine kaftvolle therapeutische Komplettlösung für viele Krankheitsbilder wie Depressionen, Diabetes Typ 2 oder Alzheimer darstellt? Jimmy Moore, der weltweit führende Blogger und Podcaster zu ketogener Ernährungsweise, und der niedergelassene Internist und Forscher Dr. Eric C. Westman liefern Ihnen alle notwendigen Informationen, um zu verstehen, worum es bei der ketogenen Ernährung geht und warum sie für Ihre Gesundheit das fehlende Puzzleteil sein kann. Die Einkaufslisten, über 25 ketofreundliche Rezepte und ein dreiwöchiger Menüplan machen *Ketogene Ernährung für Einsteiger* zu einem unverzichtbaren Handbuch für alle, die von den Vorteilen der Low-Carb/High-Fat-Diät profitieren möchten.

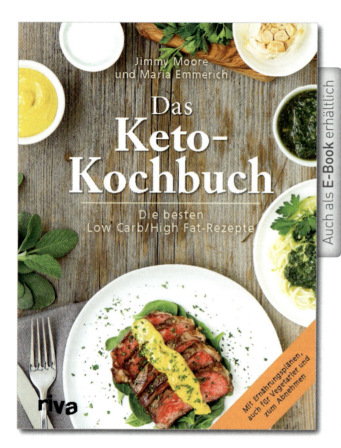

Auch als **E-Book** erhältlich

Mit Ernährungsplänen, auch für Vegetarier und zum Abnehmen

400 Seiten
29,99 € (D) | 30,90 € (A)
ISBN 978-3-86883-851-0

Jimmy Moore,
Maria Emmerich

Das Keto-Kochbuch

Die besten Low-Carb/
High-Fat-Rezepte

Ketogene Ernährung ist aus gutem Grund ein großer Trend. Denn mit dieser besonders kohlenhydratarmen, aber fettreichen Kost können Sie nicht nur wirkungsvoll abnehmen, sondern sogar chronischen Krankheiten wie Diabetes oder Epilepsie entgegenwirken. Um den Schaden, den jahrelanger übermäßiger Zucker- und Kohlenhydratkonsum im Körper angerichtet hat, rückgängig zu machen, müssen Sie aber nicht auf Genuss verzichten – *Das Keto-Kochbuch* zeigt Ihnen, wie Sie gesund mit lecker kombinieren! Jedes Gericht ist wunderschön bebildert und enthält die wichtigsten Nährwerte. Zusammen mit den vier einwöchigen Ernährungsplänen sind die Rezepte das ideale Rüstzeug, um gesund und genussvoll abzunehmen oder einfach nur bewusster und gesünder zu essen.